未央三集
许嘉璐文化论说

WEIYANG SANJI
XUJIALU WENHUA LUNSHUO

许嘉璐　著

中国社会科学出版社

图书在版编目(CIP)数据

未央三集/许嘉璐著.—北京：中国社会科学出版社，2012.1（2012.8重印）
ISBN 978-7-5161-0496-5

Ⅰ.①未… Ⅱ.①许… Ⅲ.①社会科学-文集 Ⅳ.①C53

中国版本图书馆CIP数据核字(2012)第005281号

出版人	赵剑英
责任编辑	任　明
责任校对	张玉霞
责任印制	李　建

出　　版	中国社会科学出版社
社　　址	北京鼓楼西大街甲158号（邮编100720）
网　　址	http：//www.csspw.com.cn
	中文域名：中国社科网　　010-64070619
发行部	010-84083685
门市部	010-84029450
经　　销	新华书店及其他书店

印　　刷	北京奥隆印刷厂
装　　订	北京市兴怀印刷厂
版　　次	2012年1月第1版
印　　次	2012年8月第2次印刷

开　　本	710×1000　1/16
印　　张	21.75
字　　数	350千字
定　　价	45.00元

凡购买中国社会科学出版社图书，如有质量问题请与本社联系调换
电话：010-64009791

作者近照

中希哲学大会开幕式

2011 年 6 月 13 日　雅典

2009 年 12 月 19 日，出席第四届中国全面小康论坛。

2011 年 4 月 7 日，出席中原经济区论坛。

2008 年 11 月 25 日，出席中国茶文化国际交流协会成立大会。

2010 年 6 月 6 日，出席中华民族七大传统节庆文化论坛。

2009 年 3 月 21 日，出席第三届海峡两岸客家高峰论坛。

2011 年 1 月 17 日，出席第九届两岸关系研讨会。

2010 年 5 月 27 日，在第二届海峡两岸退役将军高尔夫球赛邀请赛闭幕式上。

2010 年 5 月 17 日，出席《全球华语词典》出版座谈会。

2010 年 5 月 21 日，出席“中国·南京云锦全球高层论坛”开幕式。

2010 年 12 月 7 日，出席 21 世纪中华文化世界论坛。

2010 年 12 月 28 日，在北京师范大学首届人文宗教高端论坛现场。

2011 年 10 月 8 日，主持召开尼山世界文明论坛组委会工作会议。

2008 年 10 月 20 日，参观访问德国莱比锡大学孔子学院。

2008 年 10 月 23 日，参观访问法国普瓦提埃大学孔子学院。

2008 年 10 月 8 日，参加非洲孔子学院建设工作会议。

2010 年 9 月 23 日，与洛杉矶水晶大教堂主教、创始人罗伯特·舒乐博士会谈。

2011 年 11 月 12 日，与世界著名社会学家罗伯特·贝拉教授会谈。

2011 年 12 月 12 日，与法国教育部总督学、著名汉学家白乐桑教授交谈。

自　　序

感谢北京师范大学人文宗教高等研究院的同人，经他们辛苦的工作，《未央续集》和《三集》即将付印了。本来我想，既然要出版，就应该把稿子至少再看一遍，回忆写此文、讲此话时的情景（或曰语境），当时自己的所察所思、所喜所忧，并和眼前的情景对比，再想一想，现在应该何察何思、何喜何忧。——此之谓反思或曰反省。但是，力不从心，稿子发过来的时候正遇上接连出差；付印在即，也就只好拜托我的学生们了。我对疾速出书是不以为然的：太快了，能出好活儿么？我怀疑。这次自己却触犯了自设的禁忌。不啻此也，进而又想到，集子里的不少篇什，其实也是急就章，这更“坐实”了我一再感慨的“我也变得浮躁了”一语之不虚。现在想想，当时的“急就”，常常是环境所“逼”，彼景触我此情，不吐不快。但愿以后能有那种看似闲暇散荡，实则“仰望星空”，沉思、反刍、回味乃至冥想的时候，那时可能会“逼”我“吐”出稍深刻一些的对一己喜和忧的表达。我当以我之今日为未来之鉴。

看到随写随丢的文章和讲稿集中起来了，当然高兴：可以听到更多的批评和建议。对于我自己，虽然在书稿编辑、打印过程中来不及回顾，却也便于日后稍暇时看看曾经的思维历程。检讨既往，是以后落脚更扎实的必要条件。

“自知者明”。从实质上讲，自知靠的就是反思。个人是如此，国家和民族也是如此。中华民族是最重视而又最善于反思的民族，哺育出了历代无数的反思之士，因而得以虽经屡挫而愈盛。反思的热情总会时高时低，往往是困难的时候高涨，顺利的时候低落。如果能够在蓬勃向上的时候也不忘往昔，即所谓居安思危，则属上上。我国改革开放三十多年来的迅速发展，总体说不可谓不顺利，但是中华民族并没有停止时时反思，而当前则正出现高潮——虽不能说是人人参与，至少是各个领域、各个层次都在反思。这是民族必将更加辉煌的征兆。

近年来，我也加入到反思且进行论说的队伍中来了。因此在这两本集子里的一些文章或许在某种程度上能够折射时代的反思。

宏观地看，对民族过往的回顾，其实也包含着回顾者个体对自身昨日的回忆。

无论意识没意识到，承认不承认，所有个体都站在民族的历史之中，都是历史事件的参与者，而不是旁观者；特别是对于知识分子来说，历史并不只是“对象”，也是我们自身。因此，个体的自我回顾和民族的反思本不可以分离，否则就把自己摆在了“看客”或“食客”的位置上了。我时刻在提醒自己：莫只作看客或食客！

进入2012年，全国的文化气氛正在逐渐浓郁，喜悦之情和进一步的忧虑又不禁油然而生。这种感受已经形之于近日的几篇论说，但来不及收进《续集》和《三集》了，或有待“四集”之类的书再收入吧。而两书仍冠以“未央”二字，已经是此时心境的某些流露：喜的是中华文化正在走向高峰，忧的是仍“未”达到应有的目标，而且爬坡将会很艰难。

两个集子里所收的，是自2008年至2011年的文章和讲话，其中大部分在各种报刊中刊登过。如上所述，结集的时候只由编辑人员改正了一些误笔误排；学生们把文章分了几类，虽未必准确，但也大体反映了我在这四年里所关注的几个方面。其中有些并非我原来从事的行当，“外行话”在所难免，在这方面尤其希望获得指正。

参与两书搜集整理的友生为：朱瑞平、张春、张学涛、方旭、刘光洁，中国社会科学出版社以极大的热情和超常的效率支持书的出版，在此，谨致最诚挚的谢意！

2012年1月6日夜

目　录

文化建设与文化自觉论说

文明对话论说

书信、贺文、序跋

文化建设与文化自觉论说

制约可持续发展的不单纯是ABC、123、α、β
——根子在文化不足※

30年前，我国改革开放和社会主义现代化建设的总设计师邓小平同志在会见日本首相大平正芳时，创造性地提出20世纪我国现代化建设的目标是实现小康。从那以后，实现小康目标、全面建设小康社会，逐渐成为我国社会发展的主旋律。我认为，在全面建设小康社会过程中，要逐步加大文化的分量。为什么呢?

第一，因为“小康”本身就包含着文化的内容。《礼记·礼运》篇中提到的“小康”，“以笃父子，以睦兄弟，以和夫妇”，以及“以著其义，以考其信，著有过，刑（同‘型’，以……为规则、模范）仁讲让，示民有常”等等，谈的全是道德、人际关系和人的心态。为什么不谈经济?因为古人早就懂得要过上平稳、和谐的生活，经济是基础，这是前提，也就不必谈了。到了今天，我们首先要解决口腹问题、穿的问题、住的问题、行的问题，即温饱问题，此后希望宽裕一些；等到生活安定、收入稳定了，人们要什么?要文化。因此，中央多次提出，要满足人民群众日益增长的文化需求。作为决策者，比老百姓多看出了两步，因为文化建设和建大楼、修高速公路不一样，不是一朝一夕、三五年能见成效的，如果不及早思考、动手，当人民群众这种需求提出来的时候，我们会措手不及。所以中央强调，文化体制要改革，要解放文化生产力。

第二，党中央提出来构建和谐社会和科学发展，和谐是人和人（包括个人和社会）、人和自然的关系问题，科学发展则不是ABC、123、α、β能够决定的。城乡是否统筹、如何统筹，不是技术问题，归根到底是文

※ 发表于2010年2月1日《北京日报》，原文是作者在2009年12月19日在第四届中国全面小康论坛上的讲话。

化问题。要和谐，一定是科学发展。不顾环境，造成二氧化碳排放过多，酸雨天天下，和谐不了；排放物有重污染，癌症、怪病频发，和谐不了。不管和谐发展还是科学发展，起决定作用的是人的观念，人的文化素养，而不是钢铁、水泥、光伏板。物质、经济永远是基础，只是基础。

第三，可持续发展的真正动力，最根本的是文化。当然，要可持续发展，如果没有一定的生产力基础，没有科学技术的高度发达，也不能发展。但是，有了高度发达的科学技术也不见得就能够有序发展。历史上有过成功的例子，也有过失败的例子。成功的国家，如以色列。从公元一世纪犹太王国被灭掉，犹太人分散到欧洲各地，每到一个国家就建一个犹太社区，常受到歧视，在东欧、西欧历史上发生过多次对犹太人的大屠杀，20 世纪初还发生过一次。但是由于犹太人死死地守住自己的精神家园，无论漂泊到哪里都能顽强地生存。发展到今天，在一定程度上可以说是犹太人在掌握着世界的经济。在诺贝尔奖获得者中，犹太民族的比例是最高的，马克思、爱因斯坦都是犹太人。而一旦 1948 年犹太“复国”之后，在加沙地区、巴勒斯坦地区生活的 100 万犹太人迅速增加到 400 万，现在超过 600 万。以色列土地虽小，耕地更少，水源掌握在黎巴嫩、叙利亚的手里，但是我们不得不承认，以色列现在是世界上一个科技的强国、经济的强国。这是成功的事例。失败的事例眼前就有。这次金融危机的根源决不是技术问题，不是监管问题，归根到底是文化问题，是无限制、无止境的贪欲。

更何况，持续发展所需要的各个方面的创新，靠的也是文化；超越前人的胆略、层出不穷的想象力、不怕失败的勇气，都不是技术而是人文修养。一个地区或国家在达到小康以后，要让它持续发展下去，文化这位主将就需要登场了。当然，文化建设是要花钱的，但这个钱应该花，值得花。它的意义，在某种意义上超过了建高楼大厦、高速公路。有些地方党委、政府的同志张口闭口都是项目、GDP、财政收入，这些都是对的，经济建设是我们的中心，没这个一切都谈不到。但是，你哪怕捎带谈谈文化建设也可以。可惜没有。有的人甚至说这是中央的事。这说明文化问题没进入到常委会、没进入到书记的大脑里。要知道，和谐也好，可持续发展也好，人民群众和、乐的心态也好，在经济水平提高以后，是不会自动到来的，还需要我们的决策者通过具体的措施慢慢引导，提供条件，营造舆论。

漫谈“文化强国”战略※

最近，中共十七届六中全会审议通过的《中共中央关于深化文化体制改革 推动社会主义文化大发展大繁荣若干重大问题的决定》（以下简称《决定》），提出了“建设社会主义文化强国”的战略目标。“文化强国”战略和国家整体战略是相互依存的。“文化强国”战略包含在国家整体战略之中，没有“文化强国”战略不可能有完整的、使国家真正强大起来的整体战略。因为，有了钱只能称作“富”，只有在有钱的基础上又有了发达、丰富、先进的文化，才能说是“强”了。现在，我们只是达到了初步的富，还没有达到强，建设富强国家这篇“大文章”只做了一半，因此，需要制定和实施“文化强国”战略来完成“大文章”的另一半。

一　制定和实施“文化强国”战略，既是中国自身的需要，也是世界未来的需要

现在，我们文化的状况（我这里说的是文化深层的状况），实在让人担忧。进入近代以后，我们在学习西方文化的很长一段时间里，由于对自己几千年文化传统研究得不深，更由于禁锢过久，面对西方强大的工业、武力，曾错误地认为自己的文化一无是处，应该彻底抛弃，于是大口大口地吞食西方文化食品。但是，西方文化食品中，既有丰富的营养，也有过量的激素，食之过久，浸透了我们文化肌体的每个器官，造成了文化肌体的“亚健康”。其主要表现是：在社会层面上表现为对科学技术的迷信，对物质享受的崇拜，对倒退文化的赞赏；在思想领域充斥着二元对立、工

※　2011年10月22日在“第五届中华战略文化论坛”上的讲话。

具理性、机械论。现在，我们所遇到的种种社会、环境、心理问题，弥漫在各个领域的“三浮”现象（浮躁、浮夸、浮浅），无不与这种激素在文化肌体里发生作用有着密切关系。这种“亚健康”的文化肌体，需要扶正祛邪，为此，必须下很大的力气，费很长的时间。

那么，当今世界上的情况又如何呢？现在，我们可以说：曾经给人类作出巨大贡献的西方文化已基本走到了尽头，它对解放人类思想、对推动科学技术发展、对社会进步的贡献和推动力，它的再生机能，都已经枯竭，再也无法给人类做出新的贡献。人类未来的出路，在于各个民族和国家恢复被西方文化冲毁的自身传统，以多元文化交融代替一元独大。这一点已经成为西方思想界许多学者的共识。还有许多西方学者虽然在努力批判他们自己三百年来的文化传统，而且得出的结论逐渐接近中国文化的理念，但是由于不了解中华文化，所以还是在“隔山唱歌”，虽与中国有所呼应，但并不真切，更没有联起手来。因此可以说，中国制定和实施“文化强国”战略，既是我们自身的需要，也是世界未来的需要。

中华传统文化中的确有促进世界和谐、人与自然和谐、人自身和谐的丰富内容，其体系之完整、论述之细密、人性之饱满，为世所罕见。但由于以前我们曾妄自菲薄，毁坏过重，因而传统文化中的这些优秀内容不为国人和世界所知。今天，我们思考文化战略，必须要有历史的眼光、世界的视野、自信的胸怀、创新的胆略。

二　思考文化战略必须遵循文化发生、发展、壮大以及由兴而衰、由衰而兴的规律

我们应该和可以采取什么样的文化长期战略？这似乎既不是我一时能够回答的，就学界来说，也是见仁见智，莫衷一是。我只想说，思考文化战略必须遵循文化发生、发展、壮大以及由兴而衰、由衰而兴的规律；必须对症下药，针对当前文化的状况和走势以及未来的可能性。我认为，认识当前文化的状况和走势，可以从以下几个有关文化发展规律的问题入手。

1. 文化的长期性和坚韧性

文化的发生与人类的出现同时，因为有了文化，人类才成为人类。文化，是人类区别于其他动物的根本标志。孟子说：“人之与禽兽也，几

希。饱食暖衣而无教，则近于禽兽。”他所说的“教”，就是教化、文化、人化——获得人之成为人的品质。

中华民族的历史悠久，中华民族的文化比中华民族的历史记载更悠久。从文化发展史来看，文字发生得较晚，即使最早的文献中有“口传历史”的内容，但实际的文化历史要比这些记载还要早得多，因为更早的传说已经不可得知了。所以，后人所有对文化最终之源的追寻，都是猜测多于证据，永远成不了“信史”。

文化的坚韧性决定了文化的长期性，而坚韧性则来源于文化，也就是人类生活的方式、内容、习惯以及风俗，它一旦形成，就成为人们（部落、部族、民族）生产、生活、相处的基础和条件，因而必然会一代一代地传下去，任何外部力量都对之无可奈何。虽然在传承的过程中也必然有所丰富、变异、发展、衰落，但只要文化符合人们生产、生活、相处的需要，特别是如果形成了人们的信仰和哲学，而这种信仰和哲学又已经浸透在其他种种文化形式之中，就不会被颠覆。在人类古代四大文明中（两河流域文明、埃及文明、印度文明和中华文明），只有中华文明历尽沧桑而从未中断，原因就在于此。任何时代的文化都只能在前代文化的基础上发展，绝不可能突然种植出或移栽来一种全新的文化，原因也在于此。文化的培育是个长久的过程，不能急于求成，原因还是在此。

2. 教育系统是维护文化传承与创新的主干

民族文化一代一代传承的方式、方法和渠道是多样的，但其主干则只有一个：教育。

从世界历史来看，人类在蒙昧时期，教育只限于部落、部族中的生活训练或长辈的教导；出现家庭后，则主要是父祖辈亲人的言传身教；一旦形成国家，一般都会出现学校性质的机构体系，对年轻人进行正规的系统教育。在工业革命之前，世界各国的学校几乎都是以传授道德、信仰以及书写、计算知识为主（韩愈所说的“传道、授业、解惑”就是对这一阶段教育内容和性质所做的概括），生产技能则主要是由长辈进行“现场教学”，手把手，口传心授；工业革命之后，传授知识和技能变为学校的主要职能，特别是在政教分离之后，西方学校不再主要承担培养伦理、信仰的职责，“纯知识”、“纯技能”成为其主要特征。

我国从1906年正式开始废除旧学，兴办“洋学堂”，但是中国人从来重视发挥学校在文化传承、道德培养中的作用，所以在洋学堂里也讲究

“德、智、体”的培养，于是学校就成为传承文化的主要场所（在西方社会，虽然学校不承担对学生进行德化教育，但是宗教和社区发挥着极其巨大的教化功能，再加上媒体、影视等工具，补充了学校的不足）

学校对人进行教育具有系统、综合与形成独特环境的优势，所以虽然家庭也是文化传承的重要场所，父母是孩子的第一任教师，但还是要“易子而教”，把孩子送到私学（如村塾、家塾或学校）和公学去学习。

所谓“系统”，即根据学生的年龄施以相应的教育，先重感性教育，渐重理性教育，由浅入深，自成体系。这一教育的核心就是使受教育者成为一个正常的公民，即社会所需要、所欢迎的人，也就是一个完整的人。所谓“综合”，即文理工法、音体美等课程和课余活动相互配合，形成一个全面、整体的教育。所谓独特的环境，即让受教育者进入一个小社会，形成一个特殊的群体，这是一个“自然人”、“家庭人”转变为一个“社会人”的准备；过群体生活就要接受群体生活规则的约束，这对于将来进入社会是必不可少的训练；学校进行教学或其他活动，都会有相应的教具和设施，这是家庭难以具备的；另外，学校里独有的学习、思考、辩论、合作、欢乐的氛围，也在悄然地对受教育者的成长产生巨大影响。

教育的本质功能是留存、传承、创造文化的基地。毋庸讳言，我国教育的这一功能从某种程度上说遭到过扭曲乃至摧残。这在教学领域的突出表现就是没有把学生和教师当作一个“人”来培养和提高，而是当作了机器——将来生产物质产品或从事某项业务的机器。机器只能生产，只有“人”——具备了优秀文化的“人”才能创造。如果学生在16年（从小学到大学本科）或24年（从幼儿园到博士）中成长为一个“全人”、一个可以进行创造的人、一个符合他所处的时代所需要的人，那时学校的本质功能就实现了。

3. 社区文化+家庭文化的巨大渗透作用

在现代社会，我们在文化传承和文化建设中不能忽视了家庭和社区对人的影响。广义的社区包括行业，例如学校、军营、企业等。这里所说的社区是狭义的，指农村的乡镇、城市的街道或居民小区。旧式的街道弄巷，左邻右舍相处多年甚至成为几代世交，彼此熟识；融洽的关系、共同的爱好、互助的风气，已经构成了各具特色的“文化小区”，这对人的成长有着无形而巨大的影响。我国城市和农村的现代化和城镇化，极大地提高了人们居住条件的质量，但也把固有的社区打散了；新的社区成了缺乏文化的聚居地。在这样的情况下，人们能够从中获得文化营养的，“八小时之外”就只有家庭了。试想，现在当一家人要从这个小区的大楼中迁往另外一个小区的时候，还会像从小巷子里迁出时那样对邻居恋恋不舍吗？社区文化和人的关系，亦即社区文化与家庭日常生活的关系最为密切；一个社区文化的形成，在自觉营造的前提下，也需要几年、十几年，甚至几十年；放慢了或忽略了社区在文化建设与传播中的作用以及对人的道德养成、培育良好习惯的功能，是很大的损失。

4. 考察文化的状况

我认为，考察一种文化的状况可以从三个方面入手。一是文物保护和利用的情况；二是学术研究的情况；三是百姓在认识上、实践上认同的程度。

文物，包括地上的和地下的文物遗存，当然传世文献也在其中。这些是传统文化的物化形式。虽然我们经历过“文化大革命”的劫难，但是现在地上的原有文物，基本恢复了过去的规模；新发掘的文物日益增多，保护得也很好，在文物的适当利用方面也积累了一定经验。

学术研究，因为曾经停顿多年，到上世纪七十年代，我们不仅落后于邻国如日、韩，即使和台湾地区比，也有相当差距。近二十年，这方面有了长足的进步，研究的范围、研究队伍的规模、经费支持的力度和成果的水平，都有了极大的提高，虽然在有些领域和国外还有差距，但就总体而言正在接近国际水平。我设想，再给我们十年二十年，一定会整体达到国际水平。

百姓认同情况，实际是优秀传统文化内化程度的体现，也可以说是优秀传统文化生活化的反映，是自身文化强不强的最重要的反映。但这却是当前最让人忧心的一点。我想这似乎无需我来论证，人们可以举出生活中的无数实例。造成这种状况的原因很多，探究和论证起来可以写若干本书。我只从一个学人的职责角度说，优秀传统文化不是摆设，不是只供学者研究的对象，而是养成民族灵魂的最好营养。如果一种文化产品，只存在于博物馆中，一种文艺形式，只存在于舞台上，那么我们就可以说，它们已经死亡了。同样的道理，如果传统文化只存在于学者的书斋里或研讨会上，那么我们也可以说，它已经死亡了。中华传统文化的“纯学术化”是件极为可怕的事情。避免之道，就学者而言，能够并应该做的，就是应该有越来越多的人走进中小学校，走进城市社区，走进村村寨寨，做些传统文化“扫盲”的工作，唤醒实际还存在于人们心中的文化基因；同时，有越来越多的学者为工人、农民、学生写些通俗的读物，并和文化创意工作者合作，把看似深奥的道理用人们喜闻乐见的形式，用人人能懂的话语展现出来。话又说回来，普及、通俗化的工作并不好做——只有深入，才能浅出；唯有浅出，才能继续深入。

5. 宗教的补充作用

六中全会《决定》提出，“全面贯彻党的宗教工作基本方针，发挥宗教界人士和信教群众在促进文化繁荣发展中的积极作用。”那么，如何看待宗教在当今文化建设中的作用呢?

从宗教发展史来看，宗教几乎和人类同龄。宗教起源于人类对未知领域（人的自身和宇宙的奥妙、事物的不可预测）的恐惧和敬畏。当人自知是人而不是其他什么的时候，即自觉到自身存在的时候，生与死就成了他最关心的问题。于是人类自己创造出了宗教，给上述问题以种种解答，目的是给自己以安慰、寄托和期望。

例如犹太教和由它直接地和间接地派生的基督教、天主教、伊斯兰教，都信奉一个超验的、绝对的、创造了除其自己之外的一切的神，神要求人信仰它，按它的启示行善，忏悔自己的罪恶，死后就可以进入天国，回到神的身边，否则就要沦入地狱经受种种苦难。这样，宗教对其信众而言就具有了无比的神圣性和吸引力。

又如佛教，不重在说明宇宙的起源，所以佛经上常说“无始无终”，一再讲述“无始以来”的事。释迦牟尼不是神，而是古印度迦毗罗国净饭王的太子，名悉达多，生于迦毗罗城的岚毗尼园，母亲名摩耶，产后七天去世，太子由其姨妈波阇波提抚养。释迦牟尼出生在人间，成长在人间，求法于人间，悟道于人间，涅槃在人间，遗骨（舍利）留传在人间。所谓“佛”，即觉悟之义。悟什么？即参悟人生和宇宙的规律，把握正确对待生与死、己与他的态度和方法。在佛教看来，万事万物俱有因果，即“缘起论”，无无因之果，也无无果之因。由此要人们看透人生之苦的原因，把握消除苦的方法。可见，佛教是重视现世的，不同于完全寄托于彼岸的犹太教等。

不管是“神启”式的宗教，还是“觉者”教导的宗教，归根结蒂都是对人的关怀，只不过它们都“聚焦”于“终极关怀”，即对人生最大的事——生与死的思考和从苦中解脱，以及与此密不可分的对宇宙终极的关注，并给出本教本宗的答案。各个宗教的所有教义，几乎都是从这一点引申出来的。为了到达天国或解脱生老病死之苦，就需明了天人之理，需要行善，需要和平。

历史上，各种宗教在长期布道、发展、变革过程中，都形成了各自不同的理论体系，积累了大量经典和历代智者对经典的解释，同时极大地影响了世界各地的文学、艺术、哲学和科学的发展，以致深深地根植于人们的生活和心里。因而可以说，宗教是一种文化，是直接作用于人心的文化，是各民族文化中的一个重要组成部分，甚至可以说，就起源而论，没有宗教也就没有文化。中国也不例外。因而在弘扬、发展中华文化的时候，不能忽视宗教。

我国固有的宗教只有道教；佛教经过自汉至唐与中土文化的磨合，已经中国化了，也应该视为中国原有的宗教；基督教、天主教、伊斯兰教，进入中国短则数百年，长则上千年，也已经适应了中国的国情。因而中华文化中的包容、和合、尊祖敬宗、利己利他，以及仁、义、礼、智等观念已经不同程度地被外来宗教所吸收。而宗教的哲学思辨、对自然的敬畏、对死亡的相对淡定（包括薄葬），也在融入中华文化。

但是，宗教从来具有两面性，即促进社会和谐的一面和不利于和谐的一面。在中国古代历史上，凡是盛世王朝，都是既充分发挥了宗教积极的一面，又制约和限制其消极的一面。现在的问题是，由于对宗教的种种误解和怀疑（其中有些则是宗教自身建设不足造成的），影响了对宗教特质的深入研究，在制约它和使它发挥作用两方面都有加强的空间。如果我们能以史为鉴，总结、借鉴历史上成功的和失败的经验与教训，把宗教作为补充，对管理的方法做必要的调整，那么也必将有利于新文化的建设。总之，在考虑文化战略的时候，不能忘记了宗教这一领域。

6. 文学艺术的优越性和局限性

当人们谈到文化的时候，首先就会想到文学艺术。因为文学艺术能够形象地、生动地显现时代精神以及人们的愿望和对过往的记忆，“嬉笑怒骂皆成文章”。因此，人们普遍喜爱文学艺术，需要文学艺术，因而文学艺术对民族文化素质的提高能起到很大作用。这就是它的优越之处。

但是文学艺术也有其局限性。一是创作周期比较长，往往是回忆式的叙事。二是反映时代精神的方式是曲折的，它拒绝直白式的说教，所以对创作者和欣赏者的知识、文化水平有较高的要求。虽然娱乐性的艺术常常能为一般大众所欢迎，但是如果创作者没有对生活和时代的深刻理解，没有较高的道德修养，就容易走到媚俗的路上去，不仅不能提高受众，反而会适得其反。三是成本相对于其他文化传播方式普遍较高，有时难免受到一些客观条件的限制。

文学和艺术本属于人民大众，人民的生活和创造是文学艺术的源泉，也应为大众所享用，但是在当今市场经济环境中，容易成为“小众文学和艺术”。如何尽量回避文学艺术的局限，在大众文化的发展中逐步创造、丰富新文化，这是个极其重要的课题。

当前，我国正在积极进行的文化体制改革和各级政府强调的发展文化创意产业，就是在这一领域所采取的战略措施，就是为让所有人民能够享有文化，为未来开辟道路。

三　一旦中华文化能够大踏步地“走出去”了，就意味着中华文化之身已经强健了

任何文化的弘扬、发展，最重要的是要处理好两件事。一件事情是牢固地树立文化的主体性，这种主体性应该存在于人们的心中和日常生活中；另一件事情是自觉地与异质文化进行接触，通过接触，了解、理解、欣赏、学习对方。

文化的开放性和主体性，是辩证统一的。没有主体性，无论是国家还是个人，就没有根基，没有主见，在与异质文化接触时，就可能或发生不应有的冲撞、抵制，或者走向另一端，良莠不分，囫囵吞枣，盲目信从，最后失去自我，不知“‘我’是谁”。反过来说，如果文化不开放，不自觉地与异质文化接触，就会故步自封，久而久之，文化就要凋敝；而文化不强，国家也将衰落，近三百年的历史就是最好的说明。

文化“走出去”，是文化自觉的集中体现。从19世纪后半期起，洋务运动、戊戌变法、辛亥革命、五四运动，都是因为接触了西方文化而催生的，但都是外国人或国人介绍进来的，包括马克思主义，也是俄国十月革命给我们送来的，我们是被动中的主动或主动中的被动。现在，六中全会《决定》提出：“实施文化走出去战略，不断增强中华文化国际影响力。”这可能是中华民族发展史上第一次把“文化走出去”提到全体国人的面前，是千载难逢的机遇。其根本的原因是经过30多年的改革开放，

中国的经济实力强了，我们的文化开始自觉了。

当前，中华文化“走出去”，还面临着诸多困难。一是现在西方文化，尤其是美国文化已经统治了全世界，中华文化别具一格，是个“例外”，常常被视为“异类”加以拒绝。二是西方对中华文化的偏见根深蒂固，动辄说我们在搞“价值观输出”（这本来是个伪命题，在此不详述），刁难、抵制层出不穷。这种情况一时难以改变。三是我们还不善于用外国人喜闻乐见的形式和话语，客观地介绍中华民族以及当今中国。最近几年，中华文化“走出去”的情况有所好转，一个突出的表现是孔子学院已经遍布五大洲的105个国家。西方评论说：这是西方主流社会能够接受的中国唯一的文化产品。这一经验值得认真总结，以便让它在中华文化和各国进行综合交流方面发挥更大作用。

中华文化“走出去”，自古就有，但那不是自觉的，是随着商品、移民或战争自然流出的。当中国积贫积弱，或在世界经济中没有地位的时候，即使自觉地向外介绍，也不会引人注意。现在开始自觉地向外走了，但还不是“大踏步”，只是“小碎步”。要想“大踏步”，还要走相当长的路，一是要等中国真正强大起来，中华文化强大起来；二是要学会“大踏步”。

文化交流大体有三个层次和渠道。第一个是政府间的交流，主要是因时、因地、因人（对象），围绕着国家间的利益进行。这种交流决定着国家间的政治关系。第二个是学者间的交流，这种交流学术性强，参与者寡，但却直插文化根底，接触彼此的价值观、世界观、伦理观，其影响久远。这种接触的成果可以观照文化的所有领域，真正了解对方的“心”和“根”。第三个是大众间的交流，也就是现在开始常提到的“公共外交”。商贸、旅游、留学、演出、体育竞赛等都属此类。

我认为，在这三个层次或渠道中，最重要的是第二个。因为学界的交流可以超越政治和意识形态；上可以影响各自的决策者，下可以影响大众，而且是在文化的根本上产生影响。现在，我们的情况恰恰是这方面薄弱。因为我们对自己文化的研究还不够深广，同时，研究文化的学者90%以上不能用他国语言进行交流，即使交流，也缺乏与异质文化交流的话语技巧和应对方法。这都是长期封闭的后果。最难的是第三个层次或渠道。在大众交流（公共外交）方面，现在参与的人不少，但是懂得或精熟某种形态文化的较多，了解文化与交流规律的较少。这是由于一般游客、文化工作者曾经受到教育体制的局限。

总之，在我看来，中华文化“走出去”是必然之势，实施“文化强国”战略，目前一个重要的任务就要把这件事摆到重要议事日程上，加大力量。但是，以前我们并没有做好相应的准备，因此，近年我提出了“固本强身，走向世界”和“小步快走”的想法。其意思是，中华文化“走出去”的速度可能决定于国家经济实力和在文化“走出去”方面投入的多或少；而效果的大小、影响的深浅，则基本上决定于我们自己的文化建设和研究的水平；有前一点，所以可以快，有后一点，所以只能是小碎步，不是我们不想大踏步，而是大不起来。一旦中华文化能够大踏步地“走出去”了，就意味着中华文化之身已经强健了；而“走出去”也会影响和促进“固本强身”。

对于中华文化和新文化建设的思考※

总政有关领导邀请我来讲课，我没有丝毫犹豫就答应了。这并不是因为我有多高的造诣，而是由于对部队的感情，对部队在祖国建设事业当中所承担任务的理解，当然，也有我对部队在文化建设方面所起作用的期待。这几点原因促使我一定要来。

下面讲三个问题：第一，文化在人类社会中的地位和作用；第二，当前文化建设的紧迫性；第三，怎样建设社会主义新文化。

一　文化在人类社会中的地位和作用

分讲四点：文化即“人化”；文化是人类认同的标准；文化是人类进步的标志；文化是人类最高的追求。

1. 为什么说文化即“人化”？

作为最高级的哺乳动物，人与其他动物的区别到底在什么地方呢？在长期进化的过程中，人化的水平是在不断提高的，至今也没有达到终点，而且可能永远达不到终点。未来还有多少年？不知道。现在我们有两个“不知道”：一是不知道人怎么成为人的。课本上都在讲人是怎样来的，说老实话，这些都是假设，得不到验证，即使挖出元谋人、山顶洞人也还不够，也只能根据他们的骨骼、牙齿或者身边的石头、动物残骸作些推测，剩下的全都靠猜想。而这些猜想是永远得不到印证的，因为环境没有了。二是不知道人类的未来。按照马克思主义的学说，人类的未来是建成

※　2010 年 5 月在总政直属单位文化艺术讲坛上的演讲。

共产主义，这也是假设，是推理。但是我们信仰它，我们坚信人类社会一定能走到更高级的地步，也就是中国古人说的大同社会。可是共产主义社会到底是什么样子，建成了之后，人又会怎么发展，还是不知道。第一个不知道是因为历史没给我们留下活生生的东西，第二个不知道属于必然，需要我们慢慢去知道，因为我们所获得的，只是相对的真理，绝对的真理还需要不断探究，而且永远也达不到“绝对”，这是马克思主义的基本观点之一。

先来说人和动物的区别。人和动物的共同点，就是生物性的要求。2300 多年前孟子就说过：“食、色，性也。”——这句话是孟子的弟子说的，孟子没有否认，所以也可以算是孟子的思想。食、色，这是动物的本性，连植物都知道。植物要吸入二氧化碳，要汲取地下的营养，雄蕊和雌蕊的花粉要合一，来孕育种子。食是为了本体的保存，活下去；色，也就是两性，是为了物种或种族的延续。这都是不用教的。所以孟子就说：“人之与禽兽也，几希。”人和动物的区别就是那么一点点。这一点点，就是千百万年形成的本质的区别。这区别就在于，我们有语言，我们会制造和使用工具。现在有人研究说鸟、大猩猩都有自己的语言了，但都是假设，没有得到印证。语言，从出现的时候起就定位是属于人类的。动物的发声只是一种生物性的反映。它的叫声没有含义，因此不能交流思想，不能作报告。人则因为有了语言，所以能交流，促进了思维的发展，形成了牢固的群体，人有了认识自身的能力。我们可以做一个试验：当婴儿稍微有点意识之后，你把他（她）抱到镜子面前，他（她）会伸手摸那个小朋友，他（她）不知道那是自己。你再把小狗、小猫抱到镜子前，它们的反应跟婴儿是一样的。等长大一点，婴儿就产生了自我意识，知道了那就是自己，但小狗、小猫就是到了 17 岁——相当人的 100 多岁，它也不知道那个影像就是自己。另外人还会反思，不是一般的思考，是返回自身和过去的思考。例如年轻人喜欢追问自己的人生价值，能够进行“自我设计”，这都是对自身的认识。这些加上有了语言，就形成了我们今天所说的文化。因此，文化是人跟动物的一个本质区别。有的学者干脆提出来，文化就是“人化”。

文化的最初形态是什么，还是不可知。我们只知道在原始社会人们就知道把贝壳用东西拴起来，后来能够钻孔就串起来，作为身体的装饰，后来演变成今天的项链，这是一种对美的追求。但是，佩带上它，他或她是什么心情？在一个部落里，或者没有形成部落，就是一个自然的人群里，别人看了之后什么反应？自己制作的，还是交换来的？这些疑问我们一概不知道，然而这些东西说明，人已经开始变成人了。人之为人，是从意识到"我"这点开始的。我经常要强调：文化是区别人和动物的本质特征，而这种"人化"，也就是文化，是不断提高的。可以说，文化的进步和人类的进步是同步的。人类有文字的历史，大概6000年。6000年前，在两河流域，就是今天的伊拉克，出现了苏美尔人。人们长期都不知道那里曾经有苏美尔人和苏美尔文化，直到19世纪破译了苏美尔的楔形文字，又叫钉头文字，这才了解了当时的一些社会状况。我们常说史前时期，就是指文字之前的时期。有文字可考的历史，最悠久的是两河流域，其次是埃及。而中国有文字可考的历史有3000多年，中国人最早使用的是甲骨文。有了文字，按照一般的说法就是进入到文明阶段了。先有文化，然后这个"文"彰"明"了。

语言促进了人的思想的发展。历来对于语言的定义，都说语言是思维和交流的工具，我把它颠倒过来了：语言是交流和思维的工具。语言因交流而产生，没有交流就没有语言，它的第一功能是交流。交流的时候一定要说话或者书写，书写的也还是语言，思考的时候就不一定是语言。例如此时我说话的时候，下一句说什么，没有稿子，并没想好语句，一下子就出来了。所以交流应该是语言的第一功能、第一动因。思考是在交流的促使下产生和发展的。不交流，一个人的思想提不高，所知的内容也会枯竭。因为思想的发展，人从原始人到现代人，社会从原始社会到了现代社会。几百万年下来，杨利伟们可以上天了，人类的进步多快啊！你再看看狼、老虎，人工驯养的马、骡、驴、牛、羊和家里的宠物，它们有多大进步？从人类开始有了文字到现在，只是人类历史上的一瞬间。可就是这一瞬间，因为有文字和语言，有思想，人类加速了发展。

我认为在人类的发展史上，有两个加速器。一个加速器是语言的形成，人会思维了，后来还发明了文字。这时开始，人类，包括人类的大脑加快发展。第二个加速器是公元前500年左右的轴心时代。这是德国神学家和哲学家雅斯贝斯提出的理论。他认为公元前800年到公元前200年之间，特别是公元前500年左右是世界的轴心时代。那个时期，人类的思维在加速，广义的文化也在加速，比较集中地形成了一批认识上的成果，那个时代的人们为人类的发展作出了巨大的贡献。贡献在哪里？从西往东说，希腊出现了苏格拉底、柏拉图、亚里士多德等一批哲学家。他们开始思考神的问题、人的问题以及人和神的关系问题，现在的问题、过去的问题和未来的问题。往东走，到了今天的加沙地带，巴勒斯坦，出现了亚伯拉罕。他创立了犹太教，也在思考生死问题，过去、现在和未来的问题。再向东走，中国出现了孔夫子、老子以及前前后后的诸子百家。他们同样在思考生死的问题，也就是今天和明天的问题，即今天应该怎样生活，最后走到哪里，思考人的身心问题，人和大自然的关系问题等等。再向南，相差几十年，古印度出现了释迦牟尼。他创立了佛教。轴心时代哲人所提出的问题和对这些问题的回答，基本思想是接近的。他们所提出的问题，至今还是我们人类思考的基本范畴；他们给出的答案，至今没有前进半步。但是轴心时代四个地方的发展很不一样，中东是游牧，中国是比较发达的农业，印度是畜牧和农业结合。因为交通工具不发达，这些哲人没有交流，即使在本地，也只是率领少数人去思考、去研究、去辩论、去实践。像苏格拉底在学园里面和学生辩论，孔子门下七十二贤人，受释迦牟尼亲传的也是少数人。那时生产不发达，人们整天忙于衣食住行，首先要满足“食色，性也”，知识难以普及，却出现了文化的高峰。殷周时代以后，又经过了2000多年，在西方出了个马克思。他汲取了西方有文字可考的所有文明成果进行思考，在继承中发展，提出最后人要走向大同世界。其实柏拉图的理想国、中国的大同世界、佛教的极乐世界都是这样的梦想，但都是朴素的、原始的、朦胧的。马克思论述人类发展的历史，认为通过生产关系的改变、生产力潜力的释放和人的全面发展，人类最后要进入高级社会，这是马克思在文化问题上里程碑式的贡献。

我们一定要牢牢地树立文化的发展的观点。在上课的这两三个小时里，中国的文化就正在发展，只不过这种发展是无形的，它要积累到一定的程度才变成有形的。从原始人到高度发达的人，从高度发达的人到有思想有学说的人，再随着生产力和生产关系的不断变化，农业时代、工业时代、信息时代一路走来，这些都是标记。而在标记和标记之间是有过渡的。这一点鲁迅先生在《写在〈坟〉的后面》一文中说得很清楚，一切事物在转变中，多多少少是总有中间物的。动植物之间，无脊椎和脊椎动物之间，都有中间物，可以说，在进化的链条上一切都是中间物。

这是鲁迅先生的发展变化的观点，人也是这样。人的两个趋向的搏斗，用鲁迅先生的《故乡》里的一段话就可以生动地说明。小时候跟他一起玩耍的长工的孩子闰土，等到年长了再见面时，叫了他一声“老爷”，鲁迅马上感到和闰土之间已经有了一堵墙了。当他要带着弟弟坐船回北京的时候，弟弟问他：“我们还回来吗?”引起他一番感想，他希望他的弟弟和闰土的孩子能成为朋友，“然而我又不愿意他们因为要一起，就如我的辛苦辗转而生活，也不愿意他们都如闰土的辛苦麻木而生活，也不愿意都如别人的辛苦恣睢而生活。他们应该有新的生活，为我们所未经生活过的”。这样，鲁迅把当时旧社会的中国人分了三类，一类如他，即鲁迅，为了新的生活不断地奋斗，因而要辗转南北，搞得很辛苦；一类如闰土，幼时在一起的朋友，至今仍然是麻木的，迷信鬼神，不知道反抗，不知道自己穷的理由；一类是有钱有势的人，放纵，堕落。恣睢的人也很辛苦啊，甚至比正常工作人还辛苦。三种人都是辛苦人，但是状态不一样，目标不一样，麻木者无目标，恣睢者的目标是个人的、一时的、短暂的，辗转者就是为了民族为了人类奋斗的。两个趋向的搏斗，其中一个趋向是为己，为己是动物性；另一个不仅仅为己，更重要的是为他，这才是人性。恣睢者需要用文化唤醒，让其回到正常的路上来；麻木者也需要用文化唤醒，让他了解今天的生活和明天的生活的关系、个人和集体的关系。鲁迅先生的有些观点，今天看来需要再斟酌，但是他的基本思想应该说是闪烁着中华民族智慧的光辉。人和动物相同之处是生存繁衍的物质基础，就是食和色。不同之处，中国人讲仁、义，西方基督徒讲究爱，爱的第一个对象是上帝，不管我们赞成不赞成，是否真实，这些是区别于动物的，是“人化”的。

在我看来，凡是过分地体现人的动物性，轻视和贬低“人化”的，都是违背了人类的发展规律的。现在社会上出现的淫秽、凶杀、欺骗、压榨乃至战争——这战争当然是指不义的侵略战争，不包括自卫战争——都属于这一类。昨天晚上，网上有一条消息，陕西一个民办林场幼儿园，闯进去一个48岁的村民，手持利刃，砍死了7名儿童和1名老师，11个人受伤，这个村民回到家自杀了。刚才在车上，我还和秘书说，我就想不通，这人心怎么啦?孩子不管是不是自己的，爱还爱不过来，居然能下手一刀砍死，连动物都不如。禽兽！这就是人的兽性。可是，我们很多的文化产品不回避这一点，起到了反面作用，例如一些暴力的影片和动漫。秘书跟我说，也是昨天晚上，网上报道一个学者访问了400个未成年的罪犯，都是重刑犯，有的拿起凶器对自己的亲人下手啊！问起原因，多数孩子回答是从电视上学的。我对现在的影视节目，牢骚比较多。警匪片作为警示，警告大众不要上当受骗，展现公安干警的英勇机智，这是可以的，但是全程地播、生动形象地播，其本身就成为了一种教唆。最近为什么连续在小学和幼儿园出现凶杀，就是跟报道学习的。

2. 文化是人类认同的标准

2000 多年前，我们的先人就说："物以类聚，人以群分。"人是社会性的动物，是群分的，而分的标准又不同。按照社会发展的脉络，先有部落，后来有部族，然后有民族，有国家，再扩大范围就是人种。在不同的人群当中，都有各自的文化。例如，在国外游览的时候，突然听到背后有东北话，或者上海话，你一定回头看，大家相对一笑，认同了。人以群分，要有相认的标记。这个标记不是头发、眼睛、鼻子。假定一个海外华人的后裔，不会说中国话了，到中国来，即使穿上唐装，但一说话就需要翻译，你马上觉得他不是自己的同类人，是个外国人。因而文化就成了一个民族的凝聚力和约束力。古人所谓"心有灵犀一点通"，这灵犀就是文化。

人的群分可以有不同的标准，最核心的是利益之分，像我们面对的个人、集体、国家之间的关系问题，国家和国家之间的关系问题。但是，最根本的群分标准还是文化。利益是一时的，飘忽不定的，例如中美关系，忽而吵起来，忽而好起来，好，好不到哪去，坏，坏不到破裂。政治的关系是一时的，当时欧洲的明灯阿尔巴尼亚，现在又如何？而文化之间的凝聚和认同，可以说是永恒的。

我们现在更多谈到的是文化的凝聚力，但我认为应该同时讲约束力。约束力体现在哪儿？体现为人伦、道德、伦理。这伦理、道德就是一种社会生活的规范、家庭生活的规范，是一部不成文法。在这个约束力当中，突出的是宗教信仰。小平同志 20 多年前批评我们的教育，说教育是失败的，精神文明这一手没有硬起来，我看这个问题至今没有解决。现在很多人信佛教、信基督教；信仰是自由的，但作为一个无神论的国家，无神论的政党引导的国家，还是应该引导更多的人信仰我们的主义。除此之外，风俗、礼仪、艺术、语言，都是一种凝聚力和约束力。我不知道现在年轻人出国后是什么想法。上世纪八九十年代，留学生中相当多的人到了国外之后，要家里给他寄中国音乐的磁带，特别点名要《梁祝》，要《二泉映月》。那时在留学生住的公寓里，常常可以听到《梁祝》反复地无数遍地播。他的一切思乡之情、对祖国的感情、对亲人的思念，都寄托在这些音乐的旋律上。这就是一种无形的凝聚力、约束力。

对于人群来说，最重要的是具有独特力量的社区。这个社区是社会学的意义上的，不是指居民小区或是村落，而是指的以某种标准聚合起来的人群。我们的军营就是一个社区，一所学校是一个社区，一个企业也是一个社区。社区文化，目前是全中国的薄弱环节，因为随着城市建设的发展，经过几十年甚至于上百年所形成的老社区已经被打乱。像北京的四合院经过“文化大革命”变成了大杂院，一个大杂院就是小社区，张奶奶、李爷爷对王家的儿子、孙子都有照顾，赵家的年轻人对张爷爷、李爷爷、王奶奶也很尊敬，这就是大杂院的社区文化。城市一改造，大杂院的人全分开了，每个人都住进“鸽子笼”，窗户外罩着安全网。一个楼的住户又不是一个单位的，住上三年，楼上那家姓什么、叫什么、在哪儿工作都不知道，这就形成不了一个社区的文化。这一点西方资本主义社会有经验，社区有人做慈善事业，做文化事业，再加社区和宗教教育结合，把他的文化渗透到每家每户每个人。我们现在过分强调八小时之外是自己的，无聊就上网打游戏、网聊。所以社区的建设要特别注意，“心有灵犀一点通”是一个文化认同问题。

中国人“心有灵犀一点通”的文化在什么地方呢？那就是中国文化当中的仁义之心。我的学生遍布好几个国家，藏独势力折腾时，他们自发组织起来，自己出钱租大巴，凌晨出发，开车四五小时，抢占有利地形，来抵制藏独。出国了，他乡遇故知，不管是否认识，一句中国话就拉近了彼此的距离。又如各位出访时，吃牛奶、面包、牛排、鱼片，大概三天之后就想吃馄饨、稀饭，这其实也是一种文化的力量，饮食取向也是一种文化。所以我曾经说过这样的话，孩子只要坚持跟父母吃中国饭，大概吃到10岁，中国心就留下来了，将来在外面也不会改变。这就是文化的力量。

3. 文化是人类进步的标志

生产力和生产关系的发展是人类进步的根本的动力，也是文化的基础。有了生产力的发展，有了一定的物质基础才谈得起文化。举例来说，在原始社会，人们是乱婚的，那时也没什么所谓的乱伦。后来知道，这样不利，于是形成了群婚，在一个群体里或者说一个未成型的部落之间，内部可以随便地寻求配偶，并且不是固定的。再后来，人们从实践中发现的，这种乱婚或群婚对后代很不利，于是形成了对偶婚。《左传》中就有“同姓而婚，其生不蕃”的话。研究证明，由于近亲结婚，达尔文家族大多数人都夭折了。《左传》记载，姬姓的诸侯娶妻子，绝不找姬姓的诸侯。这是对偶婚的遗留。社会进一步向前发展，由于生产力、生产关系的因素，财产继承要保证继承人血统的纯正，于是形成一夫一妻制。马克思也说过，一夫一妻制是人类婚姻生活发展的最高级阶段，是人性最集中的体现。

同时，文化和政治、政体、政权这三者有着极其密切的关系。虽然文化和“三政”都是经济基础之上的上层建筑，但是上层建筑之间，可以互相抵消，也可以互相促进。现在我要强调的是，文化当中的最高表现在大家看来可能是艺术作品的质量，这也不错，但是就其内涵来说，文化的最高表现是智慧。何谓智慧？就是轴心时代的那几位伟人所提出的问题：第一，人和人的关系问题，也就是个体对个体、个体对群体、群体对群体的关系。这群体放大到最大就是人类，缩小点就是国家民族。第二，人和天的关系的问题，中国人心目中的天是大自然，也就是人和自然的关系问题。第三，现在和未来的关系问题，用西方的神学语言说是“终极关怀”问题。个人走向哪里？人类最后走向哪里？第四，个人的身和心的关系问题。心也就是意识、思想，是主观，身是客观，在心之外。对这些关系问题的回答就是智慧，是文化最核心的东西。

文化和政治、政体、政权关系极其密切，社会上有很多论述。我想用哈佛大学亨廷顿教授的论述来进一步说明。他写了《文明的冲突》一书，遭到全世界学者的抨击，但他仍坚持自己的观点，至死不改。后来他又写了《我们是谁》一书。他认为，从历史上看，美国的特性涉及四个主要组成部分：人种、民族、文化记忆、意识形态。人种和民族单一的美国已不复存在。200 多年前，英国的清教徒，由于理念和英国王室不相容，受到压迫，于是就冒险乘坐“五月花”号，漂到了已经被荷兰、西班牙开辟的所谓新大陆。后来经过战争、谈判、赎买，美国的版图一个州、一个州地扩大了。当时美国的人种是单一的，就是英格兰的人。可是要发展，这样不行。美洲很肥沃，于是就有大量的移民先后来到这里。人种和民族单一的美国不复存在，四个主要部分去掉两个了，那么文化记忆呢？苏联的解体表明，在缺乏人种、民族和文化共性的情况下，意识形态的黏合力量是比较弱的。早在上世纪 90 年代，费正清就提出意识形态的黏合力是弱的。容我不客气地说，至今我们有的同志还没有意识到这一点，还想凭着意识形态凝聚整个中华民族。这样做有些时候是可以的，但长久了就显出它是比较弱的。以苏联的经验看，一旦上层发生变化，加盟共和国一个个地都独立了。而民族、文化和人种的黏合力要强得多。我们西藏的重要性、新疆的重要性就在这里。美国的办法就是重新振作国民身份和国家特性的意识，振奋国家的目标感，以及强化国民共有的文化价值观。它的国家特性意识，就是民主、自由、人权；国家的目标感说穿了，就是做世界警察、世界的领导、世界上唯一的超级大国，永远统治世界。海湾战争之后我访美，住在洛杉矶，有一件事让我很震惊。海湾战争美国打赢了，我从十几层楼上往下看，高速公路上的汽车一律在天线上绑一根黄丝绸条，车上坐的，既有白种人、黑人，也有黄种人。这就是一种国家特性意识。尽管美国在两伊战争期间有百万人游行，但说实话，在美国这是少数，多数是赞成打的，打胜了，他们心里是高兴的。当抓到萨达姆之后，在华盛顿、纽约的国旗店，国旗全卖光了。全城没有人通知，完全自动悬挂。我们挂国旗有时还需要小区居委会主任通知呢。千万不要小看这点。亨廷顿还说，“9·11”事件引人注目，象征着21世纪作为意识形态世纪和意识形态冲突世纪的结束，以及一个新的时代的开始。在这个时代，人们主要是从文化和宗教信仰的角度界定自己的。宗教信仰是文化的核心。他认为，美国现在的实际敌人和潜在敌人是宗教驱动的伊斯兰好斗分子和完全非意识形态的中国民族主义。亨廷顿的这两本书和他的文章，是美国历届总统、白宫制定国内外政策的理论基础。他还说过这样的意思：基督教文化和伊斯兰教文化必然要发生激烈的冲突（说这话的时候，还没发生伊拉克战争、阿富汗战争），但是基督教和伊斯兰教的矛盾是可以解决的，无法解决的是基督教和儒教之间的矛盾。他认为实际敌人是伊斯兰好斗分子，潜在敌人是中国，而最根本的问题就是和中国的矛盾。非常清晰啊！看过这一段，你再看看克林顿、小布什和现在奥巴马的一系列表现，看看太平洋战区司令的言论，就豁然而解，原来核心思想在这儿呢。他随时跟你“当面叫哥哥，背后掏‘家伙’”。但是今天的“家伙”不完全是武器，还有贸易保护主义，人权大棒，煽动藏独、疆独，等等，没事就给你挠挠痒，想要遏制你。所以文化和政治、文化和政体、文化和政权息息相关，只靠意识形态是不行的。智慧才是文化最高表现。

4. 文化是人类最高的追求

“仓廪实而知礼仪”，这是我们中国人的经验，是《管子》上的话；“温饱思淫欲”，这是老百姓都知道的话。这是说，当人们仓廪实了，小康了，就要引导，启发人们内心原来潜在的东西，去追求一个人的伦理观、价值观、世界观和审美观，合起来其实就是信仰。我对文化的层次有这样的界定：表层是物质文化，围绕着衣食住行的好恶取舍；中层是制度文化，即风俗、礼仪、宗教、艺术、制度、法律；底层是精神文化或者哲学文化。

中国的传统文化，基本上成熟于农耕时代。农耕时代人群的要求首先是生活要稳定，不像游牧生活那样逐水草而居，因为只有稳定了才可以在前人垦殖的基础上增产；要合力，原始的耕作独自一个人不行，独自一个家庭也不行；要积累，知识要积累，技能要积累，财富要积累，生产工具要传承，生产技术要传承，土地要传承，观念也要传承；同时，在艰难的环境里生产需要坚韧的意志，人们必须勤俭、勇敢、聪明，这些都是中华民族的文化基因。

我们的一些文化积淀是从经验中形成的，而不是神所告诫的。与此不同的是，西方的宗教根源是犹太教，犹太教派生出基督教，基督教又派生出天主教，穆罕默德汲取了犹太教、基督教的一些文化和启发，又创造了伊斯兰教。为什么亨廷顿说基督教和伊斯兰教之间的矛盾可以调解？因为他们都是一神论，他们的戒律是一样的，很多理念也是一样的。中国则截然不同。中华文化根植于农耕社会，人们的追求跟他们有质的区别。正是因为农耕社会的生活要合力，要和谐，人们养成了一种包容一切的胸怀。外来的宗教，如伊斯兰教、基督教、天主教和儒家、道教相容，这种情况在世界上少有，甚至可以说是绝无仅有。西方千百年来宗教战争连绵不断，至今世界上的冲突大概 90% 以上仍和民族、宗教问题有直接关系。我们不是单方面的宽容，因为宽容这个词是一种恩赐，是有条件的恩赐，如果你赎罪、认罪了，我就宽容你。我们是包容。包容是彼此通过长时间的接触、摩擦之后，互相学习、彼此尊重和适当“妥协”的结果。一个字之差，体现两种价值。主体文化的包容性是关键，对于我们来说就是儒家文化的包容性。各民族、各宗教相尊相融，共同创造和构成了中华文化，这是中华民族在这块土地上“超稳定”的原因。“超稳定”这个词是英国的大历史学家汤因比说的。虽然千百年来，中华大地上战争不断，动乱不少，但是比较欧洲来看，则是令人羡慕地稳定，绝大多数时代是统一政权，而欧洲分裂成那么多国家。汤因比 1974 年去世前（当时我们的“文化大革命”正如火如荼）说，中国有可能自觉地把西方更灵活也更激烈的火力与自身保守的稳定的传统文化熔为一炉，如果这种有意识有节制地进行的恰当融合取得成果，其结果可能为文明的人类提供一个全新的文化起点。历史学家看的不是一个时段，看的是几千年，他做出了这样的结论：如果中国共产党能够在社会和经济的战略选择方面开辟出一条新路（请注意，这个时候，小平同志还没提出来中国特色社会主义道路这个概念），那么它也会证明自己有能力给全世界提供中国和世界都需要的礼物。这个礼物应该是现代西方的活力和传统中国的稳定二者恰当的结合。对这个大学者的预见性和坦率，我们不能不肃然起敬。

二　当前文化建设的紧迫性

当前中国的文化建设处在这样一个环境里面：第一，中国社会的三个“转型”同时到来；第二，我们的内部，在文化问题上经过了上百年的迷茫和探索；第三，我们的外部，经受着“全球化”的冲击。文化的建设和发展是全面建设小康社会的必备条件之一，也是祖国统一的必要条件。

“三个”转型是指从农耕社会转向工业社会，从计划经济条件下以政治为中心转为市场经济条件下以经济建设为中心，从封闭转为开放。三管齐下，中国社会所承受的压力非常巨大。我们内部，经过洋务运动“中学为体，西学为用”，经过五四运动“打倒孔家店”，经过全面学习苏联，又经过“文化大革命”打倒一切，然后在这个基础上，突然改革开放，还没有做好文化的准备。外部呢？经济“全球化”冲击。所谓经济全球化的本质是什么？我认为到现在为止，仍然是西方发达国家剩余的产品、资本和技术向着发展中国家飘移，选择性地攫取最高利润额。中国积极加入 WTO，就是要改变这种格局，虽然是孤军奋战，但已经取得发言的资格了。这在经济上是一种博弈。文化上呢？我们不能不答应国外的电影、电视、书籍要进来，他的企业也要进来，企业是带着文化进来的。文化本来应该是多元的，但是现在世界文化基本是一元的，也就是美国文化占统治地位。每次出访对方问我有什么要求，我都说想到农村看看。我看到在非洲小山村的沙石路旁居然都竖着可口可乐的招牌，可以说无孔不入啊。到所有国家打开电视，全是 CNN。如果去西方发达国家，那几天宾馆就特意给我开通中央四台的节目，否则全是 CNN、BBC。所以，文化多元是很艰难的。但是由于有中国的存在，有中国文化的存在，所以美国人文化一体化的妄想坚持下去也会越来越艰难。现在他们开始意识到，中国可以学他们的技术和管理，但中国人的价值观恐怕改变不了。那么，这种情况下，中国文化要走出去，就看我们经济和文化强大到什么程度，我们是不是善于走出去。这是世界性的任务、历史性的任务。在经济全球化的冲击下，全世界的民族文化都处在危机之中。有的民族至今还处于原始状态，他们没有历史记忆，最早的历史是殖民者记下的历史，这种情况下，原始的文化很快就没有了。不要小看原始文化，原始文化有它的灵感，有它的美。例如非洲的手鼓、舞蹈、歌唱和雕刻，现在西方很多歌曲和绘画都从中汲取灵感。中华民族这样的文化，如果抵不住经济全球化的冲击，也会陷于危机。

发展文化也是全面建设小康社会的必备条件。小康的标准不是单指财政收入、个人收入等等。小康这个词来自于《礼记·礼运》篇。“大同”则是“天下为公”的理想社会。在大同社会里，“选贤与（举）能，讲信修睦，故人不独亲其亲，不独子其子，使老有所终，壮有所用，幼有所长，鳏寡孤独废疾者皆有所养，男有分，女有归。货恶其弃于地也，不必藏于己；力恶其不出于身也，不必为己。是故谋闭而不兴，盗窃乱贼而不作”。这反映了原始公有制社会的一些特征。对“小康”的基本要求也是这些，差的是“不必为己”。在小康社会里，人们还是要“各亲其亲，各子其子，货力为己”。为了维持这种私有社会的秩序，就必须讲求礼义，“以正君臣，以笃父子，以睦兄弟，以和夫妻，以设制度，以立田里”。现在党中央提出全面建设小康社会，文化建设是非常重要的一方面。我们在文化建设上要有更高的要求。党中央当前所采取的措施，我们的施政、亲民政策，也都是在向这个方向努力。

发展文化是祖国统一的需要。文化具有“纽带”的作用。一说起中华民族和中华文化，蓝绿两大阵营都有共识，包括绿营的一些重要人物都说，其实台湾独立不成，因为有共同的中华文化。马英九打破了几十年来由“总统”担任“文化总会会长”的惯例，辞去“会长”职务，让别人做“会长”，这是为了加强台湾的文化工作。怎么加强？第一，整合台湾岛内的文化力量；第二，进军大陆，要到大陆发展，由大陆走向世界，台湾要做全世界华人的文化领袖。那么打头阵的是什么？文化创意，进行两岸文化创意产业的合作。他们说，我们中华文化的资源太丰富了，不要说一部《二十四史》，笔记小说、民间传说里面的东西就多了去了，随便拿来一个做成动漫，都是可以走向世界的。台湾中华文化的特点，是已经"生活化"了。我曾三次去台湾，接触农民、教师，到普通人家里做客，发现大街小巷、大店小店、各种家庭的人，全是温良恭俭让，礼貌有加。至于电视上议员大打出手，那全是"秀"，只是极少数人。福建的领导到金门去，车队走在路上，前面两辆车追尾了，只见这两辆车的主人下来一起察看，两人嘀嘀咕咕说了几句，然后笑着握手、敬礼，各自开车走了。这个领导很感慨：这要是在厦门，这条路恐怕要堵半小时以上，甚至于双方要大打出手，恶语相加。又有一位朋友，在台北要去看望一位朋友，正在寻路，遇到一位女士。这位女士停下车问："你是大陆来的吧？你找哪儿？我带你去。"这位女士开着车，到了要去的路，但小巷在哪儿她也不知道了，于是就把车停下，跑到商店去问路。台北也是容易堵车的地方，瞬间百米长的车龙就排上了。等这位女士问完回来，后面已经排了几十辆车。但整个的过程中后面的车没有一个鸣喇叭的，没有一个站出来骂街的。我们呢？我们现在对中华传统文化的认识基本还停留在学者的圈子里，停留在课堂上。要想祖国统一，除了军事、经济的问题，文化上是更重要的呀。在签订了经贸合作框架协议以后，恐怕未来两岸文化教育的交流要渐渐成为主流。

三　怎样建设社会主义新文化

讲到这里，可以说水到渠成，无须辞费了。第一，要遵循文化发展的规律；第二，要发挥传统文化的巨大力量；第三，要抓教育，文化的破坏是从教育始，文化的建设也要从教育始；第四，是学习风气的问题，戒除浮躁，宁静致远。

文化的发展，要充分认识到经济基础和上层建筑的关系，上层建筑受着经济基础的制约，同时又反作用于经济基层。苏联的垮台、东欧的解体，都充分证明了这一点。没费一枪一弹，就是文化的问题，不完全是意识形态问题，也不完全是斯大林重视重工业、军事工业，对民生关注不够的问题。1960 年开始的三年困难时期，我们的经济基础非常薄弱，中国怎么没垮呀？"文化大革命"后期，国民经济处于崩溃的边缘，全国只有 12 亿（一说 2 亿）美元的外汇储备，那是很危险的啊！我们为什么没垮？为什么那么多社会主义国家纷纷解体，中国社会主义能岿然屹立？除了有小平同志的理论，有几十年建设的基础，还有一点，就是社会主义的理想，小康的理想符合中国人的理想，符合《礼记·礼运》所说的理想社会。也可以说，中国人的向往，与科学社会主义、中国特色社会主义有着潜在的、天然的同一性。

“文化就是生活方式”这句话所含的道理，在于强调创造来自于生活。文化的建设、发展要靠政府的推动，要靠创作者的深思熟虑，从而把我们的价值观、伦理观、审美观用艺术的、人们喜闻乐见的形式，不声不响、不贴标签，点点滴滴渗到人们心里，这就是文化规律。说教不是文化。另外，还要处理好“雅”与“俗”的关系。我有一篇文章《论民族文化的雅与俗》，在网上可以搜到，我在这不多说了。我的意思是搞高雅文化的人要注意俗文化，只有高雅的文化领路，俗文化才能提高。可是现在，似乎两家不搭界，俗文化没有引导，雅文化没有借鉴。周杰伦能写《青花词》，我们的词作者怎么就不能写呢？我们应该并可以比他写得更好，更优美。中华民族的文化不比不知道，和其他一些国家一比吓一跳！真是闭眼一抓到处都是资源啊！资源在哪里呢？在生活里，在书里。《全唐诗》中很多篇章都可以谱成非常优美的曲子。我也曾经倡导过，但却以失败告终了。

节庆是民族文化很重要的内容，是人们释放自己无拘无束感情的时候。像春节，对“春晚”我不置可否，我只是不看而已，播“春晚”的时候，我在读书。“春晚”的特点是强迫人们看东西，本来春节是一个自由的时间，一家人开玩笑啊、闹啊、吃啊、放炮竹啊，可是现在缺乏文化，就只能看“春晚”，演什么看什么。这且不说了，现在许多人喜欢过洋节，比如圣诞节。圣诞本来就是3世纪时一个神父假设的，连公元1年都是假设的，但我们的年轻人过得津津有味。台湾的龙应台写过一篇文章，她说中国的年轻人（指台湾的年轻人），过洋节就像是走路碰见一个祠堂，进去就磕头，磕了半天头，还不知道拜的老祖宗姓什么呢。这话说得很有道理。要有节庆，各年龄段的人都要借这机会欢快一下。我不赞成单纯提“释放”，应该说是一种表达，表达美好的感情。所以情人节可以有，现在不是很多人提“七七”吗？其实我早就提出来了；王维的诗：“红豆生南国，春来发几枝。愿君多采撷，此物最相思。”一首诗的力量真是无穷的。红豆为什么最相思呢？红豆，一色的中国红，心形，小而坚，不易腐。上世纪70年代，广东的朋友给我十几粒，我就献给我夫人，放在小瓶里30多年了，到现在也没坏。这些品质就像爱情，很难得，很难萌发，一旦萌发出来不得了，它可以千年不变。这样的诗谱成曲子，又雅又俗，谱得好了，会非常流行啊。再比如“慈母手中线，游子身上衣。临行密密缝，意恐迟迟归”，也可以谱成曲子。我相信如果在一个晚会上有些小孩子唱起来，或者海归们唱起来，绝对是催人泪下。现在也有人把王维的诗、李白的诗谱成曲子，但大部分不是很理想。我印象深刻的就是“翻作”的那张“旧船票”。

“雅”与“俗”的关系问题，就是继承和发展的关系问题。民族文化是在原有基础上升华、改造的，不可能从平地起，也不可能是外来的照搬照抄。中华传统文化经过千百年的过滤、锤炼，是民族的灵魂，是民族的标志，是民族认同的主要内容，是祖宗给我们留下的永不枯竭的乳汁。

《中国青年报》2009年2月5日有篇文章，说了这么一段话：在社会科学、自然科学技术和文学艺术等方面，还缺少原创性的富有震撼力的成就，中西文化交流，还多表现为西方的科学管理模式，各种思想、理论、学说和艺术向中国单向传播的过程。中国文化对发展中国家的影响，也无法与西方媲美。这段话很有道理。文化，特别是底层的文化，是一个国家的灵魂进步的标志。一个国家真正的强大，不在于外汇储备多少，也不完全在于有多少航母和歼击机，而是需要经济、军事、文化都强大。美国的强大，就是经济、军事加上他的文化穿透力。美国文化诉诸人的感观，刺激人的兽性，这是人最容易接受的。不管它好还是不好，美国在文化上是强大的。如果未来的中国在科学文化方面依旧重复以往学习和模仿西方的道路，国民就难以继续保持精神上的凝聚力、亲和力和向心力。至少真的“代沟”就出现了。以前我在学校做领导的时候，学生们让我谈“代沟”问题，我不赞成这个词，我认为不存在。不同的年龄段，不同的心理发展阶段，人与人之间都存在缺乏沟通的问题，要说“沟”，则处处皆是。但那时候学生的价值观、伦理观跟我是一样的，只不过表述不一样，取向略有差异。今天我承认“代沟”很厉害。这个“代沟”并不是时代之沟、年龄之沟，实际上是中西文化之“沟”。一旦这个“代沟”处处存在，家庭、社区、国家乃至部队，其凝聚力、向心力、亲和力都要减弱了。在纪律的约束下，在课堂上、连队里、会议上，他可以表态表得很好，但是心里到底怎么想，在没有领导、同事、同学的情况下他会怎样做，真是未可知啊！当然，在国家遇到特别事务的时候，全国上下可以奋然而起，显示出巨大的凝聚力，这也让外国人感到惊奇甚至害怕。但是一个国家的凝聚力、亲和力和向心力不能只靠突发的灾难，更多的时间是和平，是平平淡淡的生活，是衣食住行。文化建设太重要了，没有大量属于中国的、具有中国“知识产权”和“发明专利”的新思想、新观念、新技术和新艺术的不断问世，并对中国乃至整个人类的社会进程产生重大的影响，中国经济的提升和发展就会缺乏动力源泉、智力支持和消费市场。我们依靠文化影响力的提升来发展自己，是中国重新崛起的正确选择。此外，一个全新的共同的人类文化体系正在形成，中国文化应该为之作出贡献。

抓教育，就要抓教育的主要功能。现在，教育传授知识和技能，这是必要的；但是本质上，主要的还是要培育灵魂，也就是民族文化的保存、继承和创新。现在的教育忽略了这一点，家长们忽略了这一点，学生们也忽略了这一点。历史的经验值得记取啊。我们古代的学校，官学主要培养官吏，发展学术和文化主要是私学。私学培养了历史上大量的著名人物。孔子是办私学的第一人，中华民族的思想绝大多数是从私学里出来，然后变成全民族的。从我们全面学习苏联开始，传统教育就断掉了，现在回想起来，连课程的设置、上课的教法，都照抄苏联的。“文革”时期，学校停课，大学都停办。后来毛主席说“大学还是要办的”，但主要是指理工科大学。大学主要应该是作用于人的灵魂。昨天我给学生讲课，讲的是通过《说文解字》来看中国人的思维特点。其间我的思维跑远了，我说：200 多年来工业革命的成就是巨大的，改变了人类的物质生活条件，但从哲学角度讲，科学 200 多年来几乎荡然无存，发展的只是技术，只是工具，而且这种技术首先是发展军事的。科学是什么？科学不仅仅要研究物质，并从中归纳提炼出关于客观世界的思想，同时还要研究人的灵魂。五四的“赛先生”引进的不是科学而只是技术。

人类已经进入到信息时代，轴心时代提出的东西到现在依然如故。我在一个学术会议上讲到：人类再次走到十字路口，下一步往哪里走，恐怕由现在起就要准备；也许一二百年之后会再出现一个核心时代，智慧的人们结合今天的生产力、生产关系和自然的变化，再提出如何处理人和人、身和心、人和天的关系。从这个角度说，西方学术界的主流已经在质疑、批判、解构西方 300 年来的传统，其中有一部分人开始面向东方，从中华民族的文化中发现了极其可贵的东西。其来势之凶猛，远远大于 400 年前意大利传教士把中国的《论语》翻译成拉丁文之后在欧洲所引起的震惊和震动，而我们却并没有充分认识到自己传统文化的价值。

从轴心时代到现在，几乎不同的民族、国家乃至整个人类，到了一定的阶段或遇到了困难与灾难，都要有一次所谓的“回归”，即反思，从传统中找到文化前进的营养。文艺复兴本身就是回归，从祖宗的怀里再吸取乳汁，吸了乳汁自己长大了，但是已经不是原样的乳汁了，也不是原样的母亲了，文化创造发展了。沉下心来就会发现，中华民族和别的民族有共同的地方，像《古兰经》上说：当孝敬父母，当优待亲戚，当怜恤孤儿，当救济贫民，当亲爱近邻，当款待旅客，当宽待奴仆。《圣经》中说，当孝敬父母，不可杀人，不可奸淫，不可偷盗，不可做假证陷害人，不可贪恋人的房屋，也不可贪恋人的妻子、奴婢、牛驴，并一切所有的。所以说文化还是有相通的地方，只不过在基督教和伊斯兰教世界里，一切的学术，从文学、历史、哲学、社会学到自然科学，都是从上帝和安拉创造一切来发源的。一直到黑格尔，西方的哲学被称为神学的婢女，即“使唤丫头”。我在不久前的一篇文章里说：几十年来，如果说西方的哲学是宗教的婢女，那么中国的哲学不过是怡红院里侍候袭人的丫头，就是侍候婢女的婢女。我们的哲学应该来自于生活实践的总结和提高，他们的哲学来自于神。现在我们说文化走出去，是想增强我们文化的影响力，这也是世界的需要。因为西方人明确说，再照着西方的思想走下去，人类会自己毁灭自己，这就需要掺上中华文化。所以我想文化走出去的问题，是我们一切文化工作学者历史性的责任。

今天就讲到这里，请多指教。

问：在“美国梦”、“欧洲梦”之后，还有人提到了“中国梦”。参考中国发展的模式，如果这种模式是存在的话，它跟中国传统文化什么关系？或者说它跟“美国梦”、“欧洲梦”，有什么差异？

许：谢谢你的提问。和“中国梦”连在一起的叫“北京共识”，我认为事实上并不存在。中国现行的制度谁也不能克隆。因为小平同志领导我们走这条路，是深深根植于中国传统文化，又加上马克思主义的基本原理的。例如，中国共产党从没有私利，它代表的是最广大人民的根本利益，从1921年建党就是这个宗旨。在宣言上，在党章上，世界上也有不少国家这么说，但真正做到的只有中国共产党。另外，我们有马克思主义基本原理和中国传统文化结合的一套理论，这就是中国化的马克思主义。中国化的马克思主义的提法是毛主席先在上个世纪 40 年代提出来的，后来因为顾及第三国际，所以改提为“马克思主义基本原理和中国实际情况相结合”。这个谜底是 1978 年在捷克首都由当时的苏联专家以指责的态度提出来的。可以说，毛泽东思想本身就是马克思主义的中国化。小平同志提出来分两步走，让一部分人和一部分地区先富起来，然后先富起来的人和地区帮助其他人和地区再发展起来，最后走向共同富裕。这本身既是马克思主义又是中华传统文化，以至于小平同志说，“我是中国人民的儿子，我深深爱着自己的祖国和人民！”这便是中华文化，别人怎么学啊？他们只能学习形式。所以他们可以来学习，我也接待过很多团，就是来学习的。

什么时候，外国想学习人文社会科学和哲学的学生、学者愿意到中国来定居，做中国的学生、学者，那才是“中国梦”真有了。现在大概一个也没有。其实“美国梦”不过是淘金梦，我想从这一角度来说，各种“梦”都差不多，都着眼于经济。而“中国梦”目前在西方还是很小，偶尔做一做。当中国进一步发展，稳定繁荣，文化提高，我想那时候可能至少半个世界都要做“中国梦”了。虽然他着眼于经济，但是经济和文化是不可分的，只要到中国来，就要被渗透进中华文化。这不是我们侵略人、改造人、给人洗脑，而是人在不愁吃穿的生活之后，要大脑丰富。谁能丰富他？中华文化！所以你提出这问题，我平时真没想过，将来这倒是个题目，可以专门作个讲演。谢谢你啊！

问：您在第四届世界华文传媒论坛上向媒体透漏过，现在中国在 90 个国家建立了 300 多个孔子学院 260 多个孔子课堂。我想请问一下，在世界文化碰撞和融合的大背景下，中华文化和西方的文化作比较，我们的优长在哪里？我们的不足之处又在哪里？

许：这也是当前一个很严重的问题。我们的长处就是博大精深、海纳百川，多姿多彩。我们的文化形态，不管是诗歌、散文还是小说，讲和谐、讲爱、讲协商。我走了 70 多个国家，几乎人们都能接受，这是我们的长处。因为中华文化可以刨根问底，很多文化不能刨根问底，一刨根问底就是杀，就是统治，单纯讲法律，不讲德治。西方法律的源头是上帝口授的，是神谕，而我们的来自于生活，最能打动人。我们的弱点在哪里？不善于表达。这些年我们的宣传全是对自己人的说教。这就有一个话语体系转换的问题，也就是要用人家喜闻乐见的方式叙说我们的观点，这是非常难的。比如“天”，一般翻译成“主”、“神”或上帝，都不对，我们的“天”是天人合一的，不是人格神造物主。但是没别的办法，这是深层问题。我在不同的国家，面对中学生、老人和学者都作过文化的讲演，他们听了我的讲演，有人恍然大悟，原来以为中华文化就是舞狮子、踩高跷和京戏的变脸，原来不是这样。因为在外国，我转换了一种角色，用他们习惯的语言表达。如果我们的电影、歌曲、舞蹈等各类艺术，既有自己的特色，又能切合他们的欣赏习惯，我们的文化那真是插上翅膀，就会飞出去了。

在这里我还是要提“宁静致远”。2009 年 11 月，我在北师大成立了一个“人文宗教高等研究院”，但是没有运作，因为我要集中精力打造山东大学的“儒学高等研究院”，在那里担任院长，所以没有精力再顾北师大。现在我开始着手北师大这个工作，从 2011 年起招硕士生和博士生，他们不必为了能答辩写文章凑数占时间，主要是继续读书。读到博士，做一年的基本训练，可以送出国去，在那里继续读博士，读完博士不必回来，就是洗碟子也在那干三五年。干什么呢？了解人心，把握将来。将来介绍中华文化的时候，要能让对方听得懂、爱听、欲罢不能。现在已经有不少的海归，但是他们做不到，因为他们生活在大学或科学园区的圈子里，没有接触老百姓。我要求博士生要深入到社区，深入老百姓。你生活费用不够研究院给你寄，打工的钱你拿去喝茶，为的是接近生活、接近人民，必须培养这么一支队伍。现在派留学生，也是急功近利，想快点学好，快点回来参加建设，忽略了文化学习和深入生活。我不知道这个回答你满意不满意。

问：我们党历来高度重视军事文化，胡锦涛主席也反复强调，要创新发展军事文化。请问如何理解把握和创新发展先进军事文化？

许：我只穿过几天的军装，还不是当兵，是我的学生去军训，我作为学校领导人去检阅，在石家庄陆军学院住了三天，所以你让我说军事，实在难以回答。但我试着回答。

我想，新的军事思想也不能脱离了毛主席和小平同志的军事思想。首先我们军队的责任就是保卫祖国和人民的安全，因此战略布局上就不像美国。2008 年，我应邀访问了在夏威夷的太平洋战区司令部，他们的常务副司令接见我。在他的作战室，屏幕上显示美军的全球布阵图，中央司令部、欧洲司令部、非洲司令部，等等。他说他们的责任是保卫全世界。人家直言不讳。谁给他的这个任务啊？谁这么要求他的？上帝。看，又离不开宗教！因为《旧约》上说，以色列人是上帝的选民，上帝赐给以色列流着奶和蜜的土地。现在美国人说，美国人是上帝的选民，他的责任就承担全世界，爱全世界的人！其实还是为自己的利益。我们的军事思想，毛主席有个概括：人不犯我，我不犯人；人若犯我，我必犯人。这是传统文化的东西。现在的新军事思想，要以人为本，在部队就是要以战士、干部、指战员为本。还有一点就是要承担世界的责任。要保证600万平方公里的领海和960万平方公里的领土的安全，保证我们商船的安全和空中安全，这就是对世界的贡献。虽然直接为全世界做得还不够，但是我们在理念上已经升华了。一切可用的技术，我们都要学习，而且要自主创新。

新的军事文化内容非常丰富，不是三言两语能概括的。我们的军人要有文化，这文化不仅是会唱歌、会跳舞、会拉胡琴，这都是必要的，更重要的是怎么对待祖宗留给自己的东西，我们应该做什么样的人。我记得苏联卫国战争的时候，有的战士牺牲了，整理遗物的时候，在他军服上衣的口袋里，装着一本普希金诗集。当时战士冲锋时便喊“保卫普希金”，这就是保卫文化。什么时候我们的战士知道保卫杜甫、保卫屈原，那我们的战斗力就会十倍百倍地增强。

我只能用模糊的语言来将就着回答你，不知道回答得对不对，因为这个问题需要大家继续学习、继续研究。

献给民族复兴的心中之礼※

各位领导，各位专家，各位朋友，各位老师，各位同学：

时当严冬，又是爆竹声中一岁除的忙碌时刻，各位领导、嘉宾和朋友赶来参加北京师范大学人文宗教高等研究院成立典礼暨首届高峰论坛，并且提出了许多期望，给予了谆谆指导，我和我的同仁们、学生们的确十分感动、感恩。在此，我代表研究院，对各位表示最衷心的感谢。我还要特别对特意从海峡对岸飞来参加典礼的台湾朋友们表示热烈的欢迎！对来自日本、美国、韩国、新加坡的朋友们表示热烈的欢迎！你们的光临，是对继承、弘扬和创造中华文化的支持，是对有志于把青春和生命奉献给这一伟大事业的老师和学生的鼓励，是对中华文化必定再度辉煌的企盼。请允许我再次表达对大家的感谢！

研究院从提出构想到现在成为现实，用了两年多的时间。这期间，主要是在进行调查研究、反复思考、征求各界意见、确定研究院的宗旨和功能。应该说，时至今日才算有了头绪，才敢把各位领导和朋友请来给予指教。

各位领导，各位专家，各位朋友，各位老师，各位同学：

古往今来，学界的任何举措大多以当时的社会需求为旨归。近年来，社会对中国优秀传统文化的关注越来越密切，相应地，高等院校和研究机构纷纷成立旨在研究传统文化的机构。北京师范大学人文宗教高等研究院也是为顺应这一时代潮流而设，所不同的是，在院名中夹有“高等”二字。这是因为，当前比较紧缺的，是汇集海内外资源、为学者提供较好的研究环境、以培养未来高端人才、开展高端国际交流为目标的平台。我们

※ 2010年12月27日在“北京师范大学人文宗教高等研究院揭牌典礼”上的致辞。

冠以“高等”，就是想以此为己任，以此自励，为新时期的文化建设做些实实在在的事情。院名中的“人文”一词，我们用的是19世纪以来比较通行的含义，与自然科学相对应，即研究一般社会现象，重点则是文史哲和语言学等，实际上就是中华传统文化，而且要贯通古今。西方的人文学科一般是反对神学的，我们院名中标以“宗教”二字，是因为在人类历史上宗教与文化几乎同时发生，密不可分，宗教与人文并不是完全对立的，而是互相包含的，是互制、互补、互促的。宗教，在中华民族繁衍壮大的历史上曾经发挥了极其重要的作用，是中华传统文化的重要组成部分。在某种意义上甚至可以说，如果不深入研究中国的佛、道两教，就难以全面地、深入地把握中华传统文化。伊斯兰教、基督教和天主教先后传入中国，成为中外文化交流和相互容融的重要内容，绘出了中华文化与异质文化从相互冲撞到相互融合的精彩画卷，显现了中华传统文化的极大包容性。像中国这样，本土宗教和外来宗教千百年来鲜有刀兵相见，最终和谐相处的情景，在世界宗教史上是很罕见的。也可以说，不研究近千百年来外来宗教在中国的传播过程也难以对中国的历史做出准确的叙述，就会在构建和谐社会、促进世界和平方面显得乏力。人文学科与宗教学实际上有所重叠，在我们的院名中把“人文”和“宗教”相连，既表明我们所说的“人文”有别于西学对神学的排斥，也意味着我们注重研究中外的贯通与比较。

众所周知，中国大陆正在稳步地走向全面小康社会。我们所理解的“小康”，是中华民族优秀传统与时代精神结合的产物，是物质相对充足、精神相对高尚的社会。为此，中央早已提出经济建设、政治建设、文化建设和社会建设四位一体的战略。这一点，在正在制定的“十二五规划”中也将有重点的表述。文化建设，归根结蒂是民族的精神建设，是对传统的继承和时代精神的创造。三十年来中国大陆的迅速发展，正是传统智慧和时代精神迸发、中华民族精神创造的生动表现。我们有理由相信，在未来的岁月里，这一创造会继续构成新的辉煌。

现在，一系列重要的挑战和课题早已摆在人类面前了，对此中华民族同样无法回避。例如：如何解读在经济全球化、文化多元化环境中的民族文化现状；不同的文化之间如何沟通、相融；如何进行未来民族的和世界的文化建设，以使人们能在对物质的追求和对精神的需求之间取得相对平衡；如何在经济和社会发展速度和人文精神建设速度之间找到协调点；中华民族如何和各国人民为克服当前地球的种种危机而携手并进。对于中华民族来说，这些问题可以简约为这样一个突出而紧迫的问题：如何使优秀的中华传统文化和时代精神结合？

现在，越来越多的人意识到，经历了无数艰难苦厄的中华民族，每当遇到险阻或居安而思危时，都会回首历史，重温古昔贤哲的智慧，从中找回自信，汲取塑造新时代精神的营养。同时，前人的经验告诉我们，欲承继历史的遗产，固然可以接续刚刚过去的年代或过往的某一阶段，但是，最重要的还是追溯到创造中华民族精神主干的时代。这并不是要回到古初，而是要看清楚民族文化基本定型时的智慧，并沿此而下，洞察中华民族文化演变、发展、挫折、兴旺、衰微、交融的过程、规律、经验和教训。不但中华民族需要如此回顾，西方的学者和神学家也在做类似的努力，例如“轴心时代”这一概念的提出、《圣经》的一次次重新被诠释以及后现代主义等思潮的接连出现，就是这一动向的反映。而要做到这一点，就需要为学者营造一个可以潜心涵咏、沉静深思、坐而论道、辩难切磋的环境，就需要培养大批功底深厚、甘于寂寞、知行合一的年轻学者。中华民族传统文化之河浩瀚深邃，无与伦比，尤其需要学人献出毕生的精力，刻苦为人，殷勤传学。

毋庸讳言，自工业革命以来的近三百年，“欧洲中心论”盛行，包括中华文化在内的许多民族文化都被视为原始、蒙昧，因而在“世界中心”那里一直被不全面、不透彻地介绍，甚或被自高自傲者有意无意地加以扭曲。至今，研究中国文化在欧美还属冷僻之学，图书刊物上难得一见中外学者研究中华文化成果的论著。概言之，欧美至今仍未摆脱“中心论”对其正确对待其他文化的负面影响；研究和了解中国的历史和文化，并非这些国家人文社会科学学界和一般民众关注的事情。当然，世界上一直有一批坚持客观、冷静、科学地看待和研究中华文化的学者和政治家，而且现在越来越多的人认为，中华文化中的许多内容，诸如“和而不同”、“天人合一”、“己所不欲勿施于人”等观念具有普遍价值。在当前呼吁尊重文化多元、不同文化间应该互相学习、欣赏、吸收的声音越来越响亮的语境下，作为中华民族的子孙，我们理应承担起和世界各国的汉学家共同向西方世界、向其他几大洲介绍中华文化的责任。这绝不是什么“价值观输出”，不是施展意在改变对方的“软实力”，更不是强加于人，这只是对人类文化多元化应有的平等的追求。世界需要不同文化的对话，需要中华文化参与对人类危机的挽救和对未来的思考和探索。我们清楚地意识到，没有多元文化之间的和谐平等，就没有世界和平；要促进和维护世界和平，就需要政治家之间的对话、学者之间的对话、公众之间的对话。在这三个层面的对话中，学者之间的对话是关键性的，公众之间的对话是决定性的。因为学者可以“下学而上达”，公众手里捏着选票。为此，就需要大批能够对话、善于对话的人才，所以人文宗教高等研究院把培养可以在国际学术和教育领域驰骋的学者作为努力的重点之一。

出于对祖国、对人类现状和前途的观察和忧虑，出于学人自赋的、天然的历史责任感，北京师范大学和兄弟院校以及国外的一些学者和宗教界人士，发起和鼓励我们成立人文宗教高等研究院，大家的美意就是出于我在上面所讲的种种原因。感谢北京师范大学领导的理解、共鸣和胸怀，坚决而积极地支持这一倡议，及时做出了成立研究院的决定。

综合言之，基于世界文化的状况和中华文化的处境，人文宗教高等研究院给自己定位于“三高”：培养高端国际型人才；进行高端国际交流；组织开展高端研究及其成果的出版。在同类研究机构中，我们是最年轻的成员，我们要向大陆、台湾、香港、澳门以及各国的相应机构和学者学习，要和大家紧密合作，这是研究院建设和发展道路上的当然之义。真诚地希望学者们今后不断赐教！

各位领导，各位专家，各位朋友，各位老师，各位同学：

中国正在教育领域进行改革，改革的目标之一是培养数以千万计的创新型人才和各个领域的杰出人才。改革是一个较长的过程，同时还要有社会人士的理解、支持和社会观念的变革。人文宗教高等研究院的成立，在一定程度上对体制和机制进行了改革的试验。研究院的运行，既有学校领导的指导、帮助，又有许多热心于振兴中华、弘扬中华文化的企业家和热心人无私无偿的、实实在在的支持，使得研究院拥有了更大的财务自主能力，因而可以在上述几个方面和在更大的范围内发挥作用，可以在“三高”方面多做一些事情。

在奉送给各位的研究院简介里，印有研究院的院训——昨夜我才知道，其实在文件袋的两侧也印上了。我们自创的这一院训有别于一些大学和学术机构的校训或所训，所指出的不是既定目标，不是所奉行的核心精神，而是全体师生的行动准则。其文为：

感恩敬畏，
人皆我师；
安居论道，
奋起行之。

这16个字也比较全面地反映了我们办院的理想和宗旨，请允许我在这里稍作说明，以便学界各位朋友给予指导和监督。

现在可谓是一个忘恩并失忆的时代，一个“无所敬、无所畏”的时代。鼓吹个人至上的结果，是让人忘记了自己生活在一个极其复杂的社会网络之中，忘记了个人所取得的一切成绩都是天地、社会、历史和他人的恩赐加上主观勤奋的结果。忘恩则无义，无义则拔一毛以利天下而不为。孔子说：“君子有三畏：畏天命，畏大人，畏圣人之言。”自古民间也有畏鬼神、畏人言、畏王法的传统。我们生当繁荣与危机并存的时代，也应该有今天的“三畏”：畏“逝者如斯”，生命短促，唯恐碌碌无为；畏有负国人之望，不能报众恩于万一；畏不能成为振兴中华伟大事业的精英，有愧子孙。无所畏则必无所敬，无所敬则无所不敢为。一个不知感恩、无所敬畏的人是个可怕的人；一个不知感恩、无所敬畏的民族也将是个可怕的民族。我们研究院是受先哲之恩、国家之恩、师长之恩、善者之恩才得以成立的，研究院的师生是站在前人的肩上继续攀登的。可以说，是否能从内心意识到并且时刻记住这一点，是每个人能否有所成就的前提。

孔子说：“三人行，必有我师焉。”我们说：“人皆我师。”这是因为，现代人创造了“反面教员”这一概念，能够更为辩证地认识环境、人我一体，只要勤于思考，无人不可以给我们以启发和鞭策。要永远“学如不及”，永远豁达、谦逊，好学、深思，这是今日学人急需的品德。

如果说“感恩敬畏，人皆我师”偏重于自外而内的刺激与鞭策，那么，“安居论道，奋起行之”则是自内而外的生发。“安居”，是借用的佛家惯用语，或称“坐夏”、“结夏”、“解夏”，即所谓“行心摄静曰安，要期在住曰居”，用于院训，是要师生们安心静修，一心治学，并非禁其外出，坐禅忏悔。在当今浮躁遍地的世风中，强调排除名利之虑、意气之争，唯学是务，唯道是求，太重要了。“论道”，原是道家常用语，但这里“道”之所指则包含了世俗和学术层面的规律和道理。以人为师是行中学，坐而论道是学中行。孔子尚且说“朝闻道，夕死可矣”，我们师生若能“安居”而论道，而得道，则其乐可知。或者反过来说，如果不能“安居”，一心以为名利之“鸿鹄”将至，“思援弓缴而射之”，就不会享受到人间这种最高的乐趣。那将是“枯坐”，是死学，于人、于世、于己都无所补益。

中国人做学问最讲究知行合一。知行合一，就是把学问和修身合一，把所学与践行连接起来。教师不能在学生面前是一套，换个环境是另一套；学生不能把所学只当作谋生的工具、获取更多名利的阶梯。要知则行之，信则行之。要努力做到“动心忍性”，“养吾浩然之气”，养我“天爵”；要懂得“身不行道，不行于妻、子。”因此，研究院师生要关注社会，关注人民，关注人类，要洞知世界的大趋势，要避免钻到蜗牛角的尖尖里。作为“行”的一种形式，研究院除了要朝着“三高”努力，还要公益性地向社会普及人文宗教知识。我们在“行之”前面加了“奋起”二字，是因为只有发自于中，才会“奋”而行之，才是一种主动，一种自觉，一种习惯，一种人品。

我真诚地希望研究院现在的和未来的师生，都能既言且践；要永远记住，在我们背后时刻有着在座各位领导、师长、善者，以及国内外无数关心者的眼睛在看着我们，我们应该时时如临渊履冰，我们唯有把研究院真正建设成“三高”的平台，于国于世界有所贡献的平台，人人践行院训，成为不忧、不惑、不惧的学者，才是对所有关心我们、支持我们的人们的最好报答。让我们不停地努力！

各位领导，各位专家，各位朋友，各位老师，各位同学：

研究院揭牌了。它现在还只是一棵幼苗，甚或只是一粒种子。我深知社会的期盼、朋友们的厚望，深感责任和压力极大，但是我相信，研究院一定会成长得茁壮。我愿和全体师生一道浇灌它，扶植它，让它开花、结果。

作为一名有着 51 年教龄的教师，我在此时此刻可谓百味俱陈。已逾古稀，既然从实职位置上退下来了，我需要，也本可以用从容和潇洒缓解几十年来累积的疲劳。因此当我形成这一构想时，受到了疼爱我的家人、朋友和学生的坚决反对。但是，渐渐地，他们又都转而支持我了。因为他们对我要为中华民族的兴盛献上也许是最后一份心中之礼的理解，对我一生以“得天下英才而教育之”为乐的同感，胜过了他们对我身体的关爱。谢谢我的家人，谢谢尊敬的各位朋友，谢谢可爱的学生们！

为了表达我和我的同事们“感恩敬畏”之心，也为了表达我个人对所有支持我们的领导、朋友的感激之情，现在就请我担任院长的北京师大汉语文化学院和人文宗教高等研究院的硕士生、博士生，向曾经给予我们关怀和支持的各位贵宾献上鲜花。

感激！感恩！

谢谢！再次地谢谢！

传统节庆文化的重振及其现代价值※

我说一说我小时候的故事：我现在记得非常清楚，过春节的时候，当时家里也是经济不富裕，首先请出祖宗的牌位，是一位木制的木龛、木牌，上面写着什么因为当时幼小已经不记得了。不管上面有没有尘土，父母亲都要非常恭敬地把它擦拭一遍，恭恭敬敬地放在八仙桌最里面的正中供着。之后我们从大姐开始一个个过去磕头，拜完以后父母亲坐在八仙桌的左右，我们再给父母磕头。这时候平时慈祥的父母也变得严肃起来，要对每一个孩子说几句期望的话。虽然现在几乎过去了将近 70 年了，但是在我心里种下的种子始终就没有消失。

因此，在我的父母都过世了，甚至我的姐姐们都过世了之后，当我知道家乡的祖坟由于年久开始塌陷，一个远房的哥哥要把它重新修建。我得到信息以后，因为行动不便，就委托我的部下到那里去协助我的远房哥哥。但是今天我们不太提倡土葬，所以远房哥哥的后人就提出来，应该随着时代的变迁，重修之后不要起坟占耕地了，应该深埋，我表示支持。我让他转达远房哥哥说：祖先在心里，不一定起一个坟，占一块地。我想我对这件事情的处理，就是由于幼小的时候在我心里种下了种子，后来明白了的四个字——“慎终追远”。这时候是过春节，也跟凌峰先生说的和台湾情况差不多，拜天拜地，还要拜祖先。

在我走进社会之后，我刚才盘算了一下，大概是多年的中秋节几乎都不是在家里度过的。因为大家都知道，在“十一”国庆节之前秋高气爽的时候，这正是出差开会的高潮，而且也是我率团出访的高潮，所以有几

※ 2010 年 6 月 16 日在西安“中华民族七大传统节庆文化论坛”上的讲话。

次的中秋节是在别的洲渡过的。清晰地记得的是前几年我率团访问外国，那天刚好是中秋节，我说也好，让我在高空中看一下中秋节的月亮。没有想到我在飞机上从窗户上往外看，看到的月亮，很小很小。因为它缺了大气层的折射和放大。大气层本身是一个凸面镜，所以中秋节的时候我们在地面上看到的圆月是放大的，真正到万里高空看，其实很小很小。当时在我脑子里蹦出来了“月是故乡明”这首诗。那个时候公务在身，我必须在这个时间出发，但是心里总有一丝丝惆怅之意。我想这就是中秋节，从古至今，在中华民族游子身上所唤起的感觉。

重阳节不是中国传统的节日，但后来慢慢地在民间形成，特别是近年来把它创造性地定为“老人节”，其实还不如称为“尊老节”。我在中国民主促进会接尊敬的前任主席雷洁琼先生的班之后，每年重阳节都要把民进中央的老人，当时都是80岁以上的，而雷洁琼先生已经过了90岁了，要请到高处。其中一次晚上请到了香山，老人们非常高兴，在这里向他们报告一下中国民主促进会的状况和工作，听听他们的意见，祝福他们健康长寿。后来由于老人们身体一年不比一年，在这样一个秋风之夕，再带他们到郊外去登高不合适了。记得有一次我提出到世贸大厦的旋转餐厅，这里也是高处。我当时提出这个建议的时候有一点出人意料，但是马上被我们领导积极接受了。我想这就是由我领头又重温了九九登高的传统，其结果完全符合民间赋予重阳节的意义。这些事情有很多很多我就不多说了，我用三个不太成为故事的故事开头，就是为给我下面说的几个问题做一个铺垫，也是自己在生活中的感悟。

作为一个学者，容易在文献中讨生活，这是必要的，是理性思考的基础。可是如果我们对这样的存在于广大民众生活之中，活在民族心理当中的活生生的一个事物，仅仅停留在文献的考据和论证上，还是不够的。所以，我想我在这样一个场合——文化促进会的论坛上，还是谈把理性和感性结合起来，把这个感悟渗透进去和大家交换。我讲三个问题：

第一个问题，“七节”在扩大传统节庆的社会意义在哪儿？

我非常赞同葛剑雄教授所说的，它实际上是中华民族核心的价值、信仰的一种解释。也就是说每一个节庆基础都是民族的基本理念，但是它的社会意义就在于用这些理念作为家庭（古代扩大到家族）、社群彼此认同、共同参与、相互沟通和融合的一个时机和场合。而经过历史演变，这些节最初的原始来源可能被人慢慢淡忘。昨天我也谈到，实际上文化与传统是三个系列，作为本土来说有雅的系列、有俗的系列。在雅的层面，也就是精英的层面，对它的原始来源有清醒的认识；到了俗的一面，往往接受的是形式和内容，而基础往往容易淡忘，但是淡忘并不等于丢失，只是百姓日用而不知而已。这是借助保存在广大民众中的节日来体现它的祈求。

现在地球变小了，华人遍布世界各地，因此我们对社群的认同应该用社会学的角度看。对于中华民族来说，最大的社群就是全世界的华人，包括台湾、香港、澳门以及欧美的唐人街，还有分散在唐人街之外的所有华人。因为社会生活是以家庭为单位，今天的社会人员流动也非常大，彼此都在一个城市生活但可能一生也接触不到，可是人的本质又是一种社会性的，他需要过群体生活，需要跟自己小的生活领域之外的人接触，那么用什么来接触呢？到超市去彼此见面，因为不认识连一个招呼都可以不打。而通过节庆走出家庭进入社群，可能在元宵节的灯下，在唐人街的舞狮狂欢中结识。特别是中华元素在国内也许体会不到，但如果到了国外，这个时间（端午节）集中体现中华元素的文化，所有参与的华人都有一种归宿感、一种欣慰，这其实都包含了求福求合的理念。我们的学者谈到"节庆是文化的一种符号或者是载体"等等都对，可是我不大用，因为一般老百姓理解不了符号学的意义。

第二个问题，中国节庆它的诞生、形成和传承的特点。

第一个特点，我们这些"七节"都形成于农耕时代。像刚才翁女士所说的，我们的节庆实际上暗含着春夏秋冬，我和她有一点不同的是我认为春节是冬天的节日，清明节是春天的节日，端午节是夏天的节日，中秋节是秋天的节日，也就是说我们节庆的周期刚好是农耕社会农耕生活的一个周期。从文字上说，"年"这个字本身就代表着农耕的收成，从甲骨文金文到小篆都体现了。因此在《春秋》上或者是《左传》上有"大有年"，何为"大有年"？就是这一年是丰收。所以过年是庆丰收，预祝明年的丰收。"节"是节气的简称，二十四节气是互相间隔的，一节一气一节一气，因此准确地说我们有十二节十二气。中国的二十四节气是根据太阳定的，是阳历，但是现在我们把它当成是农历了，其实是根据阳历定的。二十四节气的制定出现完善大约是战国末期。为什么？因为这是根据一年的耕作，根据一年天象和气象的变化归纳出来的。古代的农民没有手表、没有日历，靠的是每年皇帝发出诏书，在皇宫前公布这一年的立法，规定哪一天是清明、哪一天是谷雨、哪一天是立夏，都给你定好了。农民就根据这个时间该播种的播种，该收割的收割。现在就用节气的“节”字来命名，我们后来称之为节，是很晚的事情，从前就叫做上祀、清明、中秋。中秋又叫重秋，因为夏历的七、八、九月是秋天，八月刚好是秋天当中的一个月，是中秋。“节”是辛亥革命以后才叫的，为什么叫节呢？我想上个世纪的贤者们也很聪明，就用节气的一个“节”代表，“气”就不好了，“中秋气”、“清明气”就不好了。

那么在农耕时期什么最重要？吃最重要。像凌峰先生今天说的小时候穷，恐怕他的穷还比不过春秋战国时期，以至于两汉南北朝，在时而战乱时而平静耕作中间的苦。所以能够天天吃好的是不可能的，但是过节的时候奢侈一下吃点好的总是可以的。因此我们小时候也是，盼春节吃点好的，还有穿新鞋换新衣，常常一年的新衣服就是一次，要穿一年的。这些都围绕着衣食住行，这是农耕社会最起码的要求，也是相当奢侈的要求。

今天社会不一样了，仍然围绕着吃，对绝大多数中国人来说，包括海外的都不是问题了，没有了吸引力。但是我觉得过节的时候吃的元素不能丢，但是不要把它变成中心，变成主要的来提倡。为什么？我想注入一个内容，就是让人们不要忘记农，不要抛弃了我们祖先从农耕社会走过来的历史和足迹。我虽然不是一个文艺家，但是常常也有文艺家的狂想、遐想：我就希望将来春节也好，八月十五也好，提倡一种在这一天吃团圆菜的时候，都吃老祖宗吃过的东西，不要吃鲍鱼、鱼翅、石斑鱼。石斑鱼是近代海业发达了之后才知道的，是海洋的东西，我们就吃农耕时代的东西，而且提倡以素为主。这样有利于健康，更重要的是让人们记住、怀念和敬畏农耕的时代。

为什么要这样？无工不富，无商不活。今天是一个工业化、商业化的时代，但是在人类的历史上，只有农耕社会人和人之间才最亲密，人和大自然才最亲密，只有农耕社会才创造了人类的最高智慧。为什么这么说？儒家的思想，也就是孔子继承的夏商文化，到周代明确提出了“仁”这个概念，“仁”的外在表现是“礼”，他的思想体系，他对人际、人天关系、现实和未来关系的教导，至今仍然在影响着、指导着所有中国人的生活。

释迦牟尼也是在印度进入农耕社会之后，要摆脱婆罗门教的制度，求众生平等而创造了佛教。他所提出的对客观世界的认识和对主观世界的认识，以及主观如何和客观协调，就解说为涅槃，至今仍然影响无数人的价值观和生活。希腊的哲学，至今影响着西方整个世界的理念，甚至影响到它的自然科学，至于哲学、文学、文艺就更不用说了。但单靠希腊的哲学是不行的，这时候在巴勒斯坦地区、迦南地区、加沙地区出现了犹太教，由犹太教派生了西方所有的宗教，包括基督教、天主教、东正教，乃至后来的伊斯兰教。基督教的思想和希腊哲学的结合，形成了后代所谓的西方文明，并且仍然指导着现代西方社会、西方人的生活。本来犹太人是游牧民，但是希腊进入城邦时代，已经是畜牧业和农业的结合，当二者结合的时候，两河流域，包括再扩大一点叙利亚、埃及、尼罗河周边地区已经进入到农业社会。

中国人的智慧同样是农业社会形成的，因为农业社会第一次生产了可以供当下消费之外的一点结余，因此有人有时间观察和沉思来创造文化。所以手工业的发达也是由于农业，因为腾出劳动力来了。农耕社会每一个生产环节，每一个生活内容无不与土地、天地有着密切的关系，稍一疏忽就可能造成农家或者一片农地的颗粒无收。例如至今还流传的“山戴帽雨滔滔”。山上一片晴空，突然来一片云雾把山都包住了，意味着这个地方要下大雨。如果这个你不懂，你在外面晒麦子，一夜之间就可能被泡，到手的就丢掉了。所以农耕社会和自然关系的密切就是这个，因此我们应该对农耕时代这段历史感恩。

昨天段市长在他发给我们的册子上，他的致词里面有一个“敬畏”，我很欣赏这个词。我们对农耕社会所创造的智慧，农耕社会给我们历史所铺垫的道路，要怀着敬畏之心。现在是工业化时代，又说是信息社会、后工业化时代，就中国来说现在仍然是一个工业化时代。创造财富靠工业、农业乃至服务业，但是没了农业，第二产业、第三产业全会灰飞烟灭、无以生存。即使进入了工业社会，无论从人类的文化传承还是对人类智慧的追求，今天能生活下去，能创造我们的事业，能写我们的文章，都要对“农”字抱着一种感恩和敬畏的心情。这一点我相信只有在中华当下文化当中才能看出一点点的痕迹，在西方社会一点痕迹都没有了，这是很宝贵的。

第二个特点，我们的节庆出于生活，是生活经验的凝聚。比如过大年，没过 15 天就是元宵节，固然像我们《纪要》上所说的“这是新的一年里第一次月圆”，但是更重要的是后代赋予了它一个过年结束了，一切社会生活、家庭生活应该走进正常的意义。我记得小时候过年，母亲过年之前要做很多很多菜，大菜和小菜，要蒸很多很多的米饭，蒸很多很多的馒头，因为淮安南北交界也吃面食，那时候没有冰箱，就放到院子里的缸里冻上；正月十五之前不能动刀、不能动剪。大了我才明白，这种忌讳是什么意思呢？主妇劳累一年了，趁着这个阶段让她休息休息。至于考虑到餐馆的学徒回家探亲也是一个理由，但主要是为了家庭主妇妈妈们能够歇歇。它来自生活，但这也不能老是歇，所以划一个界限，元宵节就是过年结束，一切回归正常。

比如端午节，为什么小时候家门前挂艾草，甚至佩戴艾草，还有香包。我作为男孩子也学会了，缠丝线，弄一个小珠子挂在身上，里面弄一些香料。其实是原始的祛瘟免疫，因为夏天到了，中国这时候传染病容易流行、容易感染，同时从芒种开始，农耕就开始忙碌起来。端午之后不久就是夏至，在这之间是很劳累的过一个端午节，算是农忙当中暂时歇息。作为从前的大户人家、地主也得给雇农、佃农一点休息时间，为的是下一步的夏收，那可是要命的劳动，所以这些都是来自于生活。

还有中秋，中秋了应该是北方黄河流域庄稼要开始收获、入库了。明年一年生活的所需到手了，就要歇息一下，也要自己慰劳自己一下。同时农耕社会并不是没有人口的流动，特别是知识分子和商人，这个时候也到了收获季节，避免在外面过冬都要回家。因此，人们把这个节都作为一个团聚节，刚好月亮是圆的，家里也团聚，可是又回不来，因此八月十五的月亮最能引起当时诗人、文人的相思。所以在唐诗宋词里面都有，文人最怕秋天听到窗外捣地的声音，就是傍晚棒槌打石头。知道自己出来漂泊几个月了，天渐渐寒冷了，人家在家住有妻子到河边洗衣服，要换上暖衣、夹衣，而自己在外寒风瑟瑟的离家还有千里，这时候写的诗非常动情。所以进入丰收季节而祈祷明年的富足与家人团聚和不能团圆的思乡一起迸发，我想苏轼的“明月几时有，把酒问青天”就是一个很好的体现。但是他只是想到他的兄弟，由此可以放大从而看到一切文人望月思乡的感情。

再说清明节。在春秋战国一直到汉代，农民在春夏秋的时候是住在野外的，称为庐，就是今天所说的搭的草窝棚，到了秋天之后要回堡，就是城堡，在那里过冬，如果等到春天再来就再入庐，到自己的地头去。清明刚好就是大地复苏的时刻，需要入庐了，而庐离祖坟最近，要耕作，要忙起来不能再看老人家了，后来就形成了扫扫墓的传统，当然也有清明踏青，这都是后来形成的，踏青是跟扫墓走的。这里面也有误解，像“清明时节雨纷纷，路上行人欲断魂”，这跟扫墓没关系。“欲断魂”好像想到祖先了，不是的。古代说“行人”是走长路的，为什么“断魂”？天仍然寒冷，又雨蒙蒙，越是这种萧瑟的时候、寒冷的时候越能想到家的温暖，但是还要“行”，所以“断魂”。“借问酒家何处有”是为了取暖，“牧童遥指杏花村”也不是山西的杏花村。古代的村边种枣树和果树，而杏花恰好是这个时候开，所以是有杏花之村，有杏花就有人家，有人家就有卖老酒的。

重阳的时候天高气爽，为什么要登高？即使是欣赏秋景，也是感到万物的萧疏。已经被人们忘记的是这时候离天最近，是怀着对天的敬畏来登高的。所以，我想不必多举，这些都是来自生活，有着很明显的道理。离开中华民族这个领域，很多的洋节来自于神启，是上帝告诉你的，不是当时的人民从生活当中概括提取的，有的是来源不明，有的是明确在新旧约和圣徒所写的东西中有明确的记载。这一点就体现了葛先生说的我们的核心价值是什么呢？一切都是实事求是，从生活中总结，我们靠的不是上天摸不到看不见的东西，这是我们节庆的核心。因此它的信仰是唤起内心的德，是人应该追求的第一需求，精神的提升。

第三个特点，“七节”中的每一个节都深深地受着文化三大支柱的影响，就是儒释道的影响，都体现了核心价值和根本的信仰。为什么说受到儒释道的影响呢？例如我们过大年，腊月二十三是小年，要祭灶，“上天言好事，回宫降吉祥”。从前还要把以前的灶王爷像烧掉，重新请回一个新的。我不知道陕西是不是如此，一直到我们江北，好象江南也有，就是用麦芽糖，所以我小时候老盯着贡品。为什么是麦芽糖？用糖可以把灶王爷的嘴封住，想汇报坏事说不出来了。灶王爷是道教的神灵。至于说年前的扫房都是儒家的，在《礼记》上都有记载。所以，今天如果我们研究，不要拒绝这些，实际上在形成“七节”的过程中是有着佛道儒的深刻影响。

第三个问题，我认为现在的节庆文化，缩小到“七节”，都面临着严峻的挑战，这就是在农耕社会所形成的节日如何适应当前的社会。

第一点，当前尤其需要宣传、普及、深化“七节”在人们生活中的作用和影响。因为当前这个时代，自人类进入文明社会以后，也就是有文字记载的社会以后，是人与人、社群与社群之间最为疏离的时代。通信的发达人和人反而疏远了，这个时候虚拟的世界以及便捷的通信网络，不能代替面对面、手拉手的情谊，特别是城市现代化之后建立了新的社区、居民小区，大家都关在铁笼子里，彼此之间首先是防范的，而不是亲近与信任的。这个时候通过节庆发挥家庭和社群之间的认同、参与、沟通和融合非常重要。所以我一直提倡、呼吁重视社区文化，当然最大的社区，像北京市 1700 万人是一个大社区，我所说的社区是一个小的社区。因为过春节的时候北京即使有很多的庙会也形成不了社区。当一个社区一起过节的时候，在海外华人常常这样，彼此就沟通了。没有小社区的沟通和融合，就很难有跨社区的沟通和融合。在这一点上是西方优于我们，他们有很多的具有法人资格和没有法人资格的 NGO，以及有教区，我们没有这两项。所以这个时候用节庆不乏是一种重要的补充和挽救。

第二点，当前的全球化和信息化，对各个民族的传统文化都有灭顶之灾的冲击，我们不能抗拒全球化，也不能拒绝信息化，应该主动迎上去投入到里面，为我所用。但如何让节庆能够成为在全球化、信息化过程中人的精神、信仰和心灵的丢失与追回之间的平衡，节庆可以起到很大的作用。

例如，现在清明节由于交通的问题，大家工作都很忙碌，开始出现了网祭，应该允许包容，应该对进行网祭的网民提供方便。但是亲自到墓地上去，或者停放骨灰的地方去擦试一下、默思一下，这和在网上几秒、几分钟就献祭一下就完了还是不一样。我想网祭是不得已而为之的手段，至于其他也要逐步的出现新的形式替代节庆，都是靠网络。网络是一个好东西，但是在人与人真情的沟通、人与人心与心的契合上，恐怕还是有局限。但是到底怎么办？说老实话，我们现在也只能是提出问题，这个问题应该靠大家锲而不舍去研究的。文化促进会、陕西文化促进会都有这个责任，如何面对全球化和信息化，让我们的节庆做的更好。

第三点，要逐渐地引导和恢复中华民族的信仰内涵，注入新鲜的时代内容。很重要一点就是在节庆的时候我们要宣传，对于大自然、对于先哲、先圣，对于自己的祖先保持一种敬畏，要让年轻的人们知道没有这些就没有自己。刚才凌先生提到他拜祭的时候，祭天祭地祭人。天地人三才，过去曾经遭到过严厉的批判，现在又快变成了口头禅，但是我认为把“天地人”定为三才这个功劳应该归董仲舒，这是了不起的智慧，这个我就不展开了。天是无知的，地是无知的，但天和地是有生命的，无天无地就没有人，没有人就没有己。“宁静致远”，想的远一些，想的古一些，想的大一些，这个道理不难明白。所以要怀着一种敬畏之心，这是前提。如何在节庆里面注入这样的内容，既不能靠政府发布通告，也不能只靠我们学者大声呼吁，要不断地创新节庆的形式和内容。

第四点，在“七节”的形式和载体上能够不断地创新。再扩大一点说，节日也不是不可以创新。比如九九重阳后来定为老人节就是创新。再比如定的教师节，教师节是每年 9 月份的第二个星期天。当时我也是提倡教师节的参与者之一，但是主要是叶圣陶老先生他们那一代率先提出的。台湾的教师节就是孔子的诞生日，每年的 9 月 28 日，日子是传统的，定为教师节是人为的，不过更自然一些。不管两岸的节日能不能统一化，像这些已经被全民认可。现在就在那一天老师看病优先，坐汽车优惠。但是能不能变成“拜师节”，提倡曾经做过学生的人们尽可能的去拜望老师。这些都是可以敞开的，解放思想来创造。

再例如七夕，我曾经提出过建议。我曾经设想，现在每年可以从西南地区的深山里搜集到原生的红豆种子两万多颗，再加上人工培植的，因为现在用激光可以让坚如磐石的红豆发芽。我们就以“红豆生南国，春来发几枝。愿君多采撷，此物最相思”，王维的这首诗，再配上一些歌唱七夕，歌唱爱情的唐诗宋词，在全国报纸上公布之后征求，然后进行评比竞赛，找很好的歌手来唱，最后是创作大赛、演唱大赛。通过这个活动，“红豆生南国”选出一个上口的曲子，再用三四首爱情的歌曲在全国普及。现在不能离开商业，商业是可以促进节日发展的，只是别想从节日里面索取。

例如商家收购了红豆，我就用不锈钢打造一个胸针，到那一天卖，附上一个红豆的说明。年轻情侣买上一个送给你的情人，如果有人觉得我身价很高，买这个东西送人家要扔掉的。那好我用白金周围镶上细钻，里面就是一颗红豆，附上一个红豆曲子的光盘，一个非常好的朗诵家朗诵的诗，标价 120 万，中档的几百块、几千块，甚至可以做戒指，给女孩子佩戴上。到七夕的时候我们商家可以举行金婚的庆典、银婚的庆典，白发苍苍的上去讲述他们的爱情故事。再有年轻的情侣互赠红豆，大家一起“红豆生南国”，搞几年就深入人心了。虽然七夕是一种神话，但是是我们农耕社会祖先对美好生活的追求凝聚出的神话。我问过年轻人，你买玫瑰花这情人节是怎么来的？不知道，没有来由。自己老祖宗有来由的不过，我想不怪年轻人。人家有一个载体就是玫瑰花，必须有一个载体，有一种形式，让他的感觉在这里面得到释放和表达，他自己就把你当成节了。所以我想这些都是可以破除迷信的。

刚才我问段市长曲江有没有三月三，他说有踏青。围绕着踏青宣传古今的佳作诗，在这之前先让电视台、电台买节目、买时段。我插一句话，山东大学的校长某某先生，今年9月1日起新生入学以后，他在新建的一个26层的大楼上修了一个钟表，同时用高价买了一个低音的功率很大的播音器。他从9月1日起每天播放一曲世界名作音乐，每天播三次，365天播放不停。他说我让我的学生四年里在这里享受到一千多首世界名曲，什么话都不说，这四年过去了，这些孩子对文艺欣赏的水平提高了，我说你这是润物细无声。我们的节庆踏青节也可以，踏青还环保，但绝不能攀折柳枝，不要简单挂一个牌子，要告诉大家折柳是用来送别的，大学送别才折柳，“柳”和“留”是谐音的，这不是不吉利嘛，把这个一放就没有人折了，谁自找晦气。

我们的节庆必须在形式上要考虑到今天年轻人的需要，年轻人的爱好，对他们进行引导，必须要有一个载体，把诗作为唯一载体的时代已经过去了，继续在诗上做文章，在粽子、元宵、月饼上做文章，这个节庆会越做越暗淡，越做越离现代人的心越远。

第五点，也是一个倡议，希望文促会联合其他的社会团体和学者，不懈地争取把“七节”也可以联接上一些政治节日，像国庆、五一、教师节，尽快地能进入到小学课本正式地讲授。在他刚刚启蒙的时候种下对节庆的正确的理解，而且建议老师把春游、秋游和清明、中秋结合起来，在活动中讲述他曾经听过的关于节庆的课程内容。我想未来的孩子们也会像我、凌峰先生一样，这时候种下的种子到年纪大的时候会开花，最后结果。这个果就是葛剑雄先生所期盼的，在节庆中间重新唤起我们的价值观和信仰。

开掘汉字文理　探究现代表现※

目前在国际上出现了小小的汉字热，为什么我加一个附加语“小小的”？六十五亿人口，现在学习汉语的才几千万，而单一个中国，学习英语的就有两亿人，可见，汉语还不够热。原因很多，也很复杂。关于汉语和汉字难学的神话，弥漫在全世界。

汉语真的难学吗？对我们汉族人来说，不以为然；在我国少数民族地区进行双语教学的时候，孩子们也没有反映难。为什么外国人学起来就觉得难呢？原因也很复杂，例如，汉语和许多语言不是一个语系的；同时，“蛇”形文字写惯了，要看方块字——二维的字，总觉得是看图画。我想，有没有我们教学不得法的问题？我们在汉语环境中教中国人教惯了，换一个语言环境，一个外国小孩子，每星期只有两个小时学汉语，一下课就是他本民族语言的环境，原有的教法不适用了，有没有关系呢？设想在这种情况下，如果我们学印度语、斯瓦西里语、日语，难不难呢？当只给你两个小时的语言环境，其他都是汉语环境的时候，学外语难不难呢？关于汉语难，也是如此。可见，关于汉语难、汉字难的神话背后有假象。应该用我们的教材、教法以及教师的水平，把这假象剥掉，让它的难度降到学习任何一种外语的那个水平，而不应该在所有的难中突出汉语、汉字，使它变成世界上最难学的。

有“形”有“意”，使汉字成为世界上一千多种文字中极少数的可以成为一种艺术的文字之一；过去我们注意汉字的“表现”，就是书法。今天，在科技发达的时代，汉字的表现能不能用其他的方式？这完全可以从汉字本身去研究：

※　2011年6月28日在首都师范大学“汉字认知与表现研究中心”成立仪式暨学术研讨会上的讲话，发表于《光明日报》2011年12月30日。

第一，汉字的表现，不应只停留于“形”所表示的意象或具象，还要深入开掘汉字里面的义理。汉字的系统和中华文化一样，包含着或者说受控于中华民族的哲学理念。例如，现在人们常说中华文化的特点是“天人合一”，汉字的构形是“近取诸身，远取诸物”，这八个字贯穿于所有的汉字，包括简化字当中。取诸身，取诸物，本身表达的就是天人合一。肢体的“肢”，最初就是一只手拿个树杈子——树枝，表现的是“树”上的那个“枝”；当看到自己也像树一样长着“枝”的时候，于是就用来称自己的肢体、四肢。为了区别，左边加“木”，就是树“枝”；加个肉“月”，就是“肢”体。这就是“远取诸物”。“物”和“我”是同一的。树有“梢”，古称为“杪”，在汉字上体现为“末”；树有根，我们称为“本”，口语里说“树根”，至于在人身上的根是什么呢，“脚跟”。一个“木”，一个“足”，部首不同。这种情况俯拾即是，若能对汉字这样做出宏观观察，则天人合一，同胞物与，都体现了。

第二，希望能够和现代的手段相结合。既要挖掘、体现汉字最古老的义理，还要跟最现代的手段结合，不能拒绝现代声、光、电等技术。

第三，和我们的基础教育结合。小学六年，识得 2500 个汉字是大纲的要求，能不能三年完成呢？怎么样能够缩短识字的阶段？事实上，有些孩子上幼儿园的时候，就已经能认 1000 多字了。虽然现在也有很多儿童达到了这一步，但那是由于特殊的家庭环境和社区环境所造成的，还不是普遍的。如果从“认知”科学上取得成就，体现在义务教育的教学里，是可以做到的。这样的话，孩子们写作文、看书，就会普遍地超过现在的水平。

第四，希望能和“汉语走向世界”结合，转化为我们每年派出的 7000 多名志愿者和教师从事教学汉字的基本技能。今年我们计划要派出 8000 多人，大概到后年，每年到世界各地教书的老师和志愿者要超过一万人。同时，我们每年还要在中国和其他国家培训一万名各国本土教师。人数虽少，不过两万来人，但是他们是中华文化走出去的先头兵，直接作用于各国社会的底层社区。这种景象是 60 年来我们未曾遇到的，也可以说是中华民族发展史上从未有过的大好时机。

传承中华辞赋在当代的意义※

尊敬的马识途先生，尊敬的东东副署长，①尊敬的闵会长，尊敬的各位名家、大家：

确如东东署长所说，今天是群贤盛会；我注意到还有一些年轻朋友与会，应该说还是少长咸集。东东署长给我打电话，让我来参加辞赋高峰论坛，我觉得这是非常有意义的事情，就答应了。她送给我两本《中华辞赋》，我从头到尾看了。看了之后发现，我答应她来冒失了，因为我不是这方面的行家里手，胆怯了，不敢来了；但是话已经说出来了，只好兑现。

刚才听了东东同志的吟诵，真是别开生面的开幕词：讲完开幕应讲的话之后，又声情并茂地背诵了《岳阳楼记》，这本身就是一种不言而言，是对会议的期许，也是对辞赋事业的激励和她自己的表态。我还能说什么呢！但我还是想说句真诚的套话：祝贺高峰论坛召开！预祝高峰论坛圆满成功！

我之所以答应东东同志来，是出于这样的考虑：辞赋这一古老的文体，在今天有着特殊的意义。辞赋在汉代的确成为过主要的文体。赋者铺也，铺陈，歌颂或讥讽盛世。今天文学形式多样化了，似乎古老的辞赋可以不要了，但我不这样看。在今天辞赋还有它的意义。除了文学功能等的继承，文体也可以靠着当代词人与时俱进，由此还可能创造、衍生出一种新的文体。此外，我还想讲这么几点：

第一，辞赋，写作和吟诵出来让大家看，让大家听，可以帮助人们冥

※ 2011年5月29日在“首届中华辞赋北京高峰论坛”上的讲话。

① 李东东，现任新闻出版总署副署长。

思。因为它不是白开水，而是陈酿，需要而且应该慢慢品味，这种浓烈醇香所引发的沉静可以抗争现在社会的浮躁。今天的人太需要读书了，太需要思考了，也太需要想象了。现在的有些文章、诗歌出手很快，可是有时读第一遍不知所云，读第二遍更不知所云，第三遍就不想读了。一个社会读不读书、思考不思考、有没有想象力，不仅仅是文人的事，也是社会的事，是一个社会能够持续向前进还是在前进一段之后就原地踏步，甚至是在前进一段之后又不得不后退的关键问题。

大家都知道，党中央、国务院一再提倡学生们要独立思考，要有创新意识。创新是一个人在其综合素质基础上所迸发的在想象上的欲望，没有综合素质、想象的欲望（或曰冲动）和习惯，是不会有创新的。辞赋作为中国古代文学中的一朵花，可以感染一些人，吸引一些人，培养他们读书、思考、想象。要做辞赋，不读书是不行的，缺乏想象力是不行的。我看了咱们《中华辞赋》上的一些大作，可以看出背后读书的功底和丰富的想象力。

第二，今天的文艺形式多种多样，文学的形式也多种多样，辞赋的存在和显现也给文学添一道风景；同时，面对着今天中国诗坛上的情况，拿出来辞赋佳品，是不是免得有人说此朝无好诗，或者盛世无诗？

如果辞赋和辞赋的写法通过刊物，通过各位大家、名家的传播，能在一定数量的人群中流传开来，我想也可以爽社会之耳。在一片嘈杂喧嚣声中，不好说都是高山流水，至少像东东所吟诵的《岳阳楼记》所表现的那种情怀，是不是可能在一定范围内影响到当代诗歌，甚至影响我们写文章，包括写学术论文？站在赋坛之外从事教学的人常写学术文章，更多的是读别人文章。鲁迅先生早就说过，学术文章也可以写得活泼有趣，包括自然科学。今天我们读人文社会科学文章，如果对该学科没有特殊爱好，有时实在读不下去，不仅仅是行文的枯燥，而且八股已经侵袭了学术领域。总之，有辞赋一体在，大家读了以后，或者可以开其他文体的写作新风。辞赋作者当然也不能或不会亦步亦趋地跟着两汉赋家走，特别是现在文字规范化、电脑化，更不能像司马长卿或者其他人写赋那样用怪字、僻字。古代刻书，任何形状的字都可以刻出来；现在电脑里一般无法显现怪、僻字。至于说到南北朝的骈赋，后来的律赋——当时甚至是作为文人的必修课，我们也不必学。我看了《中华辞赋》，严格地说，并没有固守古代辞赋的规矩，这很好，守那个规矩就把我们捆住了。但是辞赋的有些东西我们还是要紧守，因为它符合规律。我看《中华辞赋》上的作品，首先是辞赋的行文、措词、修饰跟汉语规律相符。首先讲究平仄，平仄就是抑扬顿挫，是诵读时的起伏。同时有韵。刚才休息的时候我和闵会长讨论，我说现在有些诗没有韵，有的人喜好这个，但我有时候读不下去，觉得没味道——萝卜白菜，各有所爱。但既然是写赋，就不能不注意这点。另外，中国诗文讲究节奏，其实就是唱歌的节拍。为什么刚才我说会影响到我们写普通散文式文章呢？古人的文章读起来抑扬顿挫，有节拍；现在常常不讲这个，可看而经不起读。这和中国人审美观有关。再如，即使不是骈赋，也讲对仗。对仗跟楹联一样，跟人长两只胳膊、两条腿、两个鼻孔一样，具有对称的美。声调延伸，像东东署长吟诵的时候，“吾谁与归？”声调有所延伸，这又有一种声韵的美。

第三，古代辞赋和中华民族的观念有关。特别是到南北朝，赋兼用骈，这是历史的继承。中国人历史观念特别强，借叙古事今事而抒情。庾信《哀江南赋》用蔺相如、毛遂出使完成使命的故事来反衬自己出使受侮，用申包胥、蔡威公国破痛不欲生来说明自己沉痛的心情。如果直白地写，可能没有这种因含蓄而深沉的效果。庾信同时表达了这样的意思：这种遭遇不是由我开头，自古就有；我既是使臣，遭到这种命运也没什么奇怪。像古赋的这种手法，我们不能照抄，但是可以适当运用；我们也不一定用《汉书》、《后汉书》中的典，我们当代革命传统里头很多事情都是可以入赋，以激励人心的。

第四，辞赋还有一个更重要的作用，就是本着“诗言志”的古老传统，透过对事情的叙述、对情的表达，以及意的直抒来反映我们的时代。在中华民族历史上，当今恐怕是前所罕有或未有的伟大的时代，也应该是英雄辈出的时代，自然也应该是诗歌风起的时代。但是很难说我们的时代还有诗。所谓“有诗”，是指今天的诗五十年后、一百年后、一千年后还能印在选集上，让那个时候的子孙吟诵。辞赋的创作和传播可以起到继承传统、发扬传统、歌颂今天的效果。可能产生出流传后代的作品，就像《岳阳楼记》这样的作品。

我刚才听了东东署长的吟诵，大家的热烈掌声已经表达了对她吟诵和这种致辞方法的支持和鼓励。如果她吟诵的是自己的作品就更好了，意义在于更好地彰显我们已经继承传统了。由这点我又进一步想，请闵会长和其他常务理事考虑，辞赋学会能不能来一次吟唱集会。大家朗诵自己的作品，当然也可以朗诵前人的东西；面对的都是同行，都是辞友，可以有适当的动作、手势，也可以用方言吟诵。从前我们前辈读诗的时候都是“吟”，吟时其实都是用方言的，于是形成了诸如湖北调、安徽调、江西调。如果这样的话，可能更能激发大家的情智，到时候我一定会来欣赏、学习。这样，辞赋可能更容易传播开来。

我再次对这次高峰论坛表示祝贺，也对辞赋学会前景提出个预期：祝越来越兴旺发达！

谢谢！

用长城之美唤醒中华传统文化的基因※

我们中国长城学会举办的以《长城与民间保护》为题的首届长城论坛大会今天正式召开了。这可能是长城学会成立以来举行的规模最大、到会代表最多的一次大会，也可以说是一次研讨长城问题的盛会。我看了一下参会代表名册，几乎长城沿线地区都派代表来参加大会了。这个说明了什么，说明我们长城沿线地区的政府和民众对老祖宗给我们留下的宝贵文化遗产更加重视了，更加热爱了，这是一个良好的开端。今天到会的200多位同志代表着长城沿线热爱长城、为保护长城付出了辛劳的广大民众。在此，我代表学会的领导对你们多年来在研究长城、宣传长城、保护长城方面做出的突出贡献表示衷心的感谢。当然，由于长城年代久远、沿线过长，再加上沿线的经济不发达，民众还没有完全脱贫，所以，无论是自然的原因还是人为的因素，对长城的破坏还时有发生，有些地方甚至还比较严重。这都需要我们在大力宣传保护长城的同时，想办法发展长城沿线的经济，老百姓的温饱问题解决了，生活富裕了，人为破坏长城的事情就会消失了。还有就是我们的学者在对长城研究上深度还不够，学术成果还不多。这里面有许多因素，其中有一条就是，我们研究长城的专家、学者都分散在各个高等院校，力量分散，没有形成合力，知识也比较单一。这样的状况说明我们国家无论是在高等院校学科的设立上、教授职位的设定上，还是教学内容的安排上，都还有许多工作要做。

我本人在高校教书49载，虽然20多年来先后担任过各种领导职务，但是，我一直没有离开过教书这个讲台。我深知目前我们的教育体系、研究体系还存在一些弊端，我也深知身在其中的教授们、研究者们，在这样

※　2008年12月1日在“首届中国长城论坛开幕式”上的讲话。

一种体制和机制下，自己即使对学术有浓厚的兴趣，有很深的造诣，要想在某个问题上深入研究下去，并且取得学术成果是十分困难的。我事先了解了这次研讨会，各位专家所提出的论文题目，研究的范围很广。大家在相当艰难的条件下，在没有资金支持的情况下，完全凭着一己之好，凭着对长城的热爱开展活动，这种精神是十分可贵的。如果我们继续扩大对长城的保护范围，加强保护的深度，还需要不断努力，这是我要说的第一个问题。

第二个问题，研究长城，不仅仅有长远的学术意义，而且也有着很强的现实意义。几年前，我就提出一个口号："让雄伟的长城走向世界，把古老的长城留给子孙。"这是一个我们大家应该共同努力、共同奋斗的目标。刚才我已经说了，长城在世界上的知名度是很高的，怎么还说让雄伟的长城走向世界呢，这是因为，据我了解的情况，所有来登长城的外国友人，他们只看到了它的雄伟、美丽，只是发出感叹：在没有现代化运输工具的年代里，中华民族的祖先，在如此艰难的条件下，怎么建成的长城？他们由衷地赞佩中华民族的勤劳、勇敢和智慧。而长城的内涵，由长城所延伸的开发现代人心智的东西，几乎没有外国人想到和理解到。所以，每当有外国国家元首登上长城之后，我在宴请他们的时候，就借机宣传他们没有想到的一面。所有听过我讲解的外国政要都跟我说，你一讲我们就明白了，甚至有人开玩笑说，你应该跟我们一起去登长城，给他们当解说员。我并不是研究长城的专家，但是以历史主义的眼光、从哲学的视角，来审视我们所熟知的长城，确实就能够使我们认识到长城的意义远远超于它的实体。外国人不了解是由于我们的导游解说和我们的宣传不到位。不到位的原因是由于旅游公司和管理部门对长城的伟大意义和深刻内涵理解得不够。而旅游公司和管理部门的水平不够，又是由于我们学者研究的成果还不够丰厚。

说到这里，我就可以切入我要说的第二个问题的主题，即它的现实意义。长城在历史上争论很多，基本是一个负面形象，这从孟姜女哭长城传说就开始了。现在中共中央和我们国家的领导人，大力倡导构建和谐社会，促进世界的和谐与和平，而长城又是一个战争的工事，这怎么能和促进和平画等号呢？其实，长城正是中国力求和合，推进和谐的物证。首先，长城是防御工事，而不是进攻的工事，它不是坦克，不是导弹发射基地；其次，它保护了在当时属于先进生产力的农耕文化，而农耕社会在人类文明的发展历史上，是诞生现代文明伟大的功臣。人类能够繁衍到现在的60多亿人，也是因为有过农耕文明这个阶段，是农耕社会创造了影响到人类两千多年的古代几大文明。在几大文明中，一些伟大先人提出的理念，现在还在指导着世界人民的生活，这就是所谓轴心时代。人对大自然的认识，人对自身的认识，基本上完成于农耕时代。如果没有长城，西部、北部的游牧民族就会让农耕社会的历史停滞，甚至倒退，那将是人类文明的厄运。长城阻止了历史的倒退。但是，万里长城并没有让农耕社会与游牧社会隔绝，万里长城有许许多多的关口，长城两侧有许多茶马驿站的遗迹，平时两边的人民可以自由往来，自由贸易，乃至移民、通婚，有力地促进了不同民族之间的和谐共存。正是因为巍峨的长城阻挡了武力的掠夺，而农耕社会的先进生产力与先进的文化，在昭示着、吸引着相对落后的游牧民族，这就刺激了游牧民族的思变，促使他们转型，促使他们学习农耕地区的金属冶炼、纺织，乃至耕作，这种交流导致他们喜欢农耕地区的烹调、饮食，促使他们尽快地脱离茹毛饮血、生食这种单调的饮食，也促进了农耕地区的人体的演变、进化。历史是最好的证明。因为中国有长城，所以即使长城被突破，长城以内的广大国土被北方和西方的少数民族占领，农耕的先进文化，仍然可以同化他们，从战争杀戮，进入到和平、稳定和发展。在中国的历史上，无论是五胡乱华，还是南北割据，以及蒙古族入主中原和女真族的入主中原等等，都可以从这个角度进行解读。这只是一种历史主义哲学的推论，要印证这些观点，还需要做很多的研究来证实。我这里所举的，不过是长城需要研究的一端，绝不是它的全部。这些问题研究清楚了，并被多数学者认同了，就会渗透到我们的青少年心目中去，就可以影响到旅游主管部门、旅游公司乃至导游员，就可以将长城文化、长城精神传播到世界各地。它将不仅仅印证今天中国人的追求和谐、渴望和平是来之有据，是中华民族文化基因，而且也可以促进世界人民对中国人民的历史、哲学、理念和价值观的理解和认同。这种现实意义显然是国际性的、世界性的。至于从古建筑学、军事学等的角度进行研究，我想我不一一列举、一一分析，都有着很深远的现实意义。学术研究从来都是应该关注人生、关注现实，即使最基础的研究，也不能忘记了我们生存的世界。而长城学的研究，是最具关注现实，关注人生的特点。因而我认为这次研讨会意义很大。

第三个问题，要想“让雄伟的长城走向世界，把古老的长城留给子孙”，就离不开保护。现在国家对保护长城极其重视，已经制定了《长城保护条例》。就一项文物，专门制定一个国家级的法规，仅此一项。每年国家有大量的投入用来保护长城，单是长城基础数据的调查，包括遥感、航测、实地勘察，国家大概要投入 10 多个亿的资金。国家的负担太大，这就需要动员民间的力量参与长城的保护。我相信，如果长城放到北美去，即使美国不遇到金融危机的打击，对一万五千公里的长城进行保护，联邦政府也花不起这个钱。那么怎么办？需要我们民间来参与，而对长城来说，又是非常急迫的，可以说自然的破坏和人为的破坏，每天都在发生，就在我们坐在会场里的时候，长城也在毁坏。不调动全国人民特别是长城沿线政府和人民的力量，长城的保护不可能达到理想的效果。长城不同于故宫、兵马俑等点状形式存在的文物，因为它们都可以用围墙围起来。长城怎么围？所以怎么保护，怎么调动全国人民的力量，这些本身就是需要研究的问题，而对长城本体的研究，既可以为保护长城提供科学的依据；同时研究的成果也是对唤醒全国人民对长城的珍爱的一种有效方式。长城研究得越深入，它的历史价值、文化价值越得到显现，人们对它的爱护就越真切、越深刻。所以，我从来不认为我们学者伏案写作、查阅资料，进行研究，与在长城沿线的广大民众这两支队伍是脱节的，而是有内在联系的。在河北界内长城的两侧，有许多农民自发保护长城的事迹可歌可泣。问他为什么这样做，他会告诉你：他们祖祖辈辈就在这里生活，看不见长城，就吃不下饭。这些自发的保护行为是没有报酬的，只有少数的长城保护员，每个月可能有几十块钱，或者一二百块钱的报酬，可他们每天都得沿着他所守护的那一段城墙来回走两次，这种精神其实也就是长城精神。我们学者的研究，就是给他们做精神的后盾、科学的后盾，所以我认为研究与保护是一体的，是一张纸的两面。

第四个问题，现在是研究长城，进而推动长城保护的最佳时期。一方面，当前中国各个阶层、各个地区、各个民族，对于中华传统文化的关注，恐怕是近百年来没有见过的，究其原因，是因为我们离开自己的襁褓、摇篮太久了。80 多年前，发生了五四运动，打倒孔家店，从那时候起，在学界，对于中国的传统的东西，绝大多数人是彻底否定的。五四运动是伟大的启蒙运动，没有当时那种彻底的否定，中国人的思想就不能解放，不能广泛地从西方吸收一切的文明。中国 80 多年来的进步，就是从相对凝固的思想中解放的结果，于是我们引来了各种主义，民主主义、无政府主义等等数不清的主义。几乎在20世纪初，欧洲所出现的任何一个思想流派，都介绍到中国来了，都有一批追随者，不同的学派、不同的政治家就进行着各种的尝试，都失败了。用毛泽东主席的话说，“1917年的一声炮响，给中国人送来了马克思主义”，他在另一个地方说，“中国向自己的老师学习都失败了，最后找到了马克思主义”，这样，中国从1921年起，就有了彻底的改变。但是，不要忘记马克思主义也是洋理论，它是立足于西方资本主义社会的前期所建立的理论，马克思、恩格斯的伟大，就是在于超越了他的前人——无论是古典经济学，还是傅立叶等的乌托邦的社会主义，还是黑格尔等的哲学，从而提出了一个全新的体系。但是，它毕竟是在奥古斯丁基督教体系下成长的思想家，仍然摆脱不了从古希腊、古罗马到基督教的二元对立论，这和中国的古老哲学整体论，即一分为二，二合为一，一生二，二生三，三生万物的思想并不完全契合。近代以来，受整个西方的影响，我们对于自己的传统文化，在较长时期里是用告别的姿态，这就逐渐形成了现在的局面，我们的年轻人，从幼儿园的孩子，到已经为人父母的博士生、博士后、总经理，对中国的历史，中国的哲学知之甚少。而且在这几十年里，我们需要生存，需要吃饱肚子，需要发展，必须打开国门，利用外国的力量，帮助我们发展。这样，随着国门的打开，进来的不仅仅是西方的资本、设备和管理，也有他们的生活方式，也有他们的人文理念。于是，我们已经残缺不全的，岌岌可危的文化传统，又再次受到了西方文明的冲击，在这一次冲击当中，物质至上、个人第一、金钱万岁等思想的冲击，恐怕是最主要的。历史、文化、精神，已经成了少数人的追求，这就是当前社会上道德沦丧、诚信丧失、群体之间争斗的根源。党中央、国务院一再提倡建立社会主义的价值体系；一再强调，甚至需要总书记亲自提出“八荣八耻”这个社会最低限度的要求，就说明局面之危险。无论社会主义价值体系，还是八荣八耻，都离不开传统的文化，因为新的价值体系不可能在空地上建立，一定在自己文化的基础上再向前发展。就在这个时候，在党中央的一再提倡下，各个阶层、各个地区、各个民族都苏醒了，都来回顾自己的历史、珍惜自己的遗产。一句话，都想见见祖宗的面，都想从祖宗留下的遗产中发现能够让自己的精神找到依托的依据。我常和企业界的朋友们说，“企业家成熟了”，这就是说越来越多的企业家愿意把自己的劳动所得捐给社会的公益事业、社会的文教事业。当然现在还是少数，而且捐献的规模也不大，但是，就像古话说的，“一叶知秋”，我们可以不可以说“一草知春”呢？已经看到了他们的苗头。

在这里我想介绍一下最近我在境外所遇到的一些情况。不久前到欧洲三国，我见的政要和著名的学者、大学教授在谈完了我来访问的内容之后，几乎都向我提出共同的问题，第一，你对当前的金融危机怎么看？第二，中国准备如何应对危机？其中那些教授有研究历史学的、研究哲学的、研究心理学的、研究教育学的，给我的感受是，那里的知识分子时刻关心着世界的动向和国家可能出现的问题。

前几天我在香港也接触了一大批的企业家，令我吃惊的是，这些企业家，他们的经营理念，不全是西方的，基本是中国化的，因而在这次金融危机到来时，他们的生意几乎没受到多大影响，因为他们按照中国人的理念来经营企业的。

几乎每个企业家在中华文化的某一个领域都是专家。有的是茶文化专家。有的是书法家，给我题词，给我书法作品。说老实话，拿到北京来就是一流书法家，但是人家不以这个求名，就是自己的爱好。有的是文物鉴赏家，他并不是到拍卖行去买高价的，就是平时搜集，成为一种对文化的爱好，讲起他的藏品来，头头是道。有的是诗人。那么是不是这些企业家，都是在西方，或是在香港，或是在台湾读过博士呢，并不是。有一位企业家，8 岁丧父，母亲当时 34 岁，领着他含辛茹苦，孤儿寡母啊。母亲要求他要好好学习，没有钱买纸，没有钱买墨，就捡人家扔剩下的笔，蘸着清水，在青砖上练字。最后，走向商海，由于本着母亲的教导，中华的诚信、道德经营，生意越做越大，现在每年上亿的资金捐给内地，捐给家乡。他们的话是：财富是无尽的，人除了追求财富，更让我感到幸福和满足的是我对人生道理又明白了一点，给祖国、给香港又做点实事，做一件好事之后，比我又多进几个亿的账还要舒服。不要以为香港完全是一个唯利是图的社会，至少中国一大批的企业家 不是那样，那是咱的中华文化呀。

而中国的企业家，在改革开放后也是白手起家，艰苦创业，但是，由于我们的企业家多数是出生在 1949 年以后，不知道中华文化的博大精深，中华文化对自己的重要。当时，也都是很穷，先要解决吃饭问题、住房问题，还有七姑八姨的生活问题。后来有一批人到西方去学习后回来创业，带回来多多少少受到西方那种基督教新教，也就是基督教改革后的那种教义的影响，就拼命地赚钱、不择手段地赚钱。注意这“不择手段地赚钱”，在新教教义中也是神的意旨，是救赎自己原罪的一种方式，当赚了钱以后，生活应该俭朴，同时把赚的钱捐给社会，这都是神的旨意。所以，比尔·盖茨宣称，把他的钱都捐给慈善事业，他背后是有文化基础的。而我们很多从海外回来的学子创业，有的人中华传统文化没有继承，西方的文化学了前半段，拼命地赚钱，后半段的要反馈社会就没有学来。

现在我回过头解释我那句话，“我们的企业家开始成熟了”。像震宇集团，他经营的产业与长城毫无关系，是做电器生意的。但是，老总王剑元从小就热爱长城，自己有了些钱了，就支持学会来开这个会——一草之春呀！我相信，这样的企业家会越来越多，投身于长城保护的人，也会越来越多。我们学者肩负着这样的使命，就是用长城的内涵、长城之美来唤醒已经沉睡的中华传统文化的基因。

多年来，我追随费孝通先生，在社会上一直提倡文化自觉。先生提出的文化自觉就是要了解自己文化的传统、来源、历史状况，弄清楚家底。我在先生的基础上又提出，文化自觉就是要了解文化发展的规律，能够预测未来。同时，我界定文化的自觉是指一个社会的执政者和知识精英的自觉，我想今天到会的专家们都属于文化自觉者。我们的执政者党中央，从“三个代表”思想的提出，到传统文化与时代精神相结合的提出，到建立社会主义价值体系的提出——具体实在的就是“八荣八耻”的提出和文化体制改革的提出，这些都是执政者自觉的体现。只有执政者自觉了，广大的知识精英自觉了，我们整个民族才能自觉。可以说中华文明，对于长城的理解，期待着我们学者们。全世界仰慕长城、喜爱长城的人们，在期待着我们学者们。

预祝这次研讨会成功，也希望这种研讨会能够不失时机地、不间断地举行下去，而且一届比一届深入，成果一届比一届丰厚。

感谢大家！谢谢！

中国所特有的茶文化必将走向世界※

一　中华文化所特有

1. 茶原产于中国

众所周知，我国是茶的故乡。虽然1824年英国少校勃鲁士（R. bruce）在发现印度的古茶树后宣称茶是从印度起源的，但是经过各国专家研究，又经在中国不断发现多处野生古茶树，证明勃鲁士的结论是错误的。茶源于中国已经成为世界植物学界绝大多数人的共识。某个地方存在古茶树，并不能证明那里就是茶的起源地。最有力的证明，一是野生古茶树要有一定的量，这样可以排除家茶偶然野化的可能；二要看古茶是否有所变异；同时也要看该国的历史文献是否有相关的记载。这三个条件唯有中国都具备。我国野生古茶树众多，变异也最多，大叶、中叶、小叶均有。至于我国野茶驯化最早，文献记载丰富，历代茶的品种繁多，则是重要的旁证，这是尽人皆知的事实，无须我在此辞费。

今天我们在这里聚会研究茶文化，就应该探究一下，为什么在五大洲近两百个国家中唯有中国茶的种植、炒制、饮用最早，最发达，品种最多，饮用的方式方法也最多姿多彩？

以我的认识，这是因为中国农耕发生最早的缘故。考古学的成果证明，我国进入比较成熟的农耕社会至少有一万年以上。农耕社会与此前的采集畜牧社会相比，有以下几点重要的差异。一是对周边的自然环境，包括山川土地、自然植被、气象天文观察细致入微。为了生存和改善生活，

※　2008年11月25日在“中国茶文化国际交流协会成立大会”上的演讲。

就要延续采集狩猎时代的习惯和经验，自觉地遍尝百草。几千年来“神农尝百草”的传说就是这一历史过程的反映。先民所尝试的“百草”中也包括了茶。《神农本草经》上所说的“神农尝百草，日遇七十二毒，得茶而解之”，即是文献上最早的证明。二是农耕社会筚路蓝缕、开垦农田、兴修水利、修筑房舍，极其不易，所需条件之一是居处稳定。这种稳定按现在的流行观点评价，也许是落后的，但是，它却是在人类历史上一个生活最为从容安详的阶段。因为有了稳定，才能够使得劳动的物质成果得以保存和延续，精神成果也才得以创造、积累和继承。在精神成果中，生产经验、知识积累和对大自然的观察思考占有重要的位置。这样，茶的独特功用也就在这一阶段被认识了。说到这里，我们不妨拿农耕社会之前的游牧社会和农耕时代之后的工业社会与之作一对照。游牧民族一般生活在温带广袤的草原，那里既不适宜种植茶树，流动不已的生产生活方式也不能够栽培改良作物，所以只能以畜牧产品换取农耕社会的茶叶。工业社会虽然富裕，但农业也全面进入集约化、产业化、科技化；占领全球市场的欲望、对利润的无止境追求和匆忙的生活节奏，都催促着社会对茶叶也要以工业化的高效率惯性对待，既罕有细细品茶、识得茶滋味的人群，也缺乏为发现、培养和改良新茶种的企业家。三是在人类历史上第一次有了劳动果实的积累，即当年生产的生活资料可以有所结余。这样，就可以渐渐出现种植茶树的专业化生产者。在我国长达万年的农耕时代，自然有条件不断培育新品种、驯化野生茶种了。

茶源于中国，只是为在中国形成特色独具的茶文化准备了物质条件，如果中华民族没有源远流长、博大精深的文化，没有包容一切的宽阔胸怀，也就不可能形成茶文化这一丰富多彩的文化分支。

2. 历代赋予茶以文化内涵

当饮茶从着眼于医治疾病转为人们鉴赏、品评的对象时，中华文化已经出现过至少三次文化发展的高峰：战国、汉和唐，因而很自然地茶文化就融汇到整体中华文化的汪洋大海之中。

有许多事物之所以得以在社会上广泛流行，是由于得到了社会上层有意或无意的提倡，从古代的玉器到现在的时装都是如此。茶应该是由劳动者发现和生产的，但从六朝（主要在南朝）起迅速成为人人乐道处处欢迎的饮品，则是由于当时的宫廷和著名文人欣赏的缘故。不过，似乎当时看重的主要是茶的医药作用。例如人们时常引用的西晋刘琨《与兄子南兖州刺史演书》中说："前得安州干茶二斤，姜一斤，桂一斤，皆所需也。吾体中烦闷，恒假真茶，汝可信致之"（《太平御览》引此文字略有不同）。当然，知道茶的妙处，专门买来饮用的事例，早在汉代即有记载，但大多语焉不详，这也反映了那时茶还没有得到广泛的重视，也没有成为上层社会须臾不可离、因而注入更多文化内容的东西。

中国人对茶之于人体、对心境作用的认识是逐渐丰富的，反过来，茶之成为民族文化的一个组成部分，也经历了一个较长的过程。在这个过程中，唐代，特别是中唐是个关键时期。陆羽的《茶经》出现了，这是一本划时代的著作，不仅标志着茶在中国人生活中的地位仅次于粮食作物，而且显示出那时制茶、煮茶、品茶已经成为一种艺术。《茶经》依次叙述了茶之源、之具、之选、之器、之煮、之饮、之事（历史上的一些记载和掌故）、之出（产地）、之略（类似"注意事项"）和之图（前所讲解以图示之）。从中可以看出，到中唐时，士大夫饮茶已经十分考究；这种考究的基础一是经过历代茶农的精心培育、养殖，茶已经呈现百花齐放、异彩纷呈的景象，二是经饮茶人的反复体验也已总结出了系统的经验。以《茶经》的问世为标志，从此中华茶文化就以前所未有的规模和速度在大江南北广泛地传播和深化了。《茶经》奠定了中国茶之一道在世界上的地位。后人尊陆羽为茶圣，是有道理的。

二　茶文化所体现的中华文化精神

中华文化博大精深，因而围绕着茶所表现出的文化内涵，也同样广博而深刻。以我的学养实在不足以用简洁的语言把茶文化的精髓讲清楚。下面冒昧地谈谈我的粗浅看法，以向各位专家请教。

1. 茶与养生

先民在从事原始耕作时生活条件之艰难几乎是现代人难以想象的。在这一阶段人们发现了茶树叶子的特点，当然谈不到"享受"，看重的是它对身体的调理功能，例如消除疲劳、提神清脾以及醒酒等。在几千年的使用摸索中，随着知识水平和物质条件的提高，人们对茶叶的医疗效用认识得越来越多，越来越深。古代基于经验知道饮茶的益处，因为没有深入的研究，所以常常有神乎其神的传说。例如清代崇安知县陆廷灿所著《续茶经》引《月令广义》记述蒙顶茶的神奇，说：

> 昔有僧病冷且久，尝遇老父询其病，僧具告之。父曰：何不饮茶？僧曰：本以茶冷，岂能止乎？父曰：是非常茶。仙家有所谓雷鸣者，而亦闻乎？僧曰：未也。父曰：蒙之中顶有茶，当以春分前后，多构人力，俟雷之发声，并手采摘，以多为贵，至三日乃止。若获一两，以本处水煎服，能祛宿疾；服二两，终身无病；服三两，可以换骨；服四两，即为地仙。但精洁治之，无不效者。僧因之中顶筑室以俟，及期获一两余，服未竟而并瘥，惜不能久住博求，而精健至八十余岁气力不衰。

在茶的养生功能被神化的背后，实际上包含着通过饮茶，人凭借着水、茶以及茶具等与天地山川合而为一的思想和经验。往昔的经验之谈有时在具有所谓先进医学知识的现代人看来是荒诞无稽的，再加上生活节奏快，咖啡、可乐等舶来的饮料走红，于是知道并相信茶有健身效果的人日见其少。可喜的是，近年来现代综合征铺天盖地而来，想起茶的好处的人又开始多起来了。

古人的经验是有道理的。经化验，茶里普遍有着黄酮醇类、杂链多醣类、咖啡因、丹宁、叶绿素、叶红素、维生素 C、E 以及镁、铁、锰、钾、碘、锌等。这些成分不但是人的身体，特别是现代人的酸性身体所必需的，而且有降低胆固醇、抗氧化、净化血液、防止肥胖、治疗便秘等功效。由此我想到，对待自古以来的许多经验，万不可轻易否定。现代的技术固然重要，但是世上的许多事物极其复杂，现代的理念和手段未必能够解开所有的谜团；再说，古人近万年的经验，难道就不如二百来年的积累？在茶的身上，就可以看到我们祖先的过人之处。

2. 茶与心性

茶自唐代起，即大行其道，而这时也正是儒学盛行，道教兴盛，佛教经过几百年与中国国情磨合，实现了中国化的时代。很自然地，这时兴盛起来的茶文化里就揉进了“三教”的内容。这里我仅就佛教与茶文化谈几句。

自古佛寺一般都建在林木葱郁、人迹少至的地方，本来就适合种植茶树，历史上确有很多种茶就是僧人发现、培育的，例如大红袍等等；出家人过午不食，唯有饮茶不限，正可权以疗饥；更重要的是，茶色多为清淡，逐渐普及为社会各阶层都可享用的一般之物，这和佛法，尤其是禅宗教义中的佛不外求，法即在平常的生活之中，有某种意义上的契合。例如与陆羽同时的高僧皎然曾作《饮茶歌诮崔石使君》诗云：

越人遗我剡溪茗，采得金芽爨金鼎。
素瓷雪色缥沫香，何似诸仙琼蕊浆。
一饮涤昏寐，情思爽朗满天地。
再饮清我神，忽如飞雨洒轻尘。
三饮便得道，何须苦心破烦恼。
此物清高世莫知，世人饮酒多自欺。
愁看毕卓瓮间夜，笑向陶潜篱下时。
崔侯啜之意不已，狂歌一曲惊人耳。
孰知茶道全尔真，唯有丹丘得如此。

诗中虽然佛道两家思想杂糅，但赋予茶以清高品格，饮之可以像佛教所追求的那种破除人生烦恼而得道的意思仍然属于佛教。

历代不但许多诗僧常常以茶入诗，诗人中在家修行者也离不开咏茶以寄志。例如宋代大诗人苏轼就写过不少涉及茶而暗含禅意的诗，其中有名的一首是《游诸佛舍，一日饮酽茶七盏，戏书勤师壁》：

示病维摩元不病，在家灵运已忘家。
何须魏帝一丸药，且尽卢仝七碗茶。

卢仝是唐代诗人，写过一首《走笔谢孟谏议寄新茶》，因为诗中把饮茶的好处说得透彻，所以后人经常引用。我也引在下面：

日高丈五睡正浓，军将打门惊周公。
口云谏议送书信，白绢斜封三道印。
开缄宛见谏议面，手阅月团三百片。
闻道新年入山里，蛰虫惊动春风起。
天子须尝阳羡茶，百草不敢先开花。
仁风暗结珠蓓蕾，先春抽出黄金芽。
摘鲜焙芳旋封裹，至精至好且不奢。

至尊之馀合王公，何事便到山人家？
柴门反关无俗客，纱帽笼头自煎吃。
碧云引风吹不断，白花浮光凝碗面。
一碗喉吻润，二碗破孤闷。
三碗搜枯肠，惟有文字五千卷。
四碗发轻汗，平生不平事，尽向毛孔散。
五碗肌骨清，六碗通仙灵。
七碗吃不得也，唯觉两腋习习清风生。
蓬莱山，在何处？玉川子乘此清风欲归去。
山中群仙司下土，地位清高隔风雨。
安得知百万亿苍生命，堕在颠崖受辛苦！
便为谏议问苍生，到头合得苏息否？

卢仝讲只可饮七碗，茶可润喉、清神、活跃思维、平静情绪以及健身之妙处就已经显尽，所以“七碗”已经成为咏茶诗文常用的典故。例如赵朴老的《吃茶》：

七碗受至味，一壶得真趣。
空持百千偈，不如吃茶去。

这也是一首禅意很深的诗。“七碗”即尽情享受茶的种种益处的意思。后两句用了赵州和尚的典故，意思是领悟佛教真谛，不在于天天背诵佛典，关键是秉持教义在日常行住坐卧之中了悟自性。

茶与佛关系如此密切，与儒、道也同样密不可分，限于时间这里就不一一叙述了。要之，在中华文化中，人讲人品，茶论茶品，人品与茶品相合，所以唯有中国讲究“品茶”。品茶之时，人与自然已经浑然一体，所以有“两腋习习清风生”的感觉，进而沉思冥想，可以悟道。

古代文人遇到可喜、可说、可叹、可寄托胸中块垒之事，就要诉诸笔端，为文，吟诗，填词，作曲，撰联或绘画。历代咏茶、涉茶的文化艺术遗产丰富，恐亦为世界所独有的人文现象，更是茶融合于中华整体文化的生动记载。

茶之与文化，主要在于茶可养身，养心，历代形诸笔墨反映与茶有关内容的作品无不由此生发。若不只停留在欣赏其色其味上，饮到最佳处，身心之所获益，会有不可言说的感觉，那就达到高境界了。当然，饮茶也和社会生活中许多事物一样，因每个人经济、文化等方面的差异而有层次的不同。自唐至宋，茶迅速得到普及。现在大碗茶、瓶装茶、带到办公室和会场中的茶，都是为解渴而设，这是面积最广、最为实用的一层。随着希望与喧嚣、紧张、有物无心的生活保持距离，渴盼宁静、清幽、深沉的人越来越多，能够体味茶之妙处的人也会渐渐多起来，中华文化中的茶文化也必将进一步得到更多人的理解和弘扬。

三　茶文化走向世界与茶文化国际研究会的责任

茶从中国走向世界，已经有很长时间了。但是，以往所输出的，基本上只是作为商品、解渴之物，迄今在中国之外懂得并欣赏茶文化内涵的，寥若晨星，也就是说过去仅传其物矣而未传其魂。这是因为在农耕时代不同民族间的一般性交往很难深入到文化底层，往往以围绕衣食住行之所需进行。现在情况不同了。随着经济全球化趋势的加强，世界公民意识的逐渐普及，了解别的民族的文化已经成为越来越多的人的自觉追求。例如，到现在为止，在近 80 个国家建立的 305 所孔子学院或课堂，就是应各国的迫切要求而建的。这是中国第一次在对方欢迎声中有组织、有计划、大规模地让汉语和文化走出去。当前，孔子学院还是以教学汉语为主要内容，但各国已纷纷向中国有关部门提出多介绍中华文化的要求。如果我们以见微知著的眼光观察，就可以预见，包括茶文化在内的中华文化从现在起就要成规模地走向世界了。我们的祖先把茶作为最佳饮料贡献给了世界，现在我们这些中华文化的传人就应该把寄于小小茶叶上的对人生、对自然、对身心的理解贡献给世界。这是促进中外友谊的需要，是促进世界和谐的需要。

现在，在孙会长、张会长倡议下，香港和内地这么多专家和茶爱好者成立了茶文化国际研究会，可谓恰逢其时。今后研究会作为国际研究与交流的平台一定会发挥出重要的作用。

我希望研究会组织活动或宣传时，能直切茶文化内涵，用灵活的方式方法在各项活动中体现茶文化在伦理、养生、审美等方面的独特之处。

为此，随着形式的创新，可以开展一些雅俗共赏的活动，吸引更多的人参加。我们的学会既然名为“国际”，当然与各国人士共赏共研是分内之事。我希望研讨的内容不要仅限于中国传统的、中国人所熟悉、所喜爱的范围，要与各国人士共同探究适合西方社会的品茶和了解中华茶文化的方式。其实不单是茶文化，在其他领域，诸如汉语、史学、哲学、文学，当我们介绍给各国人民时都有一个“话语转换”的问题，也就是突破我们所习惯的语言和模式，吸收他国的文化形式和表达方法。

在传播茶文化时，我们不能回避当前商业活动已经渗透到一切领域的现实，因此我们的研讨和活动也需要帮助商家探索新的经营模式。适当时候研究会将举办世界茶博会，我想，这也可以是其中的一项内容。我们所办的茶博会必将有别于过去类似的博览会，会是一届体现新的思路、充满文化内涵的茶博会，既是茶文化博览会，也是商家获益多多的商业博览会，茶文化的影响将随着活跃的交易而更快捷地从香港传播出去。

突破惯性思维，超越行政区域，共创中原辉煌※

尊敬的各位领导、各位专家、各位朋友：

大家上午好！

我是来参加辛卯年拜祖大典来的，知道有这个论坛，也很高兴来参加。刚才我还和卢书记、郭省长说我是来学习的，因为我是经济工作的外行。但是既然被喊上台了，我就从一个文化人的视角，谈谈从中原经济区的概念提出以后我的一些思考。俗话说“抛砖引玉”，我下面十几分钟的讲话恐怕连砖都谈不上，就算敲敲边鼓。

在我登上来河南的火车前几分钟，知道论坛的组织者要报一个演讲题目和提纲，于是我就顺口说了三句话：“突破惯性思维，超越行政区划，共创中原辉煌。”这三句话，既是题目也是提纲。我之所以能顺口说出来，是因为从知道将要举行这个论坛后我就想了一些问题。请允许我在这里对我说的这三句话的内容和思考背景作个简单的汇报。

所谓“突破惯性思维”，就是要有“非常规”的思路。惯性是很厉害的，人在不知不觉中，被多年既定的规则、方法、观念训练得已经感不到它的长短、新旧，甚至已经忽略了它的存在。我在这里说的“突破惯性思维”有以下几个含义：

第一，中原经济区应该是跨越式的发展，也就是在某种程度上要摆脱阶梯式发展的模式。河南省经过三十年改革开放的建设，在农业现代化、农村城镇化以及工业发展、文化建设等领域都取得了令人骄傲的成绩，打下了很好的基础。周边各省也是如此。在自己和邻居们各方面实力达到一

※ 2011 年 4 月 7 日在“中原经济论坛”上的讲话。

定水平之后，可以、也应该实现跨越了。

怎样就叫跨越？请大家回想一下东南沿海一带三十年来是怎么发展的？一般是从发展劳动密集型的低级轻工产品开始靠它完成了资金、市场和管理经验的积累，同时培育了大量的各种社会主义市场经济所需要的人才。现在，“中原经济区”概念的形成，适逢全球范围的产业结构、生产方式和国际分工的大调整、大变革，又正是我国“十二五”规划开始实施之时，当前我国经济结构正在进行战略性调整，转变经济发展方式、鼓励科技进步与创新将成为我国经济建设的主旋律。这和改革开放初期的国际环境和我国发展水平都有了极大的不同。中原经济区规划的制定和实施，势必需要跨越常规与惯性，“迎头”而进。一方面要承接东部地区转移过来的加工产业——作为人口第一大省，一亿人，需要相当比例的劳动密集型产业安排就业——另一方面，更要引进、建设高新技术产业。传统产业也并不是简单的移植或克隆，需要用最新的技术加以改造；所谓“高”、“新”，就是要最前沿的，最新出现的技术，其中一定要有自主知识产权的。

“突破”、“跨越”，都要比按照常规走路艰难得多，不但要付出更多的汗水，还需要具备必要的新知识，要花超常的心血，不如此就走不出新路。常规是走平路，跨越是爬坡。例如现在人们常说的新能源、新材料以及文化创意，无不如此。

第二，应该树立“不图所有、只求所在”的精神，进而做到“不图所在、只图所为”。即不图产权为我河南或中原经济区所有，只要来我们这个地区就欢迎；甚至产业未必在我们这个地区，只要为我们创造产值就行。同时这意味着不管产业是什么样的所有制，一视同仁，只要符合经济区的方向、规划、利益，就欢迎，就给予同样的支持。只有坚持这样的理念我们的资金流、资源流、人才流才可以真正跨越省界，人家才肯来。经济区内的其他合作伙伴也应如此，这才能够把各方面的力量聚集起来，共同打造中原经济区。

第三，应该以跨越式的发展和只图所为的宗旨，来济中心城市辐射模式之缺，补城镇化之不足。在近 200 多年来的工业化时代，各国经济的发展统统是农村的资源向中心城市集中，然后中心城市向周边辐射的模式。中原经济区如果仍然完全遵循中心城市辐射的模式和程序，就有可能在河南省周边，也就是临近省的交界处，仍然留下空白，不能够很快地把周边发展滞后的地区提升到中心城市的发达程度，共同前进。

中心城市辐射，人口向中心城市聚集，还有一个至今没有引起世人注意的问题，时至21世纪我们不能不给予适当的关注了。什么问题呢？即农村的“消失”将带来民族文化、人类文化的停滞甚至退化、人类智慧（是“智慧”，不是“聪明”）的停滞甚至退化。

这可是个大问题。城市化会带来这么严重的后果吗？其原因是什么？请允许我就着这个问题多说几句。

如果我们深思一下我国源远流长的传统文化，会省悟到，那都是农耕社会的产物。几千年了，它依然生命力旺盛，存在于13亿人的生活中，浸透在每个人的一举一动中。在中国近百年的奋斗史里，在33年的改革开放史里，处处可见传统文化的影子。中国特色社会主义理论、惊人的发展速度、平稳应对两次金融危机，乃至现在社会上种种不尽如人意的问题，都和中华传统文化有着极其密切的关系。而这种传统，这种文化，却是在上万年的农耕时代出现、成熟、延绵、积累的。环顾世界几大文明，例如基督教文明、希伯来文明、印度文明，也无不如此。这是什么原因？因为农耕时代人和人、人和自然（“天”）最为亲密，人对社会、自然环境、己之身和心的关系体味和观察得既宏观又深刻，对人生的价值、现实与未来、生与死想得最多最细。从这些观察和思考中，人类悟出了宇宙、社会和人自身的总规律，懂得了怎样生活才舒适，才平安，才长久。这才是智慧，而不是一般的“聪明”。工业革命之后，人类的聪明得到了空前的释放和提高，但是“智慧”却退步了，各个国家和民族至今所思考、奉行和追求解决的问题，都没有超出古代贤哲所研究的范围，也没有提出超越前人的答案。例如，如果我们抛弃中华民族的忠孝仁义等伦理，我们怎样做人？怎样维护社会的和谐、稳定和延续？而一旦农村都和城市没有什么差别了，一时间物质生活质量确实提高了，但从上述的几种关系中悟出的智慧还有多少？读读现在的诗歌、小说、散文，看看现在舞台、屏幕上的节目，再从中华民族文化的历史角度想想，和古人的作品比较比较吧，就可以明白其中的奥妙。欧美一些艺术家之所以要跑到非洲丛林里去寻找灵感和创作素材，不是没有道理的；但是一经他们“理性地”再创造，再加上市场操作，就又变了味儿，成了单纯刺激感官的东西。现在城里人节假日喜欢到农村去，除了可以消除平日的疲劳，也有暂时躲开城市的喧嚣的目的。其实白天看看森林、河流，晚上听听昆虫、青蛙的叫声，静静地看看星空，只要用心，是可以开智的。今后还有多少人能生活在和大自然亲近的环境里呢？

当然，城镇化的进程是大势所趋，在地球上哪里也避不开。关键是如何把握好“度”，如何解决城镇化以后人和人、人和自然不要过分远离的问题，如何解决整年整月整日急匆匆，没有闲暇静静地思前想后的问题。我想，中原经济区的后发优势也应该体现在这个问题上，避先发地区之病，多护住一点我们民族文化的根。这就是我为什么在前面提到要“济中心城市辐射模式之缺，补城镇化之不足”的原因。城镇化而不丢掉农村的美妙深奥，是不是应该成为一个方向？而如何“济”、如何“补充”，这正是在中原经济区发展过程当中应该探索的新问题，也是突破惯性思维的重要内容。

第四，应该突破就经济谈经济，应该从社会、历史、文化（当然也脱离不了就着经济）等等来谈经济。如果按照有文字记载的中华文化历史说，河南是中华文化之源，不管是昨天我们在新郑举行的拜祭黄帝，在安阳建立的中国文字博物馆，还是正在规划中的安阳古文物遗址保护生态园，都表现了甲骨文之乡、汉字之源的文化沉淀。我们常说要加强文化的辐射力、凝聚力，实际上河南自古以来天然地就有着巨大的辐射力，乃至辐射到所有的省份、所有人的心里。即使今天我们十分崇敬的、正在恢复和弘扬的孔孟之学，以及孔孟所用的文字，也是从这里吸收了大量营养，或从这里传播出去的。正是由于河南的文化辐射到了全国，才凝聚了中华民族。中华民族的大一统观念也主要是在这里形成并传播开的。中华民族始终是一统的，战乱总是短暂的。这种文化的辐射、播散，在古人是自然形成的，在今天就应该提升到自觉的高度。

河南自古就是兵家必争之地，“逐鹿中原”一词就生动地说明“得中原者称王”的规律。因此这块土地是东西文化交集、南北文化衔接的宝地。河南的文化在长期的帝王时代一直处于华夏的前列，只是在近代渐渐落后了。例如按时代说，不仅仅有殷商文化的丰富积存，此后两汉、三国、六朝、隋唐、宋的文化都在这里留有大量遗迹。按类别说，儒家文化（如伊洛之学）、宗教文化（佛、道）、艺术（龙门）等等，都十分丰富。我曾经对我的学生说，中原地区的每一个县都是一部史书，都是文化宝库。为什么后来中原落后了？究其原因，先是宋以后政治中心南移或北迁，水路运输发达了，后来铁路出现恐怕是很重要的一条。现在可以说又到出现转机的时候了。条件之一还是交通与信息传递技术的发展带来的。在现代科学技术条件下，空间距离已经不是经济和文化发展的第一要素，文化、思路、环境、人才显得更为重要了。摆在中原面前的严峻挑战应该向中原人提出来：怎样把几千年文化积淀的潜力激活？怎样形成中原的当代文化？怎样“精神变物质”，让丰厚的文化内化为前进的动力？这是中华民族面临的一个十分重要的问题，本应该集全国的智慧去思考。我希望在中原经济区建设过程中，中原人能在实践中做出独特的更好的回答。

把经济和社会、文化联系起来思考，两条腿走路，在打造当代中原的时候，突破、创新的发展路径就会显现。创新，从来不是靠数理化，只能是利用它们，这些只是创新的工具；创新其实就是一种文化，在其中起到关键作用的也是文化。文化建设得怎么样，看一个地区的创新意识和创新成果就行了。

因此，现在省委、省政府努力打造河南的文化形象是非常英明的。这不是个单纯的文化问题，实际上是在给中原经济区的整体发展“给力”。我希望，在建设中原经济区的时候，各有关方面都要把这个地区的文化建设和不同地区文化的“串联”提到重要的议程上。这也是我所说的突破惯性思维的一个方面。

第二句话：“超越行政区划”，我所想到的有下面五点：

第一，首先弄清楚“中原”的本来意义，即原始含义。今天谈“中原”似乎就是指河南了，其实自古以来所说的“中原”要比今天河南一省的区划大得多，至迟从晋代起，就包括了黄河中下游整个地区。因此，现在用“中原”这个词做中原经济区的标记，这个“中原”不是现在惯性思维的河南省，而是要通过河南省连接周边。刚才龙永图先生说到“得中原者得天下”，这是在春秋时期形成的概念。大家都知道，我们今天开会的地方是春秋时候郑国所在地，但是它的都城是在新郑。今天能够发现的、在郑州保存下来的是3600多年前殷商时期建立的第一个国都的1000多米古城墙遗存。后来周分封诸侯，郑国人最后把国都定在了今天的新郑，这是“郑”的狭义所指。郑当时非常强大，它的西边有晋，再往西有后起的秦，晋的首都在今天山西的曲沃一带，东边有齐，南边有楚。后来周王室迫于西边部族的侵逼，只好东迁。向哪里迁？东迁之后周王说：“我之东迁，晋郑焉依。”意思是我迁到这里来，就是来依靠晋和郑的。春秋时期发生的几次空前大战几乎都是在中原发生的，也就是秦、晋、齐、楚争夺中原这一块，于是形成了“谁得中原谁得天下”的局面。

改革开放这三十年，我们其实就是在搞工业化，现在我们基本处于工业化初期和中期之交。在这个阶段，沿海首先发展起来，这是工业原料和产品运输的要求，是现代经济的规律决定的。中原地区的地位在长期式微之后起步和进程相对缓慢。现在，中国在没有完成工业化的时候同时已经跨入信息化阶段。这个时候我们建设中国特色社会主义，中原所处的地位，它的文化积淀，以及中华民族文化的辐射力和凝聚力，都补充了不沿海的不足。所以弄清楚“中原”原来的含义，就可以把我们的视野打开，不仅仅横向地超越省界，而且要纵向地超越过去的辉煌。不能只看现在，要回顾历史，过去加现在，再指向未来。只有具备了这样的胸怀，才能实实在在地建立起中原经济区。

第二，无论是突破原有的思维模式，还是超越现有的行政区划，我们的目的都是为了发展，因此如何有利于发展我们就如何做。中原经济区发展了，会成为我国二十一世纪的又一个经济增长极，对于全国发展的平衡问题会有很大的贡献。既然以发展为目的，而发展的目的又是什么？这就是我要说的第三条。

第三，民生为主，即如何有利于提高豫鄂、豫皖、豫鲁等边界的民生，把这个作为“主”，就可以寻找到我们建设的路径、投资的方向以及运行的模式。现在已经进入二十一世纪，我们不能再让过去最穷困、最需要变革的地区仍然远远落后于中心地区，要以发展为“的”，要以提高民生为“主”。为了提高民生，就要发展那些地区的综合经济实力，把那里的劳动力优势提高为人才优势。一个国家的发展水平不能只看 GDP，还要看人均 GDP，再进而要看最穷的群体和个体的生活水平。我想，对一个地区来说也是这样。中原富不富，富到什么程度了，也要看落后地区、贫困人口生活得怎么样。试想，如果过去的革命根据地，大别山、中条山，以及驻马店、周口、商丘等和湖北、安徽、山东、山西等省交界地区的人民生活，在中原经济区建设过程中逐步提高到现在郑州、武汉、济南等中心城市的水平，那时河南的综合实力将是什么样子？那时我们再说中国已经富了、河南富了，才名副其实啊！

第四，“行政为‘力’”，即河南省以及周围的省份共同建设中原经济区，要制定相互补充而不是相互抵制的政策，用政策来引导经济建设。有一些政策不是省一级政府能够决定的，需要齐声呼吁，请中央为中原经济区给以特殊的政策照顾。中央各部委应该把温家宝同志在《政府工作报告》里面所提到中原经济区的建设落到实处。首先要和河南省以及周围地区研究如何规划，如何给予这个地区支持。就像海峡西岸经济区，最初也只是福建省在自己的权限范围之内制定了一些政策，最后提升到国家层面，中央也给了很多政策。政策一下来，海峡西岸经济区就突飞猛进地向前发展了。这个问题恐怕是这次经济论坛要谈的内容之一。

第五，跨越行政区划。由本届论坛做起，希望第二届论坛能够成为跨越行政区划的论坛，成为中原经济区的第一个象征，成为中原经济区和港台、海内外的产业、学者、官员共同论证、研究、切磋的平台，也是河南与相关各省、中央各部委共同研究发展大计的最好渠道。与此同时，希望中原经济区论坛能尽快成为国家级的论坛，这样不但两岸四地来共同研究，而且可以吸引外国研究区域经济和高新科技的学者（例如欧洲研究欧元区和后来研究欧盟的学者）来贡献意见。特别是台湾的同行，可以更深度地参与，因为台湾的情况跟大陆更为相近。台湾在70年代快速兴起的经验、相对落后地区如何建设的经验以及农业现代化的经验，都可以供我们借鉴。台湾的资金管理经验和技术、文化创意产业也可以大量地参与到中原经济区的建设中来，让中原经济区成为台湾企业界又一块投资的热土。

突破惯性思维、超越行政区划，可以形成中国经济发展的又一种新的模式。东部地区，例如江浙、环渤海经济区，也在进行跨越行政区划发展的研究和实践。不同区域有不同情况，也就会有不同的模式。中原的模式可能对中部和西部更有启发性，会为今后中、西部地区的发展提供很多借鉴。扩而大之，还可以为发展中国家提供一种参考。现在有人一再提"北京模式"，其实，一国有一国的情况，适用于所有地方的模式是不存在的。中国这么大，我们的经验和教训一大堆，别人要学也很难。中原经济区实际上把中国的经验具体到相当于亚非拉一个国家的面积和人口的地方，这里经济发展水平和他们也差不多，因而对于这些国家可能更有参考价值。因此中原经济区的建设不仅仅是我们之所需，也是世界之所需，它的成功将是我们对世界发展的贡献。

今年我特意在拜祭黄帝文里写了这样的话：

豫州亿众，意气腾腾。

小康既现，黾勉攀登。

南联皖鄂，陕鲁西东。

并肩挽臂，七省齐兴。

意思是河南人有这个气魄，不是只自己努力奋斗，只考虑到河南省，而是已经把周围的兄弟省份都考虑进去，超越行政区划，联合起来，一起发展，共创中原的辉煌。

以上就是我一个经济外行在这里的臆说，不当之处请多多批评，谢谢！

保护殷墟文化遗址的意义※

殷墟遗址保护与民生问题等

我先谈三点。

第一，关于民生问题。

在所有的文化遗址保护问题上，几乎都存在与民生问题的矛盾。市场经济建立起来之后，这个矛盾就逐渐地积累和凸显。因为原来计划经济条件下大家生活都比较苦，农民因为国家征地，失去土地后，给一点补偿就过去了，而现在就不行了。

改革开放初期，全国各地搞乡镇企业，但是保护区不能搞，甚至这些地方耕地不能超过 35 公分深，就这样农民还经常一走犁文物就出来了。现在市场经济搞活了，各地方经济都上去了，而这些守着老祖宗遗产的老百姓还很穷，这个矛盾就会越来越尖锐。这种尖锐矛盾能一直存在的前提就是中国老百姓的“通情达理”，这种“通情达理”甚至是有点过分了。在别的地方不能忍受的贫穷，他们都忍受了，实在不行了，才找政府，才上访。遗址上的老百姓忍耐了这么多年，中国人的这种素质，恐怕在世界上是最高之一的了。但是，作为执政者不能再看着这样下去了。

第二，关于安钢的问题。

首钢都搬了，安钢不是不可以搬，但那是远景规划的问题，需要地方的经济能力积累到一定程度才能搬，眼前还不可以动。

第三，关于提不提旅游的问题。

我想说的是，不要提旅游，而要提民生，提当地老百姓的生活问题。

※ 2011 年 4 月 6 日在“殷墟国家考古遗址公园建设座谈会”上的讲话。

实际上文物保护搞好了，环境治理搞好了，旅游自然就来了。环境保护和文物保护是相互一致的，空气清洁、水质优良了，文物保护就是自然而然的事情，同时又解决了民生问题，带来了旅游业。

还有，“殷墟国家考古遗址公园”这个全称将来还可以起另外一个名字。这个名称是殷墟保护和利用立项时的名称，将来这个园子真正建立起来后，可以起另外一个鲜亮的、上口的、好记的名称。现在我们这个名称用了10个字、6个词。在中国，殷墟是一个词，但是翻译成英文就成了两个词。“殷墟国家考古遗址公园”这一长串的名称，怎么走向国际？这是一个技术性问题。

殷墟的意义

首先，对大陆13亿人而言，我们需要一种文化，是新时期的、与时代相吻合的社会主义文化，但是，要建设这样一种文化，我们能从空中建吗？不能。而是要从地上建，也就是在老祖宗的基础上建。如果我们可以完全不管过去，从零开始，比如让美国的文明直接拿来生长在中国，或许从理论上说可以，但实际上这是不可能的。

为什么西方的文化到中国就行不通了，很多人不接受它？因为跟我们的传统不合。传统在哪里呢？一是在文献、文物里，这是死的。二是在老百姓的心里，在老百姓的日常生活当中。可在当今世界经济全球化的过程中，我们的传统在急剧地流失。当前，在基本实现小康之后，文化建设提到紧迫的日程上来，也就是小平同志所说的“两手都要硬”，另一手也要硬起来。这个时候，我们自然要回顾过去，自觉的从祖先留下来的丰富遗产里吸取营养。

缩小一点说，作为一个中国人，随着我国教育水平的提高，义务教育的普及，每人都应该大体知道中国的历史，因为一个没有历史的民族必定灭亡，一个没有历史感的人，是个盲目的人。有了历史感的民族，才能知道这个民族发展、兴、衰、再兴的规律，这个民族才能经得起任何的风浪。

所谓的历史，有传说历史，有文字记载的历史。在传说的阶段，还有一些地下文物可以作佐证。比如，石锛、石斧、陶器，等等。考古学家就是透过它们的分布和演变，推断史前文化在中国的发展的，而中国真正有文字考证和记载的历史，是从这里——殷墟，开始的。

至少到目前为止，考古的成果还不能证明商代初年商汤建立的国都就在今天的郑州。商代中后期的殷墟已经出现了系统的文字——当然商朝在这里的时间是最长的，但从历史上看，这中间有一段空白，为什么在郑州没有出土那么多的甲骨文或钟鼎文呢，至少没有这里这么丰富呢，这四百多年发展的就这么快吗？这些问题怎么回答呢？所以，应该还有个源头。因此我刚才说中国有文字可以考证和记载的历史从这里开始。

全世界公认的四大古代文明，或者说五大古代文明中，只有我们中华的历史文明是一直继承下来没有断绝的。尽管在南北朝时期，北边被鲜卑族占领了，后来又有女真族、蒙古族、满族入主中原，但我们的历史文化并没有中断，其中文字的功劳不可小量。所以说，文字的功劳有多大，殷墟的价值就有多大，这正是我们要展示的。我们要展示的不仅仅是我们老祖宗在3300多年前用的文字，也不仅仅是当时有一位妇好——称她为“女将军”也可以，而是要展示中华民族强大的生命力。这种生命力和文字很早就产生了联系，因为文字和语言不同，它可以超越时空。今天科技发达了，有录音笔了，我现在说的话可以保存到将来，但是过去没办法做到，说过的话一说完就结束了。另外，我现在在河南安阳说话，湖南人是听不见的，要听见就要打电话，而有了文字，我说的话记录下来，就会超越时空，后人可以读，外地人可以读。

虽然我们的文字产生不是世界最早的，最早的是两河流域的楔形文字，稍后出现的是埃及文字，都比我们早，但我们的文字却一直用下来了，中间只有形体的变化，书写工具的变化，而没有中断它的使用，我们要展示这个。中华民族之所以有“大一统”的思想，是从商代确立的，从那时起，“大一统”的思想成为中华民族文化的基因沉淀在每个人的身上。冯馆长刚才说，韩国的学者、学生来看了文字博物馆后，都震惊了；我敢说，如果我们的殷墟遗址公园建起来后，世界都要震惊，这对于教育我们的年轻人也有很大作用。

但是殷墟更大意义在于：

首先，中国要振兴，中华文化必不可少，应该让它充分发挥作用。

其次，它是走向世界的一座桥梁和与世界文明对话的一个窗口。世界要了解中国可以从这里开始，如果读懂了殷墟，兵马俑的威武雄壮，唐文化的兴盛，以及故宫的富丽堂皇，等等，就都读懂了。

最后，会对世界华人巨大的影响。

殷墟的保护和利用

在殷墟遗址上不管是建64个还是70个博物馆，都得突出一个核心问题，重点说来就是两个字，一个是“墟”，第二个是“古”。另外，当然也可以突出占卜的“卜”，突出这个“卜”的好处是突出了甲骨文。但是怎么突出殷墟的“墟”，就是废墟呀！这个感觉得突出。还有甲骨在遗址公园的位置如何，都要动脑子的。千万别建成了什锦堂，里面什么都有。单是殷商的宫殿、奴隶社会生活的这段历史，甚至单是一片龟甲和卜骨，就有很多文章可做，里面可以不断挖掘出新的东西出来。我们的博物馆设计者首先要考虑如何把这些因素更好的发掘出来，这样我们的博物馆、我们的遗址公园才有特色。

在操作的时候，我们的设想、目标都要公示，要在网上公布。既然殷墟不仅仅是殷都区的，也不仅仅是安阳的，乃至不仅仅是大陆13亿人的，它也是七八千万华人华侨的，乃至是世界的，所以，这个园子的所有工程都应该走招标这条路子，全球招标。刚才广智同志说了两次“敬畏”，对这样一片土地，里面出土的任何龟甲、牛骨，无论是有文字的还是没有文字的，我们都应该怀着一种敬畏，因为没有当时的奴隶，没有当时的占卜师，没有当时的帝王，也可以说就没有现在的我们。正因为这样，所以我们要精心的操作。

具体的说，我有这样几点建议：

第一，抓紧将项目层层上报中央。省里已经把这个项目纳入“十二五”规划了，现在如何落实就是安阳的事了，当然省宣传部、发改委、文化厅、文物局、国土资源局等都要参与，但具体实施还是安阳市。要想实施好这个项目，仅靠区里是不行的，仅靠安阳市不行，甚至仅靠河南省也不行，我建议在保障质量的前提下，尽快由市里把总体构想（不是具体的规划）报到省里来，这个构想不必说那么细，要经过市里的几个相关局委讨论，大体认可就行，这样，就进入到一个初步规划的阶段，然后要由省报中央。

第二，要有文化创意。

第三，建议大家去看一看西安大明宫遗址的保护和开发，拜访一下当地的相关部委，看看他们是怎么运作的。他们值得肯定的有三点：第一是遗址保护了；第二是政府没什么投入；第三是见效益了，民生改善了，群众的居住条件改善了。他们赚钱干什么呢？又都投入到了文化事业中，一下子解决了几个矛盾，这个模式是非常值得肯定的。

第四，如果要看博物馆内部布展的情况，我建议看金沙遗址博物馆。这个博物馆虽不是最新的，但是做得不错，这是为将来有了各种创意之后，招标有个参照系，会知道哪些是更好的。

将来如果中央批下来了，开始实质性的运作了，要分两个阶段。

第一个阶段是整体规划阶段。

我们给出的各种参数、我们的宗旨、我们的目的，怎样去实现？这就包括周边了，比如说，市里、区里拿多少土地盖拆迁户住房，是按经济适用房建，还是按拆迁房建，还是按什么方式来建？这些公司的利润是多少，得有个比例。

经济适用房的利润按规定不准超过百分之六，实际上的利润不止百分之六，最少也有百分之十五。如果只有百分之六的利润，贷款利息都不够。比如在意大利、西班牙、英国等国家，他们的法律规定，开发商建楼，利润不得超过百分之十五，超过百分之十五怎么办？坐牢！

而且他们不允许大的公司去大规模的运作，一个公司最多建两栋楼，两个楼建好审计完了，这个公司就注销了，如果又要建一栋楼，就再注册一个公司，监管得非常严，绝没有动辄圈个二十平方公里来搞开发的。

为什么要举这些例子呢？因为我们要给殷都区的老百姓盖房了。在目前的情况下，用什么样的开发商、建什么样的房，都得认真考虑。农民住了楼房，要世世代代传下去的，但是按照建设部仇保兴副部长的说法，中国现在楼房的寿命只有三十年，农民是不干的，到那时候他们就会来找政府，咱们共产党执政是不能这样的。怎么控制，这里面很有学问。

第二阶段是招投标阶段。

将来在保护区内的项目，包括核心区以外的博物馆建设，每一个项目都要招标。这里所说的招标，不全是市政府、区政府在招标，而是要让投资者去招标，要考察每个竞标对象的资质。其中招标的规定都需要市政府有关的部门，制定详细的方案。

最后我想再补充几点：

第一，抓紧向中央写报告。

第二，在现在初步规划的基础上再精炼一下。

第三，适当的时候建立一个专题的官方网站，就是遗址建设的官方网站。一切可以发布的信息都在上面发布，权威的信息一旦发布，其它渠道传播的东西，就都别理他。如果没有这个网站，流言一传播开，大家也不知道真假。

第四，我不仅仅建议去找段先念同志取经，去看看“金沙遗址”，我还建议走访一下山东文化标志城办公室，毕竟他们已走出了两步。看看他们都是怎么做的。

第五，还要请教一些专家，我推荐两位老人。

一位是两院院士，曾经做过建设部副部长的周干峙老先生，是建筑界的权威。

另一位是一名古建筑专家，八十多岁的罗哲文老先生。

第六，文化创意现在做的最好的是韩国和中国台湾，美国没有什么创意，美国创意的技术、它的文化创意基本都是韩国和中国台湾的，甚至用的都是他们的人，就比如《功夫熊猫》的制作。我们要与台湾创意公司建立联系。

第七，国家考古遗址公园建设的意义不可估量，它的潜力无穷尽，将来的经济效益也是今天难以估计的。因为今天的园区已经不单纯是为了参观了，而是要出文化创意产品的，是要走向全国、走向全世界的。创意的东西，是无穷尽的。比如说，美国人就把印第安人在西部山区曾经放马地方的山上的岩画，做成了工艺品。小小的泥片，上面有个岩画，拿有机玻璃一压，就是美国文化。我们甲骨片不是也可以吗？在上面写上“祝你万福”、“全家和乐”等，这也是文化产品，但仅仅是千百种产品之一，还可以有很多其他的形式。

还有 3D 电影，如果要有个殷商题材的 3D 电影，故事要有意思，但又是殷商时代的事，肯定能吸引人。还比如说，儿童乐园，干嘛非要是传统的跷跷板、滑梯、转椅什么的，我们能不能推出一个殷商元素的玩具，小孩子们能玩疯了，甚至就连卖的气球上面都可以做文章！

我们不能在这里空谈文化，最后要给安阳市人民带来经济利益，文化也得落到地上，落到老百姓的家里。

创意、融智、科学※

各位专家、各位企业家、各位来宾：

论坛组委会事先给我准备了一份背景资料。我自认为其中有这样几个关键词语：第一个关键词语是“健康文化创意”，重在“创意”；第二个是“健康产业和它的融资融智”，我想“融智”是关键；第三个是“科学的文化方式”中的“科学”。简言之，“创意、融智、科学”。——我猜测，这是论坛的主办者最想要的、最重要的东西。

刚才在与万季飞会长和王雁院长交谈的时候，我说了这样一句话，这也是我自己过去的文章与讲演里经常谈到的：“缺乏文化的经济，无异于是在沙滩上建造大厦。”尽管大厦修建得很辉煌、很壮观，但是由于没有文化的基础，是沙滩，可能要崩溃于瞬间。过去我们谈文化，经常想到的是各种文艺形式和演出，包括小说、诗歌、散文、戏曲、歌舞、电影、电视等等。——不错，这些都是文化。但这些诉诸人们感官的文化，只是文化的一种形态。在各种文化形态中，无不包含着不可言说、不可思议的理念。

现在姑且让我这个医学和健康事业的外行人，对当前世界上有关健康事业的科学，做点似乎是指手画脚的评论。

几乎在人类之成为人类之后就开始懂得维护自己的健康。尽管原始人还没有形成文字，没有给我们留下直接的、证明当时人类重视健康的证据。但是，根据出土的文物，我们可以推想这些出土文物所反映的当时社会生活状况。例如，出土的新时器时代文物里就有石针。这种石针是缝不了衣服的，是不是当时的人们用它来刺激已经发现的身体上的个别穴位？

※ 2011 年 7 月 18 日在“中国景藏健康投资国际论坛”上的演讲。

又例如，考古发现了一些石球、玉球。现在我们还不知道它们有什么用处，也可能是用于研磨的东西，也可能是在人身体上按摩的物件。——这些都无法确证，只是一个推想。但是有一点可以证明，就是人们关注自己生命健康的历史是很久远的。

进入到现代社会，也就是接近三百年前，当西方的医学从修道院里解放出来，成为一门学科的时候，有些发明就接连出现了。于是，对当时威胁人类健康很严重的传染病、寄生虫病开始进行治疗。经过了相当长时间的探索、研制，人们现在对于一般的传染病和寄生虫病，已经有了比较得力的应对办法。这样，现代社会就进入到第二阶段，开始能够对人类一般的慢性病进行治疗、康复。从二十世纪后半叶到现在，又进入到第三阶段。第三阶段主要是对人体疾病的预防、控制，以及人类争取不再是疾病的攻击对象，而能够主动地抵御、防止疾病的发生。大多数的民族和国家，大体都走了这样一个路径。也就是说在所谓现代社会之前和现代社会，截然是两重天。

今天，包括中国在内，全世界的统治文化或者说强势文化是西方文化。这种文化常常是只见身、不见心，只见部分、不见整体，只见分、不见合。

只见身、不见心，这是西方医学的共同点。西医只管看病；心的病专有心理医生。心理治疗有心理咨询所，医院里不设置。医院都是动刀动枪的，有手术刀啊、核磁共振啊、B 超啊等等。

另外，只见部分、不见全体。嘴上长个痈，就只治痈。诊断之后切除，或者叫引流，让它慢慢愈合。至于这个痈的产生和其他的脏器有没有关系、和这个人所生活的环境都不会去考虑。而《黄帝内经》上则说，“膏粱厚味，足生大疔。”翻译成今天的话，就是整天吃山珍海味，油腻多了，你就容易长痈、长疔。西医考虑不到这一点，只见部分、不见全体，头疼只给你吃止疼药不知道这个人为了做生意、为了跟别人怄气，身体严重受损，病气通过经络体现，于是发现头疼症状的道理。

第三，只见分、不见合。人是一个完整的有机体，我姑且不用道家的说法“人就是一个小宇宙”。经过多少亿年的时间，我们从初级动物逐步进化到人类。每一个器官和器官之间的关系都是为了应对客观环境的挑战，而发生的进化、完善、再进化。这样，总体来说，一个人能够在早晨起来感到精神很舒服，一日三餐保证有“三个饱”；如果再有条件就做到

"两个倒"，中午能睡一会儿觉和晚上睡眠充足；如果工作条件不允许，就要"三个饱、一个倒"，这样第二天才能精力充沛。西医没有想到人本身就是个小宇宙，需要整体内部的充分"和"。这个部分不舒服了、那个部分不舒服了，是人体整体不和、是这个系统和那个系统打架了。西医只治打架的一方——比如治疗疔、痈、头疼——忘了还有造成不舒服因素的那一方了。

只见分、不见合，于是出现了很多让中国人啼笑皆非的事情，外国人习以为常了，不觉得可笑、可悲。例如，胳膊发麻，请人按摩，没有解决问题；到医院做检查，做各种仪器的测试，都查不出原因来。每到一科，有大夫还得把你推到另外一科。他们会说，"我这外科是治损伤啊、跌打骨折啊，需要做外科手术的，这个我们做不了。"到神经科去，神经科大夫用各种仪器再做实验，还是检查不出致病原因。但我麻的右手不能动，这种症状中医谓之"脾主肌肉"，应是脾经方面的问题。那好，找一医道比较好的老中医，按照中医的理念，开几副有针对性的中药一吃，胳膊不麻了！

"科"越分越细。乃至今天，西方的声、光、电、计算机技术发达了，一代代新的医疗仪器不断出现，各国都用很高的价格买来使用。于是，检查又分科了，放射科，只管透视和照相；其他的，又是别的科的事情了。乃至超声波都可以是单独的一科。——一个整体适当的分科是有必要的，这种分科的理念和方法把先前混沌的、修道院里的整体的一个科学细分成很多科目。保障了二百多年来自然科学的迅速发展，但是，这些分科全是研究和解决物质世界的问题，我们并不能完全依照研究天文学、地理学、物理学、化学那样的思维，去划分世界上最完美、最精细的人体。因为人体可以说牵一发而动全身，是一个完整的有机体。这就是西方只知分、不知合的弊病。

中医恰恰相反，是"整体论"，认为人是一个整体。它没有像西医那样的还原论。"还原论"是什么呢？首先人有表有里，叫内科、外科；有男有女，还单分一个妇科；还有儿科，儿童阶段是儿科；人有五官，于是又有耳鼻喉科眼科。——西方是这样划分的。原来的设想是，当我们把人体的每一个细部都研究透了，再回头整合起来就是人的整体。但是三百年过去了，人们发现科目越分越细，最后已经回不来了。回来构成它的整体，认识人的整体、治疗人的整体，这就叫"还原论"。中国的医学从来都是“整体论”。中医既把人体看成一个整体，也把宇宙看成一个整体，人是宇宙的一部分。因此，人和宇宙的关系应该友好相处，而且人体的任何变化都受着宇宙的制约。

根据这个整体论，于是衍生出了很多有关健康的观念和成果。例如，针灸的远端取穴，这在西医是很难理解的：胃不太舒服，扎一扎针或者按摩一下小腿上的足三里穴，一会儿就好了。说偏头疼，左边疼，要扎的那个主穴就是右小臂的列缺穴。牙疼扎合谷穴，远吧？再比如，中医讲最高明的“上医”治未病：人还没病呢，我就开始吃药，防止可能发生的病、将要发生的病。“中医”治欲病：人要病了、有了征兆，我不让它发泄。——这些道理咱们现在都不懂了，这不是很深奥的理论。早上起来嗓子有点不舒服、鼻子有点痒痒，冲两包感冒冲剂，欲病未病，事先就调理好了。“下医”治已病。“下医”，就是一般的医生。大家都知道 SARS 的厉害。最后经过激素治疗，我们很多的医务工作者和病人都瘫痪了，因为激素太多，损伤了骨质。而有的地方，就中西医配合，不让病毒发散到骨组织，这种病的损害就小了。而有的地方更只是靠中药就把高烧退了，并又遏制了病毒的继续蔓延。当然，这种非常规的传染病，还有它的特殊成长规律。不管是禽流感、SARS，都是来势很凶猛。然后，唰，没了！怎么没了，不知道，有待中外医学家的研究。并不是人类打疫苗等等给遏制住了，它就是忽然消失了。而是有些病毒在演变过程中，变到一定程度，它自身就不能生存了、已经变得对人类无害了。

大自然是奥妙的，单靠着治表不治本、治部分不治全体，这样的科学认识不清楚，因为有些东西至今还是不可言说、不可思议的。说一切都可言说、一切都可思议，根本就是不可兑现的，这是西方的理念。

话再说回来，谈谈中医的整体论。它是要把人的思维、感情和它的健康视为一个整体。我很赞赏中国贸促会、中国国际商会和景藏健康科学研究院的合作。要促进健康产业发展，除了我刚才所说的“健康文化”，还有“科学的文化方式”。我想文化根本的功能和它的能量，都是作用于人心的。这样强调文化，就把身、心融为一体了。刚才走在路上，我和王雁院长还说了这样一句话：“景藏文化就是如何把身心融为一体，能让它物化；让物化的东西又影响人的心里，让他内化；最后达到健康目的。”在这个过程当中，需要产业化；作为公司、研究院来说需要赚钱，怎么赚钱？这是很复杂、很艰难的问题，需要投入。

不管怎么样，我们中国人是把身心看为一体的。

关于治身，千百万年来人们一直在研究已病如何治？今天我们发现古代的药方、出土文物、草药的残留，都证明中医在古代就很发达了。关于治心呢？中国人自古也有了很深的研究。归纳起来，我认为起码要让人知道人之真正成为人的道理，需要自己了解自己。每个人的人生都有一种境界，但是境界有低有高。我把人的境界分为四个层次。第一个层次是自然状态的层次。例如小孩子饿了就哭、打针就哭，妈妈逗逗他、点点他或者给他做个什么动作他就会笑，这是自然的境界。因此道家强调“赤子”的概念，孩子一生出来满身通红，这时候什么欲望都没有，只有生物最初状态的需求，比如吃。——老子认为这是最好的。当然道家并不是让大家都回到襁褓当中去，而是说人应该保持一种状态，它所说的一种“赤子之心”已经不是婴儿躺在妈妈怀里的那种赤子之心了，而是经过了看山是山、看水是水，看山不是山、看水不是水，又到了看山是山、看水是水的境界。后面这个“看山是山、看水是水”已经不是当初的“看山是山、看水是水”，人生境界已经升华了。

今天我们有很多人还没有达到这种境界。我说一个手机短信的段子，这丝毫没有歧视、轻视的意思。有人在黄土高坡上看到放羊的人，说你干嘛要放羊啊？挣钱！挣钱干嘛啊？盖房啊！盖房干嘛啊？娶婆姨啊？娶婆姨，为什么娶婆姨？生娃啊！哦，生了娃，将来你娃让他干什么？放羊啊！他放羊为什么啊？挣钱啊！挣钱干嘛啊？盖房啊！盖房干嘛啊？娶婆姨啊！娶婆姨干什么？生娃啊！这都是属于人的自然状态，还没有进一步去思考我是谁？我是什么？如果认识到我是社会的一分子，我的一言一行、一举一动都离不开整个的社会。我放羊为社会供给羊肉、羊毛、皮革，等等。同时我也应享受社会对我的供应，我与社会不可分。到这个境界再放羊，境界不同了，除了放羊还会主动做一些好事情，这就进入了道的境界。

这还不够。社会上总有一部分人爱仰望湛蓝的天空、或者星光熠熠的夜空，喜欢看大海，喜欢观察草木虫鱼的生长和生活。忽然有一天感悟到，原来人和草木一样也有生老病死、也要传宗接代。但是植物和动物遗传的只是它们生物性的基因。人是有智慧的动物。对人生的参悟、做人的准则，以及学问技能也要传下去，怎么办？所以人被困在这里了，引发进一步的思考。我们与草木一样是大自然的一部分，因此要爱护草木、爱护虫鱼、爱护大山、爱护大海。我曾经在一个环保论坛上讲过这样一句话，“当森林里的第一棵树被砍倒了，人类诞生了。因为猴子、猩猩不知道砍树。当地球上最后一棵树倒下了，人类就灭亡了。”为什么？因为今天的我们所喝的水、我们吸的氧，都是植物给的。当地球上没有森林涵养水源了，大洋的蒸气因为云遇到冷空气降到地上，瞬间就可以从昆仑山很快流进大海。天不再下雨了，再过几天水就没了，这么快的地表水流不可能渗透，因此地下水慢慢地也就枯竭了。没了水，没了氧气人不灭亡吗？人到这个境界是最高的。这是化一的境界，就是人和自然就化为一体了。

从自然的境界到道的境界还有个中间环节。人有生物欲望，就是《孟子》上写的“食色，性也”。不吃，无法保存我的个体；无性，种族不能延续。所以动物都知道交配，就为了物种延续！但自然的境界到一定的程度，个人需求就要跳出维持自己生存和自己家族、人类延续的需求，会去想我怎么吃的比别人好，穿的比别人好，存款一定要比别人多？同班同学毕业后在一个公司里工作，他们俩买一幢别墅，我一定要想办法买两幢。他那车是一百万元买的，我的就要买五百万元的。这就是人类创造的一个词“欲”，“欲望”的“欲”。不管是损没损人，这种境界是一种低浅的境界。

总起来说，人有自然境界、精神境界、道德境界、化一境界等四个层次。

我又不是干哲学的，我是搞语言学的。所以这些思考我一直没敢说出来，后来我看到了冯友兰先生 70 多年前写的著作，他就把人生境界也分成四个层次——自然境界、功利境界、道德境界、天人境界。他的划分标准有两个跟我一样。这个“自然境界”我用他的词，本来我找的措辞是“原始境界”。

人类很多病症损伤健康，常常是因为功利境界导致的：当了科长想当副处，当了副处想升正处，升了副处惦记着做副局，这里有些是正常需求。但不管怎么样，这种境界是一个功利的境界。人一旦进入功利的境界，欲望是无止境的。买了五栋别墅、三辆名车、娶了个模特，生了个娃娃也很漂亮。但是早出晚归，一礼拜孩子见不到他的面。于是自己就会想想：从大学毕业后到现在，我除了业务呢，几乎没看几本小说，整天就在电脑前，颈椎也有毛病了，有时候发现心脏也不大好了，终于发现有钱买不来幸福。看看大街上那些衣着随随便便的小两口、俩人食指紧扣、钱包里又没有多少钱，走到大排档那儿，要俩小菜吃着，聊得挺欢快！——哎呀，什么时候能过这种人生？但是，不行！别墅名车，老婆孩子，以及公司里下一个更高的职位还在向他招手，还得去拼搏。——人总这样想，能不得病吗？

本次论坛的主题王雁女士提出的“以人为本”。但是我希望，这个“人”应该是用中华文化的眼光去看它，不要用西方的哲学、医学的眼光去看它。“人”不是赚钱的机器，而是美好生活、健康生活的创造者。

景藏的研究应该是有容乃大。立足点是在弘扬中华传统文化，但是也不能拒绝西方文化。虽然西方的医学哲学有它的不足，但是要承认人家的长处和成就，那也是千百万人研究的结果，很多研究成果经过实践检验证明是有效的。但是，这要以中华传统文化为基础，首先以己为主，然后不拒绝吸纳任何外来的好的东西。

其实，何止是大西洋、太平洋文化的医学、养生学，东南亚的、西藏的，乃至非洲的，世界各地都有好的东西。人类能在那里生存、繁衍，就证明他们有他们的绝招，有他们的长处。当然，把非洲丛林、巴西丛林，或者热带雨林里的东西直接拿过来，并不一定适应我们。因为我们这里没那么热，也没有那么多的湿润。所以要以中华传统文化为基础，但并不等于拒绝其他。

第二点，现在我们在各行各业都遇到一个共同的问题，这就是学者们研究的学术结果如何大众化、生活化？其中，包括中华养生学的大众化、生活化问题。中华文化确实源远流长、博大精深，这种文化应该是我们海峡两岸人民共享的。

我在做海峡两岸文化沟通工作的时候，我们都共同面对着同一个挑战。这就是，老祖宗留下来的智慧怎么继续开掘？开掘成功后，怎么转化为老百姓日常生活所奉行的东西。特别是在当下，西方强势文化的渗透，已经把两岸的青年、少年腐蚀了很多。多元是要包容，但不是每一元都是优秀的呀！因此，怎样普及、推广是个问题。

第三点，“中国国际商会健康产业国际论坛”和“中国景藏健康投资国际论坛”这两个论坛都是“国际论坛”。现在到时候了，中华的养生科学应该走出去了！

我想到了两件事。第一件事，中国的茶文化走出去。英国的立顿茶，仅仅一个公司，它在全世界的销售额相当于中国全国1000多种茶叶的总销售额。但是我看着立顿茶，我可惜了这种茶：按工业化、标准化制作，你在非洲喝的是这种茶、你在日本喝的是这种茶、你在美国喝的还是这种茶，没有变化。茶是天人合一的，味道应该是不一样的，是根据不同的采摘地方、不同的生产地方，顶尖的牙尖和二茶和三茶的品味是不一样的。明前茶、雨前茶、后来采摘的茶，泡出来的味道是不一样的。不一样就有不同的功效。有些人不适宜喝绿茶，有些人不适宜喝红茶。你把西湖的龙井、太湖的碧螺春送给我们藏族同胞，他们在高原上喝了不行，解决不了问题呀！他们必须要喝浓茶，经过煮制，加入青稞、马奶之后，他们所吃的肉食，才能够消化。再有，高寒地区能抗氧。那个地方你让他硬喝碧螺春，非喝出胃病不可！——英国人把茶叶碾碎了装在袋子里搞标准化，那不是在享受茶，那是牛饮！所以我们的茶文化走出去，任重道远！

第二件事就是中医和养生文化走出去的问题。为什么？和茶一样，中医本身是中国哲学的活样板。但是，这里遇到了极大的阻碍。茶文化走出去，能讲清楚茶文化的没有多少人，现在做那种非茶文化艺术表演的人却很多。那不是茶文化！同时饮食的习惯很难改变，喝立顿茶喝惯了，泡一泡、加点奶，这边喝着茶，再吃点糖果。下午茶，你让他改喝味道清淡，甚至带点苦涩的，那他不喝；但至少可以让他明白其中的道理呀！

中医则更困难！为什么？中医是一个人开一个方子。西医一个方子治疗所有的同类病！中医常见的是方剂，通过望闻问切后再开药方。同一种病开的方子可能并不一样，而且吃过药后，过了十天，还得号号脉、望闻问切后，再改方子。这就碰到问题了：我们的草药要按西方的方法提纯，要把草药做全面的检查。中药一提纯，药效下降了。因为同样的草药，除了用它最主要的成分以外，它的次要成分也在起作用。把它的辅佐部分砍掉了，光剩它的主要成分，没意义了，光杆将军打不了仗。再有，一化验：坏了，里面有重金属，不行，不能使用！你给西医解释，说我这个中药是君臣佐使，需要有重金属配合的，我这味药材就是防止重金属发挥副作用的、给他相生相和了。——西医回答是：那不行，法律上通不过！

因此，中医真要全面走出去，困难极大！而西方国家几乎都有全民医保。如果他们不承认，中医就不能进入医疗保险的报销名单。没有报销，那就很少会有人采用。为什么针灸开始在美国、德国发展起来了？因为不涉及我刚才说的那些问题。但也遇见了新的困难：放到电子显微镜下查看，经络在哪儿哪？显微镜里没有显示。测试仪器没有显示，它也灵验？

我们要理解西方，理解他们的思维所走的道路，这就是现状。但是通过企业化运作，向西方宣传我们的中医养生文化，能让敢于吃螃蟹的人试试，这样中华文化的养生哲学、中医就会为世界做出贡献。中国人讲究天人合一，中国人的人生境界应该进入到化一的境界了。如果用冯友兰先生的话说，就是天人的境界。美国 2.95 亿人、非洲的 7 亿人、欧洲的 4 亿人，和我们一样是天地之子，我们一样关心他们。但关心他们、奉献他们，他们不要，那是他们福分未到、不能享受。我想应该让世界人民享受中医。喝挺苦的草药，怎么叫享受中医？因为“上医治未病，中医治欲病，下医才治已病”。不管是治未病的、欲病的、已病的，都是要你更加健康。只要健康，那不是享受么？

希望景藏健康科学研究院能够用更加宽广的眼光、更多的精力和财力，投入到对中国文化内涵的研究上去。这样，就名副其实的是“景藏健康科学研究院”。

转型，其实就是文化自觉※

我们应该思考“我们是谁”、“我们从哪里来”、“我们要到哪里去”。这些问题可以说是在新的世纪里所有的智者都在思考的问题，包括哈佛大学的亨廷顿教授。亨廷顿先生有另一本著名的宣传美国价值观的书，希望美国价值观遍布全世界的书，书名叫《who are we》。在美国成为世界唯一超级大国的时代，他也担心美国人将不再是美国人，因为他们丢了美国的价值观。

我们也在思考“我们是谁，我们从哪里来，我们要走到哪里去”。这些问题可以高深到社会哲学最高端去论述，也可以通俗到在我们日常生活中去寻觅答案。在这次精彩的论坛上，大家所聆听的和所发表的议论，其实归根到底是在议论刚才的问题。这是一个所有的文化自觉者都应该思考，但是人们在忙碌中的确忘了的问题。当一个人明白了自己是谁，——这个“谁”并不是姓名，并不是我身——自己是从哪里来的，将要走到哪里去，那么他就是一个生活的自觉者、主动者。而没有想到这个问题的人就是生活的盲目者、麻木者。

我的专业是研究中国古代语言，因而和中国历史、哲学、文化结下了不解之缘。我却从来没有企业管理的经验。来参加这次论坛是难得的学习机会。宋代理学家说“理一分殊”：全天下的“理”是一个，但是在万事、万物、万人身上就不同了。这是一个绝妙的哲学结论。企业管理，也就是在中国怎样办企业，如何创造出适合中国国情的企业管理模式，也是“理一”之“分殊”。现在中国的经济进入了新一轮“转型”的阶段，这个“转”里面应该包括了企业管理的转型，或者可以说是应该借助生成

※ 2011年10月20日在“中国管理全球论坛开幕式”上的演讲。

方式、技术的转变，加快管理模式的转变，探索中国企业管理的模式。所以我也就着“理一”谈谈自己的看法。

首先，我想从理论上分析我们所处的社会和时代。刚才几位主持人、发言人都已经对这个问题有所涉及，我想从另外一个角度进行论述。

我们现在正在建设中国特色社会主义。在当前，全世界的社会主义大约有上百种，中国的社会主义有别于其他，所以强调“中国特色”极为必要。中国特色“特”在什么地方，一般理解为以下几点：中国共产党的领导；改革开放；一部分人和地区先富起来，先富带动后富，走共同富裕的道路；两个文明一起抓，两手都要硬；多种所有制共同发展，等等。

以上分析是对的，但是如果我们深思的话，当年小平先生提出“有中国特色的社会主义”这个概念的时候，在一定程度上是针对“苏联式”的社会主义，也就是“以阶级斗争为纲，实行计划经济”的社会主义。这种社会主义已经被实践证明在中国行不通了。三十多年来的实践也证明了我们现在所走的这条道路是行得通的，一个行得通，一个行不通，二者区别在什么地方？其关键在哪里？

关键在于：

一）看是否符合经济发展规律；

二）看是否符合中国国情；

中国国情指什么？通常我们容易想到地大物不博，人口众多，经济、科技、教育落后等等。这些的确是中国的真实情况，但这些基本上都属于“物”的方面；实际上还应该注意到“心”的方面，也就是中国固有的文化方面。一个民族的文化就是这个民族的心，或者魂，它存在于人们日常生活、伦理道德、习俗礼仪之中。中国人对当下的要求和对未来的期望，集中体现了中华传统文化潜移默化的影响。

中国老百姓要求和期盼什么？一是安居乐业、二是和谐稳定、三是越过越好。与这相应的，对人的评价标准是什么？是这个人孝不孝、仁不仁、义不义、诚不诚，在这些期望的背后就是传统文化一以贯之的“仁义礼智信”。老百姓所期望的生活其实就是小康。因此可以这样说：中国特色社会主义就是符合中国现实经济状况和文化状况的社会主义。

由社会主义和中国实际情况的关系，我们还可以进而想到马克思主义和中国实际情况的关系，也就是马克思主义中国化的问题。

不要以为这是多么高深的理论，似乎与企业家无关，其实这是很现实的实践问题，当然也是一个复杂的理论问题，和企业、企业家有着极为密切的关系。什么是中国化的马克思主义？就是我们现在所生活的环境，就是我们走过的道路，也是我们未来的前景。马克思主义中国化是一个漫长的过程，从 90 年前中国共产党建立，就在革命实践中不断探索马克思主义怎样中国化。在中国共产党的历史上有着许多成功和辉煌，同时也有不少错误和挫折。这是在探索过程中必然出现的现象，包括改革开放，建设中国特色社会主义也是在探索马克思主义中国化。

小平先生一句“摸着石头过河”就形象地把走中国特色社会主义的艰难和决心说出来了。“摸着”就是探索，“过河”就是目标，就是决心。所以我觉得可以这样表述马克思主义中国化：马克思主义的基本原理和中国实际情况相结合，和中国传统文化相结合。

当前社会上所兴起的文化热，学术上出现的国学热、儒学热，广义的说也是中国化的过程中必然出现的现象，也是种种的探索。

以上所说的是我们所处的社会，下面再说我们所处的时代。

当前这个时代的特征是什么，是现代化和全球化。说到中国要实现现代化，全国上下绝无异词，但是很多人没有想到我们如何用“现代化”这个词。这个词本来是从西方借用过来的。在西方，“现代化”一词从出现到目前只有一百年的历史，而且有着特定的含义。

“现代”这个词是针对西方天主教统治的黑暗的中世纪而言的，在三个世纪中陆续形成了含混而丰富的含义，这就是明确的“现实性”，也就是注意当下，着眼于未来，否定中世纪的一切权威，追求新，也就是追求创造。这样一个词——“现代”，最初是艺术界和思想界的用语，后来成为世俗用于指称一个时代，也就是从文艺复兴之后到现在这个时代。

在“现代”这个词后面加上“化”，变成“现代化”，最初的意思就是要跟上时代、时时处处都现代，而所指要跟上的“时代”，自然是指西方的近代，因此里面包含着西方自文艺复兴以来所建立的、被说成具有普世价值的“绝对真理”。在人文、社会、科学方面就是所谓自由、平等、民主、人权、个人主义、自由经济等等。与它相应的自然科学就是伽利略的天文学、牛顿的力学等等所得出的结论，达尔文的进化论自然也含于其中。

从上个世纪中叶起，特别是冷战结束之后，西方的“现代化”概念陷入了自己所造成的悖论里，这就是一批学者、思想家按照“现代”、“现代化”的本性批判一切权威，关注当下、着眼未来，要创造。他们一方面用惯性的思维思考现代和现代化，也就是现代所创造的思维武器被用来思考现代本身了；另一方面鉴于两次世界大战和冷战给人类所造成的空前灾难，开始对被视为绝对真理的西方理念表示质疑，进行解构和批判，这就是我们都听说过的“后现代”思潮。现在，这一思潮已经成为西方思想界的主流。

“现代化”一词后来被一些社会科学家和政治家引进、使用，往往指非西方国家发展经济走向工业化的现实。例如苏联、日本及第二次世界大战后摆脱了殖民统治的新兴国家，中国也在其中。但中国和大多数新兴国家不同，我们有五千年的文明积淀，有百年来尝试各种主义的经验和教训，所以在引进现代化，进行经济建设时，经过了艰难甚至痛苦的摸索、扬弃，做到了西方经验中有利于我的就吸收，不适应于我的就吐掉，最终进不了体制之内。西方文艺复兴后构建的民主和人权，和中国人的观念的区别在哪里？在于中华文化讲究群体精神，认为社会是一个层级结构和同心圆结构，层级是按照职责大小和轻重排列的，同心圆是个人、家庭、国家、天下围绕着德、理与情组成；西方文化则以个人为中心，在二分分析法、二元对立的思维下，社会上一切的关系，任何人和人的关系，人和群体的关系，群体和群体的关系，乃至人和自然的关系都是二元对立的，人类社会特有的德、理和情就被吞没了。有关“现代”和“现代化”的话题我们还可以说很多，但是概括起来也很简单，这就是此“现代化”不是彼“现代化”。

从文化的角度看，西方现代化是建立在中世纪废墟上的，是借助于复兴古希腊、古罗马文化之名，对极端黑暗教会统治的反动，而近几百年的“后现代”又是对西方现代文化的反动；中华民族所追求的，是建立在几千年文化基础上的现代化，是顺应在此基础上自然生成的对当下的要求。比如刚才我所说的安居乐业等等，还有对未来的期望，希望越过越好，希望小康，希望最后走向大同。

再说说当前时代的特点：

第一个特点，全球化。全球化的概念出现得比较晚，大约是上个世纪中叶，但是全球化的趋势或努力早就发生了，是伴随着工业革命而出现的。工业生产的内在要求是尽可能大的市场，尽可能多的原料来源。在马克思的著作里已经指出了经济必然全球化的趋向。工业革命的发源地英国原料不足，市场狭小，后来整个西欧先后进入工业化阶段，依然是原料不足，市场狭小。很必然地他们就要凭借着工业化的产品，尤其是坚舰利炮来开拓市场，这就是18世纪起到19世纪达到高峰的殖民主义扩张。当时整个欧洲被称为世界的中心，其他几大洲都被殖民化了。因此可以说那时是第一次实现全球化，是强大武力和强权政治下的全球化。

20世纪末，柏林墙倒了，冷战结束了。因冷战而使地球分为两半，“半球化”的局面结束了，因此西方大规模推行全球化战略。这次和上次不同，完全靠武力实行不通了，于是就改成靠经济和技术，具体点说就是石油、美元、技术、虚拟经济，武力夹杂于其中，轮换使用。

近年来国际上的种种事端，无疑不是西方全球化战略的生动表演。全球化本来是经济领域的概念，它的本意是把西方发达国家剩余的产品、技术、资金转移到不发达国家来获得最大的利润。只有全球化了，这些剩余的东西才能无阻碍地、任意地在地球上空漂移，以便通过金融、技术、石油等等掌控不发达国家，目的仍然是资源和市场，是少数人或民族对财富的聚敛。但是从第一次全球过程化中我们可以知道，在不可遏制的不断膨胀的利润欲望的驱使下，经过美化了的文化、宗教、意识形态和政治会跟着经济一起向全球强行扩散。如果不如此，被全球化的地区、国家和人们，不会容忍或糊里糊涂地接受由此造成的贫富两极化、资源枯竭、环境恶化等等。发达国家悄悄转移过来的“礼物”：产业转移、经济援助等等何尝不是如此。因此，原本的公开宣称的经济全球化实际上也是宗教全球化、文化全球化、价值观全球化，简言之就是文化一体化，或曰文化一元化。

文化既然是民族的根和魂，那么腐蚀各民族的传统文化，也就是消除各个民族的意识和意志，让大家都顺从地甚至是感恩地接受西方国家的盘剥，使垄断资本达到十九世纪、二十世纪所没能达到的目的。

民族文化的复苏、世界的觉醒、维护多元的呼声，是对文化一元化的反弹，形成了各国保护、弘扬本民族文化的浪潮。但是要做到和文化一元化能够对抗，没有一定的经济实力是不行的。当今世界上真正自觉到这一点，并且有能力做到这一点的只有中国，或者可以加上一个俄罗斯。

说实在的，西方垄断资本对中国的顾忌和嫉恨所在，主要不是我们的经济总量，核心问题、实质问题是中华文化的自觉和复兴，是中华民族在弘扬传统文化基础上的文化发展与创新。因为文化是任何先进武器所无法摧毁的，是国家与民族无穷力量的源泉。在这种情况下中华儿女不得不认真思考：我们在建设现代化国家的过程中，怎么样趋全球化之利而避其弊。按照社会发展规律，中国必然要融入全球化。那么我们就必须思考："此全球化"应该是怎样的，我们的文化传统今后能够发挥什么作用，怎样发挥作用，新时期的新文化怎么建设？换句话说，在我们成为全球化俱乐部的一个重要成员后，在我们像西方国家当年一样富裕之后，我们要不要学习世界上一切有益于人类、有益于我的别的民族的文化，同时保住自己的心和魂？怎么样才能保住？对外来的东西我们要吸收哪些，拒绝哪些？这一连串的问题，答案可能是简单的，但是仍然需要学者们和政治家们深入地研究，需要众多杰出的企业家们去实践，去探索，这样才能给出科学答案的思路、依据和实施的路径。

实施起来确实很困难，原因之一是经过百年的摧残，我们的传统文化已经支离破碎得不成样了了。舆论上的混乱、事实的真伪、被外国人有意无意泼在传统文化上的污秽，都有待一一的鉴别和清理。

现在该说到在中国办企业，如何创造出适合中国国情的管理模式了。话说到这里我的意思似乎已经不言自明了，何况现在有越来越多的企业家正在探索富有中国特色的企业的管理模式，其中有不少已经找出了出路。

概括言之：首先企业要关注世界多元化和文化一元化的博弈，这种较量将是长期的、曲折的，有时还可能是血腥的；

其次，了解中国文化中有着宝贵的，符合主观和客观事物的规律，适合中国企业持续发展的内涵，把这些与种种人们乐于接受的方式体现在企业中，成为企业凝聚众人之心的力量。例如利己利他，尊法重德，中道和谐，以及生活中的勤劳节俭、手足情深等等；

再次，中国企业管理模式的中国化，和中国文化在继承的基础上发展是同步的，因此中国企业界应该关注中国文化的研究与创新过程。"文化搭台，经济唱戏"的阶段已经基本过去了，今后将是社会各界"给文化搭台"的浪潮，在这个阶段企业是大有可为的，已经文化自觉了的企业家应该置身于其中，莫作木然者或观潮者。

最后，希望二十一世纪中国涌现出越来越多对文化问题感兴趣并且有发言权的企业家。这些企业家并不是一般意义上的“儒商”，而是对把中国文化应用于企业管理有着独到见解和实践，并且能把它提高到理论层面上，把它介绍给全世界的企业家，把中国的经验奉献给全世界。

继承传统，再创辉煌※

尊敬的颖奇先生①，尊敬的各位嘉宾，尊敬的各位乡亲，女士们，先生们：

我和叶圣陶研究会的同人们非常高兴能够到朝思暮想的台湾参加第三届海峡两岸客家高峰论坛。感谢论坛对我们的盛情邀请，感谢自我们一踏上宝岛就受到的盛情接待和无微不至的关怀。特别是客家十分重视的“交春”之节刚过不久，我们就来到春意盎然的台北，更增添了我们如进家门的感受。

各位乡亲都知道，我并不是客家人，但是从第一届海峡两岸客家高峰论坛，我就被邀到会，我也以此为难得机遇，积极参与。我现在要向各位乡亲交代，我为什么对客家人有这份感情和热情。

在这中间我与颖奇先生和他全家的深厚友谊起了相当的作用，但是作为思维和感情的基础则大约有两点。一是20世纪50年代，在我读大学的时候，在我的老师中，有两位我十分崇拜的大名鼎鼎的教授，一位是著名文学评论家黄药眠、一位是著名的民俗学家钟敬文，都是客家人。“客家”这个词，就是在这个时候第一次听到的。后来通过学习语言学，又大体知道了客家话形成和一直保持着自己特性的原因以及它在汉语发展史上的重要地位。随着年龄的增长，我又渐渐懂得了客家人所拥有的中华民族中一种独特民系的文化，包括她的风俗、礼仪、艺术、信仰、精神以及即使散布到全世界也从不丢弃传统的情况。这些都引发了我对客家人的莫大兴趣。二是在我研究中华民族文化的过程中，更为客家人无论走到哪

※ 2009年3月21日在“第三届海峡两岸客家高峰论坛”上的讲话。

① 指饶颖奇。

里，都严守着“宁卖祖宗田，不忘祖宗言”的传统，保存自己文化特色而感到钦佩。客家人重视信义名节，重家族、宗族精神的传承，重坚忍耐劳、开拓进取，这些都和我自幼所受到的家庭传统教育如出一辙。在当前的世界，许多民族渐渐疏远与抛弃了自己固有的文化传统，从而迷失了方向；对比之下，客家人的精神不但令我敬慕，而且催我深思。我们从客家文化中可以学习很多很多，这无论是对于中华民族的今天和未来，还是对世界各国正在思考世界明天的政治家和学者，都是极其可贵的参考和启发。感谢各位客家乡亲，授予我“客家之友”的称号，给了我广泛接触、深入学习客家精神的机会。

中华民族自鸦片战争以来，在饱受列强欺辱压榨的同时，也不由得误以为技术先进，就一切先进，相比之下自己几千年的传统则是导致国破家亡的罪魁祸首。我认为，当今海峡两岸所出现的种种社会问题，例如道德沦丧，治安恶化，漠视环境等等，无不与这种时代思潮息息相关。客家人，则无论生活在哪里，也都遇到了各种文化接触、冲撞和相互融合的问题，但是却能传统绵绵不绝，这是何其难能可贵呀！众所周知，客家文化是以古代中原文化为主，融合了当地各民族的文化而形成的。它的核心内涵，也就是伦理观、价值观，较多地保留了中原文化特色，因此，客家人犹如中华民族文化的守护神，在当前，要更多、更形象地了解中华古代文化在实际生活中的情形，客家文化是最好的教材。同时，随着客家人向华夏大地和世界各国的散布，中华文化也随之进入到全球各个角落。这又是何等可贵！

当前，中华民族全体人民，包括海峡两岸和分布于世界各地的同胞，都面临着文化冲击、思考未来的严峻现实。综合世界各国，尤其是欧美国家许多知名学者的论述，可以把这一文化现实作如下的归纳：（1）西方二三百年的文化传统理念，已经受到严厉的质疑和批判；两次世界大战和世界层出不穷的屠杀和冲突，已经击碎了启蒙时代提出“自由、平等、民主”的理想；（2）历史已经证明，继续完全按照西方文化理念走下去，世界不得安宁，人们不得幸福，还可能人类自己毁灭自己；（3）文化是多元的，不应该也不可能一元化；不同文化之间的交往、对话，是各个文化不断前进、人类智慧不断提高的重要的动力；（4）中华文化是世界上唯一在几千年中从没有中断过的文化，这是因为中华文化中有着丰富的从生活实践中归纳提炼出来的、适合人类生存发展的经验，这是与西方

"神启"和理性思辨文化十分不同的文化，是人类的宝贵财富；（5）西方应该重视和研究东方，重视和研究中华文化，东方同样地要重视和研究西方文化，互相取长补短，相互交融，以期未来形成人类在新的历史时期的新文化，只有这样，才能挽救世界，挽救人类。

各位嘉宾，各位乡亲：

当前严重损害了海峡两岸经济，影响了十三亿人民民生的世界金融危机，就是证明上述观点的一个实例。大家都知道，这次危机起于美国次贷，肆虐于世界金融，现在正在迅速地向着实体经济发展。我认为，这次危机的深层原因主要不是经济的，不是技术的，而是文化的。过分的贪婪、毫无节制的物质追求、不择手段的攫取利润，这正是西方文化重要内容的变体。大陆在这次危机中受影响最大的是外向型产业，而不是金融业。这固然和大陆始终坚持金融业有限度的开放和汇率依据一篮子策略浮动有直接的关系，但是在这些决策的背后起作用的依然是中华民族成长过程中积累的"居安思危"、"独立自主"等经验；何况，勤俭持家，克己复礼，去奢、去甚、去泰等沉淀在人们意识中的古训一直在指导着政策的制定和人们的生活。因此虽然在经济快速增长、国门大开的情况下，近年来大陆一夜暴富、超前消费、过度奢侈等现象有增无已，但是社会的基石却没有动摇，大大抵消了金融危机可能造成的影响。由此我想到，在经济全球化、生产率不断迅速提高的情况下，客家文化中的许多精华应该也必然会起到应有的作用。这就是客家精神的现代价值之所在。我相信，本届论坛的主题"两岸客家掌握契机"一定会成为社会现实，客家精神在这场金融危机和随后较长的经济低迷的浪潮中，一定会发挥巨大的团结众人、稳定人心，化危机为机遇的作用。

面对着汹涌澎湃的与异质文化之间的激荡，作为客家之友，想就客家文化表示以下的意见，仅供各位乡亲、各位专家参考。

1. 任何文化都必须与时俱进，客家文化在千年保存流传过程中就是如此，因此她具有极大的生命力。现在，我们处在一个几乎是全新的时代，特别是进入21世纪之后，以经济全球化和科学技术发展为两轮，人类坐在上面颇有难以自御的趋向。客家文化，如何在继承传统的基础上适应现实，不断开拓提升文化的吸引力、感召力、凝聚力，已经是我们避免不了的课题。我高兴地得知，在这次论坛上，分论坛不但设有经贸合作、农业发展的论题，而且还有文化创新和青年精英的专题论坛。这和我之所想完全一致。青年永远是人类的希望，无论是经济建设、社会发展，还是文化的传承和创新，都需要大批青年站在前人的肩膀上向着更高处攀登，因此这两个议题存在着内在的紧密联系。

2. 为此，我们应该加强对客家文化的研究。就我所知，台湾交通大学、高雄师大、台湾大学等学校都设有客家文化研究院、研究所或研究中心，有相当可观的专职和兼职的研究力量与资源。而大陆大多为学术团体中的机构，缺乏必要的经济资源。在这方面，大陆需要向台湾学习。我希望两岸客家学学者能进一步加强合作，就像这次论坛的主题句之一所示："共同携手开创未来。"

3. 以我的寡陋所见，现在对客家的研究大多停留在客家形成历史或流转史以及表层文化（围绕衣食住行）、中层文化（风俗礼仪、艺术节日等）的形态上。方法也大多属于描述性的。我希望能逐步深入到对深层文化，即精神（或曰哲学）层面的研究。研究的方法也需从平面的分析和叙述进入到与中华整体文化、与异质文化、与侨居地文化对比的研究。

4. 加大宣传客家文化的力度，让客家文化走出客乡和客家人的范围，走向全世界。要采用现代资讯技术，采取不同地区人们喜闻乐见的方式，转换话语体系（即表达方法），让关心中华文化的人们都知道中华民族中还有这样一个优秀的民系，还有这样一种千年不衰的优秀文化。

各位嘉宾，各位乡亲：

每当我读到张九龄、黄庭坚、黄遵宪的诗，或在读史时遇到文天祥、刘光第、廖仲恺等人的名字时，我都会想到客家人为中华民族所作出的贡献，想象客家人的祖先跋山涉水、筚路蓝缕的艰苦经历，揣想客家文化形成和保存、发展的艰难。这些闪闪发光的名字是激发我这名客家之友努力为中华民族贡献全部精力的重要动力。现在我们赶上了实现孙中山先生的"振兴中华"伟大理想的绝好时代，这必将也是客家精神得到空前弘扬的大好时机。我愿意和在座的所有乡亲一道，为此而尽我绵薄。

诚挚地感谢各位！

感谢客家人的“坚守”※

梅州应该成为大陆，乃至世界客家文化的中心

《客家人》： 高峰论坛结束两个月了，这次论坛给您留下了哪些深刻印象，有哪些新的感受？您觉得客都梅州在保护、弘扬客家文化和两岸和平发展中将起到怎样的作用？

许嘉璐： 在梅州举办的高峰论坛，的确有很多令人难忘的印象。如果说新的感受，我觉得梅州应该成为大陆，乃至世界客家文化的中心，在推动两岸和平发展中起到特殊的作用。

《客家人》： 这个结论很有震撼力！

许嘉璐： 马英九先生前不久说，要把台湾建成客家文化的中心，历数了他从做台北市长，做国民党主席，做台湾地区领导人整个过程中所采取的措施。他说台湾有条件保存弘扬客家文化。马英九先生的这个想法是好的，因为客家文化是中华文化的组成部分，台湾保存弘扬研究客家文化，他们的成果，是整个客家、整个中华民族的。至于能不能成为中心，需要历史来证明。

大陆客家人分布比较分散，在福建不单是龙岩，在江西不单是赣州，在广东也不单是梅州，在其他地方，如湖南、四川、山西、广西等地，都有客家人聚居地。大陆客家聚居地多，若说它是客家文化的中心，也这中心就太大了。可是梅州，倒可以成为大陆客家文化保存、研究、弘扬、交流的中心，成为大陆客家文化的中心，也就有可能成为世界客家文化的中心。

※ 2011年8月24日接受《客家人》杂志的访谈。

梅州历史悠久，客家文化底蕴深厚，全市500万人口，99%都是客家人，有世界客都之美誉，据说世界上60%以上的客家人都出自梅州。梅州涌现了很多历史名人：黄遵宪、邱逢甲、叶剑英……出了近500位将军，近300位大学校长，20多位院士，真是非常了不起的事情！

梅州还有全国唯一的国家级客家博物馆；是国家级客家文化生态保护实验区；有客家研究院；首创了世界客商大会；还在继续申报梅州围龙屋为世界文化遗产……特别是这次高峰论坛的一项重要内容，经国家有关部门批准，在梅州建立"两岸交流基地"，这是天大的好事，这个基地，其内涵主体就是客家文化。

在台湾500万客家人中，有三分之一以上是梅州人，有三分之二的台湾客家人讲近似梅州客家话，可见梅州同台湾的特殊关系。将来以"两岸交流基地"为依托，随着梅州经济建设和社会发展的推进，梅州在两岸的和平发展中一定会起到重要的作用。梅州应该积极努力使自己起到大陆客家文化中心的作用。

要从历史和时代的大背景下看待客家文化的宝贵价值

《客家人》：听您在论坛上的一些讲话，觉得您简直像珍惜宝贝一样珍惜客家文化，您是江苏人，何以对客家文化有这样的感情？

许嘉璐：我17岁上大学，知道原来南方还有"客家"。因为我是学语言学的，知道有个客家方言，而且跨省"越界"地发展，这是一种很奇特的语言现象，引起我很大的兴趣。在我读大学的时候，有两位我十分崇拜的教授，一位是著名文学评论家黄药眠，一位是著名的民俗学家钟敬文，他们都是客家人，两位老师都对我很好，给我的影响很大。后来学历史，知道孙中山是客家人，叶剑英是客家人……"客家人怎么回事呀？"我年轻的心里产生一种强烈的好奇。后来，我接触到更多的客家人，就开始业余了解客家的来龙去脉，逐渐对客家人有了感情，但我不是研究客家文化的专家，只知道一些基本的知识。再后来，我从第一届海峡两岸客家高峰论坛就被邀到会，直到第五届在梅州召开的高峰论坛，其中的四届我都参加了，对客家文化也越来越敬重，成了"客家之友"，这样就跟客家文化结下了不解之缘，以至积极参与其中，帮他们做些事情，这是我当初所没有想到的。

《客家人》：您说“客家文化是中华传统文化的缩影、范式”，“保护、弘扬和创新客家文化，是客家之所急需，中国之所急需，世界之所急需”，您把客家文化的价值提到了前所未有的高度！

许嘉璐：对客家文化的认识，不能只站在客家文化的立场上，起码要把它放在中华民族文化史上来看，进而要和世界其他民族的发展变迁史进行比较，这样才看出客家文化的独特、伟大和珍贵。

传统文化不是可有可无的，任何一个民族的现代生活都不能建立在虚无基础之上。纵观人类历史，一些民族和国家的兴盛和衰亡，究其根源，文化基因的传承与断裂，文化传统的坚守与背弃，文化主权的维护与丧失，往往具有决定性作用。在四大文明古国中，中华民族之所以成为唯一能够延续5000年的文明，靠的就是中华优秀文化的自立与传承。大家都知道犹太人在历史上受尽苦难，是世界有名的坚守自己文化的民族，爱因斯坦、弗洛伊德、马克思都是犹太人。犹太人仅占世界人口的0.3%，却获得了自然科学类诺贝尔奖的30%之多。奇迹的背后，是数千年犹太优秀文化的积淀和支撑。

而客家人，有中国犹太人之称，客家人对传统文化的坚守，完全可以跟犹太人媲美，客家人千年迁徙，当初就是为了躲避文化被吞噬的危险。筚路蓝缕，朝不保夕，可是他们不管走到哪里，都“宁卖祖宗田，不忘祖宗言”，坚守自己的文化，完好地保留自己民族的传统，一直延续至今，千年不变。这一点，堪称奇迹。

当前世界，强势文化冲击弱势文化的能力已穿越时空，突破疆界，强烈侵占着人们的心灵和视野，保存自己民族传统遇到了前所未有的困难，这种影响是深层次的、潜移默化的，非常可怕的。

所以，文化多元化问题不是哪一个民族哪一个国家的事情，而是一个世界性的问题。民族个性化的文化传统在国际文化交流中必须得到尊重和维护！

因此，我不管走到哪里我都在讲客家文化，讲他们怎样在异国他乡仍不忘自己的祖宗，不忘自己的语言，不忘自己的风俗……所以说保护、弘扬和创新客家文化，是客家之所急需，中国之所急需，世界之所急需，这样说不应该为过。

客家人坚守传统文化为中华民族作出了榜样

《客家人》：客家文化的内涵很丰富，比如爱国爱乡、崇文重教、开拓进取、艰苦奋斗……您觉得客家文化最鲜明的特点是什么？

许嘉璐：客家文化的内涵很丰富，你提到的这些都是客家人鲜明的特点。但这不是客家独有的东西，若论爱国，黄继光、董存瑞爱不爱国？若论客家文化讲崇文重教，中华民族整体就崇文重教，不单是客家。我老家在苏北，崇文重教到什么程度呀？就是讨饭也要让孩子读书，真是如此，一点不夸张。讲勤俭，苏北人照样勤俭。那么客家人的特点到底在什么地方？她的特点就在于它迁徙之后，千年不变地保持中华民族的传统文化，一个族群一个族群地迁徙，一个族群一个族群地坚守，真心实意地敬虔、热爱，这种集团式的恪守真是了不起！他们生活在世界的各个地方，遇到了多少种文化接触、冲撞和相互融合的问题，这些问题有时都会影响到生存，但是客家人却仍然顽强地保存着自己的文化，相认相亲，自强自立，让民族传统绵绵不绝，这是何其难能可贵呀！

比如台湾的客家人有的已经在台湾定居二三百年，但他们仍然熟练地说着客家话，顽强地争取着客家族群的权利，保持着客家民俗。有的家长甚至要求孩子在家里必须说客家话，不会说就不给饭吃。你看两岸客家人在一起活动的时候，同唱客家山歌，同吃客家菜，共同举办客家民俗的活动，非常令人感动。高峰论坛开幕前一天，梅州在雁南飞举办的“客家同根，两岸同欢”山歌晚会，演出的节目就艺术水准来说，似乎有些“粗糙”，殊不知就在这比较“粗糙”之中却保持了古朴、真纯的东西。特别是山歌，加工的痕迹很少，让我似乎在震耳的喧嚣声中听到了山间泉水的叮叮咚咚……这叮咚声里蕴藏着心的宁静、有一种原生态之美，让人听到了生活本身的声音。这就是它的价值，这就是它的意义，这就是联系两岸之间的心灵纽带，有了这种精神的联系，两岸同胞的骨肉之情是任何外力无法斩断的。

还有，客家人每年都有全球性的盛大的客属会议，比如“世界客属恳亲大会”，这个名字就很不一般，全世界的各种大会很多，很少有这种叫法，这是客家特有的“天下客家一家亲”的情怀。此外还有世界客商大会等等，大家共同履行爱国爱乡的责任，扶弱帮贫，团结奋斗，共同发展。因此在当前，要更多、更形象地了解中华古代文化在实际生活中的情形，客家文化是最好的范例和教材。

所以我说，客家文化最大的、独有的特点就是“坚守”，坚守民族的文化传统，坚守中华民族的精神家园！我这样说，好像把客家文化说小了，实际上是说大了！想想看，世界潮流千变万化，熙熙攘攘皆为利来，攘攘熙熙皆为利去，睁眼闭眼求名求利，人与人之间还有多少亲密关系？可客家人却还是“天下客家一家亲”；特别当你进入到一个客家家庭，在梅州也好，在台湾也好，在龙岩也好，还能清楚地看到百年前中国家庭的影子，敬老爱幼、勤劳孝道，谦谦有礼……所以我说，客家是中华文化的守护者，创造了中华民族乃至人类发展史上的奇迹，客家人的“坚守”为中华民族做出了榜样！

对祖宗不要轻易忘掉，感谢客家人的“坚守”

《客家人》： 您对客家文化的研究和发展有哪些期望？

许嘉璐： 当前的世界，许多民族渐渐疏远与抛弃了自己固有的文化传统，从而迷失了方向，相比之下，客家人的精神不但令我敬慕，而且催我深思。我们从客家文化中可以学习很多很多，这无论是对中华民族的今天和未来，还是对世界的今天和未来，都是极其可贵的参考和启发。

《客家人》： 所以您感谢客家人的“坚守”。

许嘉璐： 是的。我是学古文化的，我特别感谢客家人的“坚守”。祖宗不是哪一个人的，祖宗是大家的，对我们的祖宗不能轻易忘记，承传祖宗留下来的宝贵文化遗产是整个中华民族的责任。

在我看来，文化的研究保护可以分为三个层次。第一个层次是保护物质文化和非物质文化，这可以通过法律、行政等措施实现。第二个层次是对原有文化进行研究，开掘其内涵，探讨其规律，即探讨它表象背后的“是什么”和“为什么”。凡事只有提高到理性高度，才能有永恒的生命力。第三个层次是对于祖宗留下来的物质文化、非物质文化乃至学说，让它生活化、民间化、大众化，体现在人们言行衣着当中，无论走到哪里，精神的信仰、做人的准则、精神的追求，仍然是我们民族的。

保护和弘扬客家文化，梅州、龙岩、赣州、惠州各个客家地区都做了很多工作，特别是梅州贡献更大。总之我希望客家文化的研究，不限于对历史的考证、文物的留存、风土文化的记录，也应该研究研究如何使之内化，变为今天的我们和我们的子孙后代须臾不能失去的内在。一个人到海外，可能三年不吃一次客家饭，没关系，只要他奉行的仍然是“宁卖祖宗田，不忘祖宗言”的传统，他就永远是客家人。

《客家人》： 您会不会担心客家文化的流失？客家文化该不该有大的创新？

许嘉璐： 形态文化一定要创新，不创新就很难生存。语言也从来是与时俱进的，客家话不变是不可能的，但它作为方言是不会消失的。

客家文化一定要创新，但不要失其核心精神，只有这样才能渗透于心，在生活中体现。这是个大难题，甚至可以说是世界级的大难题。任何人拿不出完整答案，只能在实践中探索。

为了减少流失，可以采取多种形式进行保护，比如我们在弘扬中华文化的时候，无论是在媒体上还是在课堂上，还是在普及读物里，可以用客家历史和文化为例证，形象地、具体地、鲜活地说明何为“中华优秀传统文化”，让人可见可触可学，这对继承、弘扬和创新客家文化有莫大的益处。

东西方的很多智者在探寻人类未来的出路，而且把目光投向了东方，积极地了解中华文化，客家不是一个极好的例证吗？客家文化应该是中国人民献给人类的一份厚礼。

《客家人》： 听罢许嘉璐先生的谈话，我不禁也陷入沉思之中，加深了对他不断强调“坚守”的理解。

如果不“坚守”，中华民族的优秀文化传统就会逐渐被蚕食，文化的基因就可能变异，文化的凝聚力、号召力和内动力就可能弱化，“量变积累历史，质变改变历史”，这显然是个很严峻的事情。

未来学家托夫勒曾预言：“我们正进入一个文化比任何时候更重要的时期。”

加深拓宽，促进和谐，走向世界※

各位女士、各位先生：

大家好！

诚如严隽琪主席刚才所说，在前五届取得丰硕成果之后，我们才举行了这次“第六届海峡两岸中华传统文化与现代化研讨会”。向大家坦率地说，我参加这次研讨会跟参加前几届心境有很大不同。可能在座的各位，特别是台湾的朋友，能够与我产生共鸣。前五届每一次见到老朋友、结识新朋友当然非常高兴，但是，还有另一面：压抑、焦急。从第一届到第四届，我都和台湾朋友在会场共弹热泪。从今年 3 月 20 日开始，海峡两岸的关系遇到了前所未有的令人鼓舞的局面，在这种条件下再来开第六届，每个人的心情就跟窗外的阳光一样灿烂。虽然我知道以后还会有阴天，还会有风，但是毕竟太阳出来了，这是我们这次研讨会所面临的具体的环境。天上有没有乌云呢？有。就是当前世界上的金融危机。刚才王蒙先生从宏观上，从历史的角度谈了中华文化与现代化的关系，陈癸淼先生阐述了被人歪曲成为台语的，其实是中华语言源头保留最多的方言——闽南话，它证明了福建人所说的“闽台五缘”之中的“文缘”。我既不能像王蒙先生那样宏观，也没有陈癸淼先生对具体问题的深入研究，我就来一个“纵观”。

我说这次研讨会是在海峡两岸的关系有了积极转变和面对金融危机时举行的，意思是我们要在这样的环境和气氛中思考传统文化与现代化的关系以及它的现实意义、世界意义。当然，我们身在厦门，这次会议的具

※ 2008 年 11 月 22 日在“第六届海峡两岸中华传统文化与现代化研讨会”上的演讲。

体议题也必然要紧紧围绕着闽台、客家，下面我会涉及这方面的问题。

3.20台湾政局发生根本性转变之后，正是前所未有的文化交流的大好时机，两岸人民要紧紧抓住这个机遇。原因很简单，文化是一个民族的永恒纽带，是一个民族生存与发展的基础力量，也是一个民族每一个时代的经济和政治最广泛、最有力的支柱。因此，论坛今后如何组织，如何研讨，需要结合着海峡两岸关系的这种变化进行深入思考。明年的研讨会将在杭州举行，尝试着转向医药卫生这个专门领域进行研究。医药卫生也需要传统文化和现代化的结合，中医、中药，中医的养生，是中华民族传统文化最集中、最生动、最形象的体现之一。“天人合一”在中医里体现得最为明显。中华民族的认识论和西方的分析论、二元论是绝不相同的，这在中医和西医之间也有具体的体现。中医讲究扶正祛邪，那就是以人为本。任何人都有一种自生能力，这和中国一向讲究自力更生实际上是异曲同工。中医和西医相容相补，也就是两种文化的交融共进。因此杭州会议将适当邀请从事历史研究、哲学研究以及从事文学研究的学者参加。为了准备好下次盛会，民进浙江省委的盛主委特别带团来参加这次会议。这是一种探索，但毕竟是一个论坛的探索，我们要由此想到海峡两岸的文化研讨怎样加深和拓宽。这是我要说的第一点。

第二点，我们学人都应该为两岸化干戈为玉帛奉献力量。今天早上的资讯有这样一条：胡锦涛主席在利马会见了连战主席。胡主席讲，当前国际金融危机正向全球蔓延，在这个关键时刻，两岸更应该加强沟通，积极推动互惠互利的合作，化挑战为机遇，我们愿意采取实际行动与台湾同胞携手共渡难关。连战主席说这次和胡锦涛主席的见面，使海峡两岸合作又跨进了一步。在中国，真正的学者自古以来并不是把自己关在象牙塔里，两耳不闻窗外事，而是秀才不出门可知天下事。因此东林的著名对联下联就是“家事，国事，事事关心”。当前我们应该积极思考，如何让海峡两岸保持住这种良好的态势，怎么让它继续发展，实现台海的永久和平，怎样为此积极献计献策。刚才有些学者指出，海峡两岸各自提出了十六字，而“搁置争议”是共同的。这就是求同存异，这就是包容，“同”越多，“异”就越少，但同中还会产生新的异，于是不停地求同。在现实生活中，即使夫妇之间也是有同有异。没有同，早离婚了；没有异，家庭就会像一潭静水，有些单调。夫妻不也是时时在求同存异吗？慢慢地，过去的争议淡化了，同了，又有新的异了。特别是在孩子成长的每一步时，在夫妻之间都会产生异。所以我认为，有异是规律，无异反而不正常了。因此“君子和而不同，小人同而不和”，因为前者把握了规律，后者不明事理。既然世界上没有完全的同，那么搁置争议就体现了宇宙间事物的总规律。这就是中国人独有的智慧，海峡两岸共有的智慧。同时，搁置争议也体现了彼此间的包容兼蓄，在胡连会面的时候，彼此的异双方都清楚，但能包容、兼蓄，还可能进而从与对方不同处发现自己缺乏的东西，这也就是互相学习了，其结果就可以促进共荣。我想，诸如此类的问题，我们学人在洞察古今时是可以生发很多见解，在学术层面提出来供两岸决策者参考的。

沿此以往，我想说到第三点。我们不但应该努力于海峡两岸的和平与繁荣，我们的眼光还应该扩大一点，这就是要携起手来合力走向世界。

我不久前访问了欧洲三国，在有的地方，已经见到海峡两岸的老师合力推广汉语和中华文化。也就是说，在基层，在教师和学者层面，早已在联手闯荡世界了，但是政治的层面还没有做到这一点。我也向海峡对岸从事华文推广的机构和学者发出了要合作的呼吁，得到了积极的回应。过去在世界汉语教学领域是唱对台戏的，但是这种戏已越来越少；现在的问题是应该通过双方努力，形成合力，共同把祖宗留下来的美妙语言介绍给各国更多的人民。这是一种两岸合作越来越紧密的先兆。实际上在中国文化走出去这个领域里，大陆和很多国家已经进行实质性的有效的合作；我们亲兄弟之间，在这个问题上，为什么不合作？我建议大家都朝这个方面多思考一下。

这是海峡两岸的形势促使我思考的三个问题。此外，我还思考了很多其他问题。例如，大陆有些企业家缺乏诚信，出现了很多事件，最著名的是三鹿奶粉事件。有人说我们应该学习西方企业界的诚信。我对此不以为然。为什么？我比较早地关注了西方的金融事业。比如，美国 1973 到 1975 年的金融危机，实际是对全世界人民的欺诈。不久，基辛格博士到中东说服了沙特等石油输出国，石油贸易以美元结算。这是一套诈骗术的第二步。其结果是，他只要付出印制绿色钞票的成本就可以让中东的石油滚滚流向美国；世界各地的产品，从非洲和巴西的咖啡豆到中国的鞋袜、领带、西装都这样无偿地输往美国，账面上他付了钱，但是大量的血汗钱又回到美国，买他的证券或国债，请他消费。大陆现在有接近 2 万亿元的外汇储备，其中 5800 多亿元买的是美国国债，剩下是美国的股票和现钞。

现在沙特也有着巨额外汇储备，同样主要是用来在美国投资。美国的“一本”何止“万利”！这次的金融危机把谎言戳穿了，原来这是金融财团搞的一个诈骗，格林斯潘不过是这个骗术前台的小丑，他极力鼓吹发展金融衍生产品，同时坚决反对监管。虚假的多米诺骨牌一倒，没有哪个国家能幸免于难。知识产权保护也是当今世界的热门话题。我曾两次访问世界知识产权组织总部，我提出了几个观点，其中一点是，知识产权保护应该有个限度，无限制的保护就是垄断，就是剥削，就是把知识产权变为个人和集团获取超额利润的手段，而不是造福于人类。我的意见在知识产权组织总部所有负责人那里得到了积极的回应。但是，由于霸权的关系，至今这个领域没有突破。这只是一个例子。实际上中国企业界的不诚信，说老实话，根本就不是我们祖先血液里的基因。大陆的朋友可以回顾，“文革”之前，1949 年以前，我们到商店买东西需要提心吊胆吗？这是经济全球化给我们带来的“恩赐”，是基督教新教秉承加尔文改革了的教义所形成的观念，不择手段地赚钱是 God 的意旨，又美化为“市场规则”，于是钱冲昏了人的头脑。我们可以把中国传统文化作为利器对这类现象进行解剖，这样才能不把西方的一切视为绝对真理，才能知道我们是谁，下一步该朝哪里走。

在这个问题上，我想说这样三点：首先，这次的金融危机罪魁祸首是谁？罪魁祸首就是在西方经济学领域自由主义鼓吹下的无节制的物欲、享乐和贪婪，享乐和贪婪催生了过度和超前的消费。这是很吸引人的一块糖，谁不希望自己过得越来越富裕，越来越考究呢？可是真正的结果就是便宜了企业界，特别是寡头。看看层出不穷的服装和化妆品不断推出的新牌子，人真的需要吗？利用广告、鼓吹“时尚”引诱你买，人们买了，商家得到高额回报。为什么呢？因为老产品在一般的国家已经超饱和，要继续大赚其钱就要用产品“更新”、用新奇广告刺激，而这一点刚好和中华传统文化格格不入。其次，为什么在风雨飘摇之中，大陆的经济虽受了影响，但是不伤筋骨？预计今年 GDP 的增长可能是接近 10%，或者是 11%，明年恐怕应该是 9% 上下。为什么？这也是欧洲朋友们向我提出的很尖锐的问题。我回答说，对于中国，也包括台湾，是以实体经济为主、虚拟经济为辅的，虚拟经济的总量只是实体经济的 50%，而美国虚拟经济是当年 GDP 的 29 倍，这样大的泡沫不破灭才怪。同时，我们居民的储蓄额高，大陆的储蓄额相当于 GDP 的 70%，一位朋友说，他们最多

10%，为什么呢？超前消费、过度消费嘛。昨天晚上我和客家朋友说，我在德国、法国先后遇到两次尴尬。在北京预定了酒店，到了那里办入住手续时要交押金，我们就交了信用卡，没想到两个国家同样拒绝接受一切信用卡。在信用卡的发源之地，信用卡却没有诚信了。这就是“虚拟”的结果。还有，中国政府始终没有放弃宏观调控的权力。最后，13 亿人口是广大的市场。这四点，细想想都是传统文化。中国人讲实事求是，做人要老实，要实在，在经济上就体现为重视实体经济；居民储蓄体现的是中国人的节俭，“月光族”、“啃老族”只是部分城市青年；政府的控制只靠权力是不行的，权力的合法性更根本来源于它的有效性，有效控制在于智慧。最近外国评述说，中国的决策层是一批具有高超智慧的精英。实际上，按大陆的体制，国务院的决策是吸取了社会各界的智慧的。这种吸收又是中国式的智慧。

还有很重要的一点，大陆在对付这次金融危机时没有仅仅考虑到自己的利益，1998 年是如此，这次也如此。1998 年亚洲金融危机时摆在面前有两种选择，要么人民币贬值，这样可以得到自救，但会引起东南亚又一轮的贬值，那是“以邻为壑”；要么咬紧牙关，不贬值，最终大家一起受益。1998 年的危机大家都知道，正是索罗斯这位对冲基金的巨头，先是在 1997 年的 7 月 10 日，也就是香港回归十天后，向香港发起冲击，香港在中央政府的支持下，一下击溃了索罗斯。他转向了泰国，这个小国家泡沫很厉害，果然，只花了三十多亿美元就把泰国搞得稀里哗啦。然而他的目标并不是泰国，而是香港、台湾。1998 年、1997 年是国际金融寡头小试牛刀，这次是“大试”了。这就是中华民族“利己利他”的辩证统一。利己利他就是善，就是慈，善、慈贯穿道、释、儒，是我们共同的追求。这次 APEC 会议正在举行，我相信，我们会从各种资讯上了解到，中国的调子会和西方的调子不同，这种不同抛开形式看，其实就是文化的不同。从两次金融危机我们得到的是文化的磨砺和磨砺出的威力，最后就要变为魅力。在当前政治、经济等等社会现象背后，所包含的是中华传统文化以及把传统文化与现代化有机结合起来的智慧，我们怎么样去开掘、保持、传承和弘扬，这是摆在我们面前的重大课题。

其次，今年对中华民族来说是很不平凡的一年。春天大陆遭到冰雪之灾，自然灾害刚过，在全世界人民兴奋地等待奥运会的时候，一批藏独分子在一些国家制造了一些闹剧，接着四川大地震，最后奥运会，展示了中国人民的胸怀、气魄和风采。在这一年中，在抵制“台独”势力的张扬、抢救四川遇难的同胞过程中，海峡两岸的同胞始终手拉着手地共渡时艰。今年在我们的记忆中将是墨色很浓很重的一年。

最后，我想谈谈“海峡经济区”的问题。当初选择在厦举行这次研讨会，也考虑到和海峡西岸经济区的建设与发展的关系。海峡西岸经济区的建设首先是造福两岸人民，但是，意义绝不止于此。西区的建设是海峡和平和繁荣的一个最亮的招式，是当初亚洲战争危险地带转变成亚洲乃至世界经济增长点的重要举措。我期盼着海峡东岸经济区的出现，以高雄为中点，和西岸经济区隔着窄窄的海峡，东西岸联手，互补互促。我多次来福建和省领导交谈，看了很多企业和规划区，我认为海峡两岸无论是经济合作还是文化交流，最切近的、最少隔膜的就是闽台之间。闽台之间有“五缘”，其中有一个“文缘”，也就是最重要的一缘。脱开具体文化形态说，闽南绝大多数都是北方的移民，客家也是北方的移民，和闽南人有着密切的交往，但是又保持自己的传统。中原文化从孔夫子经秦汉南北朝所形成的文化的主干、核心，也由移民带到福建。“礼失而求诸野”。中原经过战乱，由于交通发达，人员对外交往多，文化变得很快，但闽南和客家却不一样，闽南文化、客家文化比较原汁原味地保护了古老文化的基因。因而，在闽南人和客家人身上体现了以下的突出特点：克勤克俭，克己复礼，同舟共济，众志成城。这都是古老文化中闪亮的金子。几百年前，先民们划着木船战胜海峡狂风恶浪，漂到台湾，从垦丁登陆，在荒凉之地立足，打退荷兰，反抗日军，闽南文化、客家文化在其中起了巨大作用。因此当我们迎来两岸令人鼓舞的形势时，由福建省和台湾同胞优先更加紧密地合作，这从文化学和实践的角度说，也最能体现传统文化和现代化的结合。

请允许我举一个闽南文化和客家文化的微观例子说明开掘、弘扬中华传统文化并与现代特点相结合的问题，这就是喝茶。闽南、客家爱的铁观音、岩茶、白茶。中国茶文化和中医药一样，完整地体现中国人的文化理念。读了唐代陆羽的《茶经》再来喝茶，就体会到，一碗醇醇的茶体现的是完整的天人合一。茶讲产地、讲水、讲土、讲岩，因为不同地点有着不同的微量元素，讲采摘季节，讲什么样的茶具，讲怎样喝。中国的茶19世纪被英国人偷去种子移到印度广泛种植。茶利润很高。茶运到欧洲，形成英国人喝下午茶的习惯。他们偷走了茶种，却没有偷走文化。因此现在英国人享受的，还是我绝不沾口的立顿茶，因为难喝，要加奶加糖。我和研究茶文化的朋友说，我们祖先把茶叶贡献给了世界，现在应该把茶文化也传播出去，可以让浮躁的世界宁静致远，让人类的智慧再次提升。我们现在的智慧远远低于古人。人类必须回答我们是谁，我们从哪里来，将要走到哪里去。不沉静是想不到这些问题的，想了也得不出科学的结论。要让全世界人民思考这些问题，缺不了中国文化，缺不了两岸学人。因此，我希望我们这一代人具有世界的眼光，世界的胸怀，也要了解国境外的语境，善于话语转换，让中华文化为世界人民所熟知。让他们知道中国人永远是“一”，“一”中包含着“多”。海峡两岸的分割只是暂时的，两岸不能永远分割！

以中华传统文化为纽带 携手推进华语电影发展※

非常高兴应邀参加第八届海峡两岸中华传统文化与现代化研讨会。这届研讨会以电影产业发展为主题，切合“中华传统文化与现代化”的总主题，因为电影作为一种媒介、平台、管道，是一种形态文化，是需要也极有可能和中华传统文化与现代文化相结合的。

面对这么多著名的华语片制片人、编剧、导演、演员、学者、专家，我这样一个二十多年不进电影院看电影的人，按说是没有发言权的，但是承蒙主办方的邀请，我只好打擦边球。我的发言很少涉及电影本身，但又与电影不无关系。请不要误解，我不看电影，不是因为现在没有好电影，是因为我没有时间，而且恐怕不仅是我不到影院看电影，包括绝大多数的北京市市民也是不去看电影的。因此，偌大的中国大陆，整个票房只有60多亿元。这是我们面对的残酷的现实，在探讨电影产业发展的时候，不能不考虑到这一点。如果我们到大陆的院线门口调查，大概专家学者是不进电影院的，农民和农民工是不进电影院的，企业家和高级白领几乎也是不进电影院的，剩下进影院的就是大陆流行文化中所谓的“小资”了。

电影是最具有大众基础的一种艺术形式，但是从什么时候开始，电影落到了这样一个境地——大众电影开始不再那么大众了？恐怕是电影主管部门、电影投资者以及编剧不太了解13亿中国人在想什么、盼什么、喜欢什么、厌恶什么，只是凭着自己的想象在组织拍摄、发行电影，而中国的院线基本上被少数的大公司垄断了，因此一年拍摄出来的400多部片子中能够进入院线的恐怕是很少的。但是我已经预见到了被垄断的院线的这

※　2010年6月13日在“第八届海峡两岸中华传统文化与现代化研讨会两岸四地电影发展产业论坛”上的演讲。

种日子不会长久了，因为无论是美国的大片还是大陆所谓的预告片，几乎快变成了千人一面、一种格调了，就算是包括小资去电影院看电影，他们也会这样想。于是，连篇累牍的，用金钱买来的影评、广告起着刺激的作用，此景岂可长久啊？

这个时候召开两岸四地电影产业发展论坛，也正是思考中国的电影要走向何处去的一个契机。20 多年来的中国电影发展模式要变了。为什么中国的电影界会出现这种状况？它即使我所说的不是全部，也是应该引起注意的。我想，这离不开我们今天谈电影等一切艺术时所面临的世界和中国的形势。

世界的形势是什么？让我们超越党派、超越政治、超越意识形态来看这个问题。我们所面临的两个最大的问题，一个是经济的全球化，一个是科技的现代化。我多次在公开的场合讲，经济全球化的实质，是发达国家过剩的产品、技术、资金借着全球化，借着他们所制订的 WTO 规则，畅通无阻地在全球的上空飘荡，看到哪里可以取得最佳的回报，就在哪里落地。当在投资地投资的成本，如人工、土地的成本提高了，它就要继续飘荡，飘到另外一个地区去。经济的全球化不是为发展中国家设计的，它的目标是让跨国集团永续地获得超额的利润、最大的利润。经济和观念是分不开的，为了经济的全球化，它必须搞文化的一体化。实际上，文化产品也挟裹着输出国的意识形态、兴趣爱好，走向广大的地域，冲击着这些地域古老的文化、固有的价值和美好的世界，造成了几乎遍及全世界的物欲的横流，传统的丧失，价值的迷惑和社会的纷争。科技的现代化缩短了地球的距离，加快了人与人之间信息沟通的速度，却疏远了国与国，人与人，社区与社区之间的人情、感情和亲情。在这样的时刻，任何一个从事文艺事业的人不得不思考：在这样一个浪潮下，人民最需要的影视作品是什么样的，自己是随波逐流还是做中流砥柱。另一方面，中国的形势最引人注目的一点，是海峡两岸和平局面的出现和不断推进，这是中华民族崛起所不可遏制的，且来势迅猛并愈来愈盛。就着海峡两岸的过去、现在和明天，我们能做些什么？

经济全球化和科技现代化所造成的种种恶果，是对我们电影工作者的一种压力，也是一种挑战。海峡两岸和平局面的出现是两岸的一个极大的事情，是一个里程碑。加上大陆的崛起，这应该是我们中国电影事业发展的动力，也是我们应对世界的压力和挑战的一个契机。

几乎全世界（包括西方发达国家）都面临着2500年来从未出现过的一个严峻的课题。对这个课题，各国的学者、政要、思想家都还没有给出答案。而且，悲观一点说，意识到这个课题的人，在世界各国也还是极少数。这个课题是：在现代化的前提下，在市场经济的条件下，我们如何审视和重新处理人与人的关系，人与自然的关系，人的现在与未来的关系，人自己的身与心的关系？其实2500年前，亚伯拉罕、柏拉图、孔子、释迦牟尼已经给出了明确的答案，而且他们的答案2500年来一直指导着人类的生产生活，只是从200年前开始被人类经济社会的快速发展给搅得越来越乱了。德国哲学家雅斯贝斯在1949年提出，应该出现另外一个新的轴心时代，现在我们不过是为了新轴心时代进行准备。今天再谈这个问题，就必须要面对着社会和经济的快速发展，来寻找到我们物质需求的急速增长与心灵回归之间的关系，也就是说，在动与静、快与慢、钱与身、物与心之间求得一个平衡。于是我们面临着一个问题：无论任何文化形态，不管是物质文化还是非物质文化，我们是引导社会公众朝崇高走去，还是迁就人们感官的需求而不是灵魂的需求走下去？

我把文化对人的引导分为三类：一类是引导人们走向崇高，一类是让人们保持平凡，一类是催促着人们陷入沉沦。我想，凡是有正义感的文化工作者，都应该提倡崇高，允许平凡，拒绝沉沦。电影是最容易以润物细无声的方式对人进行影响的，我希望两岸四地的电影工作者能够紧密合作，共同思考世界性的大问题和中国当下面临的机遇与挑战，并且能够联起手来，引导着中华民族走向崇高。

的确像严隽琪主席刚才精确指出的，中华民族有着伟大的历史和现实。这就给我们提供了取之不尽用之不竭的题材和元素。同时，在五千年中华文明中有三千多年历史文化记载的中华智慧——我说的智慧包括灵感与灵魂——又是可供我们用电影的形式来体现的。

当然，市场不可忽视。我们的美好的愿景是引导中华民族和人类走向崇高，它与适当的功利是并行不悖的，因此我们还是要谈票房，没有票房，电影事业无以为继。我希望在考虑所谓功利（也就是票房）的时候，我们要思考一个更重要的问题，中国的电影如何走向世界。每年世界上几个著名的电影节都有中国的影片参展。去参展、去拿奖是必要的，但是现在已经到了不要满足于捧回奖杯的阶段，还应该看到中国影片通向世界的精神价值，是介绍并引导中华民族走向崇高，还是保持平凡，还是陷入沉沦。同时，金钱价值也要考虑，即获奖影片在中国大陆这个最大市场的票房和在世界电影市场的票房。我建议，有关媒体、有关主管部门，每年公布一次中国电影在世界电影市场所占的份额和票房价值。那是很可怜的数字，这种可怜就是挑战、就是刺激、就是催促。因为世界都沉浸到了物欲横流、传统丧失、价值迷惑和社会纷争之中。如果从中华大地上，不管是大陆、香港、台湾，还是澳门，飘散出一片亲民、和谐、自然、甜美的气氛和主题，我想我们也就在世界人类心灵上获得了价值。这就需要如严主席所说的那样，我们要在艺术形式上、手法上、手段上不断创新。

今年以来，我多次和台湾立法委员丁守中先生就海峡两岸文化创意事业的合作进行了沟通。不久前，刘保全先生来访，我也与他就这方面做了深层次的探讨。ECFA 中有些条款涉及文化创意产业，ECFA 签订之后，我可能会带领较大的代表团到台湾与不同的产业面对面地就如何落实 ECFA 进行研讨。我不是 IT 业专家，不是金融业专家，也不是房地产业专家、石化业专家，我大概能多说几句的，就在文化创意产业。我之所以跨行跨业地与台湾就文化创意产业进行沟通，就是和严主席想到了一起：无论电影、电视、服装、酒店服务、旅游，乃至广告、旅游工业品，等等，无不渗透着文化创意，其中，对人内心影响最大的应该还是影视作品。在这一点上，大陆电影界应该虚心地向台湾、香港和澳门学习。我想，有大陆的广大市场和一定程度上的资金储备，有台湾的无拘束的创意以及国际人脉，再加上香港和澳门成熟的经营理念和人才的储备，两岸四地联合起来，如果用好了，就不是一个好莱坞可以和我们匹敌的了。这里，中国电影界要清醒地认识到两个关键：一是认清全世界形势所给予我们的压力、挑战与动力；二是不断地创新。

今天的论坛依然是坐而论道。中国的电影要走向光明的未来，要走向世界，只是论道不解决问题，应该业者起而行之。我希望，这个论坛不是就举办一次，希望隔一段时间中国民主促进会可以再举行两岸四地电影产业发展论坛，那时可以就一个分主题进行研讨，而在两次论坛之间我们则要行动。我期望，下次、下下次再来参加论坛时，参加者会感到两岸四地的合作已经为中国电影的发展做了实实在在的贡献。

在2009中华文化人物颁授典礼上的颁奖词（饶宗颐先生）※

饶宗颐先生，字选堂，是享誉世界的香港国学大师。

有人把饶先生和钱钟书先生、季羡林先生并提，而选堂先生幼承家学，自学成才，没有学历。他提倡学术研究和艺术创作双携，他学贯中外古今书画，自成一家，他精通六国语言，著作超过千万言。他治学门类几乎涵盖了国学研究的所有领域，而主要集中于佛教史、中外文化交流史、语言学、敦煌学等领域，他的成就堪称我国20世纪国学研究的一座丰碑。

有人说，香港因为有他，就不再是文化沙漠了，而他说住在香港是他取得成就的天赐良缘，因为这里交流频繁、资讯丰富、心态开放。他自书楹联"天地大观入吾眼，文章浩气起太初"，这充分表现出他的心胸和学问，把儒释道融为一炉，把宋代的理学、唐代的禅宗和宋代的道学一系汇于己身。

他走的是中国知识分子的传统道路，学而反诸己，而他的治学方法是广纳世界中西学精华，不断创新。之所以如此，是因为他对自己民族文化的酷爱和深入研究，更源于以自己超然之心去深刻理解和感受各种不同文化的差异。他的一生给国人的昭示不仅在于他的皇皇巨制，也许更重要的是他的人品、风格和沉静，凡事必求究竟。他抱着这一理念从事研究，正是这一理念让他数十年甘于寂寞、淡薄名利，正是这一理念鼓舞着他以80多岁的高龄远赴印度偏远的郊野，去朝拜于佛祖释迦牟尼涅槃的菩提树下，他的这种穷理尽性的精神对于今日的浮躁的学风，不啻为一剂良药。知古而不泥古，深深植根于中国文化的沃土，并能超越民族局限的目光，以人类文化的高度审视本民族文化及其与各民族文化的关系，这就造就了他百科全书式的学界泰斗的地位。

※ 2010年1月13日。

在2010中华文化人物颁授典礼上的颁奖词（周有光先生）※

各位好，我很乐于接受文促会主席团交给我的任务，在这里讲述我的同行，我的前辈，我所敬重的周有光先生。

周老一生，他的前半个世纪，主要是一位经济学家，而从他生命的后半个世纪以来，他主要是一位语言文字学家。所以我说他是我的同行和前辈。因为1955年，当他年届半百，参加全国文字改革会议，并担任中国文字改革委员会和国家语言文字工作委员会的研究员和委员，参与制定汉语拼音方案的时候，那时的我还是一个刚刚入学不久的大学生。

周老是江苏常州人，他生于1906年1月。即使按周岁算，只差一个月他就满105岁了，而按中国人的习惯算法，他已是一个行将迎来106寿辰的老人。更重要的，他是一个仍然健康，仍然在思考，在工作，在写作的人，直至今天他还是每有新论。仅此一点，他的长寿，他的生命状态，已经可以算是一个奇迹。

周老早在20年代就读于上海圣约翰大学和光华大学，而后留学日本，并曾赴美工作。他是迄今少数几个曾经与爱因斯坦交往和交谈过的中国人之一。那时他的主要研究领域是经济学，曾于光华大学、江苏教育学院、复旦大学和上海财经学院任教。

20世纪50年代，他在毛泽东主席，周恩来总理的感召之下，奉命改行，从经济学领域转入语言文字领域。那期间，他参与设计“汉语拼音方案”，并出版了中国拼音文字研究的专著，可以说他是汉语拼音的创始人之一。我想所有今天使用、受惠于汉语拼音的人们都应当感谢周老的开

※ 2010年12月15日。

创之功。其后，这位精通中、英、法、日四种语言的学者又被周总理亲自邀请参与了汉字简化工作，他应邀在北京大学开设汉字改革课程，写作出版《汉字改革概论》，为推行简体字做出了很大的贡献。

周老晚年，正逢国家实行改革开放，这时的他，思想更其活跃，思考更其深入，用他友人的话说周老的思考和文章始终处于“社会的大处，人生的深处和历史的奥秘处”。而且还应当说，这时的他已经不再是某一个专门领域的研究者，他的范围是跨学科的，跨领域的，甚至是跨文化和连接东西方的。即使年逾百岁，他也始终站在思想的、科学的前沿，他的许多新鲜的、独特的、深刻的见解，始终激励着后来者。

我极赞成中华文化促进会主席团将周有光先生列为 2010“中华文化人物”。因为在本年度周老以《朝闻道集》再次赢得读者的好评。周老说，这是他的最后一本书，我们宁可不做此想。但周老所主张，所身体力行的孔子之语“朝闻道，夕死可矣”，却可以被看做是周老高尚人格的写照，也是中国知识分子的优秀的人格写照。因为他体现了中国人对于道、对于真理的热烈追求，甚至把道、把真理看得比生命更为重要，以至说假如清早起来能够获知真理，那么即使晚上就死去也可以安息了！这是一种多么可贵的，多么值得后人弘扬的伟大精神！我想，我们学习周老，这是最重要的一点，谢谢各位。

卸下镣铐跳舞※

一　分裂的世界需要对话

世界的混乱与病态，人类的分裂与自残，迫使人们反思自身。如果说两次惨绝人寰的世界大战和“冷战”期间政治、经济的狂风巨浪渐渐地首先震醒了西方的学界，那么，从去年开始席卷全球的金融危机则促使更多的有心人反思自己走过的道路、社会体制和哲学理念。

半个多世纪以来，西方学界——史学、哲学、社会学等等领域出现了巨大变革。安乐哲教授称之为“一场真正的革命”①。这场革命的实质，是对西方自文艺复兴之后所形成的“传统”思维方式、路径和结论的反思、质疑和补救。如果追溯到20世纪稍早一些时候，则似乎应该说斯宾格勒肇其端，汤恩比继其后并第一次提出“后现代”这一词语。当然，海德格尔、福柯、德里达、克利丝蒂娃等人，后结构主义、新实用主义、解构主义、重构主义、女权主义、后现代主义等学派都为此贡献了智慧。但是只有反思、质疑以至“解构”，是不足以使世界获得新生的。同时，生活在自己文化传统语境中的学者们虽然向自己的文化传统发出了种种质疑，以至于“启蒙运动理想主义正在丧失它对盎格鲁—欧罗巴文化的控制”，②但是，即使“绝大多数哲学家都在全面地抨击着事实—价值—理

※　发表于《文史哲》2009年第5期，原文是2009年6月23日在“安乐哲师生对话及论坛”上的演讲。

①　安乐哲教授（Roger T. Ames）和郝大维教授（David L. Hall）长期合作，他们的许多论著是联名发表的。为行文方便，我在这里只称安乐哲，实际上也“隐含”着郝大维。

②《期望中国》，学林出版社，2005年5月，165页。以下简称《期望》。

论—实践相互隔离的状况，但困难在于，他们的努力都受到了其企图克服的传统的影响”①。这一“传统的影响”即其思维模式和方法就是起源于希伯来和希腊，经奥古斯丁系统化和强化了的现象—本质—存在—生成、理性—经验、心—物以及绝对实在、普世价值等等这些二元对立论及其派生物，也就是安乐哲教授引用杜威的话所说的“堵塞着我们思想通道的无用杂物”。

一方面，人类不可知的前途需要不同文化的对话，在对话中了解彼此的异点和同点，以期由对话而融洽，由融洽而和谐，由和谐而永久和平；另一方面，与之有所重合的西方思想界探讨“补救”路径的努力也需要在非西方的环境中找到自己所无而又能够抵消对立抗争的文化模式和基因。

这时出现了另一路人马：葛瑞汉、史华兹、郝大维、安乐哲等学者，他们注意到中国哲学从追求的“本原”到思维方式、表达方法乃至社会实践都有西方所欠缺而应参照的特点。可以说，他们已经逐渐地寻找到并正在体系化并逐步深入的一条沟通中西文化和哲学之路。哲学的反思和变革是整个文化向着变革目标进军的中军。在从葛瑞汉到安乐哲等人的努力下，中西哲学的比较，已经成为中西文化对话的开端和基础。这应该是西方哲学的这场“真正的革命”已经进入一个新阶段的标志。

中国的哲学家不应该置身于这场变革之外。这是因为，百年来，中国的哲学逐渐成了西方哲学的奴仆和“名牌产品”并不很高明的仿造者，至今还在受着西方传统的束缚之苦。即使致力于开掘中国传统哲学，也是“带着镣铐跳舞”，追求本来并不存在的“超越”、“绝对”，事事处处二分……其实际后果，就是西方观念深入到学术领域的各个方面，包括史学、文学、教育、艺术、医学等等，并且普及到了社会、学校和家庭生活的角角落落。其后果是严重的，为数不少的中国人逐渐迷失了本性；被世纪之交形成的经济全球化浪潮和被“文明冲突论”强化了的文化一体化趋势卷裹着“大西洋文化”（即安乐哲所称的“盎格鲁—欧罗巴文化”）的最新文化产品汹涌冲击着，甚至漫过了中国已经开始坍塌的文化堤坝。

① 《孔子哲学思微》，江苏人民出版社 1996 年版，第 26 页。以下简称《思微》。此书另一译本名为《通过孔子而思》（北京大学出版社 2005 年版）。我引用时在两译本中“择善而从”。

过往和当前中国所经历和面临的问题中，有些就是丢弃了自己的哲学传统，"食洋未化"的结果。今后中华民族如何应对？我们所躲避不开的个体、家庭和社会的种种难题怎样解决？当下的和未来的中国人的心灵应该是怎样的？这些都需要从哲学层面给以回答。显然，社会现实对中国哲学家的期盼是急切的，是十分急切的。因此中国学者参与文化对话，尤其是哲学对话，应该是当然之义。说实话，从某种角度讲，我们对几十年来世界文化的这一大势，对西方的哲学革命，了解得太晚了，参与得太少了。

同时，这种参与是世界的需要，是和各国学者共创未来之举。人类正在自我毁灭。无论是人与人、国家与国家，还是人类与大自然的关系，必须让有别于大西洋文化的理念和思维参与进去，这样，或许能够创造一种新的文化，引导人类走向和谐、安宁与幸福。中国有着五千年未尝中断过的文明，积累了丰富的、适应中华民族生存发展的经验和理论，用汤恩比的话说，即有着让中华民族几千年"超稳定"的经验，①，自然可以提供给世界参考。

百年来在欧洲中心论的语境中，中国哲学被矮化、丑化、边缘化，许多前辈和时人也难免在西方哲学面前"自愧弗如"，因而，从中西哲学比较的角度重新认识中国哲学，首先从海外开始，也许实属必然。但是作为中华文明的传人，更有责任为了世界的未来而重新认识自己祖先的智慧——这期间当然要了解非中华文化和哲学——并善于把它介绍给各国人民。我认为，在深入研究中国哲学之前，首先要解决一个前提性问题：中国有无哲学？即所谓中国哲学的"合法性"问题。这既是一个学术的原则问题，也是一个中国学者的自信心问题。

西方学界，囿于资料之匮乏和翻译之不确，更重要的是自文艺复兴后形成的"传统"、"理性"的惯性，二百多年来遮蔽了西方学者的眼睛，再加上殖民运动所助长的"中心论"成了难以突破的"传统"，于是或误以为中国无哲学，或视而不见，即使像黑格尔这样的大师也不例外，连近代社会学大师马克斯·韦伯对中国的典籍和历史也有不少误解；② 史华兹

---

① 见其所著《历史研究》，上海人民出版社 2000 年版，第 36、287、393 页等处。

② 例如他在《儒教与道教》（江苏人民出版社 2008 年版）中把先秦到清的一些史实做共时性处理以及对一些文本的误读。

虽然致力于正确解读中国古典文献，强调“必须仔细斟酌对于原始文本的理解”，但他还是认为周代的“‘天’本身仍然是超越性的”[①]。

其实，在“合法性”里面有一个我在前面谈到的具体而现实的学术原则问题：讨论中国是否有哲学，中国的哲学是否“合法”，应该以什么为标准？合与不合的是谁之“法”？在一元的世界里，一个事物一般只有一个标准或“法”；而在多元的环境中，则本应有多个标准和“法”。所以，过去对中国哲学和文化的误判中实际上包含了“唯我为大”、“唯我是瞻”的殖民思想。

现在欧洲中心论将要，也许已经正在被文化多元论（每一“元”就是一个中心，自己的中心）所代替，非欧洲的哲学应该有话语权，这是可以不言而喻的了。这已经成为越来越多的人的共识。在这里我想强调：中国哲学是否能以平等的身份立于多元世界之中，一半决定于国外学术思想的变革、一半在中国学术界自身——我们能否日益准确地、严密地阐释、论证、弘扬自己的文化遗产，能否用以指出中国人的人生和社会的路向。中国的学术界，尤其是哲学界，理应成为研究中国文化和哲学的主力和先行者。

实际上，摆在我们面前的许多问题是带有全人类的共性的，需要不同的文化和哲学深思。例如，科技和经济的快速发展，既给人类带来了丰富的生活物质，同时也产生巨大的负面影响，人类的发展应该把握怎样的“度”面对未来？怎样把握这个“度”？二元对立、逻辑思维等西方的“理性”（包括人们所说的“工具理性”）对二百多年来科学技术的发展起到了不可估量的作用，今后科学技术还会需要它，而这和客观世界的本质在许多方面是矛盾的，和人的精神世界是矛盾的，人类如何解决这一难以摆脱的“悖论”？中西文化对话可以促进彼此的了解和相容，在这一语境下，认定有一个超越的、绝对的、权威的“他者”和由此派生的二元对立论与中国的从对宇宙和人生、社会的体验而形成的整体论、“自然”论能不能也相容呢？中国人的不去冥思苦想宇宙的“第一动力因”和西方对此进行的“预设”和逻各斯能否协调呢？如此等等。我认为，这些问题都关系到人类的未来，人们不能不给予极大的关注；我们应该在不同

① 见《古代中国的思想世界》，江苏人民出版社2008年版。例如第62、65页等处。

文化的对话中共同探讨，一代一代地坚持不懈地寻求答案。

二　使者、桥梁和叛逆者

比较哲学是不同文化间交流的最重要、最根本的使者和桥梁；而上文所提到的史华兹、葛瑞汉、郝大维、安乐哲等学者，则是当代这种“使者”、“桥梁”的筑桥人和榜样，是欧洲中心论、以西方哲学理念和语言解释中国哲学的传统的叛逆者。

1. 比较哲学的价值

哲学是文化的核心。不同文化间的同与异，无不决定于这些文化底层的哲学观念的同与异；各个文化的种种形态表现，也总是受着各自哲学的制约和影响。因而，文化间的交流，最重要的，归根结底是彼此哲学观念间的交流，虽然在广泛的层面上不同文化的人们接触的只是可见可触的形态文化。

比较，是人类认识事物的基本方法。不同哲学间的对话必须以理解对方的哲学理念为前提，即以哲学的比较为基础。换言之，比较哲学是跨文化交流得以有效进行，并能够使对话永续下去的理论和理念保证。安乐哲说，他们“企图促进各种文化间的对话，以逐渐导致承认相互之间的同和异，从而使得各方最后能提出共同关心的重要的理论和实际问题”。[①]他们研究的目的，也正是比较哲学在当今的历史性责任。

各个文化需要吸收别的文化的营养（我称之为文化发展的“外动力”，与之对应的，则是文化受自身经济影响、社会发展影响和文化内部间相互影响的“内动力”），这为文化间交流对话提供了需求；各个文化间存在差异，则为交流对话提供了实现其价值的可能性。在交流对话中，需要的是科学的、客观的态度和方法，通过了解“非我”促进了解自我；不以“我”为真理的唯一标准，学会“以子之矛‘解’子之盾”，或曰“以彼之尺，度彼之身”。简言之，就像安乐哲在《汉哲学思维的文化探源》中谈到研究中国哲学问题时所说：“根据中国的想法去理解中国。”[②]

---

① 《思微》，第3页。

② 《汉哲学思维的文化探源》（以下简称《探源》），江苏人民出版社1999年版。引文见该书“前言”，第1页。

其效果之一将会是“揭示本土文化所忽略的因素，其中介是研究其他文化思想时所触发的灵感”，“将中国哲学和西方哲学综合起来进行研究，会找到真正有启发的东西”。[①]

2. 比较哲学的新境界——安乐哲的贡献

安乐哲和郝大维连续合作二十余年，集中体现他们合作成果的比较哲学“三部曲”（即《孔子哲学思微》、《期望中国》、《汉哲学思维的文化探源》），把中—西哲学比较推进到了一个新的阶段，他们的见解不但为中西文化的对话确定了新的起点，在西方哲学纷纷质疑、“解构”启蒙运动以来众多固有“结论”性“真理”之后，提出了带有根本性的建设性见解，这正是当下和未来人类所需要的，其意义绝不止于西方；同时他们也为中外比较哲学家（在我看来，特别是为中国哲学家）提供了继续前进的一个范式。他们说：“［西方哲学］同中国思想和文化相结合的主要任务，将是对哲学地位和作用的讨论。”[②] 因为现在西方的哲学已经蜕变成了陈词滥调，却还在促进理论与实践分离、身与心对立、个人和社会对抗，强化了人类的分裂。

安乐哲、郝大维的研究没有任何主观预设，他们从世界文化是多元的这一事实出发，深入到自己传统的源头，沿着发展的长河，寻根究底；对中华文化，他们在谙熟并深入研究中国典籍的基础上，尽力在原来的语境里揭示元典的含义，归纳和演绎并用，实证和思辨结合，得出了一系列具有强大说服力的见解。

他们所使用的方法应该引起我们的高度关注。在我看来，有以下几点尤其重要：

在他们研究中国的和西方的文化元典时，把历代的注释和解说视为注释、解说者对元典的理解和续作，而不是作为无可置疑的依据；他们把哲学解释学和语言解释学巧妙地结合起来，依据训诂学和历史叙事、文化环境而“自我作古”；这样，哲学解释学和哲学比较学就熔为一炉了。例如，他们对儒家元典中的学、思、知、信，礼、乐、仁、义，恕、敬，道、德、天、命，始、终，真、明、神、圣，政、刑、法等“特殊”词语，做了透辟的训释与诠解；把对这些特殊词语的训解作为进行客观化论

① 《思微》，第244页。

② 《思微》，第255页。

述中国文化的入手之处。他们说：

我们必须试用一种以中国为中心、中国固有的视角，这种视角仔细地选取一些具有特定文化意义的决定因素，以及这些因素据以表达的语汇。也许中国人确实是以与我们自己很不相同的方式来思考、选择，以及组织那些构成他们文化上层建筑、杂乱无章的、细碎的材料。为了正确地评价不同文化的动力群，我们必须尽力使我们自己的世界观不致妨碍我们。[①]

正是因为对这些特殊词语作出了令人信服的诠释，证明这些词语所代表的概念来自于现实和实践，并且和家庭、社会、天下有着密切关联，和西方源于绝对超越、先验实在迥然不同，所以他们的确清除了“堵塞着认识中国道路上的无用杂物”，即“第二问题框架”的基本假设。

安乐哲在他们的几本著作中，都首先扼要地叙述了西方哲学两千多年形成、成长和定型的脉络。我认为，他们的论断要比福柯、德里达等哲学家的批判犀利得多，深入得多，鲜明得多。他们不止一次地指出：

存在/生成、实在/现象、思想/行动、身/心等等的二分都在上帝/世界的古典二分法中获得了有力支持，上帝/世界的划分体现了对绝对超越现实世界的神圣事物的信仰，该神圣之物或是创造这个世界因而使世界完全受制于他，或在其之上施加某种有目的和（或）有效力的影响。[②]

延至后世，二元对立论的继承者或信奉者们都沿着奥古斯丁所予以定型的逻辑思维走下来，情况更为糟糕：

哲学家们日益倚重其他思想家的思辨，而不是借助直接的经验和想象来发展他们的认识。这一事实又推动理论日趋形式化、体系化的发展，以便能在逻辑上和辩证中显得正当有理。[③]

在安乐哲的著作中，西方哲学发展过程基本上是按历时顺序叙述的，而在论述中国哲学时则基本上是共时叙述。这是因为，对于包括西方读者在内的关心东西方文化交流的人来说，以神学—绝对、超越的二元论为经，理清西方哲学发展的路径，是必要的；而对于中国以儒—道为主干的哲学，还是首先弄清其形成时期的基本理念为好。因此，虽然按照一般习惯，在同一本著作中对加以比较的双方运用不同方法叙述，有时是不合适

① 《期望》，第 146 页。
② 《通过孔子而思》，第 31 页。
③ 《期望》，第 67 页。

的，但从他们著作的整体看，却没有造成不协调或“不公平”的遗憾。

在《期望中国》中，他们提出了“两个问题框架”的概念。这是一个重要的创造，鲜明地显示出盎格鲁—欧罗巴的因果论、二元论、还原论、线性论的思维路线和中国的阴—阳论、整体/多元一体论、“类比关联”思维的不同及其形成的原因。安乐哲提出了一个十分重要的问题：文化的偶然性。的确，几乎在同一时期，中国和西方的哲学都处在发展的十字路口。原本存在于希腊神话、史诗和哲学中的关联类比思维的因素逐渐受到抑制和削弱，以至于最后难见其踪影；而在东方的中国，战国时代也曾出现过重视逻辑、似乎接近了超越的墨家和名家，但是历史在这之后却拐了一个弯：

被宣布为我们西方文化环境的特征的整个评价结构，包括在西方文化中发展起来的第一和第二问题框架，本来可能会是另外一种样子。我们，或者中国人，最终建立了我们实际上已建立了的文化，这决不是人类“心灵”、或“经验”、或“语言”的必然结果。[①]

安乐哲分析了在这过程中荀子和汉帝国所起的作用，这是很精辟的见解，对我们解读中国哲学史，甚而至于对我们研究整个中国思想史、学术史，都是有启发的。说到这里，我想说一点自己的揣测，或许可以作为安乐哲意见的“备参”材料。我的意见是，如果我们从更古老的年代寻觅，或许能对认识这一“偶然性”有所裨益。远在殷商时期的“帝”和“天”似乎和周代，特别是孔子生活的时期的“天”、“命”有所差异，前者有着“超越实在”的色彩。如果照这个路向走下去，中国人的思维或许也不是后来的样子。实际上史华兹对此也曾有过论述。[②] 假如这一观察是对的，那么“文化的偶然性”就有了另一个证据。

现在我想说的是，这种偶然性是纯粹的偶然还是必然中的偶然？它有没有自己的根源？在我看来，中国儒家和道家的许多理念来自于人民在长期农耕生产和生活中的实践。农耕时代，不但人们之间（包括个体和个体、个体和群体之间）的关系是人类历史上到目前为止最为密切的阶段，而且也是人对客观（包括人自己的肉体）的关注和了解、对现实与未来

---

① 《期望》，第133页。

② 见其所著《古代中国的思想世界》第三章，尤其是“宗教维度与‘命’的作用”一节。

的思考最为细腻深入的时期。孔子之于人伦道德和社会秩序，老子之于宇宙和心境，无不可以从“农”里找到源头。而对产生于游牧生产和生活的希伯来文化和希腊的城邦文化，我们也能依此看到它们在诞生之时的环境因素。殷商的带有超越意味的“帝”和“天”、墨家和名家的逻辑和思辨之衰落以至消失，固然有儒家经容纳包括墨、名在内的诸家养分而兴旺，后又经董仲舒的皇家儒学一统独尊的原因，但这只是外部的和社会的力量，而在上万年的农耕环境中，社会群体更易接受、传承面向现世、内向与类推的儒家文化，淡漠与之相比黯然失色的无法实证的超越实在以及墨家、名家学说，则是内部的动力。我并不是自然环境决定论或经济决定论者，但坚信偶然中有其必然——文化，作为人脱离一般动物的标志和起点，总应该和人所处与所从事的图存谋生手段密切相关。事实上是不是如此，“偶然”的选择到底是如何发生的，相信还会引起更多的人进行深入的研究。

三　任重道远：寄望于中国年轻学者

中国已经发生并将持续进行巨大的变革。这样一个时代需要哲学思维是不待言的。但是我们的哲学界的情况又如何呢?

中国哲学作为一个独立的现代学科发展，也是伴随着鸦片和坚船利炮的到来开始的，乃至“哲学”一词也是借诸日本。中国固有的哲学经历了起起伏伏，到宋代形成了理学，辉煌了约三百年，及至明代中期以迄清代，逐渐因远离了哲学作为人学、社会之学的本质，空疏而不切实际，不再被社会主流意识——人民的意识——所认可。随着传统接连被批判摒弃，中国逐步建立起来的哲学几乎是西方哲学的翻版，在很大程度上被启蒙运动事业的“妄自尊大”征服了。几十年来，本体论、宇宙论和目的论，二元、绝对、思辨，被奉为圭臬。如果说西方的传统哲学是宗教的婢女，那么作为学术的中国哲学在某种意义上说就是怡红院里侍候袭人的丫头。

西方哲学影响之深几乎举目可见。在哲学领域，即使像牟宗三先生这样极力要发展中国哲学的大家，也难免受康德的影响，也许是在不知不觉中把“超越”带进了他的哲学。我还想举出另外一个例子。庞景仁（1910—1985）这个名字也许是许多人不熟悉的，而他却是中国比较哲学的一位先驱。他的哲学造诣很深，在20世纪40年代他“为了使西方人弄懂在那个时期（璐按，指清代）中国的官方哲学——朱熹哲学，给他们展示出‘理’的概念的含义，指出马勒伯朗士以及西方传教士们的错误”，以《马勒伯朗士的“神”的观念和朱熹的“理”的观念》为题完成了他的博士论文。马勒伯朗士认为中国的“理”的观念和他的“神”的观念是很相似的，“应该剥去‘理’的全部无神论的外壳，使它和‘神’的观念相一致”。[①] 庞景仁先生假借对话的形式批驳了他。但是庞先生的结论中是这样翻译朱熹“必有为之主宰者”这句话的：“肯定有一个指挥者和命令者。”并用了这样的结论式语句：“因此，天肯定是一种至高无上的人格，或者，如果你愿意这样讲的话，是一种人格神。”[②] 显然，无论什么人，如果老是随着施特劳斯圆舞曲扭秧歌，慢慢地脚底下也会旋转起来。

与这种对中国哲学的扭曲密切相关的是，中国文化从总体上受到了严重的摧残。这段历史是大家所熟悉的，也是我们不愿意再去回忆和详述的。我只要指出这样一点就够了：传统文化被冠以“封建迷信”的恶名，这和欧洲中心论者斥中国文化为蒙昧、野蛮、原始，其实是异曲同工。这其间虽有包括被称为现代“新儒家”在内的众多学者坚持，并且形诸论著，但也无奈西方学术之大潮何。另一方面，毋庸讳言，也还有固守中国古代的学术格局、方法、视野，不愿参考、吸取中国之外的各种文化结晶者。时至今日，中国的哲学面临着不容回避的选择，不能再对西方哲学正在进行的伟大变革视而不见、无动于衷了。难道我们自己不该来一场哲学的翻天覆地的变化，或曰“一场真正的革命”吗？“意识到我们自己传统的脆弱之处是真诚的标志。”[③] 说得多好啊。这句话，是《探源》的作者对西方读者说的，但是，用在中国不是也很合适吗？“透过对孔子的分析重塑思的意义，以及由这种反思带来的对哲学家性质和责任的重构，可视为对我们自己（按，指西方）哲学文化传统的一种适时贡献”。[④] 安乐哲这番话说的也是西方，但是我们中国学者难道不该为世界也同样做出这方

---

① 《马勒伯朗士的“神”的观念和朱熹的“理”观念》，商务印书馆2005年版。引文见该书“出版前言”，冯骏撰。

② 同上书，第116页。

③ 《探源》，“前言”，第4页。

④ 《通过孔子而思》，附录，第440页。

面的贡献吗？安乐哲教授说“现在是一个‘中国来了’的时代”，[①] 但是中国学者应该反躬自问：“我们准备好了吗？”答案恐怕应该是否定的。那就让我们赶紧进行准备吧。中国学者投身于比较哲学的活动中去，将不只是对西方哲学变革浪潮的回应，更是对世界文明对话的关注和贡献。借用哈贝马斯的话说，作为“公共知识分子”（其实在中国的传统中，“士”就是关注并积极介入社会公共事务的），值得献身于这一研究事业。

我认为，作为从事中国文化或中西比较哲学的中青年学者，应该做好以下的准备：第一，知己知彼，也就是既要深入把握中国古典哲学的文献和学术发展过程，又要准确地掌握西方哲学史上的关键和精髓。第二，掌握工具，学好一门以上外语，熟悉异质文化的表达习惯，最好能够做到用一种外语写作和演讲。为了以上两点，最好能到国外学习工作三五年。第三，纯熟地掌握中国的“小学”，即文字、音韵、训诂和版本、校勘之学，也需要了解西方语言学中的语义分析方法。当然，由于种种原因，不可能每一位从事相关领域研究的人都能做到、做好这三点。但是我敢说，要想成为大家——中国和世界多么需要这样的大家呀——就必须朝着这个目标努力。中国和世界所需要的，不是一两个或几个，而是一大批大家。

研究哲学本来就是寂寞的苦事，为了做好以上的学术准备，更需要吃更大的苦，耐得住更深的寂寞，需要准备更长的时间坐更冷的板凳。这比单纯学习中西哲学文献，按照别人的思辨路径继续思辨要难得多，在某种意义上甚至要比从“渐修”到“顿悟”难得多。因为社会上的诱惑太多了，有时社会环境和条件也不允许人冷静下来，机制上的困难单靠毅力是难以克服的。但也正因为如此，才更需要一批勇敢者、坚毅者。

四　迅速建设跨文化的阐释学

1. 工欲善其事，必先利其器

要纠正400年来“非哲学的翻译家”造成并使得其后的人们徜徉于其中的错觉，改变“翻译语言贫乏化”的状况，必须投入精力涉足跨文化的阐释学的创建和发展。

---

① 《通过孔子而思》，附录，第440页。

中国的跨文化阐释学并不是从零开始。在西方，理查德、葛瑞汉等人，特别是安乐哲已经为我们展现了“哲学阐释学”一种范式的雏形；在中国，牟宗三、唐君毅、刘殿爵等先生也已经走出了重要的一步。我认为，在前人的肩膀上继续攀登，起码有三件事要注意。一是把阐释的对象扩大，而不限于前人已经指出的几部经典和“特殊语汇”。实际上，随着研究中国哲学领域的扩大，应该关注的经典和“特殊语汇”也将不断扩展；例如“五经”的全部、汉唐的注释、宋明以迄清末民初的专著、语录和笔记等等，以及理、节、气、欲等词语。而一些看似非“特殊语汇”也是需要特别斟酌的，例如福、忠、孝、廉、斋、戒、方、正等等涉及伦理的词语也需要经过一番解说，西方文化语境中的人才能正确理解。二是从对词语的关注扩展至对语境的深入思考。安乐哲多次谈到古典时期的哲学语境，但由于其著作有着特定的性质和目的，并没有对他的论述所涉及的语境作进一步的充分的叙述。不管是宏观语境还是具体的上下文，也不管是哲学语境还是语言学语境（二者既有区别又有重合，或者可以把语法和修辞也算在狭义的语境里）对语义的影响是多方面的。德里达也认为，语言的意义就不是确定无疑的，而是境域性的，是流变的。这就和“言语中心主义”宣称的语言交流是体现人们思想和意图的最准确形式，没有时空障碍的观点针锋相对了。从某种角度说，“词不达意”、“言不尽意”以及模糊是语言的常态，因此要准确把握语义—概念就不能不深究隐含着意义的语境。三是对语词的时代性要高度敏感。中国的文言文延续了两千多年，一般人以为它是完全僵化的语言。其实文言文也在一定的范围和程度上逐渐有所演变。具体到一个个语词，不同时代、不同作者都在改变着或附加上时代的和自己的色彩，这其中就有不少创造或扭曲，这些可能恰好是我们应该察觉并深究的。我们在时贤的论著中不止一次地看到混淆古今语义，或者囫囵对待语义间细微差别的现象，这是我们应该注意避免的。

2. 加强语文的训诂学和哲学的解释学的沟通

语文的训诂学的原理和成果是哲学的解释学的基础，但它必须深入到历史的叙事中去才有生命力，才能不断丰富和发展；哲学的解释学的成果则可以启发语文的训诂学的拓展和深化。训诂学的任务是语义分析，包括了字词、句段、篇章意义的分析，我称之为语文的训诂；哲学解释学的任务是进行概念分析，我称之为义理的训诂。30 年代过世的国学大师黄侃

（季刚）先生说过："小学之训诂贵圆，而经学之训诂贵专。"[①] 他所说的"圆"即指语文的训诂，是对一个个词语的全面解释；"专"指的是在文献语境中的训诂，其中包括了义理的训诂和哲学的解释。

无论是语文的训诂还是哲学的解释，都应该把文本看作是古人的生命、思想、叙事的延续，后人阐释它，同样是在注入自己的生命、思想和叙事。因此，任何典籍和对典籍的解释都是有时代性和个性的，进而是活泼泼的，有生命力的。需要引起我们警觉的是，语文的训诂学现在时常仅仅被当作一种技巧进行传授、使用；更有甚者，认为原有的训诂学缺乏"理论性"，进而使之蜕变为貌似严密、外表"好看"的蜡枪头式的"理论"。于是照抄字典词典或古代成训形成了注释或编纂工具书的惯例，或只满足于学科的"系统性"，却解决不了学者自身阅读或解释典籍的问题。其结果是，活生生的叙事成了死板板的记录，蕴涵丰富的哲理成了干巴巴的教条。安乐哲所说的"哲学语言的贫乏"大概也包括了对这种现象的批评吧。

要之，语文的训诂需要创造、新生；义理的训诂或哲学的解释对训诂学是重要的参照和启发。二者本来是密切关联的，我们应该自觉地沟通二者。这是一项了不起的重担，对中国两方面的学者来说几乎都是一个新的课题。

3. 把握训诂学的基本原理

中国的训诂学可以说是中国的文献语义的解释之学。文献语义不同于哲学语义，但其原理、工具和操作方法，已经有了两千年以上的积累和经验；可以说是集中反映了中国历代古人对自己的语言和文献（他们是把这些文献当成古之贤哲的生命的延续的）的体验，非常值得我们珍惜。例如在训释时贯彻对字的形—音—义三位一体的原则；例如对字词进行训释时义界、互训和推因三种方式并用；例如对广义和狭义语境，或笼统称之为哲学意义上的语境和语文学的语境的重视；例如对近义词之间同与异，特别是异的研究；例如对隐喻和其他表达方法的关注，等等。

中国近几十年大学学科的设置和课程的设计，在一段不短的时间里越来越背离学术发展的规律，学科越分越细，似乎越来越专，实则分析而不能"还原"，或曰一往而不知复，不但文理工互不搭界、文史哲绝缘，即

① 《训诂学笔记》，载《黄侃国学讲义录》，中华书局2006年版，第242页。

使在文、史或哲的内部也分得极为细密，培养出的人才综合能力差，知古不通今，晓外不涉内。在这种情况下，语文训诂学，即使对于许多从事古代文学或历史的人来说，也已经漠然不知了，遑论其他。因此，我建议，哲学研究者，特别是中国哲学研究者，一定要掌握训诂学的基本原理并且能熟练地把它运用到解读中国古代文献的实践中去。

从先秦到两汉，人们是重视经学和训诂的关系的，从事这一活动的无不首先是经学家；至南北朝以迄隋唐，虽然也比较重视二者的关系，但是鲜有突破性的发展；至宋，在解释学中哲学的味道胜过了原意上的训诂，延续到明，后世所批评的“空疏”也包含了不甚讲究训诂的意思在内；清至乾嘉，小学兴盛，但语文学训诂（“名物训诂”）掩盖了哲学、经学训诂（“义理训诂”），其影响至今未衰。现在到了还训诂起源时的本意，运用这一中国特色的解释工具为中国文化的振兴、为文化和哲学的比较、为多元文化的对话服务的时候了。

现在距安乐哲和郝大维合作发表《孔子哲学思微》已经过去了二十多年，世界的情况、世界哲学界的情况都发生了很大变化。变化中的一个重要方面就是文化的多元化、不同文明间应该对话已经成为多数人的共识。中国的学术界，包括哲学界在内也相应地有了可喜的变化，其中特别引人注目的一点就是今天会场上的景象：生气勃勃的年轻学者越来越多。我不是社会进化论者，但是看到当下的情形，还是要赞叹时间老人的无私，给了我们这么多未来的栋梁，他们的手脚还没有戴上镣铐，或虽戴上了但铐得还不紧，他们会跳出美妙的舞步。因此可以说，我看到了中国学术卸下镣铐跳舞的明天，看到了中国哲学的明天，看到了不同文化对话的明天！

为儒学，为中国，为世界※

各位领导，各位专家，老师们，同学们：

山东大学儒学高等研究院的成立，是中国人文社会科学界的一件重要事情，是山东省建设文化强省过程中的一项重要举措，也是山东大学抓住机遇加快发展内涵的一件大事。今天，有这样多的领导、专家和老师、同学到会，可见大家都认为这件事很重要。

山东大学儒学高等研究院是在这样的世界的和中国的文化语境中诞生的：

经济全球化和科技现代化在给世界许多国家带来发展机遇的同时，也严重地冲击了各国，特别是发展中国家的文化传统，毁坏了各个民族历经千百年形成的宝贵的价值观。中国作为最大的发展中国家，自然更不能幸免。其实，即使是发达国家也在经受着社会断裂、人心混乱、江河日下之苦，虽然当政者未必感受到了这种社会的痛楚和趋势，虽然他们即使感到了危机而百思不得其因，虽然“百足之虫死而不僵”，空前强盛的帝国的衰落需要百年左右的过程，而在其缓慢演变过程中更多的是保守者、麻木者和欲振而无方者。

现在是一个物质至上、金钱至上、技术至上、个人至上、消费至上的时代。在这个看似无法阻遏的大势中，人们获得了很多很多，包括我们这些在场的人们；但是，似乎我们失去的更多更多。得到的，是物质生活的基本保障和便利，这些对于很多人或者早已超出了个人和社会为了不断前进所需要的上限；失去的，则是不断前进的根本动力，是人之为人的根本特征与价值，是精神的家园，是灵魂的归宿。

※ 2010年4月21日在“山东大学儒学高等研究院成立大会”上的致辞。

中国，在经历了百年任人肢解、备受凌辱的炼狱之后，通过流血牺牲，奋起屹立了；但是，民族的肌体又在经受已经吞下去的激素的折磨。这激素，就是被描绘成或被误解为完美无缺的绝对真理的一整套希伯来—欧罗巴文化。它让我们厌恶自己，尤其是厌恶以孔子为代表的我们聪慧的祖先留给我们的丰厚精神遗产。

近几十年来，西方学术界不断提出对其自身文化的质疑、批判和重构，并且这一思潮已经逐渐成为西方思想界的主流；与此同时，其中不少人开始注意东方文化，尤其是中国文化中惊人的智慧；其后，恰好中国也开始了一个重新认识自己的过程，当前所谓的国学热、儒学热就是这一过程的学术表现。西方思想界的反思和对于东方文化的关注，以及中国自身对精神遗产的反刍，这三者将要或者已经、正在汇合成一体，成为中国的和世界的思想界最活跃的洪流，因为这是世界未来的需要，是人类摆脱人造的神话和由此而生的缠缚着人类的梦魇、争取永世和平幸福的需要，是符合人类成长、文化发展之道的历史必然。

我们重新认识自己，自然会按照各个民族文化和思想的规律从又一次解读先圣前贤开始。儒学之所以在今日得以再兴者，以此。换言之，身处21世纪的我辈，对中国人几千年来所走过的道路的再认识，对中国文化的主要支柱儒学及其实际的开山祖师孔子的再认识，不仅关系到中国百姓的精神、社会的和睦、国家的未来，还与未来世界的走向息息相关。我们坚信，经历了几千年来维护着、激励着中华民族屡挫而愈强的历史检验，儒学在当下和未来一定会逐渐拂去历史的尘霾，为各国人民所了解和赞赏，一定会为人类未来的精神家园增添新的营养和活力。这将是中华民族在新的历史时期为人类所做出的最大的贡献。

在中国960万平方公里的土地上，保留着孔子及其同时代贤哲们的遗迹，以及可以帮助我们追寻他们光辉思想来源的地上、地下遗存的，唯鲁为多；千百年来，受到儒学浸润，在两千五百年后的今天，在市场经济浪潮中还能从百姓日常生活中明显看到鲜活存在的，也唯鲁为最。百年老校山东大学，可能正是由于处在这样的土壤和氛围中，所以过去形成了重人文学科的传统，并且成为研究与弘扬中国传统文化的重镇。现在，则凭依着山东大学历史文化积淀之厚，加之今天校内外学者们的深厚学养和质朴学风，有赖于主持校务诸公的宏伟气魄、非凡胆识和实干作风，山东大学成立儒学高等研究院，几乎事属必然。今天高等研究院的诞生，就是山东大学珍惜传统、审时度势、把握机遇的结果，更是勇于以天下为己任的具体体现。

在这件大好的事情中，唯一不足的是聘我为第一任院长。以我的学识、功力，岂能当此大任？百谢未果，只能暂时承乏。我绝不是在说客套话。我心里很清楚自己的水平和能力与研究院院长的职责间有多大距离。高等研究院从它出生的这一刻起，就将承载起极为沉重的历史责任。全校师生之望，全省人民之望，全国和世界各国同道之望，如是其重也！传统凋零，知行脱离，浮躁遍地，板凳益冷，如是其难也！意见蜂出，难衷一是，如何使儒学与时俱进、和当下时代精神相结合，更是待解的世界级命题。以我浅薄的训诂学和儒家经典的知识基础，又怎能像在座诸公那样把握博大深厚的儒学，肩起如此沉重的重担！思忖再三，我所能做的，也就是依靠校内外专家和研究院的领导集体，在团结同人、聚集众智方面略尽绵薄而已。

此刻，我最期盼的有三件事：一是研究院能尽快地涌现出年纪更轻、活力更足、业务更硬、管理更强的学者接替我；二是能“得天下英才而教育之”；三是全院能做到“博闻强识而让，敦善行而不怠”，古以此为君子，今则可称为真正的“公共知识分子”。我相信，我们一定能够做到这三点，因为这些都是儒学欲进则必备的内在要求，甚至可以说是起码的要求。

我们深知儒学研究的内外之难，但是，我又是有信心的。这是因为，研究院从酝酿之日起就得到了省里领导和各个方面的关怀和支持，得到了山东大学有关的系、所、院同人们的鼎力促进，在全国首创了省校共建的体制和机制；加之现在国内外研究儒学的环境和条件恐怕是近百年来所罕有的，只要大家相互激励，淡泊宁静，锲而不舍，和国内外同道携手而进，积以时日，我们是可以为山东，为中国，为世界做出可观的贡献的。

各位领导，各位专家，老师们，同学们：

世界已经走到了一个新的十字路口，下一步迈向何方？这将由自觉了的人类进行艰难而痛苦的探索和选择。作为儒学的传人，我们当然主张和合的哲学、仁义的伦理、纯净的人性、和谐的世界，当然希望与其他文明共存相融、与各个民族一起，为人类创造新时期的新文化，与此同时，使各个民族文化的特色也得到更好的保存和发展。在这过程中，自然会出现扬弃、创造，乃至论争。好在智慧的往圣先哲已经给我们留下了百家争鸣、三教相融、内外兼蓄、彼此辩难、相互吸收，最终各方受益乃至纷纷出现新高峰的宝贵经验。如今，人类的视野较之古人更为广阔，“及其至也，虽圣人亦有所不知焉，”中华传统文化中海纳百川、虚怀若谷的胸襟将成为儒学高等研究院的品格，并且以此接纳所有的同道乃至整个世界。作为研究院的首任院长，我以儒家自古强调的“诚意”，恳请在座的和未能到场的国内外学者时时往来，坐而论道，不吝赐教，共襄斯业。

“人能弘道，非道弘人。”我愿与研究院全体师生共勉！

谢谢大家！

文明对话论说

中华文化与跨文化交际漫说※

当今的中国，遇到的一个最大的问题就是我们的社会主义先进文化如何建设的问题。这个问题，党中央、国务院早已经明确提出过，但是至今还没有破题，作为一个有 13 亿人口的伟大民族，自己有着三千多年有文字记载的历史，按出土文物则是几万年的文明，但是在面临着社会转型的时候，居然不知道自己的文明应该怎样建设。这既是悲剧，也是巨大的挑战。

可以说，中国、中华民族目前遇到了“鬼门关”，这个“关”不闯过去，中华民族没有希望。卖领带、卖袜子不能让中国成为一个伟大的国家，因为领带、袜子在世界各地都可以生产，唯独自己民族的文化只能自己生产，别国不能代替，何况经济是漂浮的，时起时落的，只有文明最长寿。

在建设社会主义先进文化的时候，我们可以分解为两大难题：

第一大难题，按照文化发展的规律，任何时代的文化都是在历史的基础上生发的，用我们的话说就是“优秀传统文化如何与时代精神结合”，“与时俱进”。它没有现成的药方，需要全国文化人和老百姓一起探索实现，只有当我们可以清晰地说明我们这个时代的文化具体形态大约是怎样的，它的实质和根本理念是怎样的，并且它们不是仅仅停留在图书馆、书斋和学术刊物上，而是渗透到几亿家庭和所有社区的日常生活当中，乃至大家在街上相见，无论相识不相识，在彼此的交际中都体现这种文明的时候，这才叫中华文明的复兴。解决这个问题需要多长时间？至少百年。那么第一个难题就是如何建设现时代的中华文化，并且使之生活化。

※ 2011 年 7 月 25 日在“中华文化与传播课程研修班”上的讲话。

第二个难题，当今世界，统治着65亿人的主流文化是发源于希伯来和古希腊的、以现在的美国文化为代表的希伯来-希腊-罗马-盎格鲁·撒克逊文化（也就是大西洋两岸的文化，因此有学者称为“大西洋文化”），这种文化已经渗透到全世界每个人的汗毛孔里，包括我们学校从小学到中学的设置、课程内容的设置，乃至上了大学之后的分系，乃至每个人学的专业，无不受其影响。比如学历史的学生，把历史看成是线性的发展，这早已被国际历史学界所推翻，但我们仍然在讲线性发展。又比如文史哲的分家壁垒森严，造成了我们每个人知识的片面，以致不能把中国的文史哲提高到世界的高度。

当今世界的经济是什么样子的呢？广告商业、明星商业、时尚商业和虚荣商业，这四个名词加在一起就是“今天的经济”，它们成为引领经济发展的最重要的“火车头”，我们的孩子们、弟妹们已经被这个“火车头”所引发的所谓“时尚”“虚荣”驱赶着来进行消费。如果带着这个眼光，带着西方解构主义、女权主义、后现代主义所给予我们的遗产，来看待今天社会的话，你会把自己平时心里安宁的状态一下子变成了焦虑不安，觉得周边触目惊心。

在这样的情况下，西方的一些学者，包括将在研修班上给大家做学术报告的几位世界级顶尖的学者，像安乐哲、罗思文，还有当代“新儒学”——这个引号是我加的——的代表杜维明先生，以及研究道家的陈鼓应先生等等，这批学者都把眼光转向了东方，他们在浮躁、荒唐、分裂、残酷的当代世界里，看到了中华文明中很多宝贵的东西，足以供全世界参考。

早在四十年前，英国的大历史学家汤恩比就提出，如果中国人向全世界献上一份礼物——中华传统文化，把它再和西方外向的、激烈的、争夺式的、爆发式的文明相结合，就有可能在二十一世纪形成人类的新文明，只有这样才能挽救人类。安乐哲、罗思文、杜维明等等无不做如是观。

这就是我们遇到的第二个难题：在解决第一个难题之后，如何让我们这些宝贝走出国门？

目前中华文化“走出去”有重重的困难，困难之大可能是在座的各位难以想象的。简言之，既有三四百年来西方学者对中国文明的错误解读，也有当今世界西方学者对中国的偏见与无知，以及在传播手段上强势经济掌控着全世界的传媒，等等。再反观自身，我们不但自己还没认清自己的文明，而且还缺乏人才，包括缺乏传播中华文化的推手。

从事汉语国际教育的硕士生来源于文史哲、心理学、教育学、传媒学、计算机、环境保护等专业，其中学文学的不懂哲学，学哲学的没摸过文学，学史学的与哲学、文学决裂，至于学理工科的学生从高二起就把文科扔到一边了，因为文理分班教学了，考上大学以后又只学本专业的东西。知识的这种狭窄是西方文明造成的，它造成中国的学生对中国的东西知道得少之又少，使他们先天不足。那怎么办？这个问题需要全国来解决。作为孔子学院总部，作为向外输出志愿者和老师的部门，就要尽量使他们后天不要失调，因此，需要大家聚到一起进行研修，研究如何培训我们需要的人才。我在巡视欧美以及大洋洲的孔子学院时，孔子学院的院长、学校的校长乃至当地的教育部官员都操着不同语言异口同声地跟我说，“学习汉语不是我们的目的，这不过就是个工具，我们的目的要了解伟大神秘的中华文化”，有的人甚至说出，“你们的孔子学院无孔子，只有一个塑像”。这是批评，这是渴望，这是要求。把我上述可能并不十分准确的对世界和中国情况的分析作为背景，再来看看这个研修班，其意义自不待言。

我期望通过我们在研修班上的一系列研讨研修，再通过大家各自的研究，最后能够形成一股力量，使国民对于中华文化的认识提升一个层次。下面我分解来说其中的意思：

1. 打破学科界限。例如儒释道的界限，文史哲的界限，乃至文科与自然科学的界限。因为讲中华文明需要懂天文，懂地理，懂数学，如果读《墨子》的话还需要懂光学。

2. 提升至形上。要形成一支浩浩荡荡的队伍，这支队伍当中的多数人能够摆脱“器”的层面，跃至“道”的层面。一个民族的文明，如果不能上升为形而上学，早晚要灭绝。两河流域的文化、埃及法老的文化无不如此，它们的文字比我们发生得早，经济贸易比我们发达得早，城市建设比我们开始得早，但是现在都灭绝了。归根到底是因为它们只着眼于物，不着眼于心，只着眼于器，没有上升到道。而后来出现的希伯莱宗教，包括犹太教和基督教，到了中世纪前期，则是如饥似渴地和希腊、罗马的哲学相结合，充分吸收了伯拉图、亚里士多德等人的学说，使之哲学化，从而延续至今。

3. 透视生活。我们不能坐在“象牙塔”的顶尖上不闻世事，不能在大学校园里自鸣得意，认为自己才掌握了中华文化。文化的主人是人民。同时，现实也给我们提出许许多多文明与文化的问题，我们要关注，要剖析，并从关注与剖析的过程中提高我们的水平。

4. 培养高端，或者说培养种子。既然我们的文明复兴需要百年，在座的只有个别年轻人能看到百年后，以我为起点往下数的年长之人不过是为百年后做垫脚石。所以希望在我们这些石头上走过的人中出现一批国际级的学者。

以上是我个人的期望，也是为什么我和我的朋友们以及我的学生们努力创建人文宗教高等研究院的原因。

下面步入正题，我要讲的内容有以下几个部分。

一、什么是文化，什么是中华文化。

二、如何把握、观察文化。

三、中华文化的底蕴。

四、以中西文化比较为例，谈不同文化的同与异。

五、中外文化交际的原则。

以上五条只有最后一条是关于跨文化交际的，因为我在前四个问题中都做了铺垫，最后只说最关键的意思就足够了。

一 什么是中华文化

“文化”极难下定义。我非常赞赏以下几个说法，它们虽不是定义却可以看作定义。文化就是“人化”，是着眼于人与“兽”的区别。不要以为这是废话，大象的鼻子卷着画笔在画布上画，狗涂了油彩在纸上爬，形成所谓的“作品”，最后还能卖出去，那不是文化，那是“兽化”。有些所谓行为艺术家在大庭广众下做爱，这不是“人化”，是“兽化”，因为和猫狗交配时不回避人一样。当今世界上兽化的东西很多很多。它把人经过几百万年的进化，好不容易从兽中摆脱出来后的境界，又给拉回到兽里去了。

文化体现在一个民族，一个群体或个人的生活方式中，因此并不神秘。如果带着文化的眼光去观察周围世界，那么反观自己一天的生活则无不是文化。当然，人有动物性，吃喝拉撒、睡觉，这些不是文化。

若说文化是“人类所创造的精神财富”。这也不是定义，而是指文化的范围，所以，我这个课不能给大家文化的定义，而且我反对给文化下定义。精确的定义本身是西方的二分法的思维结果，因为不是什么事物都可以给定义，有些东西是只可意会，很难言传的。扩而大之，不但文化不能下定义，就连“人”也不能下定义，不管是中国化的“人”还是英语的person，下定义干什么，你不说我还明白，说了我还糊涂了。再比如，仁爱的“仁”怎么下定义，说“仁者爱人”，那不是下定义，“仁”的范围极广，只要深入到儒学就发现“仁”是很难说清楚的，但又能说清楚。所以，老子说：“道可道，非常道，名可名，非常名。”“文化”、“人”、“仁”，等等，都不过是些假名。

那你为什么还列一个标题？我说的文化就是“人化”，也就是我们的“生活方式”，也就是“人类所创造的精神财富”。烟灰缸不是文化，杯子不是文化，但是一看到这个杯子就知道是中国的，只有中国的杯子才是这种造型。这是文化。

什么是中华文化呢？我也不能下定义，但是可以划个范围，那就是56个民族所创造的精神财富是我们的中华文化。在这里要强调，我们今天谈文化，谈儒释道，千万不可忽略了我们中华文化的整体是56个民族共同贡献的结果。在我们生活中有很多可触可见的少数民族文化，例如大家吃的涮火锅，火锅本身是蒙族的，等等。所以在讲中华文化的时候要树立一个观点，中华文化是56个民族共同创造的，即使是人数很少的少数民族也做了贡献，比如《乌苏里船歌》就是赫哲人的，“哈尔滨”也来源于赫哲语，意思是晒渔网的地方。但是一个文明总要有主干，中华文明的主干就是汉族文化，汉族占了全国人口的94%，是个强势的主干。

在汉文明中，儒家本不过是百家中之一家，但是自汉以后，它就成为汉文明的主干了，也正是因为汉代的长期强盛，所以我们的民族才叫汉族。如果汉代没有那么强大，而是到了唐代才强大，才形成一个伟大、统一的帝国，那么我们可能就是唐族。

从唐以后，儒释道并驾齐驱，于是儒家吸收了佛家、道家的东西，佛家吸收了儒家和道家的东西，道家也吸收的佛家和儒家的东西。儒家吸收了佛道两家，这才把儒学提高到了一个新的高峰，就是宋代的理学。宋代的理学加上宋明的陆王之学，就把中国的儒学提高到当时世界的最巅峰。佛教由于吸收了儒家和道家的东西，才形成了中国的佛教——禅宗，也就是佛教中国化，之后的禅宗得到了极大地普及，到宋代达到高峰。道家也由于吸收了儒和佛，才形成了自己的教义体系。儒释道鼎足而立，构成了中华文化的主流，但是这个主流还是以儒家为主体，即使强盛的唐朝曾经一度把佛教、道教前后定为国教，也没有动摇儒家的主体地位。其中的原因后面会谈到。

二　如何把握、观察文化

1. 按照人类的认识规律，似乎应该是观察放在前，把握放在后，我故意把它颠倒了。这里所谓的“把握”是指宏观地进行把握；“观察”的“察”是审视、细看的意思，所以“把握、观察”的意思是要“先宏后微”。人类的认识规律证明，人要想把握某种事物，首先要对它进行分类，其次要比较，这是人类认识事物的两个基本方法。在分类方面中西方有着不同的特点。西方一分了类就井水不犯河水，而我们的分类则是相对的，也就是我们认识到了类与类之间水乳交融的关系，认识到了每一类有每一类的特点，只不过这种特点在它的所有属性中占主导地位而已。

中华文化可以横向分类为民族文化、地域文化、雅俗文化、行业文化和形态文化。行业文化和地域文化本身就是交叉的，例如沪文化是以上海为代表的江浙一带的文化，而所谓行业文化就包括企业文化，企业是跨地的，这样就交叉了。

中华文化又可以纵向分为远古文化、殷商文化、先秦文化、两汉文化，等等。

把文化分了类就好观察了，我们常说中华文明源远流长，我改了一个字叫“源多流长”。实际上我们的文明既远又多，远到现在还难以界定它的时间，不知道到底有多长。至于“多”呢，从前都认为中华文化发源于黄河中上游，但是经过近几十年的考古工作，发现还有其它的源头，比如以三星堆和金沙遗址为代表的远古巴蜀文化就是一种独立的文化，今天中国文化遗产的标志就是一个圆的太阳神，那就是在金沙遗址出土的一个金箔饰品。

我们承认了巴蜀文化是中华文明的源头之一，并不等于一切问题都解决了。三星堆的人种哪里来？为什么塑造的面具是高鼻凹眼？三星堆的文明瞬间没有了，人到哪里去了？为什么这个种族没了？等到金沙遗址发现了，得到一点线索，可能是三星堆人迁移到了金沙，或者是三星堆文明的一支在金沙，当三星堆衰落之后，金沙兴起了。但金沙的文明除了三星堆的赐予又和陕甘文化有相近之处，金沙的北面就是剑阁、秦岭，连李太白都说“蜀道之难，难于上青天”，远古时代的人是怎么背着这么重的器物从陕甘翻阅秦岭过来的，他们干嘛要费这个劲？不得其解。更有意思的是，金沙有一个十节的玉琮。玉琮是江浙一带的良渚文化中晚期的特点，从成都到浙江有两千多公里的水路，还有崎岖难行的山路，这些玉琮怎么就到了金沙呢？谜。但是今天终于让我们懂得了“蚕丛及鱼凫，开国何茫然”中的蚕丛和鱼凫原来不是虚无缥缈的，他们可能就是金沙人，因为一些出土文物显示，鱼就是金沙人的图腾。

比金沙遗址时间靠后一些的河姆渡文化和良渚文化又证明，吴越文化也是中国文明的源头之一，而湖南、湖北文物的出土，也证明湘楚文化，同样是中国文明的一个源头。近二十年来对龙山文化的发掘，让东夷文化又得以确立。这些新石器时代的文明证明中华文明是多个源头，所以我说“源多流长”。

接下来在我要讲的中华文化的要点中，有一些因素在一两万年前就已经在中华大地上酝酿，只是当时还没有成熟。人们常常会说：“哪一个民族不是源远流长的?”但我的意见是，把这四个字放到中华文明上头是恰当的。两河流域文化、埃及法老文化、古代的印度文化以及希腊罗马文化实际上已经断绝，乃至于今天在两河流域和埃及生活的人种都不是以前的。因此，当两河流域的楔形文字在15世纪被欧洲人重新发现之后，到了19世纪才被法国等国学者破译，而晚于楔形文字的埃及法老文比我们甲骨文早将近两千年，但是后来的埃及人谁也不认识，需要西方学者通过若干年的精力去破译。今天，我们的甲骨文距今也有三千多年了，但是每一位搞语言文字的老师都会或多或少地认识其中的一些字。如果换成汉代的隶书，那么除了个别繁体字，其它的连小孩子都能认识。至于李太白、杜甫的诗，那时候都已经主要用楷体写成，今天印到课本上，我们孩子可以直接诵读，这在全世界是唯一的现象。因此，我们的源是多的，是远的，我们的流是长的，流长的意思就是没断，断了不就是流短了吗?

2. 文化层次的划分及各层次间的关系。

我把文化分为表层、中层和底层三类。

表层是物质文化，指的是人对物质的喜、恶、取、舍。举个例子说，给大家定做的这身文化衫本身不是文化，但是我们把北师大人文宗教高等研究院的 Logo 印在上面，就赋予了文化。我们有七大菜系或五大菜系，现在又发展到十大菜系，不管哪个菜系，做菜的原料本身，比如鸡鸭鱼肉、蔬菜等，这些不是文化，但某个菜系所在地的人就喜欢这么吃，这是文化。再比如，装修房子的时候，有的人在房间里挂从 798 买的不知所云的画——现代艺术；有的人可能挂齐白石水印的画，这些是文化。

中层，原来我称为“制度文化”，现在看来叫“工具文化”可能更好。它指的是制度、法律、宗教、艺术，等等。

底层，以前我叫它“哲学文化”，现在我改为“精神文化”。

这三层文化不是绝缘的，底层文化（精神文化）会映射到制度、法律、宗教、艺术、风俗、习惯等中层，中层的文化要映射到表层，在衣食住行上体现出来；反过来，衣食住行的东西可以渗透到中层，中层可以渗透到底层。

举个例子说，我们这代人小的时候大多生活困难，当时在我的家乡淮安流行一句话，过生日的时候，“大人一顿饭，小孩儿一个蛋”。同样，今天的孩子过生日，哪个家长不也是高高兴兴，或者咬着牙掏钱给孩子买东西呢？这就是衣食住行映射到了风俗里。

如果某个孩子从小就穿外国名牌，吃麦当劳，稍微大点他会习惯吃法国大餐，俄式大餐，这就可能会影响到他对祖国的认同感，那么他对中华文化或者有了更深切地不满，或者会更加地热爱。很多出国的留学生跟我讲，出了国了才更加爱国，但是也有一些留学生出国几年回来说，我对中国实在不喜欢。这是什么影响了他们？是饮食，是风俗习惯乃至宗教，影响了他们的哲学观。

我们常说中华文化“博大精深”，“博”和“大”同义，怎么个“博”法？960 万平方公里，加上 13.4 亿人，够多的吧？而且几乎世界上所有的文化形态在中华文明中全有，我们既有游牧民族的文化，比如把肉烤一烤，抽出刀来割了就吃，我们也有非游牧饮食文化的极精细的烹饪；我们既有原始宗教，比如信仰万物有灵的萨满教至今在西南山区乃至内蒙和黑龙江沿岸的村子里还仍然存在，我们也有西方宗教学意义上的所谓的高级宗教——佛教、道教，同时我们对伊斯兰教、基督教和天主教在中国的传播也包容，这就是中华文化的“博”和“大”。

“精深”呢？在于它的底层。我们的底层文化，特别是在剖析人的内心和内心不断提升的方面，以及内心与行动的关系方面，在我看来，它的精细与深刻目前仍然是世界第一，可惜这些现在都局限于书斋，局限于学术研讨会，而没有生活化。从前可不是这样的。以前无论是北方还是南方，哪怕就是在穷乡僻壤，妯娌间打架，有一方发誓“天地良心，我没做这事儿”，就不吵了。其中的“天地良心”是王阳明的话，一句“天地良心”就约束了人，就维护了家庭的和睦和社会的稳定。从前，道教把所有的信仰都收编了，因此，在大街小巷，包括偏僻的村子里，都能看到土地庙，有的土地庙小到只有这张桌子的四分之一，立在那儿，有的有相框，里面放着土地爷，供老百姓参拜。还有，在北方比较普遍的“泰山石敢当”，比如老北京的一户人家，一开门是巷子，那这家人一定要在短巷子的尽头立一个“泰山石敢当”，因为一开门看到对方的屋脊是不吉利的，有了“泰山石敢当”就给承挡了。“泰山石敢当”的源头在哪里？可能是古羌族的文化，他们自称为是炎帝的子孙，现在在羌族的村里，比如汶川那一带，还能看到“石敢当”。在北方，泰山最神圣，于是就有了“泰山石敢当”。所以在中华文化里，从原始的信仰到最深刻的对人的内心及对人的内心升华的剖析全有。

三　中华文化的底蕴

分类了我们就可以观察到中华文化源远流长、源多流长，还有博大精深。那它的底蕴在哪里？下面我从三个方面讲这个问题。

1. 中华文化的特点有哪些？我先说明一点，这些特点的主体是在农耕时代形成的，它的美妙与高超来于此，它的极限和需要的发展方向也在于此。

我用六个“重”来说明它们。

1）重家庭。

对家庭的看重，对家庭的感情，以及为了维护家庭和睦所做的努力，中华民族可谓世界第一。

与中华文化在这点上略微或者说在一定程度上相近的是匈牙利民族，尽管他们在欧洲，但是他们讲孝道，讲兄弟姐妹之间的和睦，然后再由家庭扩展到朋友，这与我们很相似，而与欧洲的其它民族不同。举例子说，匈牙利人的男孩子、女孩子长到 16 岁，父母亲就给他们在外面租一间房，把他们送去，并对他们说：“从现在起你要独立生活，一切生活费用由我们供应，你还可以去打工，挣点零花钱，节假日你回来看我们，或者我们过来看你。”为什么要这样？要培养孩子的独立性。等到父母老了，虽然儿女不住在一起，几兄弟商量，根据自己的财力，定时给父母送去财物。这些和西方，包括更西边的美国、加拿大等地，18 岁就几乎和父母完全无关的情况完全不一样。我跟匈牙利人谈起他们的父母，他们都很动情，说在苏东巨变之后父母生活都很艰难，所以做子女的应该尽量多挣一点钱，让他们过得安稳。他们兄弟之间聚会，大家争着付钱，乃至几个同学、朋友在一起吃饭，也是和中国学生一样，先想到买单的人早已经把钱付了，等到后面的人说是不是应该买单了，那人会告诉他，已经付过了，你别管了，在他们那儿没有 AA 制。为什么？因为匈牙利民族虽在欧洲，但文化上属于东方。

至今，匈牙利人都有一个苦恼，就是世界上所有的文献和出土文物无法证明匈牙利民族的来源。在二十世纪中叶，曾经有两位传教士徒步从布达佩斯出发，一直向东行，想寻找自己民族的足迹，走到离中国不远的地方，发现一个村子，那里的风俗习惯、村民长相乃至语言都和匈牙利的极其相近。就在他们要详细调查、撰写报告的时候，二次世界大战爆发，那个地方被日本占领，两个传教士下落不明，只有这么一个信息传回来，没有留下文献。现在又有一些人想沿着这条路去寻找。有一些匈牙利人说他们民族的名称（英文为 Hungary）就是匈奴的变音，是当地人当年称呼匈奴的词，因为“匈”在古音读“Hun”。是不是如此，我们姑且不论，我走过将近 80 个国家，在和中华文化对比时发现，唯一与中国伦理相近的就是匈牙利，不过远不如我们强烈罢了。重家庭的确是中国的特色。

2）重稳定。

因为重家庭，所以重稳定。中国人不希望家庭整天吵吵闹闹，乃至分裂。为了拆迁分点钱，打得不可开交，最后上法院，法院不行上电视，甚至最后闹得父子反目，妻离子散，这不是中国人普遍希望的。在这个背景下再来读某些诗文，我们才能品出它里面刻骨铭心的味道来。不管是“独在异乡为异客”，“每逢佳节倍思亲”，还是“床前明月光，疑是地上霜”，或者“慈母手中线，游子身上衣”，都是希望家庭和睦、稳定，因为中国人讲继承，无论在物质、技能、知识和品德等方面都讲继承。北京过去常见的大门门联中，有一副叫“忠厚传家久，诗书继世长”，其中“忠厚”讲的是品德，“诗书”讲的是知识和技能。中国人在重要的日子里拜祖宗的时候，脑子里并没有一个祖宗的形象，更没有把祖宗塑造成一个人格神来时时护佑我们。中国人拜祖宗是为了不要忘记自己是从哪里来的。因为没有远祖就没有近祖，没有近祖就没有祖父，没有祖父就没有父亲，没有父亲就没有我，我能来到世上要感恩。

3）重传承。

4）重和谐。

5）重道德。在个人、家庭、社会、国家乃至国际中，贯穿始终以维持家庭和谐、社会稳定的，是道德。无德则全完。

6）重现世，轻来世。儒家普遍认为没有来世，“未知生，焉知死”，连生都还没有弄清楚，怎么讨论死的问题？在儒家看来，我是宇宙的一员，即便我的肉体死亡了、消灭了，但精神还在，还要流传，传给谁？传给自己的儿女，或传给自己的学生。如果一两个儿女成才以后，为人准则和自己一样，这时候老人心里比给他买多少名牌服装都高兴；如果自己教出了几个学生，他们都有着和自己一样的品德，并在学业上超过自己，真正的好老师这时候也会是非常愉快的。他们传的是精神，是形而上的，是非物质的，重的是现世，活一天干一天，生命不息则奋斗不止。

中华文化基本是从农耕文化萌芽、成长并成熟的，用这个观点来看，上述六点就很重要了。如果大家读过恩格斯关于家庭的论著都可以知道，重家庭不是从一开始就有的，汉字的“家”是房子里面一头猪，对这个字的解释从许慎的《说文解字》开始就众说纷纭，为什么“家”字会是这样？如果我们从通俗文字学角度看，屋顶下（草棚下）养头猪，养猪就得有人，干嘛养猪，为了吃，那就是个家庭。“庭”就是庭院，它把一个家庭一个家庭隔开，这又是后来才有的。从最早的重部落、重部族，后来的重家族，再到重家庭，我们的文化正式形成。为什么重部落、重家族、重家庭？因为原始时代耕地使用的是笨重的石铲、石凿，这种条件下一个人能种多少地？到后来，学会用木头了，木头农具只能用在熟地上，生地上根本插不下去。《诗经》上所说的“耒耜”，就是木质的农具，它像铁锨一样，一个木板两个把手，用的时候两边站两个人，一个人一只脚踩下去，另一个人一拉绳子，土就翻开了，然后再踩下去一拉绳子，又翻开一块地。这种农具，如果两个人不配合好，就铲不了地。后来发明了犁，还得两个人，其中一个扶犁、另一个拉犁，互相配合才行，否则就没法耕了。

农业再进一步发展就需要修水利。修水利这种事情，一对夫妻带着几个孩子能干成吗？一个家庭能干成吗？不能。就需要部落、部族齐心合力，所以农业社会没有集体的努力不行，到了私有制开始产生，部落和部族慢慢分化成一个个家庭，但是所有家庭也还是必须联合起来从事生产才行，怎么办才能合起来呢？那就要讲道德和权威，老爸就是权威。“孝”就得听我的，你不听我的，大家就视你为逆子，你在家里、在村里、在四里八乡就没有立足之地，这就是“礼”。重稳定，轻迁徙，所以“父母在不远游”，这从生产者的角度来讲是有道理的。

重和谐、重道德就不说了。

为什么重现世？因为农耕社会最重现世，所谓“种豆得豆，种瓜得瓜”，这八个字不要小看它，它渗透着中华文化中很深刻的思想。中国人讲现世现报，自己种下的苦果自己尝，因此为人要正派，心胸要豁达，对人要慷慨，这都是农耕社会造成的。

对比一下采集狩猎的时代，那时候还是群婚或者对偶婚。群婚不用说，就是乱交；对偶婚就是这个部落所有青年女子是那个部落所有青年男子的集体妻子，这个部落所有中年男子是那个部落所有中年女子的集体丈夫，生了孩子母亲带，因此古代“知母而不知父”，这从《左传》上也可以看出来，周王称异姓的诸侯为“舅”，称同姓的诸侯为“叔”。为什么称“舅”呢？是古代婚俗的遗留。这个部落的女子生的孩子都称那个部落的男子为爸，因为分不清。这个部落年轻的男子，都是小孩的妈妈的兄弟，也就是小孩的舅舅们和叔叔们。

然后慢慢发展到一对一的婚姻才形成家庭。但文化是最牢固的，所以早期的婚俗仍会在后世有残留。在今天的山西、山东、安徽、江苏乃至内蒙的一些地方还有这样的规矩，家里母亲去世，谁来主丧事？要把舅舅请来，舅舅说了算，这在山西叫“主子”。再比如父母亲不在了，弟兄两个闹分家，谁来和事？“主子”来和事，舅舅说：“这个归你，这个归你，别吵了。”他的话就算数。一个民族为了和谐，肯定会找某种合适的机制，有利的机制就会保留，不利的则会扬弃，所以远古的某些习惯留到现在。今天全国大部分已经没有这种风俗了，但是局部地区还保留了一点这种古代的风俗。

当然重现世也给我们带来了一些与其它文明相似的元素。农耕社会的人们观察生物的萌芽、成长、强壮、衰落、死亡，每年一个周期，不仅仅观察地里的庄稼，还观察森林和草莽当中的各种动植物，因此我们也有“万物有灵”之说，也有关于“灵魂”之说，但是都比较淡漠罢了。

2. 中华文化的精神或哲学。

中华文化的精神或哲学关照四个方面——其实天下所有的哲学都关照这四个方面，但是我们农耕社会所形成的体验更深。

第一是身与心的关系，也就是肉与灵的关系。通过刚才漫说中华文化的特点可知道，我们所倡导的“和谐”也始于此，因为身心要和谐。

这里插一句话，人文宗教高等研究院在给大家设制课程的时候，特别请了中医科学院前院长，现中医科学院研究生院院长曹洪欣先生来做讲座。在我们看来，在各种文化形态中，不管是歌舞、打中国结、剪纸、打太极等等，最能够系统完整而且能直接作用于中外人民，让他们享受中国文化的，有两样东西，一是中医，二是喝茶。

身心的统一不可分，就在中医和喝茶里有所体现。

喝茶养心。当然我说的喝茶是指刚流失不久的所谓“茶道”，不是像某些节目上的那样，一个小姑娘翘着兰花指用很多有“名堂”的动作和步骤沏茶泡茶。这不叫“茶道”，这叫艺术表演。

中医则在看病的时候既治病又治心。

比如中医大夫会说：“老太太，你没什么病，就是气有点瘀积，最近和儿媳妇吵架了没有？哦，没有。和邻居有什么过不去的？哦，也没有。那孙子惹您生气了？嗨！孙子有他自己的天地，有他父母管他，您别操那么多心，你这没病，就是生气的结果，我给你开点药啊，想吃就吃，不想吃就不吃。”治病的时候同时治了人的心灵。

中医讲“天人合一”。大夫开方子的时候可能会跟这个病人说：“这副药必须到同仁堂去抓，因为这个药原是湖南出的，那里的最好。”又跟那个病人说：“我给你开个红花，一定要藏红花，川红花不行，力量不够。”换个病人又说：“您这个是湿疹，不要紧，就这闷热的天最容易出湿疹，外湿变成内湿。”在这里天人是合一的。西医不是这样，拿着仪器听听，然后告诉你，“化验去”，“透视去”，“做 CT 去”，回来对着化验单开药，药全是标准生产的，病人按规定上说的日服三次，每次二到三片，跟工厂一样，来什么人看病全是如此。中医不是这样，老太太来看病，大夫给开五副药，临走嘱咐“不好您再来”。过几天，老太太来说：“好多了，还有点儿。”这时候大夫说，“我要调方子，和上次的不一样”。

换了西医呢？老太太说：“还有点。”西医说：“再接着吃”。没有个性化。

中国文化讲究人与人之间的关系，其中包括群体对群体的关系，也包括群体对个人的关系。我们主张和谐，和谐的哲学根底是宋明理学家在总结了一两千年儒学之后得出来的，就是“天人一体，同胞物与”。所谓同胞就是人是天地之子，无天无地就没有当中的人，有了人形成“三才”，这个才是人才，是来补天地生成之不足的，用今天不确切地的话说就是“改造自然”，说它不确切是因为“改造自然”本身是悖论，自然不能改造，改造了就要受惩罚。

进一步说解一下“天人一体，同胞物与”这八个字。天地生了人类，那么人和人之间是不是同一个胞？“同胞”在今天的意思限于同一个国籍的人，实际上在宋明理学那里全天下的人都是同胞。何谓“物与”？万物也是天地所生，这个“与”读参与的“与”，就是说万物都是我的朋友，因此不能暴餮天物。这是处理人与天的关系、人与人的关系以及人与物的关系的哲学依据。

在过去——农耕社会、工业化的初期和中期，我们对此都没有什么直接的感觉，但是哲学家已经通过充分地思辨和想象得出了这个结论。在今天，当地球因为交通和通信的发达而变小的时候，如果我们静下心来想一想，的确，整个地球上的人是同胞。非洲丛林里的一个部落即使与我们从来没有什么往来，也与我们有着密切的关系。他们在森林里的遗传基因可以抵御各种蚊虫病毒，但是他们带上病毒，就有可能在坐飞机、坐火车和餐饮当中把病毒带到大陆，我们就有可能得病。

经济学家曾经提出“蝴蝶效应”的问题——亚马逊河热带雨林里一只蝴蝶扇一扇翅膀，带动了空气的振动，共振的现象越来越大，就可能在欧洲和亚洲形成风暴。这是一个想象之词，但在今天的社会已经成为现实。拿政治上的事情说，某个国家的黑客破坏了美国的电力系统，就可以造成几十万、几百万的美国家庭断电。如果用美国的“强盗逻辑”，你对我进行黑客攻击，就意味着战争，我不管是你个人还是集体，不管是国家还是群众，只要那个黑客是这个国家的人，我就视同这个国家对我宣战，我就要打你。假如一个不经世的年轻人弄个黑客攻击美国五角大楼的网站，对方一查发现是中国的，就有可能把导弹打过来。谁说人与人之间没关系？但我们宋代的哲学家不是想到现代化的武器才说这些话的，他们是从“道”上，从人的智慧上，从做人的良心上来分析的。所以高明啊，西方哲学家们包括莱布尼茨、黑格尔、康德等等都没达到这一步。

我们大家有这种体验：在座的可能没有去过汶川大地震的现场，但是那里灾民的情况，以及我们的干部、战士、志愿者那种舍生忘死的动人情景，包括那个敬礼的小孩，不是都催我们泪下吗？这就是中华民族“同胞物与”的情结，把人与人看成一个整体的情结，只是我们百姓日用而不知罢了，这些都是我们的宝贝。

总体来说，中华民族的人——包括一部分信奉未来宗教的人，不把希望寄托于来世，寄托于彼岸。我的中国学生中就有虔诚的基督徒，我跟他聊的时候，他说他并不承认创世纪，没有想到自己就是原罪，也没有想到我信了基督教将来就进天堂，他只是说基督教讲善、讲爱，但如果是一个欧美人可能就不是这样，他们对天堂寄予希望，把恕罪视为救赎。天主教、基督教、伊斯兰教以及一些原始的宗教都是这样。可能有人问：“佛教不是也寄托于来世吗?”这首先是因为误读了佛经，佛经上确实有彼岸的说法，那个彼岸是觉悟的彼岸，不是地理上的彼岸。因为佛陀说，凡人学佛法，学佛经，不过是乘了只船，等到了彼岸，这船就可以扔掉，所以不要死抠着我讲的东西。佛（Buddha）这个词在梵文里就是觉悟的意思，觉悟者谓之佛，觉悟者是在现实中成佛的。而且，佛教在中国化之后更加注重今世。

为什么和尚坐化要留下舍利？是因为要用舍利来昭示后人。前些天（7 月 19 日）台湾 102 岁的悟明长老圆寂了，他在 30 年前就定制了荷花瓷缸，要把他的真身放到缸里，留下全身舍利，这在佛教里叫“坐缸”。他生前留下话，昭示后人要从善，当然这里面多少有点神秘主义，凡是坐缸的人，如果道行修炼得好，他的真身是不坏的。台湾这么热，封在缸里，如果一般人就腐朽了，但得道的高僧则不然。坐缸后，等到一定时间再打开的时候，他的真身已经浓缩了，但不腐烂，还在盘腿坐着，然后在真身表面塑上东西，就叫金身。这种现象现代科学还解释不了。和尚昭示大家的，不是如何成神成仙，而是告诉人们只要放下一切，别斤斤计较名利，成天想着升教授、副教授、博导，看着谁房子大了就眼红，为什么他能住我不能住？要把这些放下，把心调理好，一切都看得淡然，活得非常愉快，你就可以做到这一点。所以，中国人是这样处理今天与明天问题的，大家都是当下之人，谁也不寄托我死之后去见耶和华。

3. 中华文化的境界。

是不是中国人不重物质呢？非也。是不是单单一个心态和平就足矣呢？不足。所以，我特别标了“中华文化的境界”这个标题，所谓“境界”就是引导人去追求的境界。物的方面，应该由贫困走向小康，大家不要以为我在这里复述小平同志的理论，我说的“小康”是《礼记·礼运》里的“小康”，小平同志刚好用的就是这个词。小康就是我们的生活再富裕一些，即使其中少数人成了豪富，有了百亿、千亿美元的财产也不是坏事，财富不是评定一个人品德的标准。我们不要只想到某个人家徒四壁，当月工资当月花，没有积蓄，到时候自己饿了三天都要去捐款，这才叫道德高尚。不是啊。举一个例子，孔老夫子的一个学生子贡就是大商人，照样是贤人。

佛教里的维摩诘就是个居士，按今天的话说他是世界首富，而维摩诘所说的经是佛教的重要经典。维摩诘病了——我总觉得他是装病，释迦牟尼就请各位菩萨去看望他，菩萨们都不敢去，说他的法太高了，去了怕回答不上来。后来最智慧的文殊菩萨去了，结局就是文殊师利跟他谈话，维摩诘坐在那里，摇摇头，不说话了，文殊师利马上受到启示，“啊！维摩诘他不说话就是佛法。”这不是故弄玄虚，真正的佛法就是不可言说，不可思议的。这涉及到佛教中比较深的思想，我不再说了。所以，财富并不能评定一个贫穷者的品德，也不能评定一个有钱人的品德，因为毕竟是物的方面，物只是满足肉体和感官需要的，人的境界中更重要的是讲心的境界。

我曾经把境界分为三层，后来想还是冯友兰先生分的四层更为准确[1]，但我用的词和冯先生的不完全一样，我用的是“自发境界”、“功利境界”、“道德境界”和“同天境界”。

第一个是“自发境界”。比如妈妈爱孩子不需要经过思考，下班回来保姆跟她说宝宝发高烧了，她没动脑子就问：

“怎么了？”

“发烧了。”

“多少度？”

“38 度。”

“哎呀，你怎么不给我打电话呢？”

---

① 指“自然境界”、“功利境界”、“道德境界”、“天地境界”，见冯友兰《人生的境界》。

马上打电话给他爸爸，“快点回来，你到医院找我。”然后抱着孩子出去，叫车或者自己开车上医院了，这是一种自发的境界。

人的本性就是为己，这是出于生存的需要，不能说它是善是恶。婴儿饿了就哭，一开始他的哭是自发的，甭管叫谁，难受了就哭。等他妈妈发现是孩子饿了，把奶嘴一塞，不哭了，孩子慢慢就明白了，哭是信号，只要饿了我就哭，哭就有吃的。稍微长大点了，见了什么就往嘴里放，还是自发的，再大了，就知道不是什么都能往嘴里塞。再往后，特别是在中国伟大的教育体制下，要知道好好学习，父母想办法让他上重点中学，上了重点中学，父母发现还是不行，怎么四点就放学了？于是请家教，上补习班，将来上重点大学。这也不见得是坏事，他必须要适应今天这种以上学为工具的学习（这种学习不是以求知求悟为目的的），不能责怪家长。那么这是什么境界？功利境界。功利境界是个危险的阶段。家长望子成龙是有私心的，自己没有达到这样的程度，就希望孩子在未来能成功，当然主要也是为了孩子的未来。不管怎么样，是一种功利，但还没有损人，也就是利己而未损人。

有的人可能就由这儿分出去，去损人利己，于是不诚信就发生了——坑蒙拐骗偷杀，全是损人利己。如何使人的功利阶段都能在不损人的前提下利己，这就是文化的责任。

从功利境界再上升就是道德境界。如果说自发境界和功利境界的前半段多少是顺其自然的话，从功利的后半段开始也就变成自觉的，有意识的了，但是要到道德境界就必须摆脱自发时的那种自然状态，应该通过长期的熏陶学习，既靠他人的引导，更靠自己的思与行来升华。同样是一个功利的世界，可以有境界的不同，比如一个人通过看到中国社会的过去、现在并预感未来，就鼓励孩子说：“孩子你好好学，未来是你们的，爸爸只做到工程师，但是中国太需要更高级的工程师了，你比爸爸强，好好学习，争取做对国家有用的人才，你爷爷奶奶、妈妈也会为你高兴。”这就公私兼顾了，这是道德的境界。当然家长也不要对孩子说得太正经了。同样是出国，可以是功利的，也可以是道德的。中国的科技要发展，中国的人文社会要发展，但今天的科技强国不是我们中国，必须向人家学；在人文社科方面，我们不能只知道自己——包括自己的老师、老师的老师和自己的朋友——怎么看中国，我们还需要看看外国人怎么看中国，这就要掌握他们的话语体系，就要走出国门，这就是“功利+道德”，实际是超越了功利的阶段，进入了道德的境界。所以同样道德的事情可以以功利为辅。

前几天北京发生一件事情。颐和园外面有一条很深的河，一个人掉到河里了，两个人跳下去救他，这位先生又比较胖大，两个年轻人要拖他上岸的时候，岸离水面很高，推不上去，上面人又够不着，其中一小伙子已经支撑不住了，仍然还拉着岸上垂下的铁丝努力往上推，这时候又一个人毫不犹豫跳下去，三个人在那位胖先生身上绑上绳子，岸上四五个人连拖带拉把他拉上去，这时候胖先生已经昏迷，有的人打110，下水救人的那三位没留一句话就走了。这是纯道德的层面。

说极端一点，如果这个时候，有人想我现在跳下河去见义勇为，将来就可以得到表彰，这样虽然也做了道德的事情，但实际上是出于功利目的。所以任何事情不都是那么纯的。做这件事的时候是道德的还是功利的？是以道德为主还是功利为主？是纯道德非功利还是纯功利非道德？谁知道？只有自己知道。因此中国人强调自省，强调慎独，慎独不是自己关着门一个人，而是说自己知道要在动机和行为上面慎重。这就是道德的境界。

道德境界的人是什么人？君子。这种境界还不够，中国人的终极追求比这还高，那就是天人一体，同胞物与，一切为了他人。这也是不经过大脑，而是形成了一种很自然的习惯就去做的境界。这种境界的人在解决自己的生活必需之后视名利为粪土，做科员就把科员好好做好，做部长就好好把部长做好，至于五年之后退下来干什么，不去想，这是什么人呢？圣贤。中国人把“圣人”这个名号封给心底百分之百纯净的、一意为了他人、为了社会、为了地球、为了宇宙的人。这种人到哪里去找？没有。没有你说它干什么？这就是中国人给自己树立的一个世界最高境界，大家都朝这个目标努力。正因为有了这个目标，大家都去努力，所以人人在提升，人人在发展。“法乎其上，仅得其中”，连孔子都拒绝“圣”的称号，说“若圣与仁，则吾岂敢”，他不敢当啊。仁就是圣贤的品德，很难做到呐，孔子在三千弟子当中最得意的是颜渊，但孔子也只能说他“三月不违仁”，一年当中有三个月的行为符合仁，说明不是一年十二个月都如此，其他的人恐怕只能一个月或者几天做得到而已，不是说他们其它时间不仁，而是说会冒出非仁，也就是有私心了。所以中国人给自己树立了很高很高的境界。而西方文明是两个境界，一个境界是救赎了原罪回到上帝身边；另一个境界是没有救赎又有了新的罪，那就下炼狱。

附带说说中华文化的发展。

1. 内动力与外动力。

中华文化的发展靠的是内动力和外动力。内动力就是文化自身不同地域、不同类别、不同层次的冲撞。它会有时而竭，所以光靠内动力慢慢就没有发展了，例如中华文化在明末清初开始的衰落就是因为没有外动力。而汉文化、唐文化、宋文化之所以蓬勃辉煌，是因为有了多元的、巨大的、连续不断的外动力。缩小一点说，儒学之所以到宋代出现高峰，是因为接受了佛教的冲击，这种冲击成为一种外动力。因此，我们的文化必须开放，必须广泛吸纳世界各个地方的文化。有冲击不怕，因为有挑战才有应战，有应战才能增强自身。

2. 主体与客体。

虽然要坚持文化多元，广泛吸收其他文化，但是人类的经验、中华民族的经验证明，在这其中一定要以自己为主体，用哲学上的话讲叫文化的一体化，这就是与全盘西化的区别。全盘西化其实也是不可能的，所谓化就意味着彻头彻尾、彻里彻外，怎么可能呢？就算让13亿人全吃西餐了都化不了，不是因为我们吃不起，而是因为口味没法儿变，一个人活到十岁口味定型了，终生改不了，他的饮食中可以有别的，但最爱吃的还是原来的那些。

3. 建设自己的文化，要自觉，要自信，要自强。

四　中西文化的同异

同的方面提两点。

1. 所有的文明、所有的宗教都是喜善厌恶，不独中西方如此。

2. 都在探讨宇宙的奥秘，包括人类的生死。人的生死是人类的大问题，也可以说是第一号问题，不同文明都用自己的不同信仰，不同的学说来解释它，寻求答案。

不同的方面也提两点。

1. 西方文化是二元对立。它的二元对立思想来源于宗教，God是造物主，宇宙中的一切都是他造的，他既不在宇宙之外也不在宇宙之中，他是一种超越，是一种绝对，是不能够也不应该去验证的。草木虫鱼、飞禽走兽、大江大海，乃至人类全是他创造的，这些被创造物永远成不了创造物，而他（God）永远也成不了被创造物，这是二元对立，它通过哲学、通过启蒙运动得出的所谓绝对真理渗透到各个学科，各个人文环境中，渗透到人的心里。因此，西医是内外科对立的，外科只管动手术，在国外常常是外科手术完了才到内科病房，而中医是混着的，胃溃疡通过中医就能慢慢调理好。

因为我们是一元和合，从发展角度来说，最初是混沌的，后来分阴阳，阴中有阳，阳中有阴，而且是动态的，阴可以变成阳，阳可以变成阴，阴阳和合成为整体。乃至我们的生活也是如此。现在年轻人结婚，也还有送一幅字的，上面写着“百年和合”，而不是今天说我需要你，给个钻戒，结婚了，改天说你讨厌，于是离婚了

西方把地球，把任何事物，包括把人生都看成是机械，是由部件组成的，我们第一代的哲学家都受这个影响，认为人是个机器。这是把工业革命后对机器的理解移到人身上了，现在有了进一步发展了，可以换零件了，恐怕将来总有一天，我们老祖宗的话要印证，心脏坏了换个狼心，肺坏了可以换个狗肺，如果真的这样，那将来的后遗症如何？不得而知。如果是个老头子，不能生育了，换了也就罢了，如果是二三十岁的年轻人换一个动物的器官，那他的女儿、儿子，孙子、外孙会出现什么情况，真的不敢预知了。我从来不反对西医，但人是个整体，要讲顺其自然，因为人和自然也是一体的。将来曹洪欣院长可能会讲到冬病夏治，夏病冬治，这在西医很难理解。

2. 西方文明有排他的一面。这也是从它的宗教开始的，因为犹太教、基督教，以及由基督教分化出来的天主教、东正教和基督新教，乃至于受犹太教和基督教的影响而产生的伊斯兰教都是一神论，所谓一神就是不允许有第二个神，于是排外，排外的结果就是争吵，争吵的结果就是战争。因此，在西方，千百年来，宗教的战争没有一刻停止，直到今天。中国的儒释道则不然，佛是和平地进入中国的，道是和平崛起的，乃至基督教、天主教、伊斯兰教进入中国以后，只有某一个村民因为对某个宗教不尊重，造成了误会而吵起来，但没有发生过宗教战争，这就是我们包容的结果。

五　中外文化交际的原则

当前的重点是中西交际。中外交际当然包括与西方以外的其它文化的交际，但当前的重点是和西方的交际，因为西方在主宰一切，而东方的中国有13亿人，中西两大文明和谐共处了，世界就和平了。中国人对“西”的看法是有一个反复过程的。最初的“西”就是指欧洲，因为当时美国人还没有强大，在上世纪末，中国人言必称欧。到第二次世界大战以后，我们的眼睛慢慢越过大西洋，开始看美了。改革开放以后将近二十年的时间里，一说西就是指美国，而且还不是全部的美国，就是曼哈顿一带，一说西方教育就是哈佛。最近十年，我们的视线又转移了，发现欧洲有它的传统和它的优势，是美国所不具备的，其中有很多值得我们学习，于是欧洲在中国人心目中的地位又慢慢上升了。

所以“西”的含义要明确，这就是“大西洋文化”，也就是我一开始所说的希伯来-希腊-罗马-盎格鲁·撒克逊文化。我们对外交际的目的不是为了对外汉语教学，是为了世界和平，是让中华文化能作为世界文化的一员呈现出来，让人们知道多元文化的必要性和必然性；当然，也是为了中华文化的发展，我们“走出去”接受异质文化给我们的外动力，这样中华文化能够更好的发展，但其前提是我们不要认为中华文化是世界上唯一的好文化，而是必须承认对方的文化，因为那些文化能够绵延数千年，维持着广大地区的相对稳定和社会进步，自有它们的道理，有它们的宝贝。接下来就是要进一步去了解它们，单纯坐在那里听外国教授上课，看点外国书不能算了解，必须走出去，到他们的文化环境中去了解，所以将来我们派出的教师或学生都是文化的使者，这些使者不是仅仅代表中华文化，还得把对方的东西拿回来。

拿回来之后呢？要理解。要理解就需要有理性思考，思考哪些是于我有利的，哪些是于我不利的，哪些学得来，哪些学不来？理解之后就可以从感情上尊重人家，尊重不是口头上的、礼貌上的，而是发自内心的欣赏，只有到了欣赏的阶段才能真心诚意地学习。

中外文化交际的原则所秉承的宗旨是“明异求同”。现在常说求同存异，我故意改了一下。因为“存异”首先要了解人家跟我们有什么不同，除了不同剩下的就是同，这样才能求同存异。

将来大家还有一个任务，就是让文化使者们出去之后不要在生活上造成跟人家不愉快的事情。比如，你多大年龄？你爸爸挣多少钱？这样的问题在欧美是不能问的。我们还得让他们注意礼仪上的、其实更深的是文化上的习俗。例如在美国上课，就不能讲佛诞日，也不能讲圣诞节，这是法律规定的，因为犹太人没有圣诞日，而东正教圣诞节又跟新教、天主教不是同一天。所以要了解并尊重所有民族的文化习惯，知己知彼，这样百交才不会出问题。

在这个之前要做好准备，我指的做好准备是指整个国民要把握好自己的文化。既然是跨文化交际，假如我们自己空空如也，怎么去交际？那就只能全听人家的了。现在二十多岁的年轻人都处于文化的饥渴阶段，在北师大人文宗教高等研究院所举办的活动中我就感受到了这一点。研究院每在北师大办一次讲座，周围大学（包括清华、北大）的本科生、硕士、博士都涌来听，场场爆满，为什么？渴啊。“饥者易为食，渴者易为饮”，当对方饥渴的时候你给对方水、给对方吃的，他最容易接受。我们应该多给年轻人创造学习文化的条件，让他们慢慢积累，成为我们优秀的接班人，等到接班的时候，他们的底蕴就不一样了，那时候的他们将是中外文化交际的主干。

生逢其时，生遇其事[※]

各位校领导，亲爱的老师、同学们：

非常感谢在座的领导，很有创新地把三校的派出志愿者合在一起开这个开学典礼。我想这样做的好处很多，其中一个好处就是让同学们在即将投入艰苦愉快的学习之前，能够有一个更广大的视野：原来自己的同行、自己的战友，这三个学校就有这么多！我们是一个浩浩荡荡的队伍。北师大有这样一个习惯，就是每一届同学，包括志愿者，比如 2006 年第几届什么什么班，称呼起来啰唆，于是就以这个班的人数为代号。比如这次，师大来了 95 个人，就叫 95。在他们的老师、辅导员给我发电邮，告诉我这个班的博客已经开通的时候，就说“95 博客开通”。今天我们 370 名志愿者汇坐在一起，在这一刻，你们已经打破了校的藩篱。什么北师大、首师大、北语，全是中国的使者，文化的使者！在短短的一个多小时的开学典礼上，无论是北语、首师大还是北师大的同学，可能彼此不会留下深刻的印象，将来恐怕相见不相识、我建议取个代号，就叫 370。人生未来的旅途是难以预测的。虽然大家分赴俄罗斯、美国等等国家，在做志愿者的工作当中未必有相互的交往和并肩的战斗，但谁知道彼此在什么时候就又会碰面了呢？如果将来又互相遇到，说，“我也做过志愿者”；“我也做过”；“你是哪一年的？你是不是 370 啊？”这个时候就触电了，就产生了火花。（笑）

同学们在欢笑中能体会到自己的幸福。我曾经不止一次地对从事汉语国际推广的志愿者和老师说，我从心底里羡慕你们，你们赶上了好时代。年纪轻轻就可以迈出国门，肩负 13 亿人赋予你们的使命，到另外一个世

※ 2010 年 6 月 27 日在“2010 年志愿者培训班开学典礼”上的讲话。

界去闯荡，去成长。这不要说更遥远的古代，即使在几十年前对年轻教师、大学生也是难以想象的。可以用几个字概括：生逢其时。同学们都学过，孔老夫子说过：四海之内皆兄弟也。他也曾经周游列国。同学们可曾静静地想想，他所谓的“四海”，不过是当时周天子统治的范围加上四方的夷、狄、蛮、戎。今天，世界进入四海之内皆兄弟的时代，这是真正意义的四海之内。你们比孔老夫子幸运多了。

国家有各式各样的对外交流事宜。首先大家熟悉的，就是中国在国外的二百多个使馆、办事处。如果加上领馆，那就是五百多个。再加上各个经贸组织数百个，各个公司数百个，再加上机构，到去年为止，驻外人员5000多人。可是在当地工作，能和当地社会最深入最广泛地接触，最能够让当地人民从我们自己的言行，感受到中国的魅力，我想还是汉语国际教育这支庞大的队伍。正如汉办马主任刚才所说，你们到了孔子学院以后，不仅要协助院长和外方的教师搞好教学和各种活动，而且还应该深入社区，和周边的各种机构产生多种的联系。这不是所有的外交机构、商业机构所能做到的。你们即将参与这样一个伟大的事业。那就是在生逢其时的基础上又有一个生遇其事。这的确是人生的机遇。

我想，在大家即将投入紧张学习之前，我作为一个老人给大家说几句嘱咐的话。我在有些会议上多次说，发言排在最后的这话是最难讲的，因为该说的前面都说过了。可是我又想，在前面讲，也不好讲。那是因为他想把要说的话都说出去。的确，我作为长者的讲话是最后一个，说些什么呢？我给大家叮嘱这样一个意思，就是大家要自觉、有意识地培养自己成世界公民，树立起全球的意识。你们首先是自己身份证上表明的居住地的公民，是中国的公民。但是，历史进入21世纪之后，意识先进的国家——请注意，我说的是意识先进，不见得就是军事或者生产力最先进的——和意识先进的人民，都应该逐步树立起来世界公民的意识。因为以人类最博大的胸怀看，的确四海之内皆兄弟。我不好说有的同学在即将赴俄罗斯、赴英国、法国等等欧洲国家的时候，能够一下就明白那个国家的人民和我是一体的。但是大家想想，如果俄罗斯的经济凋敝、衰落，如果土库曼斯坦、哈萨克斯坦、吉尔吉斯斯坦社会动乱起来，中国会怎么样？如果俄罗斯的远东的输油、输气管道断了，我们的东北、上海以及路上跑的汽车将会成什么样子？如果巴基斯坦和印度不能和睦相处，甚至大打出手，或者是卡拉奇发生了巨大的恐怖事件，那会不会对中国的经济、文化建设、社会的进步，产生长时间的负面的影响？如果关岛一带发生了巨大的海底的地震，海啸就可能波及上海、宁波，巨浪拍岸，海水倒灌，负面的影响非常大。在交通、信息和人类知识不断进步的情况下，人类越来越认识到这一点。

记得当年我为中国西南部地区治理喀斯特地貌石漠化问题的时候，到西南几个地区去调研，我才长了一个知识。如果云南昭通、贵州的毕节的喀斯特地貌地区，山上仅有的一些树消失的话，我们任其发展，将会出现什么情形？甘肃、陕西黄土高原，将会持续的、进一步的深度的干旱，珠江的水会减少以致枯竭，长江的水会减少。如果珠江的水不断地减少，就会出现连年的海水倒灌。珠江三角洲、广州、香港、澳门将无水可吃。因此，云南、贵州、广西、重庆、四川、湖南、湖北那些贫困地区的农民们，最后将无地可种，无粮可吃。而如果治理了那里的石漠化，当地的农民可以摆脱贫困，长江和珠江的下游，将保持蓬勃的发展。这在几十年前恐怕人们无法理解，天无三日晴的贵州居然和广州、香港关系如此的密切。地球就是一个球，在这上面生活的所有生物，都有人可感知的、不可感知的潜在的明显的彼此关联。既然科技、交通发展到这种程度，我们的思想必须要跟上。在世界上，谁都离不开谁。这就是一个世界公民的意识。因此，当你们分赴自己的目的国，在那里工作的时候，我建议同学们想到，你是在尽一个世界公民的义务，你是在为与自己同体的人服务。

有了世界公民的意识，就有全球的责任。当然，世界的和谐与和平，不是我们几千个汉语教师、志愿者就能够完成的。但是如果更多行业中，更多的人具有世界公民的意识、全球的意识，我想，真正的和平的这一天，会逐步地到来。要想做到这一点，我希望同学们要学会如何善于交际。崔校长提到人际关系，我七十多年的生活经历告诉我，有意识的、形成习惯的和他人和谐相处，实际上，也是让自己永远生活在幸福之中。现在你们面临的，是对自己不熟悉的国度、不熟悉的人民、不熟悉的学生，那么就要增强自己跨文化交际的能力。我想，通过和所在国文化的接触，你们会获得你所需要的文化的营养。请注意，我们不是在搞文化输出，我们是在对世界作文化的自我介绍。如果有的国家、有的政客，把这种文化的自我介绍当作是威胁，是不是底气太不足了？心胸太狭隘了？

我想对同学说，文化的规律，就是要不停地和异质的文化进行接触和冲撞，文化才能前进。例如，在中国的古代，佛教从中亚那边渐渐传过来。经过了八百年的磨合，佛教已经成为中国的宗教。不信回到家乡，你问问你邻居的老太婆，她如果到庙里面去烧香，你问她："你为什么要到外国的庙里面去拜?"她会奇怪，因为在她的思想里佛教是中国的。那就是说，我们的心里面，已经没有它是外国宗教的感觉了。实际上到现在，在场的所有老师和同学，无不受着佛教中国化过程的恩惠。例如，在刚才各位的讲演和我的发言中，"世界"、"意识"、"圆满"，以及像我刚才提到的"缘分"，还有我们不经意说出来的"你究竟要干什么"的"究竟"，全是佛教用语。如果我们把今天的现代汉语中由佛教那里吸收的词汇统统去掉，可能大家都听不懂了，因为张口就是佛教词汇。汉语今天的发展，和我们历史上吸收了外来的思维、词汇——它的含义和它的形式，有着密不可分的关系。语言的学习、充实只是文化的学习、充实的一角。所以，你们出去，不仅仅是传播，也是学习。传播的时候你们是中华文化的使者，是中华人民共和国的代表。你们学习的时候，也是中华民族的代表，你们学来了回国之后再传播。这样，我想中华民族的文化，就又一次在与异质文化的接触、冲撞当中向前走了。

但是在跨文化交际当中，要有准绳。这个准绳就是，首先要承认对方，其次是尊重对方。只有承认人家了，尊重对方的文化，才能真正地学到东西。咱们生活中都有这样的经历，一提到某人，一撇嘴："什么呀"，这样一来绝对不会从他身上发现优点去学习。各民族是真正平等的，文化没有什么优劣方面的可比性。什么叫最优秀的文化？第一，这个文化最适合这个民族的生存与发展；第二，这个文化和今天世界发展的趋势不是矛盾的，不是距离过大的，这都是好文化。我并不信教，但是这些年来，我和西方犹太教、基督教、伊斯兰教这些宗教的上层人员，或者是著名的主教，或者是高层的官员，都有过深层次的对话，印证我刚才所说的这段话是对的。尊重他人，承认他人。

当然前提是要尊重自己的文化。古往今来，全中国的学者，没有一个人敢说，自己对自己民族的文化有全面的、细密的了解。无论他是哪一个时代的大师，他都不可能全面地把握他自己的文化，这就是中华文化博大精深的体现。大家还年轻，正在自觉地从中华民族文化这个母亲的身上获取温暖，吸取她的营养、乳汁。现在面对的是要到国外去教书，我要叮嘱的，归结起来就是，要不断地了解自己的民族文化。在欣赏别人文化的同时，反过来进一步思考，慢慢增强对自己文化的认同、学习，让它成为自己心底的主心骨。我不是一个民族主义者，但是我坚信每个人的思维和感情都是这样，当自己有了对自己民族文化的深刻认识的时候，再接触异质文化，你才能够客观地、冷静地发现对方文化的优点和与自己文化的差异。当自己对中华文化懵懵懂懂的时候，容易像刘姥姥进大观园，什么都是新奇的，什么都是了不起的。其实，今天我们跳出《红楼梦》的氛围，跳出世俗的、对物质一味追求的氛围，到底是贾母、王熙凤生活得更幸福，还是刘姥姥和她的儿子在农村生活得更幸福？荣宁两府，在短暂的时间里灰飞烟灭。王熙凤落难之后，她的女儿托付给推了，到哪里去了？到刘姥姥家去了，那里是她的归宿。证明刘姥姥一家是安全的、安宁的，是幸福的。以此类推，我们只有对自己认识清楚了，才能认识他人。我想推广到汉语国际教育，推及跨文化交际，必须把握这个准绳，这样对于自己、对于国家、对于世界都有益。中国像你们这样的有国际眼光的人、有博大胸怀的年轻人多了，中国的社会进步、经济发展会更为扎实、更为顺利。实际上，这是你们成长过程的需要、国家发展的需要、世界进步的需要。

归结起来一句话，希望大家学会跨文化交际，善于跨文化交际，做通跨文化交际，促进自己国家的发展、促进世界和平的志愿者、自觉者。

最后我想说，两个多月后，你们当中的大部分人，其实再放远一点，可能是全部，都要一步步远离父母，到异国他乡去。也许在你们结业的时候，我们不再有 370 的聚会，也许有，那么我想提前说一声："儿行千里母担忧。"你不论如何繁忙，不要忘记给远在万里之外的父母打个电话，报个平安。我想这就是中华文化最好的意象。

祝你们在两个多月的学习时间里一切顺利，身心健康。也祝你们未来都走出国门，为中国在世界上去增光，去结交更多的国际的朋友，去拥抱你所去的国家的人民，成为世界和平的有力的推动者。

谢谢！

跨越时空，思考出路
——重温古代圣贤※

我感到十分荣幸和兴奋，第一次踏上了向往已久的这块孕育了伟大希腊文明的土地。我曾经到过不少国家，但是唯有希腊、印度和巴勒斯坦是我最向往的，因为这都是诞生伟大哲人的地方。尤其让我高兴的是，来参加这次着眼于人类文明和未来的会议，见到了许多老朋友，又将结识不少新朋友，大家一起在这块神圣的土地上，重温孔子和亚里士多德这两位伟人的思想。

由我们这次会议的议题，我不由得想起了在一年多的时间里我所参加过的几个很有意义的学术会议。

去年 9 月，我主持了在孔子的出生地、中国山东省曲阜市举行的有 14 个国家学者参加的“尼山论坛”。这次论坛以“和而不同与和谐世界”为主题，50 多位各国学者和相同数量的中国学者进行了儒家文明与基督教文明的对话，并共同签署了《尼山和谐宣言》。

去年 12 月，我参与组织了在新加坡举行，有 7 个国家学者参加的“中华文化与东南亚文化的交流、会通与发展”研讨会。

今年 4 月我和我的朋友、台湾中华文化总会会长刘兆玄教授合作，在中国南京举办了就儒家思想中的一个重要理念“王道”在今天的意义进行研讨的会议。

上个月，我作为名誉主席，在中国著名的美丽城市苏州参加了有着广泛国际性的“太湖论坛”。

这四次会议的共同特点是关注世界不同文明的同与异，开展不同文明的对话，探讨中华文明可以给世界贡献些什么。

※ 2011 年 6 月 13 日在“中希哲学大会”上的发言。

在这些会议上，学者们的共识是：当前，世界需要不同文明之间进行长期的、广泛的、逐步深入的对话；人类需要重温古代圣贤的智慧，尤其是中华文明和希腊—希伯来—盎格鲁·撒克逊文明的缔造者们的智慧。在我看来，我们这次会议也是跨越了东西方之间的遥远距离，跨越了两千多年的时间，中希两大文明的学者一起走向伟大的先圣先哲，向他们请教。

今天的人类应该向祖先们请教什么？一言以蔽之，请教人类如何才能走出当今的困境，今后人类怎样生活才能平安幸福。

半个多世纪以来，各国的许多学者，特别是欧美的学者，由于两次世界大战和冷战结束之后的社会和生活现实，一直在寻找人类空前的对立杀戮、道德沦丧、贫者愈贫富者愈富、自然环境恶化、人类自己制造的危机接连不断等等严酷问题的根源，由此而反思二百多年来的历史，于是纷纷提出质疑，对从“前现代社会”起逐步形成的传统进行批判，于是后结构主义、解构主义、后现代主义等等学派相继出现。但是人们也注意到，这些可敬的学者们并没有设想出可供人们参考的解决困境的方案或路径。我想，原因之一可能是他们基本上生活于单一的文明环境中，受到的是纯一的自己文明的哲学、史学、社会学的训练，缺乏另一个文明的体验、参照和对比。自 20 世纪末起，越来越多的学者注意到不同文明之间的交流、对话，不但是文明和谐、世界和平的需要，而且是不同文明共同探索人类出路的需要。换句话说，只有多种文明互相理解、学习，一起回顾过去、正视当下，才可能看清通向和平、稳定、幸福之路。

在这浮躁、混乱、冷漠、残酷的时代，我们可以把人类所面临的种种挑战概括为几个极其简单而又常常被我们忽略的问题：我们是谁？人为什么生活在这个世界上？什么是善？什么是幸福？

对这些问题，可以得出许多不同的答案。事实上，有些人在为基本生存条件或为无止境的财富积累而无休止地奔忙中，根本没有去思考这些问题，有些人得出了迥然不同的答案，却都认为自己对人生的解读、对善和幸福的理解是最正确的。在这样的时刻，不同文明背景的学者面对面地切磋，尤显必要和重要。

回顾历史，东西方古代圣哲都曾经根据他们之前的时代经验和生活经历，通过思考、推理和思辨，提出了很多在今天看来依然足以让人们冷静、震撼和清醒的见解。几千年来中国人总是“以史为鉴”，这不但是因为古今历史常常有惊人的相似，而且中国人从实践中体会到，经时间的冲刷、过滤、选择而依然留存在13亿人心中的前人的许多教诲是正确的，有效的，是适合今天的现实的。可惜的是，现在是一个健忘的时代，甚至可以说是个失忆的时代。我们总以为时代前进了，我们比古代哲人要高明得多。殊不知今天与孔子、亚里士多德等古代哲人的那个时代相比，我们只是在技术领域、在认识物的方面有了巨大的进步，而对于人生、人际关系以及人类和自然的关系等方面的认识却没有进步，如果抛开记忆中的历史经验，甚至可以说，现在比2500年前反而退步了。

我们这次会议以“亚里士多德和孔子对现在的影响”为题，不同国度的学术、企业的精英共同为社会捡拾失去的记忆，也正符合中国人民的愿望和习惯性思维。每逢到了历史性的关键时刻，中国人都要重温历史和古圣贤的智慧。其实，西方文明何尝不是如此？文艺复兴就是在中世纪的文化严重阻碍社会的进步时，经多年的酝酿而逐步形成的；在这过程中，古代希腊、罗马文化的发现、研究、回顾，苏格拉底、柏拉图和亚里士多德以及众多古代哲人的深刻思想和宏伟论述给了人们巨大的启示和鼓舞。

两千多年前，孔子和亚里士多德所处的时代和今天又有了相当程度的近似。当时，东西方的圣哲所崇仰或欣赏的时代即将逝去：亚里士多德力图挽救的是雅典等城邦的民主政体，孔子要呼唤回来的是他认为最好的、周王以礼乐施行教化的王道，于是他们二人不约而同地拼尽毕生精力去挽救人心，想留住崇高，恢复理智，阻止人们对权力和私利不知疲倦的追逐。但是，历史起伏循环的力量不是一二智者所能遏止的，用孔子当时的人评论孔子的话说，他们都是在“知其不可而为之”。曾经实行过民主政治的雅典因为与实行专制政体的斯巴达旷日持久的伯罗奔尼撒战争迅速衰落，在亚里士多德去世后不久，希腊即为罗马所征服。在中国，孔子生活于诸侯挟天子以令诸侯的霸权时代，在他去世之后几年，就进入了连天子的旗帜也不用、几个大国兼并小国、彼此争霸的战国时代。而他们的理念虽然不可能扭转历史的车轮，但是在那剧烈变动、充满污浊的时代，他们所提出的伟大见解却始终是人们心中的理想。

孔子和比他晚生近200年的亚里士多德留给我们的精神遗产是极其丰富的，是博大精深的。亚里士多德探索了世界的本质，孔子分析了人的本质；亚里士多德追求宇宙最初的“因”，孔子追求的则是此后的“如何”。虽然他们的哲学观（“形而上学”）有着巨大的差异，但是在政治理想、伦理主张方面却有许多相通甚或是相同之处。

亚里士多德在他的《伦理篇》中提出，主要的生活有三种选择：享乐生活、政治生活、思辨静观生活。其中只有最后一种才是幸福的，至善的。他反复强调："人的善就是合乎德性而生成的灵魂的实现活动"，"幸福就是合乎德性的实现活动。""只有那些行为高尚的人才能赢得生活中的美好和善良"，"只有那些对爱美好事物的人来说的快乐，才是本性上快乐。""有些人却什么合乎德性的事情都不去做，躲避到道理言谈中，认为这就是哲学思考，并由此而出人头地。"享乐需要财富，政治追求荣誉，这两样都依赖外界外物，只有思辨可以自足，不依赖他物，而自足"最主要须归于思辨活动"，"只有智慧的人靠他自己就能够进行思辨，而且越是这样他的智慧就越高"。"至于那些敛财者，是在那里受强制而生活着，因为很显然财富不是我们所追求的善，它只是有用的东西。"思辨是需要宁静的，过得闲暇才可以获得宁静，所以他说："幸福存在于闲暇，我们是为了闲暇而忙碌，为了和平而战争。"自古至今，都有一些人为了满足自己的或家族不断膨胀的物质和肉体之欲，终生奔忙，谈不到闲暇，即使有些空闲也不懂得静思，按照亚里士多德的学说，这种生活根本谈不到幸福。亚里士多德还指出，获得幸福所必备的德性有两种："理智德性主要由教导而生成，由培养而增长，所以需要经验和时间；伦理德性则是由风俗习惯沿袭而来。"因而在他的著作中时时可见强调教育和经验的论述。

现在我们看看对这个问题孔子是怎么说的。

许多外国朋友在提到孔子思想的时候，几乎都提到并称赞他的名言"和而不同"和"己所不欲勿施于人"，有些朋友可能还不知道他所提倡并身体力行的一个更高的境界——自己想要有所建树，也要让别人有所建树；自己想要通达无阻，也要让别人通达无阻（"己欲立而立人，己欲达而达人"）。其实，孔子的这些关于个体的人与外部关系的主张，还有其深层次理念。其中最重要的一点就是他关于"仁"的学说。在孔子那里，"仁"就是最大、最高的善。

"仁"，很难用简单的语句给以界定。宽泛地讲，"仁"就是爱人。但是这种"爱"并不限于私人间的感情或泛泛的关怀，孔子说过，如果能做到对人和事怀有恭敬之心（"恭"），心胸宽广（"宽"），对社会诚信（"信"），遇事敏锐快捷（"敏"），对他人关心爱护（"惠"），就做到"仁"了。"仁"不是挂在嘴上的，他不但指出言辞美好巧辩和做出和颜悦色样子的人很少是真正的仁者（“巧言令色，鲜矣仁”），而且批评那些表面像“仁”而行为却与之相悖的现象（“色取而行违”）。“仁”的品德和信仰是自家修养、萌发、生长出来的，是一个人追求“善”的全部内心。他最喜爱的学生颜渊，过着一般人所承受不了的贫苦生活，却始终因孜孜不倦地追求真理、精神境界不断提升而喜悦。孔子多次称赞他，说他是所有学生中最“好学”的。颜渊去世了，孔子极为悲痛，说现在再没有“好学”的人了。孔子也主张为了达到“仁”的境界需要“静”，也就是提倡学习和思辨静观相结合。学和思的目的是获得真知真理，是道德的不断升华，是逐步接近至善。他的最高理想是恢复已经遭到严重毁坏的周代的“礼”。其所谓“礼”，是内在德性的外在表现，是社会对人们行为的规范，也是一套根据时代而制定的礼仪。“礼”要求人要“克己”，即节制自己的名利之欲，因此他鄙视奢侈豪华，认为有德的人在自己内心里寻求高尚，而缺乏道德修养的人只想向他人提出要求（“君子求诸己，小人求诸人”）。经“克己”，回到“礼”的范围，人心也就得到挽救了，天下的人就会回到“仁”的世界（“一日克己复礼，天下归仁焉”）。

前面所提到的“王道”的概念和理论正是孔子的传人孟子等人根据孔子关于“仁”、“义”、“礼”、“智”、“信”等思想，针对在他身后约200年的社会状况而总结出来的关于一个国家如何处理和他国关系的理论。

在我们所举办的“王道”研讨会上，两岸学者的共识是，“王道”就是一个国家内修自己的德性，外用仁爱的情怀以及“和而不同”、“己所不欲勿施于人”的原则，处理国际事务，目的是达到天下太平。因为在孔子所开创的儒家思想宝库中，整个世界乃至宇宙是一个整体，人是宇宙的一个部分，人与人、国与国犹如兄弟，也如人的身体，四肢、脏腑之间息息相关（“四海之内皆兄弟也”），当然应该友好相处。应该用德性让邻近的国家高兴，让远处的愿意前来（“近者悦，远者来”、“远人不服，则修文德以来之”），而不应该滥用强权和战争。人与自然、身与心都息息相关。大家既是一体，自然应该抛弃尔虞我诈，互助互利，友好相处。我想，“王道”也正是亚里士多德所尊崇的公正、慷慨、友爱的“实现活动”，也是他思想中的善和幸福。

看来，亚里士多德和孔子都是把幸福定义为自己过得好，也让他人过得好，并且无止境地提升自己的德性，做到精神的完全自足。

两位伟人在哲学思想上，也有相近和相通的地方，其中有一点极其相近的，是他们都主张“中道”，同样把“中道”视为是一种至高无上的德性。亚里士多德认为，伦理德性是关于感受和行为的，“存在着过度、不及和中间”。“过度和不及都属于恶，中道才是德性”。“德性就是中道，作为最高的善和极端的美”。孔子则明确地说：过度和不及一样有害（“过犹不及”），他认为中道是道德里最高的顶点（“中庸之为德也，其至矣乎”）。他的传人在他身后根据他的思想经逐步积累，写了一篇《中庸》，成为两千多年来中国重要的思想、哲学经典文献。其中不乏这样的精辟论述：中庸，是天下的本性；和，是天下最通达的“道”。完全实现了“中”与“和”，天和地就各安其位，天下万物就按其本性生长了（“中也者，天下之大本也；和也者，天下之达道也。致中和，天地位焉，万物育焉”）。与孔子和亚里士多德相比，我们现在是不是经常见到遇事就走到极端的事件？而人类是不是也时时在遭受着“过”与“不及”之苦？

让我们像亚里士多德和孔子那样，静观深思，是不是可以悟到我在前面所说的当今的种种危机，究其根本，都源于人类放纵的欲望、为肉体的快乐而戕害生灵以及对自然的狂妄？是不是今天的世界已经颠倒了善与恶、是与非？“中道”是不是已经被视为保守而抛弃？这种与古代圣哲的理智完全对立的现实又正通过现代技术手段，包括生产的、宣传的、金融的技术，不断加快速度侵蚀越来越多的人的灵魂。

在多数时候，大自然和无权无势的人被误视为弱势；其实无言并不等于软弱。整整 24 小时前，我在马德里斗牛场外看到一尊雕塑：一位斗牛士挥舞着斗篷，身后一头被几根标枪扎伤的牛高昂起它的双角。原来这是对一段真实事件的纪念。年轻的斗牛士已经把牛扎倒，就在全场观众为他的杰出表演发出欢呼，他准备以胜利者的姿态接受赞扬时，那头牛突然奋起，瞬间用双角刺穿斗牛士的身体。斗牛士死了，“弱势者”胜利了。现在，在似乎强势的人类面前，大自然——这个被我们误认为“弱势”的对象已经发怒了，许多地区的社会动乱冲突也是“弱势者”的反弹。“弱势”的这种反作用力有时会超出我们想象地巨大。现在到了人类应该正确认识自我、更为谦卑的时候了。

社会的清醒，首要的是知识精英和执政者的清醒。因为前者还都多少记得些先圣先贤的教诲，后者为了社会的安宁早晚也会明白唯有中道和友爱是最应该弘扬的。我希望，我们在这里的交流能够影响到越来越多的执政者。

我曾经遐想，如果亚里士多德和孔子生在今世，他们会说些什么、做些什么？恐怕仍然要在他们的学园里和杏坛上孜孜不倦地教诲人们。如果他们越过万水千山在中国山东或在这里见面了，他们会得出什么样的共同结论？现在我们就在亚里士多德讲学和研究的地方交流，似乎也就像这两位伟人在对话，那么就让我们也像他们那样，为了天下苍生而“知其不可而为之”吧！因为这个世界需要公正、慷慨、友爱，需要仁义、谦逊、王道，需要减少“过”和“不及”。

国学，汉学，交流，兴盛※

各位专家，各位朋友，女士们，先生们：

第二届世界汉学大会即将闭幕了。这的确是在中国举行的又一次汉学盛会。两天来，大家围绕着会议的主题“汉学与跨文化交流”，作了精彩的讲演和发言，奉献了自己多年研究的心得和收获，从而使这次会议成为在世界汉学研究中应该特别记上一笔、引起全球同道重视的一次盛会。请允许我对会议的成功表示衷心的钦佩和祝贺。

虽然我还没有来得及一一拜读各位的大作，但是已经注意到，会议从哲学、文学、史学、宗教、艺术以及汉语教学（包括孔子学院建设）和跨文化交流（包括翻译）等方面进行了深入的研讨，可以说，讲演和发言的内容涉及了汉学的各个方面。虽然至今在中国国内对“国学”的范围还没有一致的意见，但是，回顾“国学”这一概念在历史上运用和演变的经历，似乎用哲学、文学、史学这样的大学科总括之，描绘之，还是合适的。参照中国国内几十年来“国学”的大体范围，观照世界各国的汉学研究，我想也大体如此。哲、文、史，既是不同的学术领域，也是三个不同的视角。换言之，对人类社会和历史的一切现实存在，无论其具体内容如何，都需要分别从这三个方面考察。因此，从这个角度说，这次会议实际是在全方位地研讨汉学。

在这里我要附带说明，中国对哲学、史学、文学的划分，是从西方文艺复兴后的文化、学术中引进的。这一分类既是现代社会对学术研究的贡献，有其长处（对此，在这里我不想展开）；但是也有其弊病在。例如对于中国文化的研究就不完全合适，这也是众多学者强调并呼吁把“国学”

※ 2009年10月31日在“第二届世界汉学大会闭幕式”上的讲演。

或“汉学”列入学科目录的动因之一。但是，实际上中国的学科目录本身就是并未全盘引进美国模式的结果。皮之未动，毛将焉改？对学科目录不进行反思和必要的调整，“国学”或“汉学”就难以在学科中确立。为什么说是“并未全盘”地引进呢？例如，美国有的大学设有“美国学”一科，我们就并没有学来。

书归正传。当今世界急需不同文明之间的交流。尽管这种交流自远古时代起就已经出现了，但是，迫于各个民族和文化的发展以及人类和平与幸福的急切需要而自觉地进行交流，则似乎应该是从冷战结束之后才正式地大规模地开始的；而自进入21世纪以后，不同文化的对话已经成为一股不可逆转的潮流。

不同文明的交流，已经在不同层面上展开。无论是政治的和形态文化的（例如文学、艺术、民俗等），还是宗教的交流对话，都离不开上述的哲、史、文视角、观念和方法。但是，平心而论，恰恰在哲、史、文自身层面和范围内的直接交流和对话却显得还赶不上形势的要求。而缺少了哲、史、文交流的引领，其他形式的交流就会在不同程度上处于盲目、自发、零碎和效低的状态。如果说，跨文化交流是世界各国人民和谐相处之所需，那么，中外就哲、史、文进行交流，就是推动跨文化交流之所需了。因而也可以说，正是在这一点上，世界汉学界和中国学术界密切而深入的交流合作承担着极其重要而紧迫的责任。有鉴于此，我希望到一定时候，世界汉学大会也能够分别举行哲、史、文等学科的专门研讨会，以期更为深入，为世界深入了解中国提供更多的思想和智慧。

在跨文化交流中，了解和熟悉别的民族的思维方式十分重要。例如，集中体现中国传统文化的重要古代典籍，如《老子》、《论语》、《庄子》、《孙子》以至宋明理学的著作，翻译成拉丁文、法文、英文，甚至可以追溯到400年前；但是，因为欧罗巴—希腊—希伯来文化的思维和中国文化的思维有着巨大的差异，因而西方人在阅读、研究这些文献时难免受到自己熟悉和习惯了的思维方式的影响，出现理解的偏差。反之亦然。中国人在阅读西方典籍或当代学者的著作时也会习惯地用中国人的思维习惯去理解，乃至发生翻译和理解的错误。要想逐步解决这个带根本性的问题，最重要的，是从哲学层面进行深入研究。我十分高兴地看到，葛瑞汉、孔汉思、本杰明、郝大维、安乐哲等大批西方汉学家和杜维明、余英时、成中英等华裔学者多年来已经做了有益的、大胆的探索，他们的研究成果、方法和经验不但为世界汉学界，也为中国的国学界提供了重要的启示和参考。

毋庸讳言，中国的人文、哲学和社会学科曾经耽误了不少时间。尽管改革开放后我们逐步基本了解了外国研究的进展，并和多国学术机构与专家建立了良好的交流关系，包括不少留学生在外学习多年然后回来从事研究；但是，至今我们开放的程度还有待进一步提高，对外国学者研究成果的了解也需更广泛而深入。我在这里想特别指出，中国学者应该对外国学者在研究汉学时所使用的“工具”给予更多的关注。

我这里所说的工具，指的是他们所使用的分析论证方法、哲学等学科的基本理念以及术语的选择和确定等等。同时，我也深感中国学者应该尽快地、逐步地去掉残存着的一些与实际情况并不完全符合的习惯性想法，例如认为“外国人研究中国的学问总不如中国人来得真切”，喜欢用自己熟悉的研究方法和形式去评判外国学者的研究等等。我们所需要的不仅仅是世界的多种视角，也需要学习一切已经为学术实践证明是有用的一切方法、工具和形式。当然，我相信，世界汉学家也需要中国学者所习惯使用的工具，例如考据之学、版本目录之学、训诂文字音韵之学等等。

在跨文化交流过程中，“比较”是不可少的，甚至可以说是基础性的工作；同时，对中国的国学研究和世界的汉学研究，比较也是常见的课题或方法，尽管这并不见得就是研究者的初衷。含蕴在中国典籍中的基本观念，由于民族历史、地理环境、心理趋向、思维方式的特点，和外国，特别是和欧罗巴—希腊—希伯来文化有着显著的差异。我认为，在比较时似乎应该更重视二者之异，而不是二者之同。中国人喜欢“和而不同”，而“和”的前提则是存在“异”，无“异”或轻视其“异”，就谈不到“和”了。寻你我之“异”是为了最后达到彼此的“和”。如果不同文化背景的学者只注意了解异质文化之间的“同”，相对忽略了彼此之“异”，也就会在学术上无意间掩盖了“异”，而这样仍然解决不了不同文化间的“和”的问题。“同”者，吾自应珍惜、呵护；“异”者，吾尤当尊重、参考。如此，才能彼我互爱互促，共进共融。反之，就难以做到如费孝通先生在其晚年所概括、已经成为许多中国学者喜欢引用的话所描绘的境界：“各美其美，美人之美；美美与共，世界大同。”比较思维的这样一种方法，不但会直接影响到跨文化研究的成绩，甚而至于会影响到国际政治，不可谓不重要了，而世界上最能够起到影响作用的，莫过于学者们。

实际上，世界各国民族的文化都是各自的先民在长期生活、生产实践中积累的智慧，都有其特色和优点，其中不乏具有人类普世价值的内容。例如，在中国文化中的确有一些可能具有普世性的东西，像中国人的一些伦理观念，就是更符合人类成长、生存、发展规律的，中国的“天人合一”观念，也是符合科学处理人与自然、现实与未来的需求的。另一方面，在欧罗巴—希腊—希伯来文化中虽然有一些方面确实并不具有普世性，特别是两次世界大战以来的人类历史以及这次金融危机的爆发与应对，都反映了这一点；但是西方格外重视的平等、个性等理念，对于物理世界进行剖析的分析方法，确实推动了人类社会的进步。又如，中国人整体、模糊、连类而及的思维模式，在很多时候要比西方的二元、精确、分析有效得多。但是，在科学技术领域，更多需要的是二元、分析和精确。从欧罗巴—希腊—希伯来文化的分析论和积极进取精神，婆罗门教对宇宙、人生的冥思，到非洲许多部落对森林和树木的崇拜以及萨满信仰中对人心理的引导和对自然的敬仰，我们都可以从中发现于人类、于环境有益的因素。因此我要说，在过去和当下的世界中，各个文化里只有普世性的成分或曰元素，而不存在一种普世性的文化。在这个方面，对自己或他人的文化既不可以认为一无是处，也不可认为浑身皆宝。

各位专家，各位朋友，女士们，先生们：

世界汉学研究和中国的国学研究，用中国的俗话说，是“一根藤上的两个瓜”，几百年来，特别是自进入 20 世纪以来，真是同荣同辱，兴衰与共。现在我们一起赶上了难得的机遇，一起呈现出蓬勃之势。但是我们面前的路还并不是平坦康庄的大道。汉学，在外国还远不是显学，因而人才培养、工作职位、研究经费等等的条件也并不理想；国学，在中国也还在探路和积蓄力量，并且还在受着不少体制、机制的束缚。二者沟通的条件距离“遥相呼应”、“通力合作”的需要也还遥远。但是我已经看到了巨大的希望。一是全中国都在反思我们的传统文化是不是丢失得太多了，怎样才能建设新时代的文化；二是中国政府十分重视传统文化和时代精神的结合，国家的文化建设这个巨大而艰巨的历史性任务正在破题；三是教育领域的又一轮改革即将到来，教育和科学研究领域中一些束缚学术研究、人才培养的体制和机制将要逐步进行改革；四是世界各国对了解中国文化的需求与日俱增，遍布五大洲九十个国家的五百多个孔子学院、孔子课堂就是生动的证明。在这四个方面中，我认为第一点和第三点更为重要。一个是客观上的时代、国家未来和人民的需求，一个是破除实际存在着的、影响国学研究的障碍。如果说前者是发展国学的必要性，那么后者就是可能性。当必要性和可能性都具备时，所呼唤的就是学术界自身的“可行性”了。我们应该尽快做好应有的准备，主观能动性的准备。

各位专家，各位朋友，女士们，先生们：

纵观人类的和中国的文化发展史，文化的兴盛总是伴随着国力的增强而出现的，也总是因博大的胸怀、清醒的头脑和宏远的眼光而出现的。我认为，这三项在今日之中国都已经具备。那么，就让我们坚定地朝着既定的目标，用日复一日、甘于寂寞的努力，以罕见的海涵包容的心态，来迎接不久就要到来的国学和汉学研究的兴盛吧。

最后，再次祝贺第二届世界汉学研讨会的成功！

预祝各位专家继续取得丰硕的研究成果！

期盼第三届世界汉学研讨会获得比前两届更大的收获！

谢谢！

世界需要中国※

各位专家、各位学者、各位朋友：

非常高兴在人间的天堂——西子湖边与大家见面。首先道声对不起，因为我正在浙江宁波地区进行调研，今天早晨赶来，中午和到会的常务理事们见了面，下午在这里谈一点自己的想法。由于还要继续到宁波调研，因此不能够在这里和大家一起共渡难忘的两天。

借此机会说一下我的调研，也可能在座的国内外的朋友会感兴趣。国家正在制定2020年的教育规划纲要，我是这个规划纲要的顾问。作为顾问就需要对教育发展现状和基层的教授、老师、教育官员的想法、实践的经验有真切的了解。我已经调研了4个省市的行政单位，现在要重点转移到对专业性大学的调研。浙江的中医学院和美术学院已经调研过了，同时要对一个地区自成系统的地方调研，从大学、小学到职业学校，公办的、民办的都要调研。我选了两个地区，一个是宁波，一个是唐山。因为宁波地区的开放可以追溯到100年前，同时在改革开放中处于前沿，经济发展非常迅速，又面临着次贷危机和石油涨价，以及人民币升值的压力，那里的民营企业面临着新一轮的考验。在这个时候，教育处在一个什么位置，当地人是怎么思考的，怎么准备的，这对于制定规划纲要有重要的参考价值。唐山是一个百年的老工业基地，中国的第一个现代化的企业，就是开元煤矿在唐山，中国第一个火车头产于唐山，就是慈禧太后坐的火车头，中国的铁路事业发源于唐山，但是经过1976年的地震，在几分钟之间，唐山被夷为平地，牺牲了24万多人。震后在一片废墟上重建了唐山，但是它的传统工业落后了。近几年在中国建设环渤海经济圈的时候把唐山作

※ 2008年9月1日在“世界汉语教学学会第七届理事会会议”上的讲话。

为重点之一，几年之内唐山变了一个样子，GDP 和财政收入年增长都在 40%。到现在为止，钢铁量已经达到 5000 万吨，2010 年要达到 1 亿吨，海港大概到 2012 年要达到 6 亿吨，超过东京湾 1 亿吨。在这样一个凤凰涅槃后重生的城市，教育需求是什么？他们是怎么规划的？对于整个国家的规划纲要都会有重要的启示意义。

这也是中国大陆教育方面的一个动向，在我的调研过程中，经常感到亢奋，这就是各地在教育建设、教育改革等方面有很多的创造，已经超越了国家所制定的种种的游戏规则。因为任何的法律法规以及政策，相对来说，滞后是绝对的，超前是相对的。法律法规和政策都是根据实践的经验提升升华的，按照一个周期制定以后，现实又向前发展了。所以这次到宁波，也同样受到很大的启发。高校的老师们，乃至职业学校的师生们，都有很多的创新，理工科居多，有很多的创造发明。这种自主知识创新又带动了教学的改革，带动了学校体制机制的变化。

下面我想讲这样五点意见：

第一，首先祝贺理事会的召开。

多年来，世界汉语教学学会在对外汉语的国际推广方面，做了大量的工作，成为活跃在世界上进行汉语教学的一支生力军。历任的会长、副会长以及八届理事会的常务理事和理事们，都为学会的发展建设、为汉语教学倾注了心血，大家在各自的教学和管理岗位上，都在不断的探索，在新形势下我们如何把汉语教学做得更好，更能适应世界的需要。上午许琳主任做了尖端的关于国际汉语推广的目前状况、形势的报告，特别是陆俭明先生，对八届理事会这几年的工作做了全面的总结，就着汉语教学再让我说什么似乎是多余的。因此我想在下面几个问题从宏观的角度，来介绍一下当前世界上各国的关系、文化交流的情况以及我的一些思索，最后归结到汉语教学的问题上。

第二，经济全球化形势下世界的文化走向。

大家都知道，中国在 30 年的发展过程中，由一个各方面都很落后的大国，变成了世界上前几位的经济实体，13 亿人的国度，经济不断的发展，国门打开，造就了世界上到目前为止最大的市场。因而，吸引了各国政要、企业家和人民的注意，为了交流，于是大家需要汉语。但在这个问题的背后，还存在着以下突出的问题：

1. 在经济全球化的浪潮中也出现了文化一体化的威胁。文化是靠着经济的支撑发展的，文化是凭借着国家的实力、吸引力而走出国门的。因此，在近十几年中，如果追溯远的话，还可以追溯到二战之后美国的文化成为全世界最强势的文化。不管哪个国家的社会都有一种误解，认为一个国家的实力强大，它的文化就是最好的，于是争相的模仿学习；但是这和文化的发展规律发生冲突，人类的文化史，各个民族的文化史都证明，文化从诞生之日起就是多元的，多元是文化的本质之一。作为一种民族文化，没有多元就没有内动力，因为需要多元之间的接触、冲撞、吸收、融合，因而各自获得推动力，文化向前发展，中华文明五千年文明史就是这样走过来的。

放眼全世界，世界的文化，从我们蒙昧时期的茹毛饮血发展到今天可以走向太空，也是多元文化接触冲撞、相互学习、进一步融合的结果。在这个过程当中，各自的民族文化得到强化，特色突出，如果是一元化，就破坏了这个规律。既然是矛盾，说明文化是任何人主宰不了的，一元化的目标不能实现，但是在一元化和多元化的阶段中，人类要付出惨重的代价。所以，从宏观上说，人类文化的多元化前景是不需要忧虑的，但是这个过程却应该引起重视，在经济全球化的浪潮中，一元化趋向明显，趋势越来越强，刺激了各个民族主张多元化发展。一方面引得各个民族的人民更加珍惜自己的传统，不愿意自己的民族文化被经济全球化所吞噬，因为按照人类社会发展规律，一个民族如果没有先进的生产力，按今天的说法就是现代的科技，就无以强国，可是如果没有先进的文化，却足以灭种。大家都熟悉中国的历史，中国最强盛的是汉唐，恰好这个朝代是开放、文化的多元最显著的时候，也是在农耕时代科学技术最发达的时候。

另一方面，特别是现代的中国大陆的人民，和很多发展中国家人民一样，发现借助经济全球化的趋势，自己的物质方面逐步的丰富了，但是，精神也逐步的空虚了，灵魂逐步的无所依归了。例如中国大陆，在外资企业工作的白领，有相当一批人患有抑郁症，经医学部门、心理研究部门等抽样调查，患抑郁症的高达 3 成以上，这个数字没有在社会上公布，因为考虑到引起的社会反响问题。教育部在前些年做了一个调研，在考上重点大学的一年级学生中，有 40% 的学生认为自己是失败者，在抽样调查的重点高中学生中，有 60% 厌学，当然这和中国的教育制度亟待改革有关，从教师、教材、教法、课堂内外、家庭、学校都有关系，但是，是不是也和物质丰富等而精神空虚、灵魂无所依归有关呢？

再一方面，社会上的有识者开始注意到民族的文化安全问题，这个问题中国大陆认识的比较晚。80 年代末期，我曾经接待过法国巴黎第一大学的校长，我在请他吃饭的时候，服务员推来饮料车问客人喝什么饮料，那个时候还没有这么多的品种，只有像啤酒、矿泉水等，还有可口可乐。这位校长跟我说：你们也进口可乐可口？我希望你们不要进口美国的文化，不过美国也没有文化。当时给了我很强的刺激。90 年代初，我参加接待日本文部相，他向我提出来，中日两国地域相近，文化相通，我们两国应该连起手来抵御美国文化的“侵略”，这是我第一次听到“文化侵略”这个词，从日本朋友那里听来的。但是在中国人口里，我们不说这个词，因为文化是请进来的，我们需要打开窗子，打开门，让世界各种文化到中国来，我们也应走到世界各地去，学习世界各国的文化。但是需要我们像牛、羊这种反刍动物一样，先吞进去反刍，最后把营养吸收，化为我的机体，其他不能吸收的作为废料排除出去。这两位高官所反映的是不是可以说是在经济全球化背景下文化一体化的冲击中，民族文化的崛起。这是我所说的文化一体化的威胁和它与文化发展规律的冲突。

2. 就在这种文化一体化和文化多元化的冲突当中、斗争当中，有一种理论和一种实践就是文明冲突论。哈佛大学教授亨廷顿先生和他的弟子弗朗西斯·福山，我们先不管他们的出发点如何，或者他们著作最后的结论如何，不管怎么样，他们都是预言文明的冲突几乎是不可避免的，虽然亨廷顿先生说我们应该努力避免这种冲突。福山先生，作为美国哲学新保守主义理论的代表人物之一，极力主张美国的价值，认为在这种价值之上所建构的制度是人类历史的终结，坚持这种价值，在这些制度下，按照这种制度生活的人，是人类历史上最后的资源。把他们师徒的思想连在一起，就是文明冲突不可避免，最后美国的制度、美国的价值观，应该成为人类统一的结局。在这种思想指导下，冷战之后爆发的一系列我们所不愿意看到的国家之间的战争，国家内部种族之间的屠杀，对全人类是一个刺激，在这种刺激下，文明对话的主张开始兴起。

众所周知，文明对话主张提出，首先是从西方神学界提出来的，进而扩大到哲学界。从上个世纪 90 年代到现在，已经举行了一系列世界规模的文明对话的会议。联合国也于 2000 年一致通过把 2001 年作为“文明对话年”。不久前，在西班牙首都还举行了世界宗教的对话，受到各国政要的重视，西班牙国王、总理，沙特国王，英国前首相布莱尔等都参加了。

什么叫文明对话？狭义的对话，就是学者、宗教领袖之间来对话，向下延伸就应该是人民与人民之间的对话；广义的对话，就包括文明的输入、文明的传播，不同文明之间相互的学习、互相促进。例如在中国国内，从汉代以后，特别是南北朝到唐代，儒、释、道之间的对话。正是这种对话，完成了佛教的中国化，这就是出现了禅宗，而禅宗又经过韩国传到日本，每到一个地方都本土化，中国的佛教吸收了儒家、道家学说。中国的道学在南北朝形成宗教以后，吸收儒家的营养，学习了佛教的理论和仪轨；而中国的儒家二者兼收，经过几百年的酝酿，最后在北宋出现了理学，到了南宋的时候达到高峰，以后又沿着这条路走，出现了浙江人王阳明的“新兴之学”，纯粹主义者批评王阳明本不是儒学，实际上是外儒内佛，但是在我看来，这是一种文化的对话促进了各方的发展。在这方面我们亚洲是有着丰富经验的，值得维护，值得总结。

不管是广义的对话，还是狭义的对话，它所包含的精神是相互了解、相互理解、相互尊重、相互赞赏、相互学习，彼此之间不是比高低，比一、二，而是比特色、比优势，这一点我们的前辈费孝通先生曾经概括为16个字，这就是“各美其美”，各个国家和民族以自己的文化为美，尊重自己的传统；“美人之美”，要欣赏不同文化都有它的优势、优点；“美美与共”，也就是不同的文化之间和平相处，和平对话，携手并进；“世界大同”。最后走到一个和谐的世界，和平的世界，幸福的世界。

而要做到这一点，单靠神学家是不够的，尽管各国的学人也在努力，我也在努力。例如不久前我和一位美国犹太人，他是双重国籍，在北京进行了儒家与犹太文化的对话，双方都有所收获，都很满意，我们俩成了好朋友，他答应我今年晚些时候还要来，不仅自己来，还要带着夫人和孩子来。我今年在澳门组织主持了一次儒释道的对话，也是海峡两岸的对话。佛教和道家，我请的是大陆的高僧高道，儒家请的是台湾的儒家代表人。过几天我要到山东去，在那里开一次“尼山世界文明论坛”的会议，尼山就是孔夫子老先生家乡的一个小山，要请美国基督教新教最大的主教来和我做儒家与基督教的对话。为这个做铺垫，我在这里调研完之后，就要赶回北京，5号接待洛杉矶水晶大教堂的董事长，我们两个先进行小的对话，公开的对话，“尼山世界文明论坛”将是我和大主教讨论不同国家的关系，学者们坐底下听，我向他提出问题，他向我提出问题，听者也可以提出问题，准备进行两个半天的对话，这就是对话跟论坛结合。到时候也要广泛的向各国发出请帖，这是一个国际性的对话。

像我这样努力的人，在中国大陆不是一个，在美国、英国、法国等等都有学者在努力这样做，但是这解决不了社会问题，因为作为社会的精英，知识界的高层，在任何国家和民族都是一小批人，通过学术和教学，固然可以把这种影响扩散到学生中，但是毕竟力度不够，更需要的是人民之间的一对一、一对多、多对一的接触与对话。因而，语言的重要性就显示出来了。

中国现在有一亿二千万人在学习英语，虽然对于学习者来说目的可能是为了将来求职或者出国，但是无形中就造成了中国走向世界的方便。至今，中国无论是在科技界、经济界、法律界还是学界，我们在世界上的话语权几乎是零。什么原因？就是由于历史和社会的原因，我们不能够熟练的运用另一种语言，而且不善于把自己的观念、主张、知识、智慧，在进行语言转换之后，告诉外国友人，这是学术界的同人很焦心的一件事情。例如，佛教在公元前2年，开始传入中国，至今早已经中国化了，无论是我们的高僧还是我们的信徒，谁也没有把佛教看成外来的佛教，但是佛教顶尖学者、佛教的研究中心，都不在中国大陆，也不在台湾。至于道教，作为中国本土的宗教，顶尖的学者几乎没有中国人，研究的中心不在中国，而在欧洲，特别是法国。那么，我们须臾不可离的、张口就来的，经过一段普及之后，现在可以说妇孺皆知的儒家的学说，顶尖的学者，几乎没有中国人，如果说有的话，有几位出生于台湾，加入美国国籍的华人，研究的中心也不在中国。我想这些我们的国粹之所以在世界上没有话语权，除了学术研究需要加强之外，恐怕跟我们的学者们能否做到用另外一种语言论说、讲演、写作、出版有直接的关系。

反过来说，我所接触的西方世界研究儒释道的世界级学者，几乎都可以流畅地用汉语讲学，就像我们白乐桑先生一样，而且对中国的典籍《四书》、《五经》，最高级的可以倒背如流，次一点的也几乎是信手拈来。这个问题让我们来做反向的思维：中国人的心理，中国人的诉求，中国人的愿望，要想让外国朋友了解，最好他能懂汉语，我们自己学外语是应该的，也希望他们学汉语，人和人面对面用汉语交谈，心很容易沟通，互相理解。如果说一个来访者住在老百姓的家里，就像这次奥运家庭一样，中间还需要一个翻译，也没有这么多的翻译，心和心之间的沟通总是隔了一层。因此，想让文明对话普及化、普遍化、普适化，想让文明对话的浪潮凭借着汉语走向世界，中国文化走向世界，而能更加汹涌澎湃，我想这是世界的未来所需要的。

现在我们时不时能听到“中国威胁论”的言论。在我接待各国议会代表团以及出访的时候，会见各国政要的时候，常常是我主动提出所谓“中国威胁论”，当我简要给大家介绍中国文化的传统，文化的理念以及中国人所奉行的哲学之后，至少在表面上我的客人或者主人表示，我明白了，在这之前我不知道，我不赞成“中国威胁论”，欢迎中国继续强大起来。中国13亿人口，世界65—66亿，有这样的机会能有多少呢？在中国新一轮的发展建设中，改革开放要加大力度，改革永无止境，开放不会半途而废，只能是国门打的更开，唐代和宋元的开放水平远远超过现在，我们对世界不能只是索取，我们应该是贡献，我想贡献之一就是汉语之桥。

第三，世界的和平、未来人类的幸福需要中国人贡献出自己的智慧。

经过第一次世界大战和第二次世界大战，西方的学者开始反思世界怎么了？本来以牛顿和笛卡儿为代表的启蒙思想家们告诉我们，只要是发展科技、认识世界、改造世界，就可以解决人类的幸福问题，可以落实文艺复兴所提出的民主、自由、平等、博爱，但是为什么第一次世界大战就发生在欧洲的心脏部位，二次大战又是由此爆发，都是相对来说当时科技快速发展的地区？一种莫名的形势，首先从文艺家开始，要表现出来，同时又感到自己的灵感枯竭了，这种思想后来扩散到了建筑界，进而扩散到学术界、历史学界、哲学界。如果追溯起来，恐怕德国的哲学家斯宾格勒应该是启蒙人之一，它的辉煌巨著《西方的没落》，说起来就是在工业化的过程中，农村消失了，农村才是文化产生地，文化的天下，农村变成为城市，人们进入城市之后，远离了大自然，疏离了人和人的关系，创造前所未有高度的文明，斯宾格勒认为城市化普及之后，就是文明的没落。西方到1904年的时候，已经基本做到了城市化，所以他说西方没落了。拨开他论述的现象而言，实际上是他对文艺复兴传统的置疑。

接下来第一次提出“后现代”这个词的就是英国历史学家汤恩比，由此下来，成为一股思潮，一直到法国的德里达，德里达首先挑战的是索绪尔的哲学理论，受他的影响，现在欧、美哲学的主流就彻底否定了索绪尔学说，当然他是从哲学角度批判的。再向后发展，或者与此同时，女权独立，环保主义，绿党等等都是由此而发生的。把这些作为自己的理论依据，来研究中国国学内容的学者，据我所知，有名的是美国的郝大维以及安乐哲，这两个比较哲学家在世界上应该是比较响亮的名字。无论是斯宾格勒，还是郝大维都慢慢的总结到一点，简单化、粗略化，不准确地说就是再按照西方的启蒙时代形成的所谓的“绝对真理”走下去，世界将要毁灭，人类将要毁灭。

那么怎么办？他们在研究中环顾全球历史的时候，发现了东方的文化，特别是中华文化，因此在上个世纪60年代，也就是中国文革在如火如荼进行的时候，汤恩比说过这样一句话，“中国五千年超稳定”——当然也有战争，但是比起西方来，应该是超稳定——“是值得研究的”，“如果把保守的、缓慢发展的中华文化与激进的、爆炸式的西方文化结合起来，各取其长进行融合，形成前所未有的另一种文化，恐怕是人类的未来唯一的前途”。他又说，“我们西方的哲学、西方的社会已经走到了极致，走到了尽头，如果今后能有谁向世界奉献出一种礼物，使中西的文化融合，推动历史的前进就好了，而一旦是中国人向世界奉献这个礼物，我们不要感到意外”。从这里我就想，西方学者的反思可以帮助我们认识自身，认识到我们文化的价值，而中国的文化，中国的理念，中国人生活的哲学，就活生生的细微地体现在我们的语言之中。

众所周知，语言是文化的最重要的载体，不管英特网发展到什么样的程度，它负荷的信息主要还是靠语言传达的。同时，语言也是一种特殊的文化形式，当然，至今对汉语从哲学角度去思考的还不多，它本身就是一个最好的展现。因而如果刚才我所说的这些西方的学者说的有道理的话，我们和各位朋友把汉语介绍出去，就不仅仅是满足人们要参与到中国这个大市场和经济全球化的经济交流这样一个眼前的利益，还有一个更重大的历史责任，就是让文明对话更广泛的进行，促进各民族之间的相互了解与尊重，经过若干代人形成那个时代新的更流行的文化，当然那个时候的文化也是多元的。

世界各国文化之间是没有中心的，所谓“文化中心论”本身就是一种沙文主义。中国人不想让中华的文化成为世界的文化中心，但是我们作为大家庭的一员，我们总是可以参与，要让更多的人了解。事实上，中国一直在这样做着，不仅仅有法国的文化月，也有俄罗斯的中国年，也有充满民族特色的奥运会的开幕式，但是我总觉得，语言还是最重要的。很简单，当开幕式开始的时候，孔子的三千弟子上场，当在朗诵“有朋自远方来，不亦乐乎”的时候，所有的外国人都不知道他们在说什么，我坐主席台上，说实话，我也没有听清楚说什么，后来我看到屏幕显示才知道，是“有朋自远方来，不亦乐乎”。这说明语言的重要，一对一语言的重要，3000 人对 92000 人说话还是不行。所以我想语言之桥什么也代替不了。

我想，中国既有辉煌的历史，也有痛苦的回忆，一旦中国甩掉历史的包袱轻装上阵，那么中国对世界的贡献将会越来越大。根据当前世界的走向以及各国学者的研究，我在思考，作为有五千年未尝中断过的文明，作为有 13 亿人口，世界人口最多的国家，如何对世界负起责任来，如何对世界做贡献？按照一些政治家的要求，所谓我们负起责任来，就是在达尔富尔问题上主张制裁。在对伊拉克问题上我们也参与制裁，我们和伊朗的正常的贸易应该断绝，这是美国的政要当面跟我说的，这该怎么办？各国之间可以协商。但是我认为最重要的贡献，也可能是读书人之间的迂腐，应该超越现实、眼前，要想到更长远的未来。这长远的未来就是文化的交流，就是语言的互相学习。

我认为，中国人对世界的贡献，从现在起恐怕要经过三个阶段，虽然每个阶段都会很长，可是，我们要意识到这三个阶段。

第一个阶段，中国人向世界贡献劳动力。我指的劳动力还不是劳务输出，也不是偷渡者到法国开餐馆，而是指的劳动密集型的产品的输出，从衬衣、鞋帽一直到圣诞礼物，每个产品都有我们工人的辛勤劳动。中国的第一线工人的工资，只是德国工人的 1/16，同样的产品、同样的质量，德国公司在这里设厂，它的人工只有 1/16，因为我们贡献的就是劳动力，这就是大家所说的“中国是世界工厂”。我们不能老停留在这个阶段，这种贡献还要继续下去，因为全市场要吃、要穿、要住、要行、要玩，但是我们应该争取早日进到第二个阶段。

第二个阶段就是中国人向世界贡献知识的阶段，这就是发明创造。从自身利益考虑，贡献知识所获得的收益是十倍、百倍输出劳力的收获，从对世界负责来说，世界只是在急速的增长，中国人现在几乎没有贡献，如果中国人的智慧发挥出来，我们创造的知识也为各国所用了，会让人类的物质生活再次得到提高。例如，我们的袁隆平院士，他所培养的杂交稻以及高级杂交稻首先就解决了菲律宾的粮食问题，在非洲很多国家也靠他的水稻避免了饥荒，这就是一个知识的贡献，可惜我们这种贡献太少了。当然，知识的输出在某种程度上也受到了知识产权保护的影响。保护知识产权的意识从美国南北战争的时候起开始形成，并逐步扩散到全世界。中国的《著作权法》，从制定到后来这次修改我都是主要参与人员之一。我曾经两次访问联合国，我一直主张知识产权的保护要有限度，不然就变成知识的垄断。我和知识产权总干事及所有副总干事讲，你们不要以为中国现在使用的知识产权，我们没有贡献全世界，既使是中国有大量的发明创造、知识出口的时候，我也这么主张。首先对贫穷的国家，要允许它无偿使用；同时，保护到一定程度就要由政府知识产权管理部门选择保护事项。实际上保护到极端就破坏了自己，比如一个在国外居住的学者回到中国来，到音像市场上买正版的世界和中国的音乐光盘，大家想想，10 元、12 元一张，有正式出版社，有正式的防伪标志，也有经什么什么授权，但是真能相信吗？买了很多，在回去的时候，海关检查一打开，很多的光碟，海关官员就看有没有重复的，比如麦当娜歌曲，一买 4 盘就有罚款，因为有贩卖的嫌疑，如果是一张一张的就可以过，因为是自己听的。而海关的官员在看了之后，是这种表情，意思就是我怎么没有机会到中国买？这就意味着知识产权保护到极致，已经使社会不要说草根，就是有稳定低收入的人都不能享受。这实际上违背了保护知识产权的初衷。

第三阶段，是无形的但是贡献更大，就是贡献智慧。何为智慧？就是如何符合规律的、符合人类未来的幸福、符合世界和平的，关于人自身关系的处理。人的自身关系首先就是肉跟灵的关系，接下来是人各个器官之间的关系；第二是人和人的关系，也包括群体与群体，个人与群体的关系，在中国来说，就是个人与集体、个人与国家；第三是人和自然的关系。中国人“天人合一”的理论，是说人类只是宇宙的一个组成部分，我们和其他的组成部分是平等的，这个从古代的“万有灵论”就体现出来了，而这个基因就种在中国文化血液里。“万有灵论”就是说树有树神，河有河神，门有门神，做饭的灶有灶神，在春秋的时候，房子里面的西南角有奥神等等，那就是我对你要尊敬，你要扶助我，是平等的。因此不能随便破坏大自然，破坏大自然是有罪的。同时，也是为了子孙后代，所以《孟子》其中的一篇就说“数罟不入洿池，鱼鳖不可生食也”，细密的网不进到池塘去打鱼和虾，鱼和鳖吃不完；“斧斤以时入山林，材木不可胜用也”，伐木的工具，该砍伐的时候就砍伐——什么时候砍伐，冬天，春天生长，夏天结果实，秋天树还没有休眠，正在落叶——这样的话，木材才能用不完。当然中国人自己也产生了悖论，现在小黄鱼都吃不到了，因为臭水都入了大洋了，前些年有伐木比赛英雄，结果是泥石流出现了，大气改变了。

还有一种关系现实和未来的关系，中国人讲现实，并不把希望寄托于来世，关注的是自己的财产、自己的道德，自己家庭的传统，如何传给儿子、孙子。所以“忠厚传家久，诗书继世长”，忠厚是品德，诗书是知识。因而老子说“不失其所者久”，就是我顺其自然到了这个地方生活，到了这个位置上，我就安心于好好把这个工作长久做下去；“死而不亡者寿”，“亡”其实是“妄”的通假字，人总是要死，死了之后回顾他的一生，他没有胡来，这样的人是真正长寿的人，那么这个“寿”并不是生命机理长久，是精神的长久，所以中国人是重精神的。我们说“永垂不朽”，“垂”者流传也，但是谁都知道肢体会死掉的，这个在孔子那里就知道了，厚棺并不是让它不朽。

与此相悖的是西方的哲学，西方哲学是把希望寄托于来世，这就产生了哲学上的二元对立，因为人类的规律不是自己总结的，而是摩西在西奈山上受到的启示，我之所以遵守，那是因为上帝这样要求我的，上帝永远是创造者，万世万物和人是被创造物，被创造物永远成不了创造物，创造物永远成不了被创造物。

那次我和犹太人的对谈，就谈这个问题，但是公元前轴心时代孔子、释迦牟尼、犹太教等先后出现了，这是一种文化，这是一种文明。《旧约》也根植于西方的文化之中，西方的生活当中，要尊重。由于它强调除了上帝之外，大家都是兄弟，这要比孔子在《论语》上说“四海之内皆兄弟”更为彻底，因此文艺复兴在欧洲出现了，首先是从佛罗伦萨发源，然后在法国完成，之后在英国完成工业化革命有它一定的必然性。至于后来，有的国家把《旧约》上所说的改为新的，我觉得那是背离原来的。由神学这里的二元对立，后来就扩展，包括牛顿后来研究的时候，支撑他的也是神学理论，一系列的文艺复兴时期的启蒙者都是神学，有的有一点无神论的倾向，后来也受到严厉的批判。大家知道黑格尔的绝对存在就是神，康德批判了理性和实践，最后实际上没有说透，但是也总结到这一点，因为在中国人看来“绝对”这个词本身就不绝对。

这个时候中国的智慧从思维方法到处理刚才所说的一系列关系，到哲学里面，如果能够在世界上让更多的人知道，供他思考，我们这里有哪些内核你可以吸收，可以有助于补充民族的文化继续向前走，这就需要我们向世界贡献自己的智慧。

也许是受自己民族文化影响的原故，我有些东西实在学不进去，比如奥古斯丁的神学书，就是论“三位一体”，这是他比较宝贵的书，我读了，但是每章要点记住了，对于结论当然清楚，他认为“三位”是一体的，让我重复他怎么论证的，我重复不上来，但是读起中国的无论是儒家的著作，还是佛教的著作，还是道教的著作，以及宋明理学的著作，或者是诗文，我读了以后，都有一种新的感觉。我想，也可能我们的书翻译成英语、法语，他们读的时候，也可能像是我读奥古斯丁的东西一样，还有斯宾格勒，这是文化隔膜的结果。我们总觉得我们的书要翻译是比较好的事情，可惜虽然西方有关中国经典的翻译已经不少了，但是它们或者偏于学术性太强，或者偏于浅近而不严谨，或者局限于几十年前的认识水平，都不符合现在中国文化走出去的需要。比如说《论语》的部分，有的翻译的很流畅，但是现在看到有的并不准确，比如说“仁”、“善”，都带着基督教的理解。

感谢汉办在支持我和法国合作，组织一批外国的汉学家，在几年之内准备把中国的五经翻译成英语，希望这本英语是到目前为止翻译水平最高的，但是又能让普通的读者研究的书。更多的人还是学了汉语之后，再学中国文化，这个责任就落到我们汉办身上了，落到汉语教学学会上，落到在座的各位、所有的会员，以及没有加入学会的汉语教学者的身上。我的孙子在英国生、英国长，还好我们一直强调让他说普通话，可惜是文盲。我就跟他讲，奥运开幕式那天场上那些人是孔子的学生，他们朗诵的是“有朋自远方来，不亦乐乎”，我说你懂吗？他说懂，就是远方来朋友，我高兴。“己所不欲，勿施于人”懂吗？自己所不想要的东西，也不要强加给别人，他说我懂了。所以有了语言，这还是古文，我看现在的东西更好接受了。

正是因为有这样三个阶段的贡献，而在第二阶段第一阶段用不着，但是要贡献知识、要贡献智慧离开语言不行，我们现在不过是为那一天的到来做语言的准备。在中国向世界作贡献的时候，有可能出现三个高峰，三个波浪，根据现在的情况，根据世界的需求，第一波是汉语、是语言；第二波是中医、中国医学，这是我个人的揣测，因为中医是帮助各国人民解决痛苦的，特别中医的养生也是现在最急需的，当中医走出去了，韩医也跟着走出去了，大家是“近亲”；第三是学术，这个学术是广义的，各个方面的学术，也是贡献知识的一个重要组成部分。

第四，就着形势谈我的看法，我就提出一个问题，我们准备好了吗？准备好为世界作出三个阶段的贡献了吗？准备好迎接三个波浪了吗？

我认为没有，汉语在国际上的推广，我们是仓促上阵的，因为我们必须上阵，因为时不可待，各国的学生、旅行者，幼儿、少年的家长都渴望着，而我们不能不提供。不仅仅我们汉语推广没有做好准备，中医也没有做好准备，我想无论是白乐桑先生，还是克林顿先生，在他祖国行医的都是三四流医生，要看中医还是到大陆来。为什么？我们一流、二流医生不会外语，更不能用外文讲医疗的道理。由此而来的一个直接的负作用，就是对现在德国、英国、美国、法国的情况不太了解，在国外大行其道的是针灸和按摩，而不是方剂和望闻问切的诊病，因为这跟西方概念对不上。经络在显微镜下看不见，但是就是很奇怪，胃疼不扎胃，扎腿就好了，晚上睡觉落枕了，早上起来不舒服，去扎中医，劳累过度了，觉得受视力影响偏头疼，左边疼扎右臂这个地方，右边疼扎左边这个地方，一扎就好了。

今年春天我到新西兰顺便到奥克兰大学看，其中有一个奥克兰中医学院的校长是浙江中医学院的老师出去的，新西兰文化部长的臂举不起来了，在澳大利亚看遍了也治不好，这个院长问他了解病情，什么时候犯的，给他扎了几针当时就举起来了，然后又扎了几针一点毛病都没有了，所以这个部长高兴了，现在这个中医学院已经纳入到了新西兰教育体系的学科所承认的医院。但是方剂还不行，比如给他开一次药，12 副药，他把其中一副药提纯，发现里面有重金属，然后说这个有毒不能吃。他不知道医生开这个药，还有另外的药抵消它，在抵消的过程中就把病治了。这个需要将来西方进一步认识中医以后，才能接受我们的方子，但是不管怎么样，中医治好病，很多病人问为什么去了这么多的医院，没有治好，你几下就可以治好了？因为中国人讲的人的身体有完整关系，同时犯病还和气侯有关系等等，这样中国哲学就被了解了，同时成本又很低，不需要多少美元。现在美国的医学会已经把从前认为中医不科学，改口说中医是现在科技不能解释的了。所以我有一个预见，我可能看不见这个预见了，年轻的先生们、女士们都可以看到，中医走出去可以解决各种人的痛苦和亚健康的恢复，同时会为西医进一步的提高提供一个契机，因为向它发出了一个挑战。

第三波学术就不说了。学术的主要问题是什么？是国内学者由于语言的障碍，不了解世界上最前沿发展的情况。同时，国内的学术，特别是研究中国国学的浪潮，正在出现，还没有形成高潮，因而力量没有整合，支离了，各做各的，各研究各的。再加上人为切断自己的传统，恢复起来需要时间。最重要一点就是我们的学者没有话语权，这个话语权不是学术的话语权，是语言的话语权。反过来讲西方的学者，现在中国旅游者、商贸者何时能够再吸引更多的学者像浪潮一样到中国来？但他们来也需要汉语，也可能今天我们在国外培养的小学生、中学生就是未来学者，当他已经成为教授再学语言，就难了。

所以，既然我们没有做好准备，我们就要开始积极着手准备。对于汉语教学的准备为什么没有做好？过去我们着眼于成年人到中国大陆来，脱产在汉语的环境下学习，现在变成了除了这块仍然要发展之外，还有从老到少、各行各业的学习者每周只有两小时、四小时、六小时，在那个语言环境下，在连书都没有的环境下来学习；同时有的人无论是年长还是年轻的，不像学生善于总结学习的规律。碰到这样的教学对象，我们的教材没有准备好，我们的老师没有准备好，我们的教法没有准备好，从某种角度上说，我们落后于国外的一些朋友。比如说前两天，陆俭明先生跟我讲，他去年去访问越南，在河内师范大学中文系，一年级学生，他去了刚好在讨论问题，他在旁边听，他们在用汉语讨论课程和学习内容的问题。这给我一个刺激，我们的外语系，在中学就开始学英语，而且英语尖子才考人英语系，我们能不能用外语讨论？可能做不到，这就说明河内的汉语教学比我们强，一定有高招。与此相近的牛津大学的学生，经过八个月培养，这八个月每周六个课时，八个月以后，他们之间可以用汉语交谈和讨论问题。

如何针对不同的国别、不同的需求、不同的年龄段，我们有不同的教材、不同的教法，这是摆在我们面前的一个严峻任务。所以，我想既然没有准备好，就让我们加紧准备。

第五，我对学会的希望，就是怎么帮助汉语教学做好准备。

我想第一点就是让我们所有的会员和从事这项工作的老师们立志高远。这个高和远就是为了全人类，为了世界和平，为了人类的友谊，也为了中华民族。因为我们吸收世界各国的好东西，现在主要是派学者、商人、学生出去留学，还没有到普通的群众直接跟外国人交流；请进来的专家、旅游者当中什么时候也有一定比例的普通人能说中国话，能和我们普遍的交流呢？这需要我们的努力。

第二点，希望能够推进学术研究。学术的研究一般来说，至少可以分三个层次：一，基础研究；二，应用基础研究；三，应用研究。基础研究是研究原理；应用基础研究是研究应用中所需要的规律；应用研究是研究如何操作，然后到应用。按照学术的发展规律来说，应该先进行基础研究，进而走向应用基础研究，然后走向应用研究。但是很多事情常常是逆向，我想汉语教学也是如此，现在的现实提出紧迫的要求，我们可以先从应用研究开始，向应用基础提出课题，提出思路，也提出挑战，我们进行研究，最后到基础研究。

这在我另外一个领域的实践里，得到了印证，这就是在中文信息处理里面，也就是计算机如何处理汉语的文本和自然语言。看了很多的书，回忆了很多前辈的著作、世界的著作、基础研究的东西，我也曾经实验过，陆先生作为我40多年的朋友，一直支持我，那就是“95”实践的重大项目，是按照传统的汉语语言和传统的西方的计算语言走的，出了一批成果，后来这个成果被评为优，而且都达到了国内先进水平，我们后来论文集也被评为好书。后来我发现老这样走不行。于是我又拿到了国家“863”的一个项目，我同时研究，一视同仁的资助，反正是鞭打快牛，谁走得快，就多注入资金，最后其中一组理论和技术出现端倪，出现一些成果。接下来国家给我一个支撑计划项目，我的钱越来越多，其实总体不多。“863”项目有500万元，这次支撑计划给了5000万元，而且最近阶段说，如果不够还可以续，支撑计划就加大力度，一年多时间支持这个项目，其他两个后面要照顾到的，就是从应用开始，向应用基础提出挑战，现在有一帮人正在攻克，已经取得了相当的进展，到现在所做出的东西，不久前冯志伟作为组长，被评为了优，其中有几个项目，专家认为已经到了世界领先水平。我们的产品已经走上市场化了，这当然是产学研结合的结果。

现在出现一个问题，基础理论怎么办？我多次要求学生，你们从事这方面的研究，但是难以入手。我就猜想，这样一个序列，恐怕我们汉语的研究甚至要从基础研究到应用基础研究，再到应用研究，困难很多，不知如何入手。时不我待，我们就从应用者做起，各显神通，不断提出应用基础需要解决的问题，注重基础研究，应用基础研究到一定程度，就会发现基础的问题，原理的问题。比如说，中国的一位数学家为世界的数学做了巨大的贡献，他在研究计算机机械数学的时候，没有走西方的路，他走的是中国古代数学的理论。结果他发现，在计算机之前，在中国古老数学里面已经有了没有计算机时的计算方法，因此他对全世界计算机算法的发明作出了巨大的贡献。所以，基础研究是原理的变化。

眼前怎么办？我认为我们要脚踏实地，这个“地”，就是教学。大家齐心协力，我们学会有这么多的老专家、知名的学者和我们在第一线的老师共同的研究教法，这个教法是对语言的认识以及对学者的心理、文化背景、语言环境的分析，研究一下教法，这里会有大量的课题提供给我们学者去研究，虽然看起来似乎是另外一个新的原理，但是这是一块生机勃勃的处女地，这块处女地和原来的是并行不悖的，不要舍弃它。这是我的第二点希望。

第三点希望，我们现在是学会，我们就要团结全球从事汉语教学的各国的朋友，我每次到国外都要到孔子学院看看，我对那里对方的孔子学院领导以及执教的外国朋友，以及在那里的华人，都充满了敬意。这一点不是客气话，汉语是我的母语，人家把这个作为一个职业作为一个事业，他这样几十年如一日的教授汉语，说明他爱这个语言，难道不值得尊敬吗？所以我建议今后学会除了我们的年会，怎样组织多样化的活动，听说刘骏先生给介绍了，可以多种多样的活动。我们既是他们的后盾，也是他们的家，要多多的关心第一线的老师。

如果经过若干年，也许是需要一代人、两代人、三代人的努力，基于国内外的汉语教学，包括对汉族学生进行教学，从应用到应用基础、到基础，能形成另外一种风格的汉语言学本体研究的理论；如果中文信息处理也基于没有预设、没有感情，不会学习的计算机掌握了语言，从这里也升华出一系列应用基础的研究，再提出一些基本的原理，构成面对计算机的汉语语言学的体系，那么，中国的语言学才是真正的兴旺发达。因为这样已经具有了三个系统，一个就是从马建忠先生开始的，我们用百年构建了理论和体系；一个是面对为了教学实用性语言的体系；一个为计算机服务的体系，虽然后两个体系要建筑在本体研究基础上，借助百年来的经验，但却是它生出的孩子，这不仅是对汉语教学的一个巨大贡献，也是对汉语言学的一个贡献。说来说去我还是研究汉语言学的人，转来转去我还是转到我的立足点了，我期望这一天的到来。

搭建语言文化交流的桥梁※

尊敬的童书记，俞校长，各位老师，亲爱的来自泰国的同学们：

刚才，在我将要离开住地走向华东师大的时候，我才知道，基地同时办了两个班，一个清迈班，一个中小学班。但是我还不知道在这里有结业的典礼，所以，一走进来我以为误走了门，打扰了你们的仪式。当然我也没有想到，我作为主任要致辞。（鼓掌）但是我很乐意和大家说几句话，因为提到泰国我总有亲切的感觉。我不止一次到过那里，我和诗琳通公主有很好的友谊。我知道诗琳通公主一直自己做表率来促进中泰两国的文化教育交流。同时，我既是华东师范大学基地的主任，也是北京师范大学基地的主任，我一手提着北师大的基地，一手提着华东师大的基地，但是不得不“轻重有别”。在我心里面两个基地分量是一样的，但是做起来北师大重一些，因为我就在北京住，华东师大离我 1200 公里，相对轻一些，也就是我在这里用的力气少一些。但是华东师大没有嫌弃我，仍然让我做主任，今天我就来工作了。今天的第一项工作就是参加大家的结业仪式。

刚才听了两位老师的发言，从发言中我可以感觉到大家在这里学习很有收获。

在大家即将离开中国回到泰国之前，我有一些想法想贡献给大家。第一个是现在泰国、马来西亚、印尼等等东南亚国家，无论是小孩子们，还是他们的家长，都希望学习汉语。所以更多的人想到的是我们东盟加三逐渐要形成一个大的经济体，这样今后商机很多，工作的机会很多，如果学了汉语将来可以做很多的工作。我要说，作为老师，我们应该看到世界今天的形势和未来走势、趋向，不要仅仅只局限于将来孩子长大了在公司里

※　2011 年 10 月 22 日在“华东师范大学泰国本土教师培训班结业典礼”上的讲话。

或者自己经商来利用汉语。实际上语言就是不同的民族、不同的国家和人民心与心交流的一座桥。今天的世界，今天的亚洲，今天的你们所需要的就是在不同的国家、人民之间的心与心上驾起一座桥。因为，这个世界是一个乱糟糟的世界，人和人的纷争，民族和民族之间的纷争，国家和国家之间的摩擦太多了。凡是发生这种事情，真正牺牲的、受到损失的、献出生命的都是普通的民众。人类应该生活在一个大家都很友好，心情都很放松，经常发出笑声，没有什么忧愁的世界，这是一个什么样的世界呢？这就应该是一个和平的、不断进步的、不断繁荣的世界。怎么走向这个世界呢？就需要人民和人民手拉起手，心连着心。

语言为什么是一座桥？举个例子说，只有通过语言这座桥，中国人才了解泰国人心里想的是什么；懂得为什么泰国人见了面一定是行这个礼(双手合十)？这本身就反映了一种信仰，一种包容的文化。包容是什么？包容和自己不一样的文化。当中国的学生由衷地理解你们，发现行合十礼很好，当他发出“这很好”的声音的时候，就已经是在欣赏对方，欣赏对方的时候，就会反思自己：我是不是也应该友好地、包容地对别人呢，心态会很平和，对人会很尊敬。从泰国文化中，中国学生会了解到：对于佛陀，信仰是很重要的，他是最伟大的，都应该学习他。于是我学习了你，你学习了他，他又学习了我，如果都这样世界不同国家的人民不就成为兄弟姐妹了吗？那还打什么仗啊？当然，这是我所希望的世界，是一个遥远的世界。可是人类生命也是很长很长的，由我们这些老师开始做起，教育孩子，我们的孩子还有孩子，我想经过这样一个过程，人类的前途将是美好的。所以我说，语言是一座桥，正是因为这样，所以每年都进行的世界汉语比赛，我们给它命名为汉语桥。

接下来我想讲第二个问题，我们在座的老师好像没有年纪太大的，也就是说你们将来为人类、为自己的人民、为自己的学生服务的时间还很长很长。我希望大家在忙碌的教学中，不要忘了学习，更欢迎你们再度第二次、第三次地来中国，能够继续提高你们的水平。刚才副院长在介绍我的时候，忘了我的一个头衔，我是世界汉语教学学会会长。我们学会有将近4000会员，其中有40%多是中国之外的朋友。我希望大家通过我们汉办，通过你们泰国已经是世界汉语教学学会的会员来介绍更多的人，加入我们学会，学会是一个无形的，但是经常碰见的大家庭。它就是一个小的世界，在这里我们从教材、教法等方面上都可以互相吸取经验。

第三，我希望当你们掌握了更多更多的汉语，也更深更深地了解中国以后，能不能在进行汉语教学的同时，逐步地用你们学的汉语、用泰国人的眼光进一步思考和探讨中国，不断地写东西发表。如果经过若干年以后，在座的老师们能出现一批泰国研究中国问题的专家，我想我们这座桥就更宽了，原来是一座不大的桥，就可以变成一座宽宽的钢筋水泥桥。

这三个希望都是为了未来，第一个未来是全人类的，第二个未来是我们两国之间的，第三个未来是为在座各位着想的。我祝愿大家有一个更大的、宽广的、光明的、美好的未来！

谢谢大家！

我的人生道路与中国儒家思想※

我这次由于时间的限制，只和基督教中的洛杉矶的主要教派和犹太教进行交流。同时我在协助中国的孔子学院总部，在全世界帮助设立孔子学院和进行汉语教学以及中华文化的介绍，所以我这次到洛杉矶来，理所应当到孔子学院看一看。本来就是想来了解情况，孔子学院运营的教学效果如何，老师和学生有哪些困难，还有哪些问题需要研究。当通知我们孔子学院的时候，孔子学院的院长、老师提出让我在这里做一场报告，这个时候离我离开中国到美国来已经很近了，由于时间匆忙我就定了一个可以不用做准备的题目，就是《我的人生道路和儒家思想、儒家文化》。我没有想到今天来听这个报告的人有这么多，目前还没有纯汉语的听众，那么我就采取一种不是真正的学术报告的形式，而是一种我们彼此谈话的形式来进行。

在前面我在讲我的题目的时候少用一些时间，留更多的时间给各位，就着我们个人的人生道路，和儒家文化之间的关系进行讨论。如果王教授和各位对我这样一个考虑没有很多反对意见，我们现在就开始进行。为了说明我的人生道路和儒家文化的关系，我需要简要地介绍我的一生。我出生在一个知识分子的家庭，也可以说是一个教师的家庭，我上的是北京师范大学。当时没有现在年轻人考虑的那么多，上哪个大学，学哪个专业，将来工作更容易找，收入更多。那个时候在中国是计划经济，大家的工资都是一样，你大学毕业无论到哪里工作都是一样的，那么选什么专业呢，完全凭自己的兴趣。我的兴趣受到了家庭的影响，也受到了我的老师的影响，就在老师的鼓励下，选择了中国语言和文化这个专业。

※ 2009 年 1 月 12 日在美国洛杉矶大学洛杉矶分校孔子学院的讲演。

但是，请朋友们想一想，一个 17 岁的少年，对于语言学和文化的距离有多远，所以我可以说，自己也莫名其妙地就把五年的大学读下来了。因为那个时候中国没有设学位制度，1949 年以前的学位制度被废除了，我们只有本科，大学本科毕业，要想获得更高的知识和机能，那就要在工作中学习和锻炼。我是 1959 年大学毕业的，那个时候中国正准备大规模地发展大学教育。大学急需要一批年轻的新的老师，于是我就被留在学校任教，我是我们这个年级里年龄最小的，也是留在学校做老师年龄最小的。但是由于学习成绩优异，所以被留校了。现在的年轻朋友，包括从中国来的年轻朋友，都难以想象我们年轻的时候遇到的是什么样的社会状况。1959 年我毕业，马上就碰到了中国国内的三年困难时期，物资匮乏，城市和农村不要说其他的生活用品了，就是粮食、蔬菜、油类、肉类、蛋类都非常缺乏，每个人每个月消耗的粮食、食油和肉、糖都是定量的。由于营养不良，很多自己的同事就患浮肿的疾病，面、腿、脚肿起来了，领导决定，哪一个发现了浮肿就停止工作。

那么，工作的担子就落到了没有浮肿人的肩上。我也莫名其妙，我始终都没有浮肿。这样本来我是教两个班的课程，某一位同事病了，他的两个班就交给我，变成四个班。又有同事病了，最后我就教八个班的课，虽然是同一个课程，我讲若干遍，但是毕竟要上很多很多的课，看很多很多的作业，当时脑子非常简单，根本没有抱怨，也没有感到劳累。事后过了这段时间我才发现，这一段的经历对我是非常有好处的。什么道理呢，我后面再讲。这以后在中国就一个政治运动接一个政治运动，例如：要对农村的农民进行教育，于是我们就需要带着学生停止课程，到乡下去住。大家想想，40 多年前，中国的农村还没有现在生产力这样的发达，交通也不发达，农村的耕作基本上是手工耕作，农民的收入也很低，因此下去生活是很苦的。

我给大家举一个例子，我住在北京南部地区一个村里，我和两个学生住在一个农民家，这农民家只有一个老婆婆。农村没有自来水，我们就学习用挑水的办法到井里打水。我们对下乡到农村去的老师和学生有一个要求，一定和农民一起吃饭，一起住，一起劳动；同时又学习军队，住在谁家，要负责谁家院子里的卫生扫除，我记得当时正是冬天，我虽然是老师，但是比我的学生大不了多少，说来很惭愧，到现在我还在工作，和我一起下乡的那批学生，现在完全退休了。我就去给我的房东，就是那位老婆婆挑水，这是一个平地上的井口，要把桶放下去，桶是轻的，打不上水来。学会一种技术，摇摇，突然一动这桶里就装满水了。再高明的技术总有些水要流出来，流到井口的周围就冻成冰，你流一点冻一点，他流一点冻一点，于是这个井口周围都是冰，这是没有经验。没有经验在哪里呢？冰上遇到的水，在新的水没有结冰的时候，等于放上了油，它是滑的，我站在那里，当 40 公斤的水挑到肩上，脚底下有水了，一下子就滑倒，我两只桶就飞出去了，最重要的是我的眼镜也飞出去了，根本看不到了。摔得痛就不要说了，需要到处找眼镜，忍着痛找到眼镜戴上。就这样走了吗？不行，我住的房子的水的容器没有满呢，要继续打。过了不久我又到山西，住在山西的山区农村里。仍然是这个办法，要给农民家挑水。住在山村，在山上打一个井，我现在记得的是用一种原始的工具（摇），绳子续下去，打好水之后要摇上来，这样粗的轴绳子就在外面，盘上，我记得当时那绳子是 32 圈，大家算算多深。挑上水以后要走一公里，山路不是平路，要上山再平走，再上山再平走。因此，经过多次的下乡，我手这里都是老茧，我的右肩就生成这么厚的一块肉，这块肉如果用手捏它我不知道疼。

今天，我们是座谈，我不便于把衣服脱掉（笑），否则我要给大家看一看。虽然事情过了 40 年了，我的肉开始消除，但是现在还有一点。就这样到农村去，当时我所获得的是什么，是农民对一个大学生、大学老师的那一片尊敬、真诚的爱护和关心，这种关心、爱护是我在大学和老师相处、和同学相处没有经历过的。例如：和我们住在一起的老婆婆，她孤苦伶仃一个人，就把我和我的学生看成是自己的孩子。当时生活水平差，她所吃的是玉米磨成面做的饼，像我手掌这样大，这样厚，贴在锅上，锅底放上一些水，底下烧火，盖上盖子。当小米煮成稀饭了，这些贴的饼也熟了，贴到锅的这一面是焦的，非常好吃。我们每天出去，这位老婆婆到时候就一定要做一锅这样的饭菜。我们不回来她不吃，她就把锅盖好，一定等我们回来。

那个时候一进门就闻到玉米烤焦的香味，然后她给我们盛到碗里，让我们先吃。晚上天冷了，她要起来给我们关窗户，进到我们的房间，看我们的被子是不是盖好。这样的事情几乎是说不完。所以我所获得的是人间难得的一种亲情。我也懂得了他们需要什么？他们需要很多、很多物质的东西，同时他们需要文化。我不可能在这里用简短的时间把我一年一年的经历介绍给大家，我只好跳跃式的。后来就发生了大家都知道的“文化大革命”，在“文化大革命”里我也变得糊涂了，不知道发生了什么事情，为什么这样做，将来可能怎么样，我都不知道，但是人人都卷入了，人人都要有一种态度，于是我就本着从家里受到的熏陶，我在小学、中学、大学所受的教育，那就是说真的话，我的口应该说我的心，对事物有公正的看法。

于是我就直言，在“文革”每个单位都形成几派的时候，你怎么说都是一家之言，没有关系。当这几派消除了，每个单位形成权威领导的时候，如果你认为你说的对，你坚持，而和领导的意见不一致的时候，这就要倒霉了。虽然已经到了“文化大革命”的后期，可是这个阶段终于来了。我仍然是依照刚才所说的原则发表看法，其实这些看法集中起来，现在我给大家介绍，就是很简单的一点，我认为在学校里，不应该对教师和学生这样残酷，不应该认为他们是反对政权的。就是说了这样的话，当然我是反复地讲，用各种形式讲。突然有一天，我正在开会，有人叫我出来，在另外一间屋子里已经坐了好几个人，通过我，从现在起你不能回家了。但是我也没离开学校，就在学校找了一个地方，一个区域，里面住的都是我这样的人，我一个人住进去，有十几个人陪我，要我交代，这个那个的。

同时，每天有五个人作为我的“保镖”。我的房间里要设一个人，右面房间是两个，我对外的窗子要锁上，怕我从高楼上跳下去，关了我一年零两个月，就是 14 个月。和我同样命运的人的确有几位，我认识的和我不认识的都有。我的太太也很担心我一时觉得自己的人格受到了侮辱，会自杀。其实我的 400 天的时间，丝毫没动过自杀的念头。因为我在里面反思我所说的一切话，我所做的一切事情。我怎么想的就怎么说了，我本着公正，本着事物发展的规律说话，这样一想心里很平静。那时候我就做出一个判断，虽然是领导把我关起来了，但是真理不在他手里，我是对的，关我是错的，既然我是对的，他是错的，早晚有一天对和错要大白于天下。

果然，关我是从 1971 年到 1972 年，到了 1976 年邓小平先生拨乱反正，一切都改正过来了。这时候给我的一个很深的印象就是，一个人在不好的环境下，只要你反思，你自我检查，无情地解剖自己，解剖结果发现你是对的，你不是处于私心，你没有觉得自己错，那你就不要改变，你要坚持。这以后，特别是从 1978 年以后，我就又过上了另外一种生活，这就是繁忙、劳累、焦急、生气和愉快。我用了五个词，首先是繁忙，中国要建设，中国的学术要发展，中国的教育要培养更多的高水平的人才，于是像我这样的教学和科研的骨干，很自然地就繁忙起来。曾经有几年，按照当时所规定的一个大学教师所应该承担的工作的量来衡量我一年所作的，我一个人做的相当于五个人的工作量，现在回想我都不知道自己怎么过来的，自然是繁忙加劳累。

为什么生气呢，因为我看到了中国教育系统的弊病，大学管理方法的弊病，我就要改革。后来我做了中国语言文化系的系主任，又做了北京师范大学的副校长，后来又做了国务院国家语言文字工作委员会的主任，这是一个部级干部。我所到之处，我都感到我们的制度有很多是不合理的，不适合人才培养，不适合学术的发展。当我提出改革和改革的方案的时候，没有人反对，但是要实施的时候处处遇到阻力，我就生气。但是经过一段时间之后我发现，我生气是不对的。因为所谓改革最根本的是观念的改革，而一个人的观念不是做出一个决定，开一次会就可以解决的，人们都是要在看实践中，这样改了以后确实有好处，对提高教学和工作的效率有好处他才赞成呢。所以我如果生气，就等于我是堂吉诃德对着风车生气。因此，后来我就想通了，我就不停地去改革，可以说我是从一个大学的副教授，一路走改革走到国务院的（笑）。这样一来，人家看到了成绩，也看到了全国通过改革——像国有企业改革、农村的改革、城市管理的改革等取得的成效，当然是非常愉快。

这样走过了 30 年，我回想了一下，我真正过得比较轻松的时代，大家想不到，我可以下下棋，打打桥牌，到公园里去玩一玩，各位都想不到是什么时候，就是“文化大革命”当中，没有人管很自由。当然把我关起来以后我就不自由了，等到不关我了，关我的人承认他们错了，我又自由了，那段时间也可以轻松了，除去这当中大概 6 年的时间，我稍微的轻松一点，我可以跟大家说，从 1958 年开始到今年是 51 年，我没有在夜里一点半钟以前睡过觉，包括这几天在洛杉矶。因此有人问我，你工作如此繁忙，你什么时间看书？不好意思，我的书就在问我这个问题的人睡得最甜香的时候读的。在我担当了领导职务之后，我对自己只有一个要求，就是在学术上，用中国的成语上就叫“不绝如缕”，缕就是丝线，要翻译恐怕要翻译成像一根绳一样不断绝。也就是说我可以随时从领导岗位上退下来，延续我的学术研究，如果我断了，我即使是退下来也接续不上。只要不断，经常了解我学科的前沿情况，我随时可以拿起来。

我自己也没有想到，从我做国家部委的领导开始，到现在我发表和出的书加在一起有300多万字，这其中包括我的一些重要的讲演。我还有一个特点，我所有口头发表的和书面发表的东西，每个字都是我自己写，不让任何人给我代笔，一直到现在。这就是我简单介绍我的几十年的生活。作为这段介绍的结束语，我想引用一些我在回答香港凤凰卫视记者提问时候的一句话。她说："你有很多著作，你也为国家做出了很大贡献，你的家庭很幸福，你有什么遗憾没有？"你们晓得记者提问常常是乘你不备，先给你个提纲让你有准备地答，这不是高明的记者。采访我的是著名的主持人吴小莉，她突然问我这个问题，我没有加以思索，我回答她说，唯一的遗憾是对不起我太太，因为我几乎没有时间陪她。也只有每年夏天我能抽出四五天陪她到海边去走一走，因为她喜欢大海。我说我退下来之后，我会多陪她到公园里走一走，那么今天我在离家万里之外，我要告诉大家，这个遗憾仍然是我现在的遗憾。我那次的采访，世界各国都看得到的，在国内是收视率很高的一个节目，我等于是向公众做出了承诺，到现在一年多了，我只陪我太太去了一次北京的植物园。有一次我陪她在家里院子里散步的时候，她说你在电视上撒谎（笑）。为什么？2008年这一年刚刚过去，我的秘书做了一个粗略的统计，一年365天，我不在北京，包括出国访问，包括到各省视察、调查研究，到别的地方高等学校去了解情况，将近190天；我参加的各种社会公益活动，一年500多次。我问，你们统计得准确吗？365天我参加500多场活动，相当于一天一场半，我没感觉啊。但是确实有数字。

所以今天也可以说，我带着遗憾和大家座谈（笑）。现在我要谈我的题目的后半段——儒家思想。是什么使我从一个17岁的少年，糊里糊涂地大学毕业了，糊里糊涂地做了大学教师，糊里糊涂地到襄阳，然后也居然失去了一年零两个月的自由，然后又很劳累地走了这30年。我想过，就像我刚才一开始所说的，我是受到了家庭的影响，受到了社会的教育，而抛开每一次给我启发、每一次教育的事情的表面，是这样几点。

第一点，和孔夫子齐名的孟夫子说过这样一段话：上天要给一个人加上很重的担子，历史的任务，一定磨练他的意志，让他身体感到饥饿，皮肤感到疼痛，一定让他的筋骨受到劳累，一定要增加他本来没有的本领。

这个咱们中国的同学都知道。“天将降大任于斯人也，必将苦其心志，劳其筋骨，饿其体肤，空乏其身，增益其所不能。”外国朋友知道用现代汉语表达。因此当我遇到困难，遇到挫折的时候，我都把它看成是上天，也就是大自然和人类的社会在磨练我，只要我坚持正确的人生目标、做人的准则，我就愉快地接受这种磨练。自己也不知道磨练了以后将来做什么，我在被关的时候我绝对没有想到做中国国家领导人啊。但是我觉得人生就难免遇到这种，你是消极还是积极把它当成增加自己本领的机会。我一上大学，第一学期 13 门课程，到最后考试我全是 A，怎么回事呢？不仅这个学期，我每个学期几乎都是这样，有一个秘密，至今我的同班同学，现在都是 70 多岁了，他们也没有明白。当时我的同班同学里有少数民族同学，汉语还说不好，就来学中国语言文学，要学之乎者也，要学哲学、逻辑学，你想困难不困难。我们感情特别好，住在一个房间，我就主动承担起帮他的任务。还有一个同班同学年岁比我大十岁，他已经参加工作了，当然就不如我从高中毕业知识准备充足，我也来主动帮助他。我脑子里有两个同学要帮助，因此我上课的时候注意力特别集中，我记笔记就特别地详细，我不明白的问题马上就跟教师请教，课上没有时间，课下要讨论，多请教老师我就多获得了信息。这还不行，我回去赶快整理笔记，来分析教师上的这一课讲的主要是什么东西，他的方法是什么，还有哪些漏洞。我这样以后才好给第一个同学讲一遍，这一讲发现有的地方我没搞清楚。再给第二个同学一讲，发现老师讲的有漏洞，我没想清楚，我继续去查资料把它搞清楚，想办法从文献里去解决它，我又前进了。因此，当到期末考试的时候，我就得了 A，当时我们中国不叫 A，叫五分，一、二、三、四、五，就是 A、B、C、D、E，我们是五级。到考试的时候有笔试，有口试，口试就是抽签，抽一个什么签是什么题，你就准备什么答案来回答。我最不怕考试，因为我给同学都讲过，我再给老师讲一遍就完了。三个考官听，老师就故意刁难我，提问题，就相当于我同学提问题，我再给回答一样。可是我的确比别的同学多付出，所以这就是天没降此任于我，我自己找了一个担子。从这个时候开始，我养成一个习惯，做事情挑最难的做。容易做的往往被别人挑走了，选走了，剩下是难的。在我人生的道路上几次的转折都是遇到这种情况。例如：在我做学校的副校长的时候，有几项工作别的领导曾经做过，失败了，退下阵来。轮到我了，我可以躲开。当时我在学校里所主管的是九个系，九个学院，十个研究所，还有六七个处级单位。其中有一个是出版社。我说我来。你们想想在美国恐怕也是这样，一个所要拆掉一个，要取消一个，把它合并起来，你说难不难，即使有校长的决定，校长办公会的决定。这样的事情我干了两三年，根据国家的需要有的系要压缩招生名额，而我拨经费是根据招生的名额拨的，要压缩等于要断这个学院的财路啊，费劲了。但是我把它解决了。1992年，我要改革北京师范大学的出版社，反对声音不绝于耳，就坚决改，我亲自当社长，制定了一系列的新的规章制度。然后审计原有的社长，查出来当时这个社的资产只有92万元，包括书库里存的书，在印刷厂存的纸，以及没有追回的债。经过我的改革，一年半，我的资产增到1.2亿元，中国的经济十年翻一番，我几乎是每一个月翻一番，那时我们的财务笑得嘴合不拢，天天有汇款进来，几十万上百万元。每天集装箱在我的出版社出出进进的，热闹得很，我专门有固定人员到火车站收发货。到第三年我的营业额已经达到了4.5亿元。

我的第二个收益，就是坚持。人们在困难面前失败，常常就在最关键的时刻，其实下定决心咬咬牙，闯过这个最关键时刻，来的就是收获了。这是第二支撑我的。

第三，在改革的过程中，在过去中国瞎折腾的阶段，就是“文革”和以前，自己受到过一些伤害。给我伤害的，体现这种伤害的是一个个具体的活人。拨乱反正了，邓小平领着我们进行建设和改革了，对过去画了句号。事实证明有一些朋友错了，我对了。怎么对待别人，我一律本着与人为善，站在历史的高度看，这不是个人问题，是社会的问题，是历史的问题，这些人有的是我的同事，有的是我的师兄们，有的是我的学生。他们的心都是善良的，只不过受到一些尘埃的污染，当整体的事情清楚之后，他们会自我反省的。人是反思的动物，我们的宠物猫、狗只有一些机械记忆的能力，它们没有反思的能力。人的特点是反思的，反思之后自己对和错人人心里清楚。他会自责的，他已经在自责了。

果然，用《论语》上的话说，就是“以直”。《论语》上有人问孔夫子，“以德”，用自己正确的行为准则来回报对你的怨恨怎么样？孔子说可以，但是不如“以直抱怨”。什么叫直，直就是正，就是以高尚的、正确的、不带着私人的任何成分，也不带任何偏见的这种行为，去回报。德是指我对我自己内心的一种要求，表现出来符合社会的利益，这是谓之德。比如讲诚信，讲廉洁是自己对自己的要求，直是一个客观的。于是无论我是做什么领导，对这样的朋友，我都是应该怎样做就怎样做。比如科研经费，那就完全是在阳光下，大家来评议，公平。直是竖向，作为横向的直就是平。当然这里面有的人水平高，能力高，有的水平低、能力低，有的人每一次都可以拿到基金（在国内不叫基金，叫科研经费），甚至于可以申请到出国的经费，有的人就很难得到。我有这个权力，我就觉得有些人，虽然他能力比较低，但是作为科学研究，作为对外交流，你给他创造机会，他就提高了，他就增加了他的竞争力，于是在公平当中我再加权，适当地倾斜，而受到倾斜的就有当初对不起我的人，我一样给他，因此后来这些人跟我关系都特别好。

如果我利用我做领导的权力，对他不好，任何人不会责怪我，可是他心里不舒服，就影响到他的工作，最后吃亏的是谁——学生。所以我们就“以直抱怨”。

第四，我始终记得孔夫子的这样一句话，他评论他自己，说自己学习永远不知道疲倦，永远不知道满足，教别人永远不知道疲倦，甚至不知道自己已经快老了。“学而不厌，诲人不倦，不知老之将至云尔。”我不是刻意地去学孔夫子，我有的时候突然想起自己的年龄，才恍然大悟，哎呀，我有点像孔夫子。多少朋友都劝我，你注意节劳，不要睡太晚，不要做这么多的社会工作。今年中国农历25日是除夕，26日就是下一年的初一，今天是12号，距离25号还有13天，再过13天就是我的本命年，也就是我72岁。如果我的太太或者是我的朋友提醒我注意你什么年龄，我真是“不知老之将至云尔”，其实老之已至云尔，我不知道，忘了年龄。

有的学生和朋友也给我一些称赞之词，我不接受。尽管表面我不表现出来，实际上我的心里对自己是有怀疑的。佛家讲“自知者明”，自己了解自己才是真的明，因为在佛家要解脱，就是要解决“无明”问题。所谓“无明”就是一些世俗的东西遮蔽了自己的心灵，又说“自知者明”，自己了解自己就不是“无明”了，是最高的智慧之一。当然佛家所说的自知指的不是我的学术水平多高，是指的自性——心性，这是比较抽象的东西，但是我们可以借用，了解自己就是聪明的智慧。我现在在宣传号召，大家重温孔夫子、孟夫子、释迦牟尼、耶稣基督给人们的教诲。在号召大家重温这些东西的时候，我自己做事情不能违背这些先知先觉者的教诲。孔夫子拒绝称他为仁者和圣者，他说“若圣与仁，则吾岂敢”，说到仁和圣，我怎么敢当呢，但是后人坚持称他为孔圣人。其实他本人一直拒绝，这就是我们学习的榜样。圣是中国人心里一代代不断追求的精神境界，作为个人来说永远达不到。因为在整个社会道德提高的时候，圣的标准又提高了，所以我的第三点体会就是，这些思想要求我自己的精神境界对自己的道德的追求，对自己知识的追求是无止境的，永不止息。

当然我受儒家影响也有不好的一面，例如：我年轻的时候也有很多爱好，游泳、下围棋、听音乐，音乐我是兼收中西，西方古典音乐和中国的古代音乐和民间乐曲。后来发现这个太占时间，影响我的学术追求，于是一项一项切断。我曾经将近 20 年没有下过水，后来就又下水游泳，但是在 6 年前下水游了一段，发现我的心脏不舒服，后来检查是心脏供血不足，于是从那个时候起我就不再下水了。围棋从“文革”之前放下，到现在只有我小孙子七八岁的时候跟我下过五子棋，最后一次打桥牌，恐怕是“文革”当中。我现在在国内的事情很多，有一样成绩很不好，就是你问我歌星、电影明星、电视明星，我不知道，因为我不看电视。我把这个作为反面给大家说，人还是需要娱乐的，还应该有点爱好。我是切断了一切的爱好用全部的时间来读书。这样的结果好处是什么呢？事物都是有好有坏的，我最初是研究古代汉语的。后来我跨出了一步，跨出了 5000 公里，进入到现在生活里的语言文字管理，也就是现代汉语、汉字。后来一不小心又跨出了 5000 公里，我跨入了计算机对汉语汉字进行自动化处理的领域。第一个 5000 公里就跨到了做国家语委主任，后一个 5000 公里一跨到现在还在进行。我的研究，有的成果已经达到世界先进水平。有些成果已经在中国国内广泛地使用。后来又跨出了 5000 公里，跨入到了世界各国宗教，特别是中国的佛教、道教的研究以及受中国各种宗教关系的影响而研究跨文化的交集问题。这样 5000 公里，5000 公里，5000 公里，15000 公里，这一步今天跨到了洛杉矶来和犹太教、基督教进行跨文化的交集。

但是现在想想，我在学术上的这几个大跨步，没有一样是我完全凭自己兴趣出发的。改革开放以后，中国的语言、文字出现了一片混乱，需要整顿、规范化，从我一做这个工作，我就既抓现实的问题，又抓学术研究，同时也促进立法。后来全国人大制定了通用语言文字，现在我的继任者，一届一届的继任者都是在贯彻这个法律，依法治理。信息社会来了，在屏幕上可以显示汉字了，但是对于文本和自然语言不能进行自动化的处理，急需要研究，于是我还是进入。我的研究是从用 286 开始的，我不知道报废了多少计算机了，我的成果解决了国家急需的几个问题。从 20 世纪 90 年代开始，经济全球化开始真正地实现了，发展迅速。这个时候经济全球化是经济方面的，但是随之而来的就是不同方面的交流，这个时候首先中国人要了解自己的文化，接着要了解他人的文化，只有这样才能在尊重对方的前提下，增进要了解的欲望，还要会交流，要从对方身上吸取营养。

我觉得这不仅仅是中国的需要，也是人类的需要。因此，我以前做的事我不说了，我今年九月要在山东举办一个论坛，而且想把这个论坛变成一个固定的世界不同文明对话交流的论坛。为什么定在山东呢？因为山东是孔夫子的家乡，我就定在他的出生地，论坛的名字就叫“尼山论坛”。今年九月举行第一届，我要邀请世界著名的汉学家、神学家和宗教领袖前去对话、讨论，讨论不同信仰的伦理和社会责任。不管是信什么神，都有个社会责任问题，这是大家的共性。昨天我已经向水晶大教堂的舒乐博士正式发出邀请，希望他在九月能到孔夫子的家乡去讲一讲耶稣基督对人类的希望。这个工作可以说刚刚开始，对这样一个事情我的太太有意见，说你那一件事情没有做完，又开始了新的事情，你的雪球越滚越大，别忘了你的年龄。我说我老之已至，老年已经到了，但是说完又忘了，为什么呢？在我接到汉办和孔子学院总部的电话，就是让我来讲讲中文的时候，我就想到这个题目，我就想到原来我无意中又在实践孔夫子的教导，《论语》说：“士不可以不弘毅。”读书人，有知识的人，他的为人，他的性格不可以不弘——弘大，毅——坚毅，因为什么？任重，他肩上承担的任务，非常的重。这肩担的什么任务呢？是面对所有人的任务，当然弘了，不可以不坚毅，为什么呢？道远啊，挑着重担走很远很远的路。为什么说任务很重呢？以仁为己任，把仁作为自己的范本。何为仁呢？爱所有的人，把仁作为自己的担子不重吗，不要以为我们捐一点钱，领养一个孩子你就做到仁了，天下这么多的人，有各种的问题，你都要去关心，要解决，担子重了。为什么说远呢？是承担着把爱送到每一个人心里、身上，这个担子要走很远的路，走多远呢？走到死才停止，难道不远吗？所以“士不可以不弘毅”。

我不是按照孔子的语录去做事，但做了以后，当我到 72 岁了，回头想一想，多多少少我还是符合孔夫子的教导的。我不敢说已经做到了弘和毅，但是回想我所受的挫折，和我走过的路，我是把仁作为己任的。72

岁本来可以悠闲地生活的，我不知道什么时候才可以停下脚步，大概也是死而后已。

今天在远离祖国的地方，见到这么多的朋友和亲人，我第一次这样坦率跟你们说说我的生活道路和我的心里状态，我希望孔子学院在教汉语的同时，也能够让我们华裔的后代，让各国在美国生活的朋友，学汉语的人了解，中国的文化也许能够补足西方文化的不足。东西方文化的交流可以催生22世纪新的人类文化，这是世界的需要，和平的需要，也是人类的未来，我们的子子孙孙过上比我们安宁幸福生活的需要。孔子学院的老师们责任重大。所有在孔子学院学习的、参加孔子学院文化生活的人的责任也重大，我想当美国人民更多地了解了中华文化的时候，中美两国的关系会更加密切、融洽，那将是世界之福，两国人民之福，我今天就简单说这些，谢谢大家！（掌声）

提问：我想问一个问题，您刚才提到中西方文明的结合，可以走上一个更好的道路，您觉得应该怎么结合呢？

许嘉璐：这个药方开不了，我只觉得西方文化创造了一个整整300年的当代社会，科学技术飞速发展，人类生活的品质提高了千百倍，但是也带来问题，就是启蒙思想家所渴望提倡的平等、博爱、自由等等，也没有真正的实现。中国的文化有它的不足，但是也有宝贵的地方。所以中华民族凭着这样的文化能延续上万年，有文字记载的文化3400多年，没有中断。这么长时间积累下的文化，有些是在处理人和人之间的关系，人和大自然的关系，在这些方面，有它的优势。如果两种文化碰撞，采取对话的方式，而不是抗争的方式，所谓对话就是对对方的尊重认可和虚心学习的态度。我们的后代就可以提出来一些新的补充的力量，这时候同时也开始了互相尊重的培养，世界的和平和大自然的保护，以及人心灵的安静。举个例子说，中国人提倡节俭，克己复礼。现在奢侈，超前消费，过度消费，其结果不仅仅是经济危机，也是大自然资源的过度消耗。这样下去，人类自己的地球就养活不了人类了。但是一味地克己复礼，我们拿树皮围着上街准不行。怎么样在追求物质生活的提高和克己上把握一个度，这既不是东方文化，也不是中华文化，当然也不是一加一等于二，再对二赋予一个新的意义，这是一个很复杂的问题，这需要人类的智慧。（掌声）

如何进行文化交流※

下午好！本来是让我来做一场报告，但是因为我得到的信息晚，没有时间专门准备，包括做一个简单的 PPT 都没有时间，所以我自己做了个决定，就采取一种讨论式的讲话方式。

孔子学院到现在为止已经在 78 个国家建了 300 所左右了。在美国建得最多，一共 46 所，其次是欧洲，这反映了当前世界的一个动向，就是不同文化之间的沟通与对话已经紧急地提到了人类的面前。这就向人们提出一个问题来，不同文化之间的交流对话如何进行？我看到了在法国举行的中国年，在中国举行的法国年，在俄罗斯和中国相互之间举行的各种文化活动，以及今年在中国举行的俄语年和明年将在俄罗斯举行的汉语年等等这类的活动。我率领议会代表团、学术代表团访问各国的时候，我也考察了 20 几个国家和中国文化交流的情况。到目前为止，我访问的国家有 74 国，但是有的地方还谈不到文化交流，所以我只是考察了 1/3 的国家的文化交流问题。无论是文化交流现有的情况还是我心目中我所想的应该如何进行，我都得出了以下的理念：

第一，这种不同文化的交流，是在经济全球化的情况下，也就是科技迅猛的发展，信息科学和交通技术更加快捷，以及经济上谁也离不开谁，这样两大特征下一个历史的、必然的发展和人们自己的需求。因此，各国人民特别是政府和学者现在应该承担这样一个人类历史的责任，一方面，要让自己的人民了解世界各国的情况；另一方面，应该把自己的语言和文化提供给朋友们去选择，去学习。

第二，文化是一个无所不在，无时不在的庞大的、弥漫于整个人类社

※ 2009 年 1 月 15 日在美国夏威夷大学孔子学院的演讲。

会的体系，不同的文化修养的人，他所感受到的自己的文化和别人的文化的层次是不同的。我们应该满足不同层次、不同视角、不同需求的人对于其他文化的，别的民族文化的需求。

所谓层次是指什么？怎么样划分？我认为应该把文化至少分为三个层次。人们最容易感知到的，人们几乎是可以天天接触到的，是物质文化。所谓物质文化并不等于物质，实际上是一个文化的主体对于物质的取—舍、好—恶选择的理念。比如，我现在穿的这件衣服，就是中国传统的形式，应该说它是正装，也可以视为便装。那么我们有的夏威夷衫是一种选择，但是到了正规的场合，或者到美国本土的很多地方，都要打领带、穿外套。这种选择实际上背后都有一个客观的需求和主观的爱好在里面，这是文化。再如刚才我们吃饭时候吃的牛排，牛排本身不是文化。但是夏威夷人喜欢吃牛排这就形成了文化，大家都知道北京有四合院，现在虽然很少很少了，但是人们还在怀念那个四合院，这种喜爱是文化，因为喜爱我买一块地，我来建四合院，是文化。昨天晚上我们和太平洋舰队的前司令（Haines）上将谈起来，他说我去中国之前，我是想在中国街上看很多、很多的自行车，但是去了之后很失望，看的都是汽车。我在洛杉矶遇到一位女士，她和她的丈夫不久前到柬埔寨，特别租的自行车在柬埔寨骑，她说现在到中国很难有自行车，街上骑也太危险了，车太多了。这种以前中国人骑自行车的状况，和现在开私家车的状况是一种文化的转换，洛杉矶这对朋友想骑自行车，选了柬埔寨去骑自行车是一种文化选择。

好，我所举的例子实际上就是衣、食、住、行，也几乎就是我们每个人生活的物质的全部。很多美国朋友到了中国去，我请他吃饭，我问他喜欢不喜欢中国菜，他说：世界上没有一个人不喜欢中国菜。如果我是在他们即将离开中国的时候接见他们，他们给我们的回答就是，我已经回去要减肥了。这些朋友把中华文化过多的局限于饮食这个领域，这不过是中国文化的表层。比这个更为深刻一点的，就是风俗、礼仪、宗教、法律、制度、艺术等等。

我们在来到夏威夷之前是在洛杉矶，在洛杉矶的活动主要是和基督教会及一批的宗教的领袖分别进行对话。我也在洛杉矶水晶大教堂星期天做礼拜的时候，对 1000 多名教徒发表了演讲。然后又和水晶大教堂的（Robert Schuler）博士进行了三个小时一对一的对话。各位朋友，是不是我们的这种交流，已经比吃中国的烤鸭深入一步了，刚才饭后我代表我们国际友联，向孔子学院的一些老师和领导送了一点小小纪念品。有民间的剪纸，有明清两代官府皇宫里制造机构创作的工艺，用这个工艺织出的艺术品，与其说我送给孔子学院一个剪纸，或者说送给某先生一个云锦，不如说我给了他中国文化的一部分。另外，我从小受到的是儒家思想的教育，但是大家注意到没有，我带着佛教的手镯。（笑）我并不是佛教徒，但是中国大陆所有的高僧都是我的好朋友，我每到寺庙里去，我并不去参观，而是直接到方丈室和方丈进行佛教教义的交流。这样，孔子和佛陀——释迦牟尼在我的头脑中已经结合成为一个整体，这就是文化。

但是这还不是一个民族文化的最底层，我们姑且称刚才我说的这一层文化为制度文化，制度不一定有文字的规定，我现在洛杉矶也好，以前我在美国的其他城市也好，见到老朋友，见到女士，除了握手还要拥抱，两边亲一亲，但是我去年访问新西兰的时候，毛利人跟我就是鼻子碰鼻子，这是礼仪，但是没有文字的规定，这是必然要实行的，等于是不成文的制度。

比这个更深刻的就是一个文化群体的共同的伦理观、价值观、世界观和审美观。当一个民族和另外一个民族只有在最深层的意义上尊重对方、了解对方、包容对方，文化才真正达到了交流的目的，才能够共存，才能够一起向前进。这三个层次之间的关系并不是绝缘的，常常是从表层渗透到中层，由中层渗透到底层，而底层又决定了它的中层和上层。正是因为这种渗透和影响，所以文化才是一个混沌的整体。任何民族的文化，表层是最容易变化的，底层是最牢固的，不同文明之间的交流应该从表层开始，慢慢进入到最底层。下面又有一个问题啦，语言属于哪一层？语言它本身是文化的载体，用计算机的语言来说是 carrier。同时它是一种特殊的文化形式，我也不知道放在哪里。现在我就举一个大家熟知的例子来说明三个层次之间的关系。如果我们孔子学院的学生掌握了方法，多问几个为什么，你就会通过表层了解中华文化的整体和它的核心。例如说，吃中国菜，好不好吃？好吃。应该问一句为什么好吃，有的人说厨师手艺好，不对。中国的所有的烹调，不管是哪一个省，哪一个菜系有一个共同的特点，就是每个菜都是各种味道都具备，调和成一个味道来烹调。如果大家进到中国餐馆的厨房，你会看到在厨师旁边至少有 20 个小碗，这些都是调料，具备了酸、甜、苦、辣、咸等味道。他在炒菜的时候一下加点这个，一下加点那个，再一下颠一颠，再加点这个。他的本领就在于这些味道搭配的比例、放的先后是高明的，因此吃到嘴里是好吃的。

再看北京的四合院，它是缩小的故宫，或者说故宫是放大了的四合院。如果我们到云南去看，云南的房子叫“一把刀”。然后我们再到福建去看客家的土楼，或者是方的，或者是圆的。这些不同形式的民间建筑贯穿着一条红线，就是一个家庭放大到一个家族，大家共同居住在这里，像福建永定县的土楼，一个土楼，一个家族院子最多可以住 500 人。这 500 人没有一家一家隔断开，怎么生活？怎么能和平地一代一代共同生活下去？“和”。刚才所说的中国的烹调，酸、甜、苦、辣、咸，追求的也是“和”。

说到中层，世界上最早的交响乐产生于中国，不过世界上不把它叫做交响乐，称为“雅乐”，因为音乐的特点是五音协调，所谓五音是指用土、木、丝、革、竹所做的乐器，一起演奏要和谐。

食物——表层的、音乐——中层的，都体现了中华民族文化的底层，凡事都求得和谐。中国的“和”我已经说清楚了，要加上一个“平”来表示 peace。“平”在中国话里也表示平等，用来称东西的秤，作为法律象征的天平也是这个词。和平加在一起就是，中国人追求整个世界是和谐的，而且所有的组成世界的单元之间都应当是平等的。在这样一个词里体现的就是中国人底层的观念。那么它向上辐射出四合院、故宫、福建的土楼以及音乐，再向上辐射，就是中国菜。(笑)

我用一个实例来检验一下，看对不对。又难为你（指翻译）了，这个没办法翻，秋天中间那个月的中间的节。为什么中国人非常重视中秋节？因为中国人非常重视一个家庭、一个家族的团圆。而中国人从公元前 7 世纪开始，就已经形成了人是宇宙的一部分，人和整个宇宙应该相通、合一这样一个观念，自己祈求全家的圆满、团圆，而当中国农历八月——也就是中间那个月的十五的时候，月亮最大、最圆。古代的中国人在出外做生意、做官、求学的过程当中，最怕在外面过中秋节，当秋天天气凉了，看到秋天的月亮圆了就要想家。因此，中秋节全家能坐在一起的时候是最幸福的。好，我祈望的人生就像月亮一样的完全，我又仿照着月亮做成食品，这就是月饼，让它从天上掉到我的桌子上，大家共同分享。所以学汉语学到一定程度后老师就教你一首诗，“床前明月光，疑是地上霜；举头望明月，低头思故乡。”我没有想到我在德国的一个小镇上，居然听到德国的学生集体朗诵这首诗，但是老师没有讲清楚，为什么这个诗人

“举头望明月，低头思故乡”。那是因为月亮圆了，自己和家人没有团圆。中国说一件事物非常和谐，谓之“圆满”，这又是文学反映了底层。或者说是诗人的底层的理念反映到他的作品上，我殷切地希望孔子学院先从汉语教起，进而了解中国的一些饮食、生活习惯和才艺。

如果将来学生们有兴趣，也有机会深造，例如到中国去留学，或者不到中国去，在这里的中国研究所攻读学位，我希望他能够深入到中国文化的底层。只有到了这一层了，才成为中国通，才能知道中华文化的优点在哪里，缺点在哪里；我也希望中国的学生在这里，既要对自己的文化有刚才那种认识，也对美国的文化有这样的思维方法。这样才能真正起到两种文化之间的桥梁的作用，让两个民族都学习对方的东西，大家一起前进。

今天地球变得越来越小，每一位受教育的人，都应该让自己成为世界公民，而不应该只是一个国家的公民，那么一个最起码的要求，就是要对除了自己文化之外的一种，或者多种文化有所了解。孔子学院责任重大，我也不轻松。（笑）不过我年纪大了，再做几年就可以不做了，但你（指翻译）要做下去。“后继有人”，这是中华文化。中国人把希望寄托在未来，这是中华文化。之所以如此，也是为了事情的圆满和谐，希望在你身上。

翻译：我老了，希望在他们身上。

看，中华文化的弱点暴露出来了，中国人最喜欢说我老了，我们要像美国人学习，不，我还很年轻，我才 80 岁。（笑）我这次来美国，既是传达中国文化的信息，和宗教界进行交流，和军方进行交流，也是来学习的。我愿意和全世界的孔子学院的老师学生一起，为世界意识的普及，为世界公民的增多努力，还有 5 分钟时间，是不是有问题呀？

提问：如果是广泛地宣传中国文化，为什么是用孔子这个名称，是不是还有其他方面的文化。

许嘉璐：如果这个最大的圆圈是中华文化的话，那么汉族的文化是它的主体，中华文化的传统和现在是 56 个民族共同缔造的。但是汉族人占了 94.8%，所以很自然的汉文化就成为主体，而汉文化当中是以儒家文化为核心，它的创始人当然是孔夫子，孔子学院就意味着不仅仅教语言，而且应该促进文化交流。那么中国还有其他的伟人，例如：老子，为什么用孔子呢？因为孔子知名度高。同时我们吸取了塞万提斯学院和歌德学院的经验。还有让我提写学校名字，孔子这个笔划少，好写。（笑）这最后

是开玩笑的啊。(笑)

提问：我想跟教授您请教一下，我们从小就学繁体字，不瞒您讲，简体字对我身为一个记者来讲方便，写字快，可是我学繁体字，我始终不了解这两种文字，您对这两种文字的看法是什么样的?

许嘉璐：

第一，汉字从它产生之日起有两种趋向，一个是越写笔画越多——繁，一个是简化，并存的。从甲骨文到金文的演变看得很清楚，简化是主要趋势，这种简化的趋势在几千年的过程当中，没有一天停止过，历史上从来没有过一个阶段，就是文字都定了，不变化了。

第二，现在的大陆推行的简化的汉字，是1935年蒋介石先生所率领的国民政府颁布的简化字，当时国民党的一批元老打算用“尸谏”的方法——自杀，来反对简化，所以第二年——1936年蒋介石先生不得不收回。但是，公布这一年之后，一下子就深入到民间，因为它好用。解放以后，应人民的要求要把它简化，首先，我们就继承了国民政府1935年的遗产，剩下的有些是从历代碑帖上吸取的，有些是当时的延安地区人们使用的，只有三四个字是简化者创造的。

第三，最好的办法是人们使用的时候用简化，印古书等等用繁体。(笑)

翻译：我们时间到了。

观众：要多一点时间给我们再讲讲，实在是太棒了，谢谢、谢谢!

许嘉璐：那就告诉美航我不走了。(笑)

把中华文化传播出去，孔子学院中方院长任重而道远※

各位老师，我想首先应该向各位学员表示敬意，在坐的诸位很多人已经一把年纪了，在2009年又到北京来重新做学生，按时起床，按时上课，按时考核和考试，就这一点，我想会给大家留下一个难以磨灭的记忆。但是我认为，在这42天里，大家所过的其实是一个浓缩的人生。我们天天在接受考试，我们天天在获得新知，我们天天对自己的环境、所处的地球有新的认识。但是，能够一气贯之，从7月20日到8月31日，在出奇炎热的天气下——而且北京的桑拿天居于全国之首，大家仍然坚持下来并有收获，的确值得尊敬，请允许我向大家一鞠躬！

第二，我还是要向你们致敬。你们将肩负着传播中华文化的重任，肩负着党中央、国务院、教育部、汉办、你所在的学校的期盼走到陌生的国度去，一切都要从零开始。我想没有勇气，没有感情，没有奉献的精神是做不到这一点的。结业式之后大家要逐渐地走上岗位，有可能9月份就要走，也可能是明年年初走，不管怎么样，你们要离乡背井，告别从未长期离别过的孩子、爱人，到那里吃那些在国内想不到的苦，这种精神值得尊敬。请允许我再次向你们致敬、鞠躬！

有了前面几位学员和北外杨书记的发言，我的发言将会显得很困难，所以我从什么地方开始呢？我从李肇星部长的一句话开始，你要向别人介绍自己的文化首先要热爱自己的文化。我要提出一个问题，我们自己的文化可爱在哪儿啊？除了极少数的卖国的渣子不热爱自己的祖国，没有一个人在离开祖国之后不对祖国满怀热爱。但是，你要问他为什么爱？很多人

※ 2009年9月1日孔子学院中方院长岗前培训班结业仪式上的讲话。

说不出一二三。大家就要离开祖国，到异国他乡了。通过 42 天的学习，我想大家会有一些感觉，特别是人文学科的老师们更是有点拨雾见青天的感觉。但我还想说一句，我们对自己文化的热爱并不是自己熟悉、自己须臾不可离的。一餐饭、一次会见、一次课、一次上街其实都是在文化之中，很舒服，但并不是因为这个。我想理性地分析一下。

一个文化，归根到底不外乎千千万万的形态文化。我们所学的各种才艺，是书、画、太极等等，这些都是形态文化，是看得见，摸得到的东西。但是一个民族的文化的根本，是看不见、摸不着、触不到的，是要用心灵去体会的。可贵不可贵？爱它不爱它？关键看核心是什么。最近，美国一个独立的调查机构对全世界几十个国家的民众调查了对美国文化的评价，总体说出乎意外，全世界对美国文化评价不高，不及格，最高的 42 分，最低的 1 分。但对一件事有共识——对美国电影都很称赞。那就说明，它这种形态文化有它的优势。但是被调查的 18000 多人，没有几个剥开了形态看它的实质。中华文化是很可爱的，国画、中国的戏曲、中国的乐器都很神奇很美妙，但里面所包含的东西呢？很少有人揭示。我希望各位能够透彻见底地理解自己的文化，然后反过来观照所有的形态文化，你一定会得到更深的理解。归纳起来，我只说三点：

中华文化在伦理上讲德，这一点是中国的特点。所以，孔子在我们心目中永远是人而不是神。这个世界上对儒家是不是宗教的问题有争论，我始终坚持儒家不是宗教。其中很重要的一点是我们没有教主，没有 God，没有佛陀，我们只有一个仲尼，他是人。孔子生前说过，如果说到圣和仁，他不敢当。圣是得道的极点，世界上的人无法达到。但我不断地提升和追求，德是无止境的。只有这样一个很现实的、社会性的要求才会是更符合人性的。同时，德不是昙花一现，讲的是传承。这在伦理上是特点之一。乃至于我们不知道刚才发言最年轻的张哲老师，你是不是成家了？（没有）大家经常要用自己的言、行对孩子进行教育，希望把孩子塑造得比自己还好，于是产生了冲突和代沟，你的儿子、女儿会说，老妈，什么时代了你还说这个话？这个代沟是什么？价值的追求不一样。老一辈总希望自己所遵循的道德和原则可以传到自己的孩子身上。我们教书育人也是用这个，所以中国人特别重视传承。反过来作为被传承者，我们在伦理上要有孝、忠。其实，“孝”就是把对国家的忠移到了小家庭的范围，“忠”就是把小家庭的孝放大了对国家。当然，关于“孝”和“忠”，不同的时代都有不同的诠释，每个时代讲的都不一样。古代王强卧冰钓鲤鱼给妈妈吃，因为妈妈想吃鱼。有人批判他是愚孝，现在用不到了，一年四季有鲤鱼卖，夏天买的如果不怕不新鲜也可以到冬天吃，把鱼放在冰箱里等着吃。年少的尊重年老的、年老的爱护年少的，大家和谐地在一起，只要一和谐，不同辈分的人之间的关系，以小辈来说就是孝，家庭与国家的关系就是修、齐、治、平。首先个人修德，同时让全家都能达到同样的境界，小家庭治理好了，去治理国家，治理国家好的方式方法原则可以放到全世界、全天下。古人的天下很小，现在科学知识发达了，知道了世界、知道了地球究竟有多大。

修齐治平——修身、齐家、治国、平天下，这是中国的德。提高到哲学就是整体论——和合。儒家在汉代之前是没有宇宙观的，宇宙观的形成是接受了道、佛两家的学说。《周易》是讲哲学的，它是属于道家的东西，后来儒家硬收进来，儒家占了上风，宣传上就说是儒家的，其实它本身是道家的，后来是儒道两家共有的。整体论——和合的问题，又映射出了文化的核心的审美观。中国的审美一般讲究圆融、讲究协调。例如，刚才我们山东大学老师的那幅功底很深的字，大家看了，他虽然说是三分字七分裱，这是谦虚话。他写出来整个的一个横幅排列非常匀称，他写的时候就已经准备了最后留白，然后装裱。再看我们老师所画的马，并不是一群马聚集到一起，除了有几匹马在左边，还有几匹马在右边，左右之间留白，如果这两匹马也加入到这个队伍里，这个画要裁掉一半，否则就不对称了。所以布局要协调。至于说字的大小，甚至于有点歪，都是在书法家写的时候已经成竹在胸，为的是看起来整体协调。说字都写一样大，都是小孩描模子，真正书法家写是没有一样大的，需要错落但总体协调。再比如，我看到刚才隋刚老师演示的太极，它的起势，太极的特点处处都是圆，一个看不见的圆，老师教你一定是要像抱着一个球的。再有，太极的云手，后来化为京剧的云手，一般都是武将出来到了台前先打云手，然后到这儿推。然后是理髯、正冠，这和007就不一样。那我们唱京戏走边出来，上场一出来转一圈，一定是走圆的而不走三角。大家再拿这个观察我们日常的生活，求圆融、求协调是中国人对美的追求。因此什么现代、后结构主义、超现实主义，虽然在通县有个宋庄，出现了很多稀奇古怪的画，都是外国人买，中国人永远欣赏不了。我听过华裔旅美音乐家所做的现代派的曲子，不止一次地听，恕我直言，我是耐着性子，出于尊重坐在那儿听的，实在是听不下去。为什么很多古典交响乐在中国流行？在西方乐坛上，施特劳斯是登不上榜的，认为是民间的小玩意。但是《蓝色多瑙河》等圆舞曲，却在中国的男女老少中流行，为什么？因为有东方的色彩，也是求得了圆融、协调。所以我想，我们从哲学层面、哲学当中的伦理和我们的审美，去观察我们的文化，形态文化是一通百通的。过去中国文化的形成经过了很长时间，这种文化形成的历史本身就体现了我们的整体论、我们的和合论，我们的传承——修、齐、治、平和审美的圆融、协调。刚才我说到《周易》是儒道两家共有的。公元前二年，佛教传入中国，到现在两千年。到唐代的时候已经完全地成为了中国的宗教，乃至在老百姓的心目中，释迦牟尼不是外国人。我们看到在寺院烧香有老婆婆乃至于年轻的干部，它绝对已经中国化了，因为吸收了刚才我说的中国的文化，因此就和老百姓平时的生活契合了。

为什么其他宗教像伊斯兰教、天主教、基督教在知识人群里很难得到传播呢？这就是不同文化导致的。至于说地下宗教，一般主要是在农村，或者在城市里打工仔、打工妹里流行。这个历史是这样的，原始的时候，孔子不过是百家中的一家，并不出名。他死之后不久战国就开始了，战国周天子的权力一没有，各国的诸侯不听周天子的了，各国的学者也不听周公那一套了，于是出现了百家争鸣。我们老是歌颂战国时候的百家争鸣，但是百家争鸣是知识分子的事情，百家争鸣背后就是百家争斗，那就是血流成河，这个代价太大了。过了 200 年，出现了孟子，孟子才把孔子抬到圣的地位。“孔子，圣之时者也”，时间的“时”。鲁迅翻译为“时髦的圣人”。所谓“圣之时者也”，是圣人中可以挑选时间的人。但当时孟子最重要的对手是墨子，还有一个至今我们不太清楚的杨朱，和孟子也是平起平坐，辩得很厉害。不久之后就出了荀子，但荀子已经不是原始儒家，也不是孟子的儒家了，他吸收了法家、道家的东西。每一次的变化都有新的内容、新的形态。可是人们看重的是实用的，说“以德治天下”，那个时候怎么谈得到呢？传说他的两个大弟子：一个商鞅，一个韩非子，都是法家。这恐怕是荀老先生始料未及的。秦实行法家，焚书坑儒，经过战乱，到汉武帝的时候大一统了，政治稳定了，于是黜黄老，独尊儒术。这时候出了董仲舒，河北衡水人，他已经意识到要想把孔子的学问捧上天，就要把孔子神化。另外还要让刘家的天子能够服人，具有最高的权威，必须把他捧成天之子。一个学问和道德伦理的神，一个世俗间权力的最高统治者，那汉家的天下就是千秋万代了。但在人们的心目中，孔子永远是人而成不了神，所以董仲舒的学问没有起到太多的作用。最后是三国的战乱，是魏晋短命和南北朝的格局。战乱当中大家觉得还是需要统一中国，于是江南江北都在学儒学。到了唐儒学又整合，这时候出现了韩愈，就是道统了。到了宋代发展成了宋明理学，直承孟子，甩掉董仲舒。孟子与孔子不同的是，孟子讲的是“性”，人性之“性”。宋代礼学就出现了这一代，一直到明代的王阳明，讲的是天理良心，“天理”是宋人提出来的，“良心”是明代人提出来的。在以上这个形成过程中，刚才我说的协调、圆融、包容都体现了。不断吸纳新的营养，与时俱进。所以我想，知道了这一点，这个历史可以写几大本。但我用10分钟的时间讲完了历史。

以上我讲了文化发展的历史进程，为的是要大家知道我们的文化从来没有停止过，一直在发展、丰富、淘汰，一直到现在为止，这就是中华文化的特点。我们是开放的，要想了解文化，大家有一个一般人所不具备的条件，就是你们要到异文化的环境里去生活和工作至少两年。那就要在比较中认识自己的文化，知道自己文化的可爱。比如说，到现在我不知道在座的各位，看起来都年纪轻轻的，有没有女儿超过18岁的。我请问18岁以后的男孩子、女孩子你们还给不给钱啊？管不管啊？在基督教的国家，孩子18岁以后就自立了。有的家庭给你交学费，剩下的都是自己去解决。自己有了工作之后，积蓄也是很少。当然他们也出现了啃老族、单身贵族，但毕竟是少数。然后结婚了，领回来给妈妈看，结婚时他妈妈也到教堂去，结婚、度蜜月以后就更少来往了，过圣诞节、复活节、父母亲生日时，儿女打一个电话，老头老太太乐不可支了。更严重的是，有的家庭真的是母亲到儿子家吃饭要交饭钱，或者到饭馆吃饭也要AA制，即使不是AA制也要回请一顿。于是我们之前宣传说国外多好啊，人家多自立啊，我们18岁之前要管，搞对象了父母比他还急，甚至是买家具、买汽车新三大件。中国的孩子越来越娇，古代也是这样的教育啊？什么原因？现在西方学术界认为欧罗巴-基督教-希腊文化每一组之间有一个杠隔开。因为他们都是成长在游牧社会，他们很多的传统都是游牧社会遗留下来的，但时间久了并不先进。比如说18岁独立是游牧社会的规律，符合游牧的自然环境和生产条件、家庭制度，18岁以后再和父母在一起会影响生产力和生活的发展。为什么这么说？游牧社会一家有一群牲畜，夫妇两个人领着几个孩子放牧牲畜，如果再多就毁坏大自然了。这是自由放牧的，围水草而居的。当孩子到了18岁，他可以独立劳动了，给你鞭子，一部分牲畜就可以跟着你走了，必须走，因为这块草地容不下那么多的牲畜，大家聚到一起水草没了，大家一块儿死。于是儿子就赶着一群牲畜走了，到外面遇到了女孩子结婚再发展，牲畜再发展，人口再发展，这一走可能20年不见面，也可能终生不见面。这不是我的想象之词，是有根据的。在《圣经》的旧约上，雅各20年后见到了自己的父母，这不是神话，一下子就认出来了。这是他们形成的基因，如果你让他们在父母身边过，父母也不舒服，这是形成的传承的习惯。

再有，说西方社会是竞争的社会，这是基于他们的哲学二元对立。二元对立来源于哪里？来源于宗教。GOD之外的一切，包括人和桌椅、牲畜、山川全是上帝的创造物。怎么叫二元对立？就是你是被造物，被造物永远成不了造物主GOD，而GOD永远不会成为被造物。这样发展下去，父子是二元对立的、夫妻是二元对立的、资产阶级和无产阶级是二元对立的，处处是二元对立的。根据《圣经》的启示，社会的发展在奥古斯丁那里归纳为是线性的发展，是不可逆的；西方文化同时又吸收了希腊文化，希腊就是城邦社会，外面还是游牧的农业。他们接受了毕达哥拉斯学派的学术，世界都是数学在作为，一切都可以数字化、精确化。这样一来，一个人的品德要打分数，我们现在深受其害啊，一个学生的品德能得97分，能量化吗？什么都讲究量化，乃至我搞语言学的，研究语言学的一个词的词义变化，这就走到了死胡同里。

另外，既然是一分为二的，就是一个分成了两个。现代医学只有不到300年，从中世纪脱胎出来才有所谓的现代医学。原来就是医生，后来发展为内科和外科，内科有呼吸道、有上呼吸道、下呼吸道，消化系统是管肠胃的还是管肝胆的？都要通过分析来做结论。在提出分析论的同时，西方在19世纪提出了还原论，我们为什么要这样？因为人是机器，我们把每个部件都联系好了，一组装就是好的了，把人体比喻成机器，现在已经研究到基因了。相对应的是，大家注意到没有，大陆现在是两三千的猪流感，香港一千多，死了两个人，台湾多一些，是一千九百多，死了三个人。这次阿根廷死得最多，什么原因？还原论还不了原了。中国怎么一个都没死啊？唯一死的是因为洗澡触电了。因为我们是整体论，我们是中成药加西药，我们疫苗已经做出来了，扶正祛邪固本。我们身体里面的积极因素，可以堵住病毒。现在西方已经发出警告了，英国就说冬季要大流行，而且专对未成年人，死亡的都是未成年人。为什么？西方人解释不了为什么西方人死呢？很简单，因为打的药未成年人受不了。所以，我想，无论是我们在生活里、医学上还是在伦理上，中西的对比要透过西方的形态文化来了解他的哲学观，了解他的伦理观，了解他的审美观。从前也有人批判过我们的文艺，我们写的戏剧都是大团圆，是公式化、教条化。大概60年代文艺界是有那个批判的。当时作为年轻教师，我也觉得是这样，往往电影快完的时候就可以站起来走了。后来看了美国的片子发现他们也是这样的，国外的英雄救美人，最后总是007胜利。为什么中国要大团圆，即使是梁祝，两个人殉情而死，化蝶之后也要双双地翩翩起舞，过幸福美满的日子，这就是我们的协调和圆融。当然我们期望的是协调的东西，从审美来看就是圆融，如果不圆融大家会想还有许多续集。

我们对比一下哪一个更适合人类呢？如果永远二元对立，人类怎么得了啊？中国的文化是出生于、成长于、结果于农耕社会。西方的文化是出生于游牧、成长于资本主义社会的。从人类历史看，人和人的关系最密切，人和自然最密切，少有余暇坐下来体会一下人和身心的关系。这一点在农耕社会体现得最密切。采集狩猎社会不行，没有知识，游牧社会没有条件，无须刺激他对一草一木一石一砾的观察，因为人们会认为此地不留爷自有留爷处。工业化社会把人都关在屋子里了，比如说我们现在在这里开会，外面下雹子我们不知道也无所谓，而农民不行，他们要观察山头的云，什么样的云下雨、起风、下雹子，哪个季节会下雹子。大家在大兴外研社的基地，蝗虫把大兴的庄稼都吃了，大家最快是第二天知道，有的人临走都不知道。农耕社会就不会这样。如今，人和人的关系似乎都在一个楼里，每人守着一台计算机，这一上午了，除了吃饭的时间，邻座的两人都没有工夫说话。大家住的是大楼，电视电话、冷热水都有，可是对门姓甚名谁、家里几口人、每月挣多少钱你知道吗？大家都住了洋楼了，和祖父母、外祖父母、儿女有什么联系？为什么《常回家看看》这首歌让大家都泪流满面啊。现在常回家看看都不行了，这都实现不了，所以不但老头老太太哭，年轻人也在哭。这首歌如果在美国放可能会莫名其妙——“干吗要常回家看看啊？”

对环境来说，采集狩猎从人成为人开始就在破坏自然，但是采集狩猎对自然的损害小于大自然的自我修复能力。到游牧社会时，游牧社会对大自然的毁坏和大自然的自我修复处于平衡。到了农耕社会，就以渐进式的方式破坏大自然，人是从森林里走出来的，放把火烧森林，烧出一片空地来生活。不久前我去云南开世界汉语教学学会理事会，我了解到最近傈傈族在漓江附近放弃了一项放火的习俗。工业化社会，是以跨越式、飞跃式的方式来破坏大自然的。现在都在宣传零排放，这是应该的。但是，对这个“零”，大家别相信它，世界上哪有零排放啊。我们不过是把破坏的速度降下来，让它呈渐进式的。我们另一手努力地营造山林，让它接近平衡，随着世界人口的增长，大自然还要进一步被破坏。“知其不可而为之”，“尽心力而已”。“知其不可而为之”是《论语》上的，“尽心力而已”是《孟子》上的。所以农耕社会得出的结论是人和人的关系，身和心的关系，人和大自然的关系，这是最符合人类在地球上最幸福地生活的。

因此，中华文化最符合人类的发展。可爱在哪里？就在这里。李肇星同志说，首先要热爱自己，我们除了几十年感性的感受之外，再加上自己的学术研究，我希望大家走向工作岗位之前、之后要提高理性，通过形态文化看到我们文化最核心的东西，在和世界上其他文化的比较中会发现，中华文化的确是人类的宝贝。

恰好昨天，《光明日报》登了法国的一位汉学家、法国科学院院士写的一篇文章，他有这样一段话，他说“面对现代社会以降”，先解释一下，他的现代社会在西方学术界的定义是指文艺复兴以来一直到 20 世纪中叶，这段称之为现代，又叫传统；20 世纪以后就成为后现代了。他说，现代社会以降，提出的种种挑战都是源于西方文化，但后现代提出的种种挑战，西方文化显得束手无策。这时候我们何不向东方、向中国的儒家文化去吸取营养？例如天人合一对环境的尊重，和谐对于人际关系的作用等等。这是一个弄汉学弄了几十年的人得出的结论。美国的比较哲学家恩格尔·阿美斯有一句名言——“现在是中国来了的时代”。他指的中国来了，指的是中国的思想来了，因为现在整个西方进到了死胡同，从人体健康到国家治理，一直到国家的关系年轻一代的教育，已经是束手无策了。其中，先知先觉的就是一批思想家，集中在哲学界、社会学界、历史学界，都开始从中国汲取营养。由这个比较看，不是我自己自吹自擂、中国人自吹自擂，外国人也说中国的文化太可爱了。就在这个门口，和我们一起搞合作的施舟人先生，有一次跟我谈工作，谈完工作他跟我的秘书和汉办的工作人员说，我希望和许先生单独谈一下。他拉着我的手，我以为他有什么难言之隐呢，我说你有什么事。他说："许先生，中华文化太宝贵了，这么可爱的中国文化，我几十年全部付给她了。可是为什么你们要批判，为什么你们满街的歌厅、搞时装表演。这样下去中华文化不得了。"说到这儿，比我大三岁的老人，哭了。我现在给大家讲感觉很理性，因为我已经离开那个环境了，在当时，我也被感动得哭了。一个生长于荷兰、成长于法国、世界闻名的道家学者，在为中国人做事情，他没有任何的目的仅向我表达了一种焦虑、一种心疼。后来我和许琳同志说，我怎么从中国学者口中听不到这种声音呢？毋庸讳言，我们的文化人为的破坏已经很久了，现在在振兴；但是在喊振兴的人当中，有相当一部分是靠着振兴吃饭来谋名谋利的。人家施舟人先生他要什么名利啊？他在付出啊，是在给汉办打义工，用自己的钱来生活，到这儿无偿地来上班。所以中华文化的可爱，越来越多的中国人意识到了，越来越多的西方学者意识到了。各位，就是要扛着这个人们逐渐认识到的可爱的东西，送到朋友家去，的确像许宽华老师所说的——任重而道远。

第二个问题，我没有当过孔子学院的院长，但是我在看了八个国家三十几所孔子学院之后，我有以下的想法想共享，就是怎么样当孔子学院的中方院长。

第一点要"知彼知己"。《孙子兵法》上说"知己知彼"，我倒过来说。在座很多是学外语的，似乎对彼已经有所了解了，但是我认为，这种说法绝对或者甚至可以说是不正确的。为什么？因为我们过去的教材都是过时的，不是当下的，社会在变化。另外，我们知道的只是外国人可以拿出来的东西，来了以后顾得上的东西。要想了解异国文化，必须像在北京钻胡同，到上海进巷子一样。要看看北京的老楼，要跟在大树底下摇着蒲扇下象棋的人交谈。我们都是生活在大学园区的。我接触了一些海归派，都是拿了博士、硕士学位回来的。聊的结果，我发现他们并不了解他们所在的国家，因为他们去了以后就在大学园区，而大学园区仅仅是社会的一部分，真正的民情、民心不在大学园区，在家庭、在社区、在教堂。所以我希望大家"知彼"，这是我提的第一点希望。大家去的各国、各地情况不一样，有的是给宿舍，有的是租房，有的可能住到老百姓家里去。如果是我，我就尽力争取住到人家家里去。是带来了很多不方便，但就有了深入民间的机会。虽然，我们的工作不是去调研，但进到孔子学院的外国人，带着他家庭社区的文化，如果你不了解就可能撞车。

第二点，我希望在工作中根据“彼”的需求，根据“彼”可能接受的条件创新。工作方式创新，工作内容创新。创新干什么呢？总有一个目标啊。我想就提出一点来，当你去了以后，工作稳定开展以后，要想办法让孔子学院的触角伸到社区里去，走出校园。或者把社区的人请进来。当然，这需要外方院长的同意。据我所知，至少德、法、美都向我提出来了，表示感谢我们的孔子学院，他们学校从来是和社区隔绝的，有了孔子学院之后，把社区拢进学校来了，他们成了社区的一部分，社区的人开始关心学校了。而要进社区必须要创造，创造什么形式？这要因时、因地、因人而异，不可一言以蔽之。

第三点，恐怕有话语转换的问题。我想，老师们在基地听了这么多专家、外交家给大家做报告，我就不展开了。我举个例子，昨天晚上我在大会堂请美国一个著名的教派，非常有钱的基督教派的首领和团队吃饭。有一个什么契机呢？今年 1 月我到夏威夷的时候，本来应该到那个岛上看他的培训基地，但是由于有飓风，飞机飞行很危险，再加上太平洋战区司令基廷一定要会见我，我怕我去了回不来会耽误，所以我就没有去。这样基廷来了我必须要见他。他父亲是叙利亚和黎巴嫩的混血，他父亲娶了英国的妻子，然后生了他，他是在美国出生的，是典型的美国人。知道了这个之后，我们没有用会议室，在会见厅进门就坐下，我站起来讲话，可以说一个多小时我把他整个的团队征服了。怎么征服的？没有什么东西，不像给大家讲这么深。我就谈交流的问题，把儒家和基督教的话语进行转换。如果我这么说：感谢你来中国，他这次来中国是第 46 次。我们正在振兴中华文化，我们中华文化以儒家为主，吸收了道家跟佛教，同时西学东渐之后，我们也学了西方的文化，所以中华文化才有今天，你来很好，希望我们能进行交流。这一说人家就困了。我谈基督、谈《旧约》和《新约》，谈我对基督教的理解。我说基督教追求“爱”，我们也一样。虽然爱的内容和爱的方式不同，但爱总是一样的。他说他第 46 次来，我说我想加一次，你第 47 次来，明年 9 月你到山东，我要组织世界顶尖的儒家和基督教学者的对话。说到这儿，我说我建议在座的贵宾凡是同意的举起杯子，谁敢不举。好，统统请。就在谈他的宗教的时候，把我自己要说的话包含了起来。他最后说“中华文化博大精深”，这得让他说。最后跟他告别的时候，就说“今天晚上是我难忘的一个晚上”，来的太太、小姐都是他的家属，都说今天晚上非常地愉快。当然，我不会有各位这种长期生活在对方国家的经历，孔子学院也不能派一个72岁的人出去。但我想，这种接触、语言转化就是以对方能够理解、愿意接受、喜欢接受的方式、方法表达自己要说的话。我们长期生活在中国，官样文章看得太多，套话说得太多，即使学者之间谈话也有自己的话语习惯，话语习惯恐怕要适当地改变。

第四点，在那里磕磕碰碰、矛盾、斗争都不可避免，怎么办？用包容之心，不要把这种不同看成是对方个人的，这有没有？有，但比较少，但更多地是折射了他们的文化。文化对文化用强制手段，不接受、争吵都解决不了，连枪都解决不了。不行我们缓议行不行？先放一放。你也想一想，我也想一想。包括课堂上老师的教学方法，要以学生、孩子、老人愿意听课为标准。上来整天地唱京戏、打太极拳也不行。要看他们学习汉语、学习文化学到了没有，怎么快？怎么好？怎么愿意接受？合起来的"三怎么"是一个标准。大家谈到了教材的问题，容我说一句对汉办不敬的话，至今我还没有看到一部适合在国外系统教学的教材。但是教材必须研究，至少给了一个基础，上课不要照本宣科，把教材里的材料、问题和一些启示编一下。我1954年上大学的时候，在座的各位不太知道，第一学期我要学13门课程，这13门课程除了《中国近代史》，剩下的12门课程是没有任何教材的。都是老师根据他一辈子学术的修养，每堂上课自己写讲义。他在上面讲也不是念稿子，我底下拼命地记，最后是一年下来这么厚的一本。后来，1958年学西方、学苏联，什么课程都要编教材，其结果是1958年的课程学生听得就没有我们这么集中精力，因为话都在教材上说了，学生自学也可以。所以一定按教材的思路讲，这是学苏联人学错了。西方人私立的中学和大学基本上是没教材的，但会给学生开一大堆的参考书。所以我们一定要积极抓紧"三教"当中的教材建设，但教材绝不是让你照本宣科去的。我们100多个硕士生在外面教书，基本上每天都是PPT。所以，这里就有语言转化的问题。

第五点，大家准备吃苦。我能理解大家有儿有女，自己的先生、妻子留在这里工作，虽然可以探亲，但毕竟是长期分离。再加上张哲老师还没有妻子，这也是一苦。这本身就是奉献，但大家要做一件事的时候，左右无援，汉办远在万里之外，你是中方院长，在人家那块土地上还要听人家的。过去我们几百所孔子学院，两方的院长闹得不可开交的也有，所以你在包容中就要吃苦。另外，为了大的可以失去小的，这是中国的委曲求全。“全”和“圆”是相通的，最后还是有“全”才有“圆”。但不能丧失原则，所以我说牺牲小的、保证大的。本来我就对京戏很在行，也带了很多的光碟，也给学生上这个，这里面杀杀打打的，不行。这是小事，你不是传播中华文化吗？我放《三岔口》行不行，还不行，里面有刀，那《拾玉镯》行不行？《四郎探母》行不行？这还有国际关系呢。大家要准备好吃苦，再加上生活上的苦。吃洋面包不好吗？天天吃味道就苦了。说自己做点面条，又没有那个时间。另外有一些男子汉从来没进过厨房，大概好些人要准备带方便面，带方便面吃多了也苦。总而言之，生活上苦，这还好办，为了国家可以奉献；心理上的苦也得承受。

最后，我想提对大家的希望。作为一个想做孔子学院副院长做不上的人，作为一个想吃酸葡萄的狐狸，第一点外国的朋友纷纷到这栋楼里来排着队求许主任办孔子学院，这种格局是中华民族形成后2000多年，再追溯到有文字记载的3000多年，再追溯到没有文字的1万多年以来，从未有过的局面。尽管，我们在南方、北方有三条通往西方的道路，一条是从厦门出发通过海运走爪哇、走马六甲一直到中东、非洲，也就是后来郑和所走的一条路，自古就有；一条是通过云南和四川的茶马古道；一条是敦煌的丝绸之路。中国的茶、丝绸不断地传播了出去，随着我们的艺术也传播了出去。但那是一条线，而且我们的东西出去都是贵族使用的，老百姓接触不到。直到19世纪英国贵族喝下午茶，那是极度奢侈的。茶商很黑的，在中国买了茶以后高价卖给英国贵族，还有瓷器。所以，这就酝酿了鸦片战争。这样就打破了贸易不平衡了。那边的受众不行，而且只有形态文化、物质文化，没有精神文化。当《论语》在400年前传到了西方以后，西方的哲学家包括伏尔泰都感叹东方有一个大国，他们的智慧在我们之上。我们的一些理念、和合的理念，特别是以人为本的理念，“人本”首先出在中国的《左传》里，是2300多年前的著作，启发了文艺复兴。文艺复兴有两个大的外力，一个外力是思想的外力，是中国的儒家；一个外力是文献的外力，是阿拉伯。西方有关希腊、罗马的文献都荒了，但阿拉伯人很爱翻译，已经翻译成了阿拉伯文和波斯文，之后又翻译回去。今天我们翻译的《柏拉图全集》和《亚里士多德选集》都是阿拉伯文翻译回西方文字的。没有这个、没有中国的人本主义，就没有文艺复兴。他们是不肖子孙，他们忘记了自己的两个祖宗了，但是这个对西方的影响毕竟有限。他们说我们学语言不是目的，真正的目的是了解你们的文化。这样卖跟买一拍即合，就大规模地“走出去”了。大家想想会起什么作用？中国人为了求得智慧，玄奘大师历尽17年上印度修佛经，他是成功的，没成功的还有一大批，是我们的智慧需要发展、学习。我相信大家作为一个浪潮出去，120人一道走，还要接着出去，最后会启发西方人的，要有洋玄奘上中国来取经。不要被眼前的那些假象所迷惑，到2008年为止，22万人到中国来留学，18万人来中国学汉语。真正进入专业的有几个？我相信有那一天，大批的西方人不是为了谋生，而是为了求得真知和真理，到中国来学中国的历史、文学、哲学。大家是先驱部队。为这样一个几千年没有过的现象，中华文化第一次成建制、成规模、成系统、有组织、有引导地走出去让我们碰上了，为这个事业做一粒沙子、做一颗螺丝钉是值得的。我今年72岁了，我68岁套上了“嚼子”，有四年多了。我当时意识到不得了，随着中国的强大，中华文化会让全世界的人仰慕，这时候我们不能让机遇擦肩而过，舍我其谁？当仁不让啊！这么多的同行，你们能亲历亲为，我替你们感到幸福。

第二点，及时总结经验，一切可用的东西都存到电脑里，回来总结、提升。这里面有新的理论，无论是文学、史学、哲学还是外语教学，里面都有教育学、教学法，都有可提升的余地。今天不起眼，可能是一顿饭、一个集会、一个节日的活动，但是将来就可能是你学术专著的素材，这不是为了成名成家，而是中国的需要、世界的需要。回来的同时，在外地的时候就要替母校想想，你的接班人怎么物色，不要断档。无论是山南海北，哈尔滨的、广东的、四川的都要替母校想一想。因为你到那儿有发言权，谁的性格适合那里，谁的工作能力、外语功底适合那里，一定要培养接班人。

第三点，把外面的信息、体会经验传回国内和本校，你们的思想和经验会是推动中国高校教育改革有用的资源和动力。不客气地说，现在我们大学的教育从教材、教法乃至管理，的确应该来一场深刻的革命了，包括对外汉语教学。我在不久前开了一个世界汉语教学学会理事会的会议，许主任没有听到我这句精彩的话：我们国内220所学校培养外国的留学生，我敢断言如果教学方法、教学理念进行改革，我们教学的效率至少可以提高一倍。这一倍绝对是保守的。那就是说它从零起点入学，学两年可以自由地对话，可以用汉字写800字的文章、700字的文章，经过改革，一年就可以，再改革，半年就可以。这样一来，是我少收学费了？不，是你效率高了，都上你这里来了。而且现在花钱到美国学汉语的人就不再去美国了，到中国来了。这个挑战已经很严峻了。甚至有人已经不到中国学习，宁可花五倍的钱到美国、欧洲学汉语了。我说这个话，不是空谈。我是有中外教学效果的对比做后盾的。大家出去就知道了，看人家的老师上课的教材你会吃一惊，今天上课打出 PPT，最晚的是上星期五在中国发生的事情，如果快的话就是用前天、星期天发生的事情来教学。所以在外国学习汉语的学生到中国北大、清华、人大、师大、北语，就跟我们学生谈一个星期前中国发生的事情，可能我们学生还不知道呢。现在想想，报刊我们还看吗？不说教法、教材，单这一点我们就落后了。怎么办？让我们说、让教育部说都不行，需要利用实际体会，回来推动整个外语教学的改革，推动其他学科的改革。而且我觉得大家可以领着我们的志愿者和老师，逐步地创造多种形式的汉语教学法。我在云南说过，我认为中国推行英语教学总体上是不成功的。为什么从小学四年级，加上中学六年共九年，再加上大学四年，一共 13 年，这成功了吗？至于说到哈佛和斯坦福学习的学生，那是金字塔尖子上的人去的。全民学英语学成这个样子，这一点值得反思。

所以，任重而道远。“仁”为重，“仁”是什么？是爱人啊。爱自己的祖国，也爱他国的人民；爱自己的文化，也去拥抱他人的文化，取长补短。但是，“死而后已”这对于孔子学院院长来说只有两年，再延期也就是四年。但是，传播中华文化、发展中华文化，让世界了解中华文化，让中华文化和其他的文化能够并驾齐驱，昂首于世界，这是我们鞠躬尽瘁、死而后已的地方。我愿意以此跟大家共勉！

谢谢！

心灵——了解中国的关键和关口※

我想，我的报告从讲一个孔子的故事开始。

孔子有3000个学生，其中最优秀的、能够把孔子所教的诗学、史学、礼学、音乐等等全部掌握的，有77位（一说72位），在中国最著名的历史书《史记》中都有记载。在这77人中最为杰出的是颜回。

颜回是孔子最喜欢的学生。为什么孔子特别喜欢他？因为他好学、最能理解孔子的深刻思想，完全按照孔子所教导的那样处世，善于思考，忠诚于自己的信仰，并且勇于把学到的道理用于实际生活。

有一次孔子的另一位学生说，自己不如颜回，因为颜回听到一个道理可以推想到十个方面，自己只能推衍到两件事。孔子听后说：我和你都不如他啊！孔子还称赞颜回如果因什么事生气了，绝不牵连或发泄到别人或别的事情上去；如果有了过错，改正后绝不再犯。听了老师的教导，立即去实践，从不懈怠。颜回家里很贫穷，住在贫民窟里，每餐只是一碗饭，一碗水。在别人，这几乎是不能忍受的艰苦，但是他却从学习、思考中得到了无穷的乐趣，并且毫不动摇。他28岁时头发就全白了，不幸，据说32岁时就去世了。孔子极为悲伤，痛哭不已。老师对学生的去世这样地哀痛，是不合乎当时的礼仪的，由于孔子太伤心了，是发自内心的，不由自主的，所以自己没有意识到，有的学生提醒他为颜回的去世哭得有些过分了，孔子回答：是吗？我不为他这样的人哀痛，还为谁哀痛啊？这以后，有人问孔子：你的弟子里有谁好学？他回答：有个学生叫颜回的，可惜短命，死了，现在没有了。

这个故事给中国留下了一个引发无数人思考的问题：颜回为什么快

※ 2011年6月1日在“欧洲地区孔子学院2011年联席会”上的主题报告。

乐？他快乐的内容是什么？宋代有一位大学问家，是开辟儒家学说一个新阶段的主要人物之一，他到朝廷上去考试时写的文章就是探讨论述这一问题的答案的。以后这成了儒学学者们探讨的问题之一，实际是在探讨儒家人生观、世界观等丰富内涵。

在我看来，颜回的快乐来自于对内心境界的追求，对德性的不断完善，而不是以物质的享受为生活目的。儒家把个人、家庭、国家和世界连成一体，用“修身—齐家—治国—平天下”来概括地表达。颜回的志向自然不是仅仅获得自己内心理性思辨和获取圆满答案，这只是他为天下人谋求和善幸福伟大抱负的开端。用中国话说，颜回所追求的，就是人间和宇宙都遵行的“道”（“dao”不可译为 The way，更不可译为 The road）。正是由于颜回虽然年纪轻轻就去世，但却是一位道德高尚、内心获得解放的人，因而也是幸福的人，也由于孔子对颜回的极高评价，颜回给后代做出了“安贫乐道”的榜样，所以后代祭祀孔子的时候，都要把颜回的塑像或写有他名字的牌位放在孔子像的旁边，用中国话说就是“陪祀”、“配祀”。颜回住的地方离孔子家不远，那条小巷子后代命名为“陋巷”，意思是十分狭窄的小街，现在还保留着；后人还给颜回建了专门祭祀他的庙宇，就在陋巷对面，也离孔家不远。建议大家再次访问中国曲阜，参观孔府孔庙的时候，顺便也去看看陋巷和颜庙，想象 2500 年前这位杰出的学生勤奋学习的情景。

颜回的故事包含着这样一个深刻的道理：要了解对方，就像我们了解颜回，就要深入地了解他的心；推广开来，各国朋友要了解中国人，当然需要从了解中国人的内心开始，中国人的内心里都隐藏着中华文化的核心理念，虽然很多人平时并没有清晰地意识到这一点。“心”，这是最重要的起点。

在座各位对中国、对中国文化都有了很多了解，并且还想进一步深入地了解。我建议大家逐步地做到无论对中国文化的什么现象，都能透过表面看到中国人的内心。我知道这是很难的，但是唯有这样，不同国家的人才能心与心相通，才能达到我们的共同理想——65 亿人和谐地生活在我们共同的家园——地球上。

例如，对大家熟知的孔子的名言“和而不同”，我们就应该多问几个为什么。孔子的原话是：“君子和而不同，小人同而不和。”我们可以追问：为什么君子主张和而不同？为什么孔子以“和而不同”与“同而不和”判别君子和小人？什么是和？什么是同？

我现在试着给出我自己的简要答案，供大家参考，也欢迎大家一起来讨论。

在孔子的学说和话语里，“君子”是指具有很高道德水平的人；而“小人”则指与之相反的，缺乏教养、道德水平较低下的人。“和”是中华民族所追求的最理想的境界，不但人的性格要“和”，人和人的关系要“和”，国与国的关系要“和”，人和大自然相处时也要“和”。“和”，就是与不同于自己的人、事物或现象友好相处，当然就必须承认、接受、包容那个“不同”。

说到这里，就涉及“和”字的本义。在中国最古老、编写于第二世纪的字典《说文解字》里，用“相应”一词解释“和”字，意思是出现了一个声音（包括人发出的声音），另一个声音与它相应。例如在多部合唱、交响乐中，多个声部、多种乐器，有先有后，但听起来非常悦耳，那就是因为声音之“和”；相反，如果其中有一个声音不“和”，整个乐曲就成了噪声。《说文解字》里有一个“龢”字，作者对他的解释是“调（tiáo）”，即，调和音调、音高，使声音和谐。由此而引申，可以指酸、苦、辣、咸、甜（中国人合称“五味”）经调和而达到适中。各国朋友都喜欢吃中国菜，那就是因为中国菜的味道好，而味道好的秘诀就在于厨师或家庭主妇善于让五味调和。

中国话里还有一个词——“中和”。中和，就是对对立的事物不偏不倚，协调得使它们能够“节奏相应”，平安相处。我们在读中学时都学过化学，酸和碱相对立，如果我们加上某种药剂使它变为不酸、不碱，在中国话里就叫“中和”。

在座的朋友大多去过北京的故宫吧？故宫的中心建筑群是北京人俗称的“三大殿”，坐落在故宫的中轴线上，是500多年间明清两个朝代处理国家大事的地方。三个巍峨的大殿，分别命名为太和、中和、保和。“太”就是“大”，或最大；“太和”就是和到极点。“中和”不必再解释了。“保和”意思也很明显，要“保”住“和”。以三个“和”字给政权的三座标志性建筑命名，意味着什么？我想用不着多说了。

我们还可以举出很多语言文字的、古代文献的、现实生活的例证说明“和”的内涵，但是我想，不必了，还是让我们回到孔子的故事中吧。

孔子说“小人同而不和”，是因为君子心里所装载的是整个国家和世界，是希望国家和世界平安幸福；而“小人”所想的是一己（包括小群体）的利益。他们为了满足私利，就要以自己为标杆，希望其他人都和自己“同”，一模一样。因为在他们看来不同就是对立，互不相容。这当然不能被“不同”者接受，于是彼此抗争。君子呢，求“和”不求“同”，自然就不采取“非白即黑”、非此即彼的极端思维，孔子把这一主张提高到哲学层面，提出了与极端思维相反的“中庸”，中道。而且他认为“中”是最高的德。

故事讲到这里，我想大家和我一样，对颜回为什么安于贫困，乐于求道已经有了更深的了解。在他所希求的“道”中，有个“和”与“中”作为其哲学理念的核心在支撑着他。凡是信仰，只要或只有提高到哲学的高度，才能是坚定的，永不动摇的。

如果说“和”与“中”是具有强烈哲学意味的概念，那么，它在世俗生活中的体现，即在伦理层面的核心就是“仁”。

“仁”字是由“人”字和“二”字相合而成的，意思是只要有两个人存在，就有人际关系问题，这种关系应该是“仁”。“仁”字，人们很难给出一个十分圆满、十分权威的解释，因为从孔子时代到现在，它一直是中国人伦理观的总括，随着时代的演变发展，其内容也在不断丰富，越来越广泛。英语一般把“仁”译为love，虽然不能说译错了，但是如果说译得差着万里却并不过分。让我们来看看在孔子的言论中所涉及“仁”的几个要点。

孔子对“仁”很少做出直接的解释，连他的弟子也说：老师很少谈到“仁”。他唯一的正面解释是：仁就是爱人。他的弟子听了，还不理解，于是他又解释说，把直的东西放在弯曲的东西旁边，能够让弯曲的变直。还是这位弟子，另一次关于“仁”的提问，孔子的回答是：平时在家或做任何事情都恭恭敬敬，和别人打交道做到忠诚，就是仁。因此他又说，仁的表现是：出门，就像要见重要的客人那样庄重恭敬；使用民力，就像主持主要的祭祀那样谨慎虔诚；自己不想要的，不要推给别人。他还说过，克制自己的私欲，恢复到“礼”的轨道上就是“仁”。仁者，应该做到自己想要有所建树，也让别人有所建树；自己想要学问事业通达，也让他人通达。人们觉得很难做到“仁”，孔子说：“仁”离我们远吗？不远，只要我们想要成为一个仁者，“仁”就会到来；奉行“仁”完全决定于自己。

由此我们可以知道，“仁”的基础是我们心中蕴藏的善良和对他人的爱，通过学习和理性思考，使它成为自觉的意识，并化为行动。关键在于对他人和事情的恭敬和谨慎，在于“克己复礼”和“推己及人”。

但是孔子所提倡的“爱”并不等同于其他文化所说的爱。孔子基于中国农耕文化的规律、现实和需求，认为人与人之间的爱是有层次的。他说，对父母亲的爱和对兄弟的爱，是“仁”的根。也就是说，“仁”是由对家人的爱生发延伸出来的，对其他人的爱则是从根上长出来的干、枝、叶。因为父母亲是生养自己的亲人，兄弟是同胞血亲，也是自己最早接触、最熟悉的人。如果连自己的父母兄弟都不爱，还能真诚地爱别人吗？这是“仁”的第一层次。其次是对朋友、同学、邻居的爱，再扩大，就是对社会上所有的人，乃至全天下的人的爱，并且进一步“爱屋及乌”，对宇宙间的万物，都要敬、爱、珍惜。爱有层次，这只是先后和程度的差异，并不意味着轻视对亲人以外其他人的爱。孔子说：仁者要能做到牺牲自己的生命来实现对他人的爱。这是因为“仁”是一种发自内心的很自然的情感，是一种感恩，是一种已经内化为灵魂的意识和品质。

从孔子的“仁”，我们是不是已经感觉到了，不管各种文化的源头和由此产生的种种观念有多大差异，在“爱”的这一点上，人类有其共同之处？这就是中国人所喜欢的“求同存异”中的“同”。

在我讲话开始时，我说过，要深入了解中国人，需要从了解中国人的心开始。我在上面所说的德、道、中、和、仁，都是中华文化的核心理念。

现在就让我们看看上述的理念是怎样蕴涵在中国人日常生活中一些琐事里的。

大家都知道北京民居的特点是有四合院。四合院其实还可以建成前后相连的两个院子或多层院子。它正是中国人重家庭伦理的反映。以前中国的家庭常常几代人住在一起，一般是长辈住最核心的房间；如果是一层院子，就住面向南的“正房”，阳光充足，通风好，如果是多层，就住在中间位置，体现了家长是家庭的中心，长者可以照顾年轻后辈，年轻人可以关爱长辈。四合院本来也可以形成别的俗称，老百姓给它取名“四合”，也体现了全家合为一个整体的意愿。“合”的原初意义就是盒子。院子叫“四合”，既是说全家“合”在一起，也是对院子的写实——犹如一个独立的盒子。

我看到，在很多孔子学院的墙壁上都挂着“中国结”。我不知道外国学生和朋友为什么喜欢中国结，而在中国人眼里，打中国结的红绳无论怎么绕来绕去，最终又回到起点，这就是中国人的宇宙观：“无始无终”，让你想拆都不知道从哪里下手。什么形状始点就是终点，终点就是始点，而且每一个点都是一样的、“平等”的？只有圆形！所以在编织的时候，尽量不出现直角、锐角，要处处呈浑圆的形状；如果线需要交叉，就让它密密相缠，不留缝隙。中国结象征的是人们理想的人和人的关系，既圆满又亲密。只有体会到这些，我们眼中的中国结才是完整的中国“情结”。

太极拳，似乎已经进入越来越多的孔子学院。什么是“太极”？为什么太极图是圆形的？里面的两个像鱼的图形为什么一白一黑，每个鱼中还有个黑点或白点？为什么老师在教太极拳时强调动作时时要显出圆形？所谓太极，是中国人心中的宇宙形象。中国的哲学认为最初宇宙是混沌一团，后来由于运动，分为两极，分别名为“阴”和“阳”，于是以黑夜的颜色代表“阴”，以白天的颜色代表“阳”。阴和阳不是截然对立的，而是可以互相转化的，所以画一条 S 形的曲线，形成动态的两个部分，黑“鱼”中有白“眼”，白“鱼”中有黑“眼”，意味着你中有我，我中有你，接下来可能此要变为彼，彼要变为此。打太极拳，做任何动作都要心中有个圆，一招一式也要圆，因为“圆”最适合肢体的舒展、运动和血液循环，最适合“气”的通畅流行。“圆”的这些特点也是中国人处处喜爱“圆”的内在原因之一。

中国的书法和绘画，讲究布局和结构，追求的是整体的美，并不太讲究透视、光线、每个局部都和客观实际（山水、花鸟、建筑、人物等）尽量相像。中国画讲究“神似”，不太注重“形似”。我们常说，“字如其人”、“画如其人”。书法家在挥笔书写时，是在抒发自己内心的感受，这感受或来自于书写的内容，或他此时此地的心境；画家在作画时，可以说也是在画自己，或者是在与山水、人物对话，甚至此时他就是他们中的一员，画者和所画的景象已经融为一体。如果太“形似”，就局限住了他主观的发挥。所以，如果用西方的油画、素描来衡量中国画，就会觉得“不像画”，但这正是中国画的精粹所在，中国人感到“我”—“境”合一、客观—主观相通相融的体现。

中国有很多传统节日，和世界各个民族一样，这些历史悠久的节日都包含着丰富的民族情感和历史内涵。每个节日的起源常常有不同的说法，今天我们只看看当代的情况。

按照中国旧有的历法，第一个节日是元宵节。这时一年中第一次月亮圆了，也是春天的第一次月圆。春节一般要过半个月，又正是月亮圆了的日子，于是成了春节结束的标记。元宵节的一个必不可少的内容是吃元宵（南方叫汤圆），糯米面做的，一般是甜味的。圆，取其圆满之意；粘意味全家紧紧相粘；甜，即日子过得甜甜蜜蜜；煮食带汤，既是冬天御寒所必需的，也隐含着和和美美、热气腾腾。

第二个节日是清明节。这个节日以“清”和“明”命名，是因为旧历三月初，春风柔和，空气清新，春日融融，万物复苏，清明一过就要准备春耕，将忙碌起来，于是家家纷纷拜祭祖先，回忆先人创业的艰难和对家庭的贡献、对后人的恩赐。

中国人特别讲究“慎终追远”，即对一个人的最后日子和他的去世格外重视，因为这是他一生的终结，从此他就只留在人们的记忆中了。对生热爱，自然对死也应该尊重。现在清明节是全国的公假，为的是满足人们拜祭的需要。今年，据粗略统计，就有三亿多人进行了各种形式的拜祭。“追远”，即追思自己家族一代一代的传承，要想：我自己做得怎样？有什么对不起先人的地方？“慎终追远”还是为了未来。

清明节后大约两个月，旧历五月五日是端午节，又名端阳节。“端”是开始的意思。其实每月的五日都可以称端午（五）。端午节这一天全国都要吃粽子，邻近江河的地方要举行龙舟比赛以纪念战国时代的爱国诗人屈原。这时夏日初至，气温已经较高，传染病开始流行，所以还有在门前悬挂药草或用药草燃熏房间的习俗（主要集中于南方）。这是把许多内容：纪念伟大人物、环境卫生、狂欢都融在一个节日里了。就在几天前，6 月 5 日，是今年的端午节。那几天我收到的祝贺，最多的是祝我吉祥如意、健康长寿，这是因为我已经是一个老人了吧，而我对朋友们的祝贺更多的则是事业顺利、生活和美，因为他们都还年轻。请看，现在端午节又渐渐地增添了新的内容。

旧历八月十五日，是中秋节。旧历的七、八、九三个月是秋季，八月居中，十五日又是八月的中间，正是秋季的正中。这时农作物基本收割完毕（主要是北方，北方是古代的主活动区），秋风将起，不久就要进入冬季，外出的家人也回来了，于是全家团聚，庆祝丰收。中秋节的典型食品是月饼。取其团圆、圆满的意思。

旧历九月九日是重阳节。为什么叫“重阳”？汉语的“重”是重叠的意思，“9”在中国人的观念中为阳数（6为阴数），重阳的意思是两个9遇到一起了。中国人认为9是数字里最大的，再加1，是10，10就成了两位数中最小的。也是因为9最大，所以近年人们把这一天作为老人节、尊老节，特别是儿女和学生对父母和老师都要表示祝贺，企盼老人健康长寿。重阳节还有登高的习惯。因为这时天高气爽，“最高”的是天，登高就象征性地更加接近了天。两个9叠加也意味着高而又高，这时登高望远，既是郊游，也有体验“高”、祈求高寿的意思。

最后一个重大的节日就是各国朋友都知道的春节了。春节是中国几千年来的“年”节，自1911年辛亥革命推翻清帝国的统治，采用公元纪年，于是把1月1日定为“年”，原来的年改称“春节”。中国人之所以重视春节，是因为新的一年就要来了，新旧交接、寒暖更替，是全家渴盼最烈、团聚最全、亲情最浓的节日，“有钱没钱，回家过年”，成为全国人的心声。消灾祈福、敬祖尊亲是春节最重要的内容。因为大家对春节比较了解，这里就不必多说了。

从中国的这些主要节日可以看出，“节”，是中国人重家庭、重继承、重传统、重习俗的总爆发；是尊祖敬老、体味亲情、联系亲友、清洁环境、防止瘟疫、适度“狂欢”的混合体。而其核心仍然是“和”，是“爱”，是“家”。

诸如此类的例子我们可以举出很多很多，用中国的成语说就是“不胜枚举”或“更仆难数”——仆人举着蜡烛或火把照明，即使一再更换疲劳了的仆人，也难以把事物一个个清点清楚。我举以上一些例子，不过是想和大家交流这样一点：只要我们把握了中国人思想、感情的核心，就可以透视中国人生活中的点点滴滴，更为了解中国人和中国。

孔子学院的主要功能是为想学习汉语、了解中国文化的人们提供教学资源和环境。在我看来，语言和文化密不可分；每个汉语的词语都有丰富的文化内涵，不了解中国文化，就难以掌握汉语。特别是汉语和汉字紧密结合在一起，汉字的字形乃至字音更是比较直接地反映了中国人的观念、感情。于是学习汉语和了解中国文化就形成了一个“太极图”：学习汉语汉字，就会了解一些中国文化；进一步了解了中国文化，又有助于学习汉语汉字——互相促进，互相转化，语中有文，文中有语，文化为语，语化为文。而最要紧的，是把握中国人的心，“心”集中浓缩于民族的宇宙观、伦理观和审美观中。这是关键，也是关口，同时也是两种文化背景的人们和谐友好相处所必须的。这就是为什么我经常说，汉语是中国和各国相连接的桥梁，是不同民族、国家人民之间的心灵之桥的原因。

人类是同父同母的兄弟
——我的宗教观※

尊敬的来自五大洲各个国家的朋友，尊敬的来自中国各省的教育部门和大学的教授们：

非常荣幸，能在今年的孔子学院大会闭幕式上向大家奉献我最近思考的一个问题。我在和世界各国宗教领袖进行对话时，常常会问我：你和全体中国人信仰什么？我在这里声明：我没皈依任何一个宗教，我是一个无神论者，但是我尊重所有合法的、引人向上的宗教，我信仰的不是人格神，而是儒家思想。和各国宗教领袖的交往促使我进一步反思，清理一下自己的想法：我们应该信仰什么？实际上，在中国960万平方公里的土地上，人们都在反思。这个时代是一个混乱的时代，我们的确应该由反思而找回自己千百年来所信仰的东西。

德国哲学家伽达默尔曾经引用德国哲学家海德格尔的话说：最值得珍惜的不是我们记忆中的东西，而恰恰是我们忘记了的东西。我想，他是说当我们重新恢复记忆，发现了我们遗忘的东西，才觉得它弥足珍贵，因为它弥补了历史瞬间与瞬间似乎已经失去的联系，历史才成为历史。下面我就把我的回忆和反思以及由此串连起来的想法毫无保留地奉献给大家，希望能听到共同从事孔子学院事业的同道们的批评、指正。

中国有一个几乎是独有的词："同胞"。在英语中，也有 born of the same parents 或用 full brothers \ sisters 表示同父同母所生的兄弟或姐妹。那么，为什么我说"同胞"一词是中国"独有"的呢？因为"胞"是母亲的"衣胞"，这种诉诸比喻的说法很独特；而且"同胞"一词最通常的

※ 2011年12月14日在"第六届孔子学院大会闭幕式"上的演讲。

意义是指全体中国人，这在世界各种语言中是很少见的现象。

记得我上小学的时候，听到“同胞”这个词，不懂它的意思，父亲告诉我，同胞就是指我们国家的人。后来我知道，父亲解释的并不很准确，大概他那时也只能这样应付自己七八岁的儿子吧。长大后才知道，“同胞”是说全国人都像是从同一个母亲的衣胞里生出来的。词的意思知道了，但是每天见到那么多不相识的人，我并没有和他们是同母所生的感觉；相反，在日常生活中所见的，除了陌生者，甚至还有同学之间或大人之间的争吵。我真正理解了“同胞”的含义，即不但懂得了它的字面显示的基本意义，而且懂得了其中深邃的隐喻意义，是在学了更多的自然科学和人文社会科学知识，特别是中国儒家和道家学说，并有了心灵的感悟之后了。等到学了哲学和宗教学，更有了难以名状的心灵升华的感觉。

在儒家和道家看来，天地（即宇宙、大自然）是人类的父母；作为人类，我们是宇宙的一个组成部分，一个独具灵气、最为宝贵的部分；我们和宇宙命运相联，人和人之间看似无关，实际上血脉紧密相连；远隔千里的两个国家或民族，他们之间的肉体和心灵的联系，虽然还是人类的感觉器官无法察觉、近代技术手段也无法检测的，但是某种关联却实实在在地存在着。在儒道两家众多的古代经典中留存着数不清的这方面的论述。其实，如果我们考察一下其他古老而且影响了人类从古到今社会生活的文明，特别是几个影响巨大的宗教，几乎都有着和儒家相差不多的观念。例如，在《旧约》中亚当、夏娃的故事，如果我们不把注意力集中在他们偷吃禁果构成原罪的启示上，而是就着人类的内部关联看，岂不是也在暗示我们，后来的人们都是同一父母所生吗？婆罗门教以“梵”为最高崇拜的对象，而人类却都是从“原人”身体中产生的，从其口中生出的最为高贵，即婆罗门；从其双臂生出的是刹帝利；从其双腿生出的是吠舍；从其脚生出的是首陀罗，属最低贱的阶层。这本是从古老的民族习俗中演变出来的等级森严的种姓制度，但仍然显示了所有人都是出自一体的原始认识。又如，如果我们对现在还存有遗迹的原始宗教（如多灵崇拜、图腾崇拜、萨满教等）做粗略的观察，也会发现人们在崇拜万物的同时，同样有着人与万物同出一源的观念。

如果说，古代先哲先知是朴素的认识和思辨，那么，近代以来的自然科学和人文社会科学的研究成果，无意中已经利用高度发达的技术手段证明了古人的判断，大量的社会生活现象也生动地告诉人类，表面上我们可能远隔重洋，从未谋面，但是却来自同一胚胎，有着同一的命运。例如，从生物学的角度看，五大洲居民的DNA竟然有99%以上是相同的——可惜现在的生物学家更为关注的是不到1%的不同点，例如用DNA检测是不是直系血亲，其实这部分基因只占全部基因的不到0.1%，却忽略了可以让我们认识人类都是亲人的那99%以上，用中国话说就是“只见树木，不见森林”；又如，血缘相隔数代，居然遗传特征仍然极其相似，不是也应该对我们理解这一问题有所启发吗？从传染病学角度看，一国出现流感，远在另一洲的一国也会发现，上个世纪末流行的禽流感、“非典型性流感”以及艾滋病等就是人所共知的例子。从气象环境看，西方200多年的工业化、自上个世纪中叶以来新兴国家的工业化，造成了大气中的二氧化碳接近了地球上生物所能承受的极限，谁能分得清自己头顶上的污浊、粉尘和二氧化碳是从哪里和在什么时候释放的？亚马逊热带雨林的超量砍伐竟然影响了万里之外的几大洲。再从现实经济的情况看，美国的次贷危机引发了全球的衰退，欧盟债务危机从一国迅速扩散到并不邻界的他国，进而几乎影响了整个欧洲乃至世界。社会层面上也是如此，“占领华尔街”运动，很难说与突尼斯、埃及的社会危机没有关系，也很难说欧洲多国的社会动荡没有受“占领华尔街”的影响。现在人们只注意到这些事实和电子信息发达、交通便利有关，而没有向着人与自然、人与人本属一体、谁也离不开谁的方向去深思。

上述的古代圣哲思维的情形，既发生在宗教发生、发展的过程中，也存在于并非宗教的儒家学说里。为什么人类在其童年时代，分居地球各个角落，但是在对人和宇宙、人和人关系的观察中却得出了相差不多的结论？我认为，这是因为人类在游牧生活，特别是在农耕生活里，为了适应客观环境，以便安全地、稳定地、持续地生产，便在劳作的同时不断地观察天地万物、反省自身，并且体验到人与宇宙万物有着极其密切的关系。从日月星辰的运行与气候季节转换的关联以及四季寒暖燥湿与人体疾病的相应（在这方面中国医学有着突出的表现），到血缘疏远却遗传特征犹存等等，都促使人类思考并认识到人与人同源，人与自然密不可分。

为什么在那种我们难以想象的艰难困苦的原始耕作时期，先哲先知居然能够得出和今天十分相近的判断？在我看来，恐怕主要是由于以下原因：

古代观察体验主观和客观世界的主要工具，最初只有自己的感官和四肢脏腑，因此他们无法对更宏大的视域和更精微的世界探其究竟。但是，任何事物，无论是宏观、微观还是“中观”，其中所包含的规律是一样的。我们可以姑且说，古人的认识是“中观”的。后代的人们，眼睛和手脚都不断延伸了，我指的是一代一代制作出了新的、越来越精密而方便的仪器。这样就可以对宏观和微观世界仔细观察和研究了。这正如中国医学可以从人体的局部，例如耳朵、足底或脸色、舌苔以及腕部脉搏的跳动，就可以判断身体内部的病征一样，这一判断如果用西方医学的先进设备检测，多数情况下二者结论相同，甚至对有些病症中国医学的判断更为准确。现在医学可以抽取 10 毫升血验出身体是否患有癌症；佛家说，从一滴水可以看到大千世界，又说一粒芥子可以装下整座须弥山（释迦牟尼讲道的极大的山），意思是事物从极巨大到极精微，里面所含的基因（即规律）是一样的。我想中国的古人，西方的古人，印度的古人之所以得出了人与人同源的结论，就是抽取了宇宙的 10 毫升血液，或者抓到了能够反映宇宙规律的一粒芥子。

令我惊奇的是，中国人的祖先居然在 2500 多年前就得出了大自然和人是一体、天为父地为母、人与人息息相关的哲学命题。相比之下，像我这样的后来者却需要经过长时间的学习、体验才能领会其中大体的意思——我们的智慧实在不如古代的贤哲。从这一点，我们就可以更准确地理解孔夫子所说的“四海之内皆兄弟”的丰富含义了，他并不是空泛地论说应该对所有的人友爱而已，而是有着对自身和宇宙的深刻醒悟和哲学思考，有着理性和感性相结合而生的对人类全体的深切热爱和关怀。

因此，现在的人类绝不可以轻视、更不应该讥笑自己的童年。古代先哲先知当时所提出的问题至今仍然在困惑着人类，例如宇宙的起源，人体何以如此复杂而精妙，人类最终要走向哪里，等等。虽然天文学、物理学、力学等众多学科对宇宙起源的探讨几百年来从没有中断过，成果也十分丰富，但是科学家们所得出的种种结论几乎都还是假设，还远远没有得到“证实”。而古代先哲先知所得出的结论，也是今天的人们无法推翻的。例如佛教认为宇宙既“无始”，也“无终”；道家主张宇宙的本体是“道”，它先于宇宙而存在。说它不对吗？现代科学也不能对它进行“证伪”。何况，就像美国社会学家罗贝特·贝拉不久前在北京师范大学人文宗教高等研究院演讲时所指出的，现代科学提出了或造成了许多问题，而科学却解决不了。我想，寻求可以说服我们自己的答案，恐怕还是要靠人文社会科学。

说到这里，我们不能不关注宗教起源问题。研究这个问题的著作无数，但是至今还没有完全一致的解释。我同意这样的说法：它起源于人类对于自己无法解释的客观和主观现象的好奇、恐惧和依赖。由恐惧和依赖而生出信仰，群体的信仰催生了祭祀及其仪轨和祭祀文。当具有同一信仰的人超越了固有的人群时，宗教就出现了。在宗教发展和扩散的过程中，一方面为人们创造并保留了许多经典，其中不乏记录宗教的“史前史”，也汇集了很多基于适应环境之需而形成的风俗和人群内部世代相传的约定。这些经典就是后代文学、史学、哲学和自然科学的胚胎。所以可以说，没有宗教就没有人类的文化，而宗教本身也是一种文化。

宗教随着人类和社会的发展而不停地演化着。在几千年的时间长河里，宗教一方面在尽量本土化，另一方面在吸收着于己有用的其他文化的营养。在演变过程中，难免发生“异化”的现象。例如宗教孕育了科学，而科学常常得出了和宗教经典相反的结论。因为科学是在实验室里或田野中进行的，能够并且必须得到重复的验证，事事要“证据确凿”，因此可以对宗教的某些教义“证伪”，而宗教教义自己往往不能“证实”。例如佛教和道教对去世者的“超度”，或犹太教、婆罗门教关于神创造了人的叙说。这些常常影响了信徒的虔诚。所以近几十年欧洲虔诚的基督徒和天主教徒大量减少也就不奇怪了。

但是信仰是人人不可须臾离的，因此对包括宗教在内的种种信仰不会因为科学的发达而衰落，更不可能消失。实际上宗教具有适应时代变迁，进行自我调整的本能，科学发展了，宗教也在演变。佛教，由释迦牟尼直接传授的“原始佛教”，到进入中国后出现了禅宗，就适合了中国的风土人情，实现“中国化”了；基督教在经历了中世纪之后先后出现了马丁·路德和加尔文等人的改革，适应了资本主义的出现和新兴阶级的心理，这都是成功的事例。

现在，科学又一次自我“异化”了，或者说出现了自己所造成的悖论，因而宗教也又一次遇到了挑战，只要适应了这个新的环境，并且适时、适当而巧妙地应战，宗教衰落的情况就可以改观。这次的悖论与挑战就是，科学在一定意义上本是反宗教的，但现在它自己却成了一种无形的宗教：许多人以为科学和技术可以解决地球上的所有问题：自由、平等、和平、繁荣、环境恶化、贫富差距，等等，于是形成了几乎遍及全球的

"技术崇拜"。科学技术的确极大地提高了生产率和人类的生活质量，尤其是在20世纪的100年中。但是，在技术和资本结合的背后，却是变本加厉的贪婪和盘剥。通用的办法是，不断的战争以及用层出不穷的各种新奇产品刺激社会消费。工业化要求全球化，资本的本性决定了它更渴望着全球化。追逐超额利润的信条和本能促使资本不断选择成本低廉、利润丰厚的地区，同时不断创造新的赢利手段，主要的办法是制造"广告消费"、"时尚消费"和"虚荣消费"。广告制造刺激，时尚令人疯狂，消费满足虚荣，循环往复，不可遏止。物质产品的利润仍然满足不了无底的欲望之壑，于是又拼尽全力在虚拟的经济里攫取，创造出谁也弄不明白的种种金融衍生产品（奥巴马总统语）。这样，极少数人的财富急剧增长了，而物质和刺激成为越来越多的一般人的唯一欲望，原有的或本该有的信仰"缺失"了，就社会和历史而言，则是道德沦丧了。这种挑战本来是西方资本发出的，但是受害者也包括了西方自身。在人和人、国和国关系更为紧密的今天，在经济全球化的今天，哪个国家和民族都不能幸免。

信仰真地"缺失"了吗？依我看并没有。人类的信仰不外三类：神，德，物。中国大部分人没有皈依宗教，他们信仰的是中华民族公认的德行（和亚里士多德反复强调的德行非常相近）。在中国人心目中，对德的追求和修养永无止境，德行最好的人就是圣人，他们是民族崇拜的对象，例如孔夫子。孔夫子和上帝、安拉等的区别只在于他不是超验的、绝对的人格神而已，而揭示人生与世界的奥秘、对世人进行引导则是一样的。因而有的学者称儒家为带有宗教性质的学说，是有道理的。至于对"物"的信仰，也就是人们常说的"拜物教"，既不接受神灵的启示，也不接受哲人的劝导和道德的约束，因而为所欲为，肆无忌惮，害了自己，也造祸社会。

我认为，面对这种社会现状，宗教以及像儒家这样的学说应该发挥作用，挽救人心，挽救社会。我所接触的世界各国的许多宗教领袖都在为现在的世界忧心忡忡。例如我的好朋友，美国水晶大教堂创始人罗伯特·舒乐博士在和我对话时就说："我最担心的危机是精神和物质上的冲突，是让世俗的理念来控制我们的精神，人在物质上的消耗会影响到他精神上的价值和质量，因此我们需要探索和学习，进一步增强世界的活力。"他所说的"探索和学习"，就是指宗教和儒学为了"救世"必须"与时俱进"。事实上这种顺应时代的变革过去一直在进行，现在也已在进行。例如中国的佛教提出了“人生佛教”、“人间佛教”和“生活佛教”的理念，基督教不再坚持《创世记》的历史观，对God有了新的解释，等等。

大家应该一起“与时俱进”，这就需要不同文明之间，尤其是不同宗教之间不断地进行对话，增进相互的了解，携手共同为这个世界更为美好而努力。我这些年来用了很大精力促进中国儒家文明和基督教文明的对话，我自已也先后和基督教、犹太教、伊斯兰教，在中国内部和佛教、道教进行对话。我的感受是，不同文化、不同宗教的人士通过面对面的交谈，无论是在小房子里个别交谈，还是在论坛上当众做一对几的交谈，都可以发现彼此共同和相近之点，起码可以知道双方都在为人类的危机而焦虑。不同文明、不同宗教之间的对话多了，民族或国家之间的相互了解就加深了，彼此和睦相处的可能性就更大了。我发起并于去年9月孔子诞辰之际在他的出生地举办了“尼山论坛”。波恩大学的顾彬（Wolfgang Kubin）教授在论文中说，孔子的理想世界是个乌托邦。那么我所想的，通过不同文明和宗教的对话促进世界的和谐和睦，是不是也是乌托邦呢？可能也是吧。孔子曾经被人说是“知其不可而为之”，我也想追随他这样做下去，鞠躬尽瘁，死而后已。

我认为，不同文化之间的交流大体可以分为三类：政府间的，学术界和宗教界的和一般公众的。政府间的交流，是为处理当前的政治问题、国家间的利益均衡问题，话题是一时的，随时需要转移，而话题有时远离人民大众的日常所思所念；一般公众间的交流，例如商贸、旅游、演出、访问、竞赛，等等，其特点是“一过性”的，可以给双方造成印象，甚至是强烈的印象，但不能持久，并且一般不触及宗教和信仰等深层次问题；唯有学术界和宗教界间的交流对话，直插文化的根底，深刻而持久，而且上可以影响政府的决策，下可以为大众提供思想的食粮。因此我多次呼吁，各国都应该加强这一领域的交流。

孔子学院就是很好的中华文化和世界各国文化进行对话的最好渠道和平台，它用文化最重要的载体——语言搭建起不同文明的交流之桥，持久而牢固；而语言又是一种特殊的文化形式，通过掌握汉语，就可以接触和理解中国人的心理、性格和爱好；孔子学院还可以兼顾大众的和学术的两个方面，除了进行日常的汉语教学之外，还可以举办各种学术交流和讲座，甚至开展有益于双方的学术研究。虽然在有些国家和地区，在孔子学院内部谈论或涉及宗教问题是不合适的，但是，对由宗教千百年所辐射出的民族理念和风俗习惯，却必然成为彼此关心并且可以进行交流的重要内容，仍然可以达到促进相互了解的效果。这些年来，我之所以心甘情愿地坚持为孔子学院事业做义工，而且乐此不疲，原因之一就是觉得这是一个涉及更为广泛、影响更为深远的不同文明、不同信仰间的对话，这种对话是人类走向友爱、和平与幸福的必经之途。

信仰神，就必须摒弃必然遵循神的启示；信仰德，就必须摒弃必然遵循圣人的教导。这二者是同胞兄弟，共同的父母就是向我们展示出奥妙无穷、启迪我们一代一代去思索、探讨的天和地。只有对物的无限崇拜才是邪恶，神的后代和圣人的子孙，不应该对立，相反，应该相互尊重，联起手来，一起把陷入邪恶的人们从对物的盲目崇拜中拉回来，让他们生活得真正尊严，更有意义，因为他们也是我们的同胞。

这就是我的宗教观。

历史的相会※

中美不仅是世界上两个最大的经济实体，更是两个文化大国，两国的文化都有着悠久的传统。我不完全同意只谈美国从独立战争到现在的历史，实际上美国的传统文化是希腊罗马—希伯来—盎格鲁·撒克逊文化的延续和发展。研究美国的文化应该追寻到柏拉图、亚里士多德的时代。只有这样，才能够了解今天的美国。

同时，对于中国来说也是如此，观察今天的中国，要预测中国未来的走向，如果不去深究中国从商周时代所形成并固定下来的文化传统的范式，恐怕难以得到正确的答案。所以我们两国一起研究过去、现在和未来，在世界上都是有影响、有意义的。对于中美这两个大国，其实共同面对着这样一个问题：如何在人类走在十字路口的时候，回顾过去，回归精神。

为什么要回顾过去？人类每到一个关键时刻，总是要从祖先那里寻求他们闪光的智慧，作为今天继续向前进的精神动力和营养。为什么要回归精神？因为今天的世界是一个对物质的无限追求，乃至把物质变成神的时代。精神往往被社会遗弃了，遗忘了。而我们学者有责任重拾过去的传统，来关注人类的精神。只有物质是构不成社会的，它只能构成原始的地球，只有有了精神，才有辉煌的过去、繁荣的现代和更加美好的未来。当然，在我们回归精神、回顾过去的时候，也不应该脱离当下，这是不现实的。人类只能向前进，不能倒退。那么，学者们在回顾过去的时候，对中国人来说，就应该要颂扬宋代儒学在历史基础上进行创新的传统，同时，

※　发表于2011年11月22日《中国社会科学报》，原文是2011年10月28日在“首届中美高层学术论坛”上的讲话。

我们也应该学习和吸收以伽达默尔、哈贝马斯为代表的西方哲学诠释学、批判诠释学的营养。

我认为，伽达默尔的理论和实践与中国宋代的儒家有完全契合的地方，这就是把传统看成一个生命；历史在延续，传统的生命也在延续。因为后代的解释者，往往是把自己的生命，即把自己经过体验的见解注入古代的文本，使之延续，同时又适合他所处的时代，反映他所处的时代。这样传统就不是一个僵死的、不动的、现成的，似乎只是一个没有活气的文本，而是生动地存在于人类的心里，活泼泼地存在于学术的空气中。

当前，人类急切需要不同文明的对话，在对话中一定离不开传统，因为现实就是过去的延续，过去的发展。我一直在不断地呼吁不同文明之间的对话，抱着这样的一个宗旨：生活在不同文化中的人，要相互了解，进一步相互理解，在理解了对方之后，应该欣赏，因为不同的文明都有它自己杰出的贡献，是别人所没有的。对于对方有而自己欠缺的，就应该要欣赏，只有达到一个欣赏的高度，你才会向对方学习。了解，理解，欣赏，学习，最后达到双方共同发展的目的。

在中国和西方的传统中，有一点很巧合的接触。15—16 世纪时，在意大利、法国、德国已经产生躁动，在酝酿着文化变革时代的到来，因此后来发生了文艺复兴，催生了工业革命，整个改变了人类的社会和历史进程。与此同时，在中国的明代，从中叶到晚期，中国也产生了一种启蒙的思想，同时，由传教士介绍，中国的《老子》、《论语》也被译成拉丁文，以至于笛卡儿看到后，惊叹原来在东方有如此高明的智慧，知道了遥远的东方——中国整个的学术传统是人本主义，这成了文艺复兴发生的一个营养。我想这不是巧合。在那个时代，无论是宗教的统治、影响，还是生产方式、生产力的发展，以及人类的消费观念，都在酝酿一个新时代的到来。

当人类面对物质利益的时候，常常失去了自我；当社会精英作为社会的良知清醒的时候，应该放慢脚步，回头看看。在我们看的时候，总是以今天的立足点、好眼光来看的，在我们眼里的过去已不是真实的过去的样子了，已经被约化了，因此我们可以很容易地知道，原来人类的脚步是这样的蹒跚，前人走过的道路是这样的曲折，原来古人的精神要比我们丰富。这样我们就懂得了，我们要把人文社会科学提到各国人民的面前，告诉他们：这个领域太重要了。这样我们会与更多的清醒者，手挽着手，在未来的道路上少一些坎坷，少一些曲折，走向人类共同的美好的未来。

今天，美国的朋友和中国的学者，都在为不同文明之间的人文社会科学的交流、社会良知的交流作努力，我也愿意成为其中的一员。

文明对话与新轴心时代※

尊敬的主席，尊敬的各位嘉宾，

女士们，先生们：

很荣幸，今天在太湖边和这样多的各国杰出人士相会，共同探讨不同文明的交往，以促进各国人民间的和谐相处。

有一个想法一直在我心里盘旋：当下的人类是幸运儿。因为人类正面临着前所未有的危机和挑战；为此，人类需要反思过去，审视现在，探索未来，需要为子孙后代的平安、幸福打下牢固的基础。

为什么这是一种幸运呢？因为各种文明的古代圣哲就曾经不断地为了人类的前途提出过睿智的见解，尤其是在约2500年前，从柏拉图到亚里士多德的希腊哲人、希伯来文明的创造者们、释迦牟尼和他的弟子、孔子及其传人，他们所提出的问题和所给出的答案，一直在指导着人们的精神生活和对自身以及对客观世界的探究。换言之，20多个世纪以来，人类一直在享受着这些巨人的恩赐。现在似乎人类又面临着那个时代哲人所苦恼的问题，但是人们却忘记了他们的教导，忘记了对智慧的追求、对德性的向往、对和平的珍惜、对仁爱的坚持。人与人、族群与族群、国家与国家的对立，人类对自然的骄横，个人对自己心灵的忽略，已经和正在背叛人类的本性，毁坏生存的环境，断送子孙的前途。从20世纪中叶起，越来越多的学者和思想家思考、忏悔，并探讨着如何摆脱现代社会在极大提高人类物质生活水平的同时又在急速降低自己的道德和智慧这样一个悖论和怪圈。在即将进入21世纪的时候，日益增多的人意识到，多元文明的共存共荣，不同文明的相敬相惜，是人类共同创造新文明的必经途径和必

※ 2011年5月18日在“首届太湖论坛”上的演讲。

备条件。是不是现在真的又到了一个人类的轴心时代？如果情况果真如此，那么，我们这一代，或者连同我们之后的几代，将不可避免地承担起为出现新柏拉图、释迦牟尼和孔子做些铺垫的重任。难道还有什么比这还幸运的吗？

作为孔子、孟子以及中华民族无数智者的后代，我始终坚信，中华文明中的仁爱信义、和而不同、己所不欲勿施于人、己欲达而达人等伦理的和哲学的理念，是可以奉献给当代人类的智者和后代子孙的一份礼物，是破解人类所陷入的迷惑和怪圈所需要的经验。

太湖论坛开幕了。我真诚地希望 2011 年的这次盛会只是一个开始，它将会成为不同文明交流的重要平台；我还希望，太湖论坛的主旨和精神能够越来越为人所知，传播得越来越远。

再次谢谢主席，谢谢各位！

尼山論壇碑

2010年9月杪，中美英法德意奧日韓諸國儒學及基督教學之俊彥歡聚於尼山之麓，共論“和而不同與世界和諧”。此全球化中不同文明對話於中國之始也，且將以為定制。論題何來？文明本即多元，接、尊、賞、習，乃人類進步之所須；今也，精神、社會、環境危機四布，浮躁、欺詐、仇恨遍地，人類危乎殆哉！智者匙不思以解之者。何以論於此地？是乃儒聖孔子誕生之所，國人心中之聖地。孔子所倡“和而不同”、“己所不欲，勿施於人”、“仁者愛人”、孝弟為仁之本、修—齊—治—平諸論，久為國魂，乃中華屢經坎坷而愈進之由也，自當獻於世界；而他國文明之精華亦應為我所取。如是，則世界之和平有望矣。盛會何以定於此時？為孔子2561年誕辰耳，斯舉適足為獻于孔門賢哲之奠儀。

求同存异，如切如磋；关怀世界，承担责任※

各位朋友，各位专家，女士们，先生们：

尼山论坛经过两年多的酝酿和准备，现在终于在预定的时间、预选的地点开幕了。感谢中国国内和各国朋友对这项十分有意义的活动所给予的理解、响应和支持，没有你们的参与，没有各主办单位的努力，没有孔夫子家乡——济宁市、泗水县、曲阜市——为论坛所做的一切，举办尼山论坛的设想是无法成为现实的。在酝酿和准备过程中，我始终处于被各方面的慷慨、辛勤和宽容所引发的感动和兴奋之中。举办这种类型的论坛，在中国还是第一次。我们缺乏经验，各方为此而付出的艰辛是可想而知的。因此，请允许我代表论坛组委会，并以我个人的名义，向热情的朋友们，向为了论坛每一个细节尽可能完美而付出辛劳的人们，致以由衷的感谢！

各位朋友，各位专家，女士们，先生们：

我和我的中国同行之所以倡议举办这次论坛，是因为强烈地感到，现在的世界太需要对话了，尤其是不同文明之间的对话；通过对话，可以懂得对方、欣赏对方、学习对方，增进友谊，和睦相处。对话的对应物是对立，是冲突，冲突的最高形式就是可怕、可恶的战争。冲突的原因除了经济寡头无止境的贪欲之外，其社会基础则是相当普遍存在着的误解和偏见。在对话与冲突中，人民自然选择前者。

实际上，在经济全球化的催动下，现在世界各国都面临着自然环境恶化、收入差距拉大、人心浮躁、社会动荡、道德沦丧等等共同的难题。在

※ 2010年9月26日在“首届尼山世界文明论坛开幕式”上的演讲。

经济全球化的今天，这些问题是每个国家都无法独自解决的。这就更加大了国际对话与合作的必要性和紧迫性。面对着人类的困境，各国的人们无奈、惧怕者有之；麻木、漠然者有之；期望、加剧危机者也有之；但是，希望就在于清醒、遏制这种不良事态者。我们，作为对人生和社会，对现在和未来，对地球和宇宙关怀最多、感觉和思维最为敏锐的阶层，天然地应该属于最后一类，因而我们之间尤其理应进行沟通。虽然我们不能直接做出国际关系的政治决策，甚至有的朋友认为，思想界、舆论界主张对话的声音是微弱的，呼喊者是寂寞而痛苦的，但是在社会责任普遍淡薄之际，我们可以做出一种理性思考并用实际行动进行展示，可以唤起人们沉睡已久的良知，可以在各种文明的特性中发现普遍，可以制衡乃至遏制文明走向冲突。我们并不孤单，因为我们的主张符合人类发展成长的规律，符合绝大多数人的愿望，符合不同文明先圣先知的教导，在我们身后有着亿万善良的人们渴望友谊、和平、安定、幸福的无声诉说和无助的眼神。

各位朋友，各位专家，女士们，先生们：

论坛选择在山东省济宁市举行，并且以尼山命名，是因为如我们在邀请函里所提到的，尼山是孔夫子的诞生地，曲阜和泗水是他生活时间最长的地区，山东作为中国人口第二大省，除了诞生了一位千古伟人孔夫子，还是在公元前 5 世纪到 3 世纪中国古代思想最为活跃、伟大哲人蜂出的战国时代学术最发达、学者最集中的地方。战国时代虽然距今两千多年，但那时所绽放的中华民族的智慧之光，至今仍然在照耀着中国人治国的思路，活生生地存在于人们的日常生活中，他们的遗踪遗迹还保存在这里的地上地下。我们在这里对话、研讨，凝望着郁郁葱葱的尼山，或许可以想象出 2500 年前孔夫子为什么在他的家乡发出“逝者如斯夫，不舍昼夜”、“登东山而小鲁，登泰山而小天下”、“仁者爱山，智者爱水”的感慨和议论以及人们所熟悉的许多伟大教导，或许可以想见他为了天下苍生，站在没有减震器和滚珠轴承的木板车上，在古代坎坷崎岖的土路上颠簸，呼吁各诸侯国实行仁政的忠心而执著的神情，也可以想象出其道不行，退而在曲阜讲学，寄希望于学生把自己那超越当时当地，涵盖古今宇宙的学说传承下去的非常人所能有的刚毅和坚韧。我想，这些地缘的特色可以给我们的聚会增添不少时光荏苒、历史永续的感觉。而时间感，历史感，对于思考当下世界的智者是很重要的。

各位朋友，各位专家，女士们，先生们：

儒家文明和基督教文明，都为人类做出了极其伟大的贡献，至今还在影响着地球上大多数人。有人断言，这两者的激烈冲突是不可避免的。如果真是那样的话，必然造成人类又一次巨大的灾难。我们当然不同意这一观点。这种理论只着眼于二者之异，没有考虑不同的事物之间总有着许多共同点，是可以沟通的，是可以互为补充的；而且，我们不能抛弃文明一直在流动，自它发生之日起，就没有停止过演进、丰富、完善以适应新时代的事实。在这漫长的过程中，任何文明都在异质文明中寻找于己适合并有用的内容，作为自己进步的营养。我们不回避儒家和基督教之间的差异，因为有异，所以多元，所以双方都有持续前进的外部动力。只有明确彼此之异，才能找到彼此之同。从这个意义上讲，在对话中，“明异”是前提，是基础，“求同”是效果，是目的。我相信，在这次论坛上，每一场对话的各方都会抱着“寻异”以“求同”的胸怀，感到对方的真诚和自身的舒畅，每一位与会者都会有所收获。因为我们是为着友谊、和睦而来，为着世界美好的明天而来。

预祝论坛圆满成功。

谢谢！

世界需要“儒耶文明对话”※

地　点：北京钓鱼台国宾馆

主持人：阮次山（凤凰卫视《新闻今日谈》主持人）

阮次山：许先生，尼山世界文明论坛即将开幕，您这两年的演讲主题也集中于文明对话，最近您要出一本书叫《为了天下太平》，为什么会想到儒家文明与基督教文明进行对话？

许嘉璐：阮先生，您知道，其实就我自己的专业来说，并不是从事宗教学或者哲学的研究的，但是作为一个当代的知识分子，常常是除了自己的业务之外，他要关注社会，关注民生，乃至关注世界的走向。我也是受了亨廷顿先生的著作的刺激，他的一种逻辑，在我看来，不是偶然的，他是基于自己的信仰，基于自己的哲学，必然得出这个结论来。而我基于中国的儒家、道家、佛家，这三大文化支柱的理念，会得出相反的结论。于是，我自己就作了一点试验，和美国的宗教家，和以色列的宗教家，和各种文明的代表人物进行多种形式的对话。我试验的结果，我发现，文明不一定产生冲突，也不应该产生冲突。还是中国的哲学对，应该是“和而不同”，“礼之用，和为贵”嘛。那么，怎么样达到这个目的呢？我想，首先应该由社会的精英，就是知识分子的代表先沟通，心与心的沟通，而不是手与手、面与面的沟通。通过沟通，就会发现彼此相异的地方，也会发现相同的地方。所以，基于我的经验，可以做到，于是我就提出来，我们打造一个（论坛），能够相对固定的（论坛），今后隔一年或者两年，我们再举办一次，让它成为有名的论坛。今年，就像您刚才所说，是基督教和儒家对话，下一次，我个人的想法，是伊斯兰教与儒家的对话，然

※　2010 年 9 月 17 日接受凤凰卫视的专访。

后，依序下去。这个对话，可以更深入一些，因为在我和宗教家、学者对话的时候，我们常常就彼此感兴趣的来谈，而且是初次见面，都需要了解对方，不能一下子切到主题，切到更根本的理念上去，这个理念就是哲学。我想，尼山论坛就可以直接切到文明的核心去，这个沟通太必要了。应该说，基督教与我们儒家的哲学有很大的不同。他们要追求的终极的真理来源于上帝，我们的终极真理来源于生活，不是任何人创造的，不是任何人恩赐的，而是人类的全体创造的。我们是多元而一体的，他们是二元对立的。但是，我发现，尽管在哲学上有这样的不同，但是在伦理的层面，在人生价值的追求的层面，以及个人生活的追求方面，还是有很多的共同点。那么，我们为什么不去注意共同点，老是去强调不同点呢？所以，这样，就由我提出建议，后来得到了国内、国外的学术界、宗教界的人的积极的响应，都愿意参加尼山论坛。尼山论坛现在在世界上和在国内所引起的反响，超出了我个人的预想。这说明，想对话，想沟通，是人心所向。

儒耶文明对话与世界未来[※]

——许嘉璐、赵启正、叶小文、吴建民、徐显明、刘长乐共聚凤凰卫视电视论坛

时　间：2010 年 9 月 26 日 15：00—16：30

地　点：济宁圣都国际会议一层会议厅

主　题：儒耶文明对话与世界未来

对话人：

许嘉璐（第九届、第十届全国人大常委会副委员长，山东大学儒学高等研究院院长，尼山论坛主席）

赵启正（全国政协常委、外事委员会主任，国务院新闻办公室原主任，中国人民大学新闻学院院长，尼山论坛副主席）

叶小文（全国政协常委，中华文化学院党组书记、第一副院长，中华宗教文化交流协会会长，尼山论坛副主席）

吴建民（国际展览局名誉主席，欧洲科学院院士、副院长，尼山论坛副主席）

徐显明（全国人大常委，山东大学校长，尼山论坛副主席）

刘长乐（全国政协教科文卫委员会副主任，凤凰卫视董事局主席、行政总裁，尼山论坛副主席）

主持人：

阮次山（香港凤凰卫视评论员）

※　2010 年 9 月 26 日凤凰卫视首届尼山论坛现场直播。

◆和为贵

许嘉璐：应该说儒耶对话的题目之所以产生，的确是基于我日常生活的感受和我在世界各地、人类各地进行不同文化的对话经验凝聚成的。首先，儒耶两大学说是占据世界人口最多的思想体系。再有，就是时时感到中国百年来不断学习西方，我们对西方的了解多于西方对我们的了解，而国际上的疙疙瘩瘩经常主要发生于中国和基督教世界。因此就觉得我们需要进一步了解基督教文明的世界是如何看待中华文明的，中华文明和基督教文明有哪些异点、哪些同点，同时我们也有责任让世界了解中华文明。"和"是万事万物发生、成长、衰落、再生、再成长的一个必然规律，也是人类社会所以能延续到现在的重要规律。不管什么学说，不管什么宗教，当追寻到根本的时候，如果违背了这个规律，就要碰壁，就要把自己陷于绝境。所以，我的意念是，最终不是中华文明统治世界，中华文明也不能够覆盖整个世界，应该是我们推介出去，我们学人家，在不断前进当中你中有我、我中有你，最后大家都找到一条通往和谐、和平的道路。

◆对话与和谐

赵启正：中国在欧洲复兴后的相当长的时间里，科学技术发展迟缓，是一个西方文化的输入国，长期存在文化交流的逆差。30 年来的蓬勃发展使中国成为世界经济舞台上重要的国家，独立自主的外交政策使中国在政治舞台上也走到了中心，但是国际上对中国文化的了解还是很少。尼山论坛是一个重要的向世界说明中国文化的机会，同时我们也愿意倾听国际学者对中国文化的探讨和不解之处，从而使世界更多地理解中国。对中国文化的理解是对中国全面理解的最重要的基础。因为在文化上相互理解之后，政治对话、经济对话、军事对话就容易进行，这是我们所希望的。尼山论坛发出的声音当然是关于文化和文明的声音，是表达中国对文化的见解和传达中国的文化观，是微笑着讨论我们相同的或是不相同的，不是另眼看待对方，而是本着虚心倾听的态度，同时也诚恳表达自己的态度。这里没有讲价还价的气氛，也不企求制定一个文化 WTO 那样的规则，是大家微笑着来，微笑着带着收获走。

◆带走解决人类困境的智慧

叶小文：尼山论坛是以和为贵，以和为题目，是和气东来、和风西送。当然这是文明的对话，而不是局限于宗教的对话。我们并不认同将宗教完全等同于文化或者是文明的观点，但是我们也不必否认确实若干宗教经典教义、宗教道德艺术中所积累的人类生命繁衍的文化信息，所渗透的历史积淀的体验和哲理，所孕育着的民族的优秀文化因素，所镌刻着的人类建设文明发展的轨迹。所以尼山论坛不是宗教对话，当然也不是政治家对话，而是一个儒家文明与基督教文明的对话。我们这个时代太需要找一个安静的地方，有智慧的人坐下来喝杯咖啡谈一谈。当今的世界，一个热的、一个冷的，可能会无情地吞噬着人类的文明。热的就是核战争，冷的就是环境污染，任其下去人类会自己干掉自己。这个时候人类的智者们应该找一个安静的地方坐下来谈一谈。赵启正先生刚才的话使我想到大家熟悉的《再别康桥》：我轻轻地来又轻轻地走，我不带走一片云彩。说的是康桥那个地方，现在你到尼山来：我微笑着来，我微笑着走，我会带走解决人类困境的智慧。

◆和而不同

吴建民：世界正处于全球化的进程中，表现出了越来越明显的经济同质化趋势，但在文化上却出现了异质化的过程。人类在 21 世纪面临的最大考验，就是不同文明之间如何相互容忍、承认、尊重，达到和平共存。加深不同文明间的对话和交流，是促进人类文明进一步发展的必要条件。经济全球化进程应在文明对话过程中实现，应有利于促进文化多样化发展。“文明冲突论”应当让位于“文明对话论”。孔子两千多年前倡导的“和而不同”、“君子和而不同，小人同而不和”，话非常简单，但是思想是深邃的！和谐而又不千篇一律，不同而又不彼此冲突；和谐以共生共长，不同以相辅相成。如果以此面对今天世界上发生的事情，用“和而不同”的观点观察、处理问题，就会感觉到这一思想的强大生命力。

◆科学精神与民主善政

徐显明：孔子讲“知之为知之，不知为不知，是为知也”。这个判断到汉代的时候就可以概括为“实事求是”，实事求是恰恰就是一种科学精神。我们再看民主，民主的最高境界是什么？民主的最高境界是求得一种善政，在儒家的学说里我把善政理解为就是仁政，爱人，使人的地位得到提高，人被保护、被尊重。当人能够被彻底尊重的时候，人的心理就会得到恢复。

◆尊重信仰

刘长乐：人的宗教信仰在某种意义上讲是人的进化上的先进的表现，是一种进步并不是一种退步。我觉得从宗教角度讲，我们应该承认人的宗教需求是一个非常重要的需求，是一个非常合理的需求，也是一个非常先进的需求。从这个意义上讲，我们现在不管是进行基督教和佛教的对话，还是将来也可能进行儒教和佛教或者儒教和伊斯兰教的对话都是一样的，都是为了使人们的精神世界能够得到健康、正常的宣泄和发展。在这一点上，台湾、香港和海外都走过来了，大陆也是一样，我相信这种对话在很大程度上来说是非常明显的进步。

◆新“轴心时代”

许嘉璐：中华文明的哲学和基督教的哲学可以说是完全不同甚至于不相融的，但是何必一定要同呢？只要在世俗方面、在社会方面、在国际关系、人际关系方面能找到共同点，我们就应该谈。在谈的过程中，我们吸收他们的东西、他们吸收我们的东西，都会慢慢地渗透、作用于哲学底层，那是为了后来的事情。结果我和基督教、犹太教谈起来，双方都感到我们有很多的共同点，这就是对生活的期望、对人类未来的预计以及对当下问题的处理，大家都遵循这个原则。而且这些人士都非常欣赏中国的“和而不同”。我这背后还有自己的一个大胆、冒昧的期望或者说是估计，这就是中国人凡是受过儒家影响的人，都以天下为己任。在孔子说这话的时候，那个天下很小，现在经济全球化的情况下、科技现代化的情况下，我们知道这个天下就是整个地球，同时中国人自古以来对天上也很关心，这就是宇宙。既然以天下为己任，中国人具有了世界眼光以后，他就要对世界负责、要对世界作贡献。我的判断和推测是中国人对世界的贡献大概可以分三个阶段，：第一个阶段就是当下，我们贡献的是劳动力，我们出售的是初级产品，其实也就是把廉价的劳动力带去，因为这个我们现在站到了世界的中心。如果只给世界上提供劳动力，这个贡献还不是根本上的。因此，我估计下一个阶段我们贡献的将是知识。所谓知识，包括高端技能，那就是自主创新的技术。但这还不够，这仍然是生产的工具。最后一个阶段，中国人给世界贡献的应该是智慧，当中国人给世界献智慧的时候，那就是把延续了几千年、今天又发展了的对人和人的关系、人和天的关系、现在和未来的关系以及人的身与心的关系理念介绍给世界。当我们把中华智慧贡献给世界，也就是进入到第三阶段贡献的时候，也可能会碰到世界新的“轴心时代”。这样，中国的智者又是轴心的几分之一。

人类危机与文明对话

——与美国水晶大教堂创始人罗伯特·舒乐博士对话※

时间：2010 年 9 月 26 日 10：30—12：30

地点：尼山圣源书院会议厅

主题：人类危机与文明对话

对话：

许嘉璐（中国第九届、第十届全国人大常委会副委员长，山东大学儒学高等研究院院长，尼山论坛主席）

罗伯特·舒乐（美国水晶大教堂创始人、牧师）

主持：

赵启正（中国全国政协常委、外事委员会主任，国务院新闻办公室原主任，中国人民大学新闻学院院长，尼山论坛副主席）

◆孔子、耶稣的可能性思维

罗伯特·舒乐：我们寻求和平，要意识到人类所共享的这个理想，为此，我们要不停地改变。许教授是可能性思维家，50 多年来他就想把不同的、不可能的这种对话变成可能的。这要考虑到周围的环境、它的原因、它的真实性，还要有这种创造性、远见性。如果只考虑到消极性，就把它放弃了、忽视了，积极的向上的一面就不会表现出来。耶稣也谈到，人是可能做成各种事情的，当然耶稣是超高的思维家。不管我们有什么样

※　罗伯特·舒乐，86 岁，是美国洛杉矶水晶大教堂主教、创建人，许嘉璐主席的老朋友，此次来华出席首届尼山论坛是中美儒耶两位老朋友的尼山相会，具有重要历史意义。

的目标，我总是说“我想、我能，我们想、我们能”，我们必须要做到这些。

许嘉璐：刚才舒乐先生引了耶稣的话，可以看出耶稣和孔夫子有很多是共同的。耶稣说，你是可能的，他是可能的，这件事情是可能的，那件事情是可能的。而孔夫子教导我们“有志者事竟成”。三年前我开始系统地构思组织世界文明对话。两年多前我正式提出来并且和几位学者协商，当时很多人劝阻我，说这不可能。但是，我有这个理想，因为中国需要，美国需要，各个民族都需要。另外一种可能，除了便捷的交通工具，要求对话、要求交流已经成为世界多数人的共识。果然，我的梦想实现了。

◆最担忧的人类危机——物质对精神的影响

罗伯特·舒乐：我最担心的危机是精神和物质上的冲突，是让世俗的理念来控制我们的精神，人在物质上的消耗会影响到他精神上的价值和质量，因此我们需要探索和学习，进一步增强世界的活力。

许嘉璐：人类正在受着各种的折磨，其实就包括人类在受着自己物欲的折磨。实际上，一个人最容易接受的是能直接刺激我们五官和肉体的，于是就像中国古语所说的“饮鸩止渴”一样，其结果是泯灭了人类本身的心和性。在儒家看来，人生来之性是相近的，是善良的，可是后天的生活环境和习惯造成了人的分解，而这种刺激五官的、肉体的物质的东西，如果不能把握自己的生活价值、生活方向往正确的道路走，就会由物涉及心，泯灭了人的本性。今天的人类是狂妄的人类，是忘了自己是天与地之子，是宇宙的一个成员，天地一体、万物一体，自己只不过是一休中的一个小小的微尘。但是，一个人的所作所为，用今天的思维也会想到，一个说法，一个做法——会影响到他人、会影响到世界、会影响到未来。

◆挽救世界需要不同文明携手并进

罗伯特·舒乐：我认为，我们应当建立起世界上的正义，世界上有内在的正义感，人们知道正义和邪恶，邪恶的人会受到惩罚。邪恶的人丧失了作为一个正义的人享受到的快乐。基督教不会拯救整个世界，世界上的每一个人都是思想家，他们都会有自己的正面和负面的思想方式。

许嘉璐：虽然我是一个儒者，但是我也要说，地球65亿人，不能只靠儒学来挽救整个世界。世上总会有因贪欲而有恶行的信基督者和不信基督的人，儒学和基督教在这点上是相同的。儒学坚决谴责“为富不仁”。在《马可福音》里说——财主要进天堂比骆驼要穿过针眼还难。我想，耶稣所谴责的不一定是有钱人，而是为富不仁者。对于笃信儒学而又贫穷的人，孟子有一句话“人皆可以为尧舜”很适用，也就是可以成为圣人。怎么成为尧舜呢？不要忘记了人的品德中的四德——仁、义、礼、智。怎么获得呢？“学而时习之”。光自己学习行吗？我们不能默默地守在书斋里读，还要“有朋自远方来”，就像我们论坛的参与者一起切磋一样。还要有一种胸怀，你修养很多，你的心地很好，但是别人误解你，怎么办呢？“人不知而不愠，不亦君子乎。”所以，只要走这条路，每个人都可以提升自己的人格，摆脱物质世界的羁绊，让自己的灵魂升华。基督之所以不避讳自己所受的耻辱和酷刑，还教导自己的弟子：我死后你们继续传播福音。他的目标是普度众生，当然单靠一个宗教救不了人类。

◆不能僵化地理解基督教的排他性

罗伯特·舒乐：我认为我们的文化和教育体系中最需要的就是认识到人类是有情感的，我们需要安慰、需要教育、需要爱。我不认为空谈有什么作用，我们要做实事。我不是从头脑中想出来的主意，而是从心中做这些事情，是发自内心的。在过去两年当中，我日益认识到人们应当认识到怎么样才能够发现健康的、有感情的个性。然后你就会开放你的心扉，让它变得透明。如何能够开发出健康的情感？在这里我们可以依赖宗教、依赖信仰，在每个人的头脑中，他的认识是不同的，必须要反躬自省，要看看自己的内心。

我认为人和人之间的关系有达成一致的可能，这是在人和人之间个体上的新的交流，关键是你在和谁交流，要给人以鼓励，这就是基督教的教义所在。

许嘉璐：儒家也讲以诚相待，从先秦到宋明，一直讲求一个“诚”。至于说基督徒对于不信基督的人，应该通观整个旧约和新约来领会它的实质。例如耶稣在说这个话的时候没有分基督徒和非基督徒，这就使虚心的人得福了，使别人和睦的人得福了。当然，他也无数次提到关键你们要信主。他一生布道直到被处以极刑，布道的对象都是不信基督的，可是他仍然坚持，他对不信道的人布道就是对对方的尊重、对对方的信任、对对方的爱戴，这样理解基督教的排他，我想不会僵化地认为基督教对别的宗教、对别的信仰一概是排斥的。

中西方文明对话的意义与展望

——与匈牙利前总理迈杰希的对话

时间：2010年9月25日10：30—11：30

地点：尼山书院

主题：中西方文明对话的意义与展望

对话：

许嘉璐（中国第九届、第十届全国人大常委会副委员长，山东大学儒学高等研究院院长，尼山论坛主席）

迈杰希（匈牙利前总理）

主持：

陈　健（联合国原副秘书长、中国联合国协会会长、尼山论坛副主席）

◆世界需要聆听的精神

许嘉璐：迈杰希阁下，今天我们在这里聊天，为的是一起领受人类的共同智慧，探讨不同文化交流对世界的意义。这不仅是对我们两个人，对在座的朋友们以及更多的社会界人士都是很有意义的。

迈杰希：来到这里，对我来说是一个了解和学习中国传统文化的好机会。选择这个对话的时机是非常合适的。对于整个国际世界来说，不同文明之间的对话和交流从来没有像现在这样重要。如今世界上有一些不同的言论，甚至一些极端的学说在传播。我觉得人们缺少一种“聆听”的精神。

如今这个时代，不同信仰、不同文化的人生活在一起，相互理解、相互聆听就变得非常重要。同时，要关注对方的利益，为对方着想，要有一种相互体谅的精神。孔子也说过“己所不欲，勿施于人”。所以说，今天我们这场对话有着非常重要和特殊的意义。

许嘉璐：听了刚才迈杰希先生这段话，我也很感动。我作为一个中国人，作为一个孔夫子学说的现代传人，我对孔夫子的感情、对他学术的感情是很自然的。作为一个匈牙利人、政治家，与中国远隔万里，能够对孔夫子的学说如此地熟悉而且深有感情，更让我感到孔夫子是中国的，也是世界的。

刚才迈杰希先生提到一个词，就是现代人们需要“聆听”，我觉得这个词用得非常好、非常精确、非常地关键。

人类本来是大自然的赐予，应该对大自然、对他人怀着敬畏之心、谦卑之心。但是从 17 世纪之后，人们变得越来越狂妄、越来越自大。到了 20 世纪，人类整体对大自然的狂妄、国家对国家的狂妄、人对人的狂妄，变本加厉。一提到人类的狂妄，人们往往想到世界上某些国家对于其他国家的狂妄，这是对的，但这只是狂妄的极端的、最典型的代表。实际上，这种狂妄病已经侵犯到了 65 亿人的神经。

现在想想，德国的哲学家雅斯贝尔斯所提出的“轴心时代理论”，那个时代伟大的哲人都是谦虚的，都怀着对于大自然的一种敬畏。不仅仅孔夫子是如此。这种谦虚、倾听本来是那个时代智慧的一种休现，现在的人把这些忘记了。

◆相互尊重才能求同存异

迈杰希：虽然我们有这样那样的不同，但是我们在对于某些问题上有着相同的看法和见解，这对于我来说也许是一个很好的信息。刚才您提到了要对人尊敬、保持谦卑之心、聆听大众的声音。我想说的就是对人的尊敬这一点，如果对人没有尊敬，也谈不上什么宽容和包容。我们的观点是相互补充的，这对于我们的交流和对话来说是一个很好的开始和契机。

我来自一个很小的国家，面积很小，人口只有一千万。但是我们还是一个很大的民族，这是指一种民族精神、民族思想，是文化、音乐、艺术以及历史等等。作为一个小国的人，我很明白您刚才所说的一些超级大国对于其他国家的傲慢和自大。中国在未来也会变成一个强大的大国。因为中国对其他国家有一种包容和虔诚的态度，所以在未来你们变成的超级大国，也会立于不败之地。如果说举办这次不同文化之间的对话这个主意是来自您、来自中国，那么对于我们来说，这是一个很好的信息。这传达了一种相互理解，并且对外开放、开诚布公，对于多元性的文化保持尊敬的心态。

许嘉璐：中国是一个土地面积广大、人口众多的国家，匈牙利是一个面积小、人口少的国家，我们都曾经受到过世界强国的欺负和凌辱。不仅仅是因为这个，还因为阁下所谈到的“诚”，而这恰好是两千多年来儒家学说当中对于主观要求的关键问题。

中国（特别是近三十年）外交活动比较活跃，在和所有国家交往和相处的时候，我们的一个原则是国家不分大和小、强和弱、富和贫，都是平等的。因此，在国际上应该实行国际的民主，这是对邓小平先生“中国永远不称霸”的注释之一。坦率地说，这些思想是邓小平先生和中国共产党完美地继承了儒家的思想而创造性地运用到今天的国际问题上。

《论语》上曾说“四海之内皆兄弟”。孔子的传人又把孔子的思想提高到哲学的高度领悟，视天、地、人和万物为一体。甚至于后来西方的一些理论家在金融问题上所提出的“蝴蝶效应”，早在一千年前的儒家学说里，已经在社会的层面、自然的层面、人伦的层面有更为精辟的论述，那就是我在这里所做的一切你自己没有意识到，实际上可能影响远方。

我们的共同点是什么？提到哲学的高度看，我们的共同点不过就是人作为一个个体，一个家庭作为社会的一个细胞，一个国家作为国际的一个成员能够获得尊重、获得平等，只有这样，我们才能达到和谐和幸福的生活。当然我们也承认，不同文化之间是有着巨大差异的。在我看来，这种差异是由于不同文化处在不同的地域、自然环境所孕育的不同生产方式、生活方式慢慢构成的。这种不同我归纳为高端、深层和表层。表层例如迈杰希先生穿的西装，陈健先生穿的唐装，您可能喜欢喝奶茶，他可能喜欢喝绿茶；深层的就是一神论还是多神论还是无神论，世界是一元的还是二元的，二元的是二元对立还是合二为一，是哲学上的。现在我们进行对话，就要了解对方跟我有什么不同，尊重不同，因为不同才构成多元。了解了不同，我们才要求同。“同”是什么？是刚才所说的和平、幸福。要达到和平与幸福，自己要谦卑，要对别人尊重，不管是谦卑还是尊重，都要发自内心，而不是表面的、作秀的。

◆知识分子要有推动不同文明对话的担当

迈杰希： 把我心中之所想形象地表达出来确实是很难的，但我对这个问题确实有想法。今天我们带着一种知识分子应有的责任来到这里，对于学者来说，他们有义务对现在我们所处的环境和形势做一个分析，并且对未来提出展望。但我们这种对话和思考如果仅仅停留在知识分子的层面，也是不够的。我想把这个对话的层面再扩大一下，比如一些学者、教授以及政治家、官员都可以加入到我们的对话中。并且这场对话永远不会结束，将无限地进行下去。我非常希望能将这种对话、这种交流继续下去。

许嘉璐： 我完全赞成。刚才我说过，各国的知识分子应该成为社会的良心。因此，这个对话从高端的知识阶层开始是必然的。知识分子对于自己的信念有三条与其他的阶层（包括政界）相比是独特的。

第一，知识分子那种超越自己知识、超越自己生活范围甚至于超越自己的国度，对整个世界、宇宙、人生的关怀是独具的。

第二，知识分子（特别是精英）有这种能力，有这种对事物的敏锐捕捉和深度分析的能力。

第三，知识分子因为能够代表社会去思考，他有能力去思考，所以他受到社会的尊重，他的思想也可以传播开来。

建立友谊，形成氛围，唤醒理智※

各位朋友，各位专家，女士们，先生们：

首届尼山世界文明论坛，经过大家两天紧张的努力，完成了预定的各项议程，现在就要结束了。论坛组委会推举我来对这个论坛作一个小结，这实在是我不能胜任的。因为这次论坛的内容太丰富了，不是我的学养所能概括的；而且，我和大家一起静心地聆听和认真地发言，没能来得及消化大家的高见和思考大家提出的问题。我只感到自己受益良多，但是小结总不能讲成自己收获的报告。组委会既然交给我这个任务，我只好在昨天夜里赶写出以下这些内容，当然里面也有一些我的看法，现在讲出来，请大家批评指正。

这次论坛共有近80位国内外著名专家学者到会，收到论文62篇，共进行高端对话、学术讨论15场次。论文论题比较集中，各显千秋，绝大部分是作者专为这次论坛精心撰写的，其中不乏近年来关于跨文化交往和论述、介绍儒家文明、基督教文明的优秀之作。公开对话是这次论坛的主要部分，也是论坛的重要特色。通过对话，学者们在许多问题上取得了广泛的共识。大家在论文、对话和发言中反复论证了文明多元的历史经验、时代特征和对人类发展的重要意义。这里面包括以下的议题或思想：

文明多元化是人类的共同财产；

文明的多样性；

不同文明之间的差异不应成为世界冲突的根源，而应是世界交流与合作的动力与起点；

学术界应该倡导和保护世界文化多样性，推进不同文明之间的对话；

※ 2010年9月27日“尼山论坛闭幕”辞。

坚持文明多元化、坚持不同文明间对话，互相尊重、互相理解、互相倾听、互相学习，是形成国际民主、建立公正合理的国际新秩序的重要内容；

坚持以对话、商谈方式处理国际事务，维护各国特别是广大发展中国家的根本利益；坚持通过文明对话消弭误解和分歧，是为人类建设可持续未来的必经之路，等等。

只可惜，时间有限，不少学者颇有意犹未尽的感觉，提出了意见和批评；同时，我们在很多的问题上没有来得及深入。作为组织者，我们对此负有责任，让我们在未来的论坛中加以改进。

与会学者高度认同这次论坛的口号——仁爱、诚信、包容、和谐，认为孔子一生所倡导的“和为贵”、“和而不同”、“人无信不立”、“三人行必有我师焉”等名言就完美地体现了这些理念。其实，基督教文明，就像《圣经》里所说的，“像神爱人类那样爱所有的人”、“要爱人如己”、“你们愿意人怎样待你们，你们也要怎样待人”、“人在最小的事上忠心，在大事上也忠心”等等，同样是在追求至善、至美、至真，祈盼社会安宁、人生幸福、天下太平。儒家文明和基督教文明是当今世界两个影响力巨大的文明，开展这两大文明的对话与交流在今天具有突出的意义和时代紧迫性，今后应该进一步加强沟通和了解，在新的基点上建立起彼此相互尊重、欣赏而又和睦通融的新型文明关系。

在这次论坛上，与会作者没有回避彼此之异，既有基督教文明与儒家文明之异，也有 A 学者与 B 学者之异。因为我们知道，从某种意义上讲，在对话中明确彼此的不同更为重要。只有知道了彼此的不同，才能够知道怎样相互接近，才能更好地爱护相同点，保护不同点，二者共存共荣。因此，当我们说要尊重不同的文明的时候，实际上主要是说要尊重对方和自己的不同之处。

儒家文化和基督教文化的不同在于对终极真理、第一推动力、宇宙本体的不同态度和认识，在于由此而形成的思维方法的差异。

儒家——进而影响、扩展到几乎全体中国人，对思辨抽象的本体没有兴趣，把宇宙的来源归结为“自然”，或曰“本然”，视宇宙为一个生生不息的圆融的整体，人是宇宙的一个组成部分，是其中最高贵的一员，与万物为一体。由此而形成的思维方式则是一元的，综合的；“一”分为“二”，这个“二”相互依存、相互转化，然后合“二”为“一”；处事则不取两端而主“中道”。虽然在公元前4世纪时，墨子曾经在逻辑和思辨以及原始科学领域有所建树，但是终究没有发展成为显学；在古希腊，差不多和墨子同时，也曾出现过与儒家理念相近的哲学流派，但也和道家一样，逐渐消失了。这样，中国与西方的思维和文明在那一个时代擦肩而过，没有会合，从此就分道扬镳。基督教——进而扩展到整个欧罗巴、美利坚乃至世界相当广泛地区，基于信仰而形成的思维方式则为二元对立的，非此即彼的，分析的。正是根于各自的哲学理念，所以儒家对于不同的观念是包容的，基督教的教义则具有一定的排他性。当然，在上一节的会议中，有的学者在评论中说道，从柏拉图时代到黑格尔也有一元化的内容。是的，这正是哲学史上很多人关注的问题。但是，可惜得很，中国没有走向二元对立，而西方的哲学也没有走向一元论。从“后柏拉图”时代一直到黑格尔，他们著作中所显现的这种倾向是什么呢？我宁愿说，这是西方哲学家，当先验的哲学观照当下人生和宇宙的时候他们产生了困惑，他们力图于突破，但是，两千多年来无数的学者始终没有达到摆脱二元对立这一桎梏的目的。

中国的哲学理念保障了中华民族数千年的繁衍发展和相对稳定，造就了古代科技、经济、文化的辉煌，但是，同时也留下了历代帝王利用儒学维护利益集团统治、对儒学进行扭曲以及后世儒学过于偏重于把“心”作为本源而产生种种弊病的后门；基督教的哲学激励了人们对平等的追求，促进了近代科学技术的突飞猛进，加深了人类对物质、地球和宇宙构成的认识，改变了世界的物质层面的面貌，但是，也不是完美的。不但在越来越多的科学领域，二元论遇到了物质世界并不领情、与之相矛盾的现象，而且二元对立的绝对性，为后来的种族优越论、单一世界论以及视冲突为必然准备了思想和理论基础。

因此我认为，无论是儒家文明还是基督教文明，当下都有一个共同的、严重的任务，这就是要对自己所信奉的经典作21世纪的重新阐释。这也许是刚才成中英教授所说的“改造”，但是我宁肯用“重新阐释”而不用“revolution ”这个词。为此我认为（也许有点儿偏颇），当今这个时代距离出现新的轴心时代还很遥远，我们所应该做的是回到2500年前的智者那里汲取智慧，弄明白他们的智慧。在弄明白他们的智慧、传达他们的智慧过程中我们就是在创造；现在首先要做的不是急于建立21世纪的所谓新的体系。

儒家文明与基督教文明两种哲学都是历代人们思考人生和未来的智慧结晶，思考的对象都是人和人所生存的环境，追求的都是人类为了幸福而应该具有的道德。这就是二者最大的共同点。基督教文明和儒家文明另一个极其重要的共同点体现在对伦理的关怀上。《旧约·箴言》上记载所罗门的话说："耶和华所恨恶的有六样，连他心所憎恶的共有七样，就是高傲的眼，撒谎的舌，流无辜人血的手，图谋恶计的心，飞跑行恶的脚，吐谎言的假见证，在弟兄中布散纷争的人。"所罗门又说："惟有公义能救人脱离死亡。"《新约·哥林多前书》上说："爱是恒久忍耐，又有恩慈。爱是不嫉妒，不自夸，不张狂，不做害羞的事，不求自己的益处，不轻易发怒，不计算人的恶，不喜欢不义，只喜欢真理，凡事包容，凡事相信，凡事盼望，凡事忍耐。爱是永不止息。"我之所以在这里引用大家所熟悉的《圣经》的这些段落，是因为我每次读到这里的时候，感觉几乎就和读孔夫子关于仁、义、礼、智、信的教导一样，感受到先知先圣所期望于人类的，都是人类理所应当遵循的规范原则，至今温习这些教导就好像我的父兄昨天在对我进行谆谆教导。因而，这些教导当然适用于当代。今天人心、社会和世界的混乱，归根结底其实就是人们忘记了、抛弃了、背叛了先圣先哲一再的告诫。

有关儒家文明和基督教文明的同与异，世界不少学者，包括今天在座的许多朋友已经有了很多深度的研究，无需我在这里展开。我之所以说了上面这些话，是想强调，过去两种文明似乎对彼此的不同注意得更多一些，而对这些不同归纳、分析又常常较为肤浅。因此我们应该准确地寻不同，真诚地求相同。否则很容易陷入亨廷顿先生所持观点的迷茫之中。

在谈到基督教文明和儒家文明同与不同的时候，我曾经遇到过很多外国朋友问我：中国有宗教吗？中国人有信仰吗？答案自然是肯定的。但是这个疑问涉及这样几个问题：什么是宗教？什么是信仰？信仰是不是只有一个模式？信仰宗教是不是必须专一？

所谓信仰，是个极其复杂的概念。在我看来，信仰就是对当下现实中并不存在、未来也无法达到的某种精神和能力的信任、仰慕和希求。中国人在世俗层面上最根本的信仰是"天道"或曰"天理"，这是经由父亲、祖父辈传下来的古老的教导，而这教导的源头则是先圣先哲，先圣先哲的智慧则来自于《周易》所说的"仰以观于天文，俯以察于地理，是故知幽明之故，原始反终，故知生死之说"。换句话说，中国人的信仰是由

"近取诸身，远取诸物"而获得的。中国人崇尚"德"，德的支柱是"仁、义、礼、智"，这就是孟子所说的人之"四端"，后来又加上了一个"信"，形成了"仁义礼智信"。德的修养是没有止境的，达到至高无上境界的就是圣人，在中国人的心目中，能够称为圣人的只有孔夫子，而他自己在世时并不接受这顶桂冠，那是后人大概因为自己所处的社会人心惟危，而对孔子高山仰止，于是把孔子尊为圣。这个时候孔子已经没有发言权和辩解权了。后人这样做也并不过分，因为他所提出并身体力行的"德"的高度是无尽头的。这种信仰并不妨碍很多中国人同时相信鬼神，信仰佛陀，信仰基督，信仰安拉，甚至于一个人兼信两种或三种。在中国有不少家庭，家庭的成员分别有不同的信仰，但是全家一直和睦相处。这是很值得研究的现象。这种现象存在的原因之一是中国人在现世中以德为上，是因为有人对死亡还有恐惧，或者希望摆脱现实中的一些迷惑与羁绊，或对是否有来世存有疑虑，于是寄托于某种超越的存在。而儒家信仰和其他信仰能够并存于一身或一家，就是因为在现世人生精神的提升中各种信仰有许多共同之处，再加上儒家的"君子和而不同"的包容性。这说明，对于中国的过去和现在来说，那种认为一神教是高级宗教、多神教基本属于"原始宗教"和只有信仰唯一的超越的、绝对的、先验的神才是信仰的主张和标准，并不适用。基于对这种情况的了解，外国朋友在观照现实的中国时，有许多现象——包括经济的、政治的、社会的——就容易了然，中国和其他各国学者讨论不同文明的同和不同的时候，可能障碍也就少了一些。

各位朋友，各位同行，女士们，先生们：

儒家和基督教这两种极其重要而又极其庞大、复杂的文明体系，常常让人眼花缭乱，难窥其究，于是产生隔膜。例如，德国马歇尔基金会最近就"对中国的印象"进行调查，调查的对象有 11000 多人，调查的结果是，认为"与中国有足够的共同价值观，能在未来多年合作解决问题"，在美国赞成的占 53%，而在欧洲只占 37%，很遗憾，在欧洲各国中，德国这一数字最低，只有 18%。我想，如果在中国进行同样的调查，恐怕结果也差不了很多。这说明各国人民间了解得多么不足啊。中国唐代的大诗人杜甫——这可是一个纯粹的儒家——在咏泰山的诗里说，应该登上泰山的最高顶，来看看四周，那就会发现其他的山都显得很小（《望岳》："会当陵绝顶，一览众山小"）。要让不同文明的人们之间比较充分的互相理解，体现杜甫的意思，恐怕只有靠我们学者坚持长期的研究，站到高山之巅，才能帮助世人把握各自的文明和文明间关系的全貌和要领，因而也才能使不同文明对话越出知识界的狭小范围，在社会上广泛地开展起来。只有到那时，世界所有的人才能真正地成为一家人。这个任务是艰巨的，长期的，但是既然这是构建世界永久和平所必需的，那么我们就应该像“轴心时代”的伟大智者们那样坚信未来，努力不懈。这才符合中国古代“士”的概念内涵，也才符合现在的欧洲由德国哲学家哈贝马斯所说的“公共知识分子”的身份。

各位朋友，各位同行，女士们，先生们：

我们，在座的每一位学者都并不希求论坛能够改变世界，我们只希望建立友谊，形成氛围，唤醒理智。在这点上，我想我们已经尽了力。许多朋友说，这样的论坛形式内容都很好，不能只办这一次。是的。这届论坛之所以称之为“首届”，就意味着我们期望着有第二届、第三届、第 N 届，这些论坛将陆续举行儒家与各种文明的对话，以期全面促进世界不同文明的交往。

这次论坛是成功的，这是与会者全体和所有为我们服务的各方人士共同努力的结果。请允许我代表组委会向大家致以崇高的敬意！论坛的成功，极大地坚定了我和我的同事们继续办下去的决心。我的初步设想是，隔开一年，到 2012 年这个时候，还是在这个地点，我们举行儒家文明和伊斯兰文明的对话。至于儒家文明和基督教文明的对话，我们将举办其他形式的会议继续进行。如果我的这一“梦想”得以实现，就希望在座的朋友和同行再次光临！我想，如果这个论坛能够坚持办下去，就是我们踏着人类祖先成功的足迹在向前走。总会有那么一天，我们可以自豪地说：在扭转人类命运与道路的关键时刻和伟大事业中，我们也曾经尽过自己的绵薄之力。这是我的愿望，我相信也是所有到会嘉宾和朋友们的共同的愿望！

希望主张对话、反对冲突的话语能成为我们这个时代的最强音！

希望人类的智慧之光能够穿透物质与贪欲所构成的笼罩于人类自身之上的迷雾，让人类能够看到湛蓝湛蓝的天空！

以上就是我所做的小结，请多批评！

谢谢所有的人！

这个世界需要“对话”※

地　点：孔子学院总部

主持人：梁枢（光明日报“国学版”主编）

主持人：许先生好！首先感谢您拨冗接受我们的专访。在这次尼山论坛筹备过程中，国学版有幸参与了其中的部分工作，如报道“世界文明对话日座谈会”，以专栏方式发表论及中西文明比较性分析的一系列文章等。论坛的筹备工作，从渐次展开的每一个环节，到过程中表现出来的每一个细节，都在向人们传达着一个十分强烈的信息：这次论坛将是一次真正意义上的“对话”，一场由中国人主办的不同文明、不同文化之间的对话。“对话”是首届尼山论坛的“核心词”。不仅如此，在时下各种各样的“论坛”中，“对话”也将成为代表与彰显尼山论坛的特色。作为这次论坛的发起者和领导者，您能否向我们的读者展示一下您关于“对话”的理念。

一

许嘉璐：近年来，我有计划地与佛、道、基督、犹太各教代表人物进行交流；我还曾和伊斯兰、神道以及婆罗门等教人士面对面地畅谈过。我之所以愿意和儒家之外的各种文明及其宗教进行交流，是基于以下想法：近三百年来，世界进入了文明多元化跟一元化这两种主张和趋向并存并激烈博弈的时代；自20世纪之末经济全球化加速推进以来，这一博弈日益

※　原载2010年9月23日《光明日报》。

凸显。这一比拼的结果，将决定着人类未来的命运。

工业革命之前，那时的不同文明对话，只是局部的，线性的，自发的，主要的形式是贸易、传教和战争。工业革命以后，不同文明之间对话的方式与性质有了根本性的变化。例如18、19世纪欧洲自视为世界中心，“殖民运动”夹裹着基督福音向世界各地强行撒播和渗透；延至20世纪，美国接替了欧洲“世界中心”的角色，继续推行世界文明的一元化。而面对一波又一波的一元化浪潮，近三百年来，弱势国家和地区只能不自愿地、被迫地承受着自己的传统被扼杀、鄙弃、遗忘的残酷现实。

这种一元化的趋向在全世界范围内展现出巨大的能量，并且它也必然地影响到那个时代的思想家们。这种一元化给当时的思想家带来了什么？从制度设计到宗教信仰，再到对价值尺度、终极真理的哲学思考，这种一元化的趋向被这样那样地全盘接受下来，形成“一元主义”的思维方式。

然而，文明有着超出思想家们想象的伟大与顽强。文明一元化在实施强大压力的同时，也自然孕育并激发出坚持传统、抵制文明移植的巨大力量。从20世纪末起，一元化的趋向在一定程度上开始被文明多元化的呼声减速了。遍布全世界呼唤多元化的声音，是由西方发起的经济全球化和科技现代化的强大趋势辩证地催生的。物极必反，当推行一元化的力度接近极致时，它的对立面就出现了。

主持人：当这一情景进入到思想家的视野之中，必然会掀起波澜。

许嘉璐：今天越来越多的人认识到，多元化是人类文明的本质属性。多元之间的接触、碰撞、妥协和相互吸收是各种文明进步的巨大动力。只有多元，各种文明才能获得相互接触、欣赏、吸取这样一种自身发展的外动力，以适应、维护并促进不断演变前进的社会生活和世界形势。换言之，如果文明单一，或虽内部多元，而缺少和外部足够的接触，则这种文明必然要渐渐衰微，乃至消亡。如果着眼整个世界，则可以预计，文明的单一化也将预示人类的停滞、倒退、灭亡。

但是，潜在于人民意识中的对多元文明的需求以及学界一波又一波的论证、呼吁、抗争，在现实中，其力量至今仍是微弱的。应该看到，文明有着拒绝异质者的本能，所以“一元主义”为了实现自己想象中的情景，就要诉诸刀枪，虽然平时主要是靠人人喜闻乐用的文化形式和物质产品。人类要达到彻底摆脱二百多年的桎梏，消除忘却民族智慧、失去自我、无所适从、灵魂空荡之苦，将是个极其漫长、复杂的过程。

所以我说，文明的一元化与多元化这两种理论和实践是一场长期的博弈。明智者，当前必须向人们揭示文明多元化的必要和必然，以抵消相反理论和实践的影响；然后，经过若干年代的努力，脱下铠甲，打开心锁，让良知战胜贪婪，让文明跨越边界，使世界真正成为友善、包容、和睦、幸福的家园。

人类需要的那种坦诚的、善意的、意在求得相互了解、理解的交流，现在通常称之为“对话”。这个世界需要对话。这种对话，往往从学者开始。因为学者的思考有着比政治家、企业家、军事家更为宏阔的知识背景（历史的、哲学的、文化的等）和更为深刻的对历史和社会走向的关怀。人民是文明的创造者，是文明多元化最有力的推动者，是历史的主人。智者的言论可以作用于人心。只要真正渴望人类和谐的人们坚持不懈地奋斗下去，世界一定会有不同文明和谐共存共荣的一天。

二

主持人： 您充分论证了文明对话的必要性；即将召开的尼山论坛也将有力地推动不同文明之间的交流与理解。但由此也让我有一个问题想请教：诚如您所言，文明对话本身是博弈的产物，加之长期以来“一元化”思维定势的影响，作为博弈的对手，对话如何可能？

许嘉璐： 从人类社会发展史和思想史所揭示的规律看，如果能够超越意识形态和国家、民族、地区、社群之间在物质利益方面的矛盾这一狭小的视野——这当然不能妨碍了人类共同追求的正义和平等的原则——来审视当代世界的特征，那么，所有的国家、民族、地区和社群，也就是全人类，不管是发达国家还是发展中国家，霸权国家还是后殖民国家，也不管是富豪还是贫民、强势群体还是弱势群体，所面临的困惑和痛苦有着相当的一致性。

工业化极大地扩大了人类的视野和知识范围，极大地提高了人们物质生活的便利和质量，但是它造成了人与自然的对立，人与人、人群与人群的对立，人身与人心的对立，现在与未来的对立，现象和本质的对立。可以这样说，这些对立凝聚成了这样两个很少有人思考，但却极为现实的问题中：什么是幸福？人类将走向什么样的终点？现实中的种种对立在生活中就体现为科技发展的加速度、追求财富的欲望之不可节制与人的心灵需要一定的沉静和信仰、人类不仅需要物质更需要自我认识的精神之间的尖锐矛盾。这一矛盾所引起的人之个体和群体精神的迷茫，仇恨的莫名，社会的断裂，危机的频发，已经向人类显示了可怕的未来。因此，不同文明间的对话，不应该只是被文明一元化所折磨的弱势国家、民族、地区和社群的需要，其实也是发达国家、霸权者、富豪和强势群体的内在需求，虽然他/它们未必真正认识到了这一点。获得不同文明对话成果之益的，将是整个人类。

三

主持人：我了解到，尼山论坛是第一次由中国人主办的世界文明论坛。这是否意味着，在文明的问题上，我们有了更多的话语权？

许嘉璐：基督教和伊斯兰教的对话已经在世界上举行过好几次。在美国、西班牙、新加坡，都举行过。而在这些对话当中，我们没有话语权，没有咱们人参加。只有在马德里那次会，人家两家对话，我们是列席。当时学诚法师就作为列席代表团的代表，做了个简短的发言。发言讲佛家的理念，人家没听过，没见过，非常欢迎。这让我想到，世界上应该有中国的声音。应该让世界了解中华文化的核心是什么。怎么办呢？中国办论坛！论坛把朋友请进来，同时也可以让文化走出去。

中华文明在世界不同文明对话中应该而且必然有所作为，有所贡献。这是因为，中华民族向以极大包容、注重和谐、酷爱和平著称；我们有着保证了中华民族独树一帜地保持几千年一统和稳定的文明因素和丰富经验。中华文明的内涵，的确有许多可以作为其他文明的参考，用来补充、纠正、制衡现在统治着全人类的西方文明，以便人类在未来共同创造出能够真正促进自身进步，保障地球安宁与和谐的新文明。例如中华文明把对道德伦理的无止境的提升作为最高的追求；视自身为宇宙的一员，以“我”与“他”为同体，提倡体现无疆大爱的“仁”；虽然自古没有形成崇拜人格神的全民宗教，但是仍然有所敬畏，“畏天命、畏大人、畏圣人之言”，等等。尼山文明论坛通过对话所要追求的，也正是中华文明里天下为一体的理念所早已反复论证并为历史所证明了的真理。

主持人：您说过，多元化是人类文明、文化的本质属性，而中国传统文化的核心，正是充分体现这种文化本性的。那么，通过论坛发出中国的声音，同时也就意味着是在发出文化的心声。

许嘉璐：是的。

四

许嘉璐：还有一点，就是想要通过对话来推进我们的儒学研究。长期以来，我们国内学界存在着就儒学论儒学的研究倾向。而对儒学的价值，儒家文化的价值，只有在比较中才能认识。搞儒学的，应该同时研究伊斯兰教，研究基督教，应该研究婆罗门教，即印度教，应该研究神道教。这样一比较，才能看出自己老祖宗留下的东西的可贵，也看出老祖宗的毛病。这样儒学、中华文化就往前走了。这次请来的外国学者中有不少和我对过话。我们把众多朋友请来，可以给我们的儒学研究者一个更广阔的视野，推动咱们儒学的进步。

我就想，一个民族文化的振兴，要靠民族的文化自觉。“文化自觉”这词是费孝通老先生提的。我也用这个词，但是重新界定了。概括起来，文化自觉就是一个民族要对自己的文化，有清醒的、全面的、深入的了解。也就是要了解自己民族文化的规律、内涵、走向。这样的文化自觉，首先需要知识精英来担当，由知识精英把自己的民族文化放到世界的背景、历史的背景去认识、研究、解读、散布。

主持人：通过对话，在国际视野中提升我们的境界，推进我们的学术建设。

许嘉璐：现在中国正在参与世界上各种对话，不同层次，不同形态，都是对话。但是不能缺的就是这种直插文化根底的哲理的对话，要引向深入。没有深入，其他的文化形态走出去，就可能是不自觉的。所以，我们要有一个高端对话的平台。

主持人：谢谢！

总结过去，开拓未来，为世界做出更大贡献※

第六届二十一世纪中华文化世界论坛经过炎黄国际文化协会和新加坡国立大学中文系各位朋友的辛勤协力，终于开幕了。我谨代表中华炎黄文化研究会向上述两家和我们一起主办的单位以及为筹办论坛付出心血的所有朋友致以真诚的谢意！向百忙中参加论坛开幕式的嘉宾们表示热烈的欢迎和崇高的敬意！

这届论坛以“文化共生——中华文化与东南亚的交流、会通和发展”为主题，标志着中国和东南亚的学界在促进和加强中华文化与东南亚的交流方面进入了自觉阶段。这种自觉在当今世界上弥足珍贵，因为虽经一部分各国学者的呐喊，真正意识到不同文化亟需加强交流、会通以求得共同发展的人，还是绝对少数。

从二十世纪后半叶以来，随着人们物质生活的丰富，精神生活变得越来越单薄；人们有关外界的知识以及技能提高了，对于自身——人类的过去、现在和未来，以及自己身心思考得越来越少了。当对物质的追求成为主要的或唯一的欲望时，个体和个体、个体和群体、群体和群体间的争斗就会越演越烈，社会、世界均不得安宁。人类到了该醒悟的时候了！这醒悟，就是自觉。

对看似不可遏制的物欲和精神的矛盾，有什么方法可以使之缓冲、协调，让所有的民族、国家都过得真正舒畅、愉快、幸福？唯有文化，特别是祖先留下的关于修养、价值、伦理、社会等等的教导，可以启示人们应该沉静、深思、感恩、谦逊。纵观世界各种古老的文明，虽然各有自己的

※ 2010年12月7日在“第六届二十一世纪中华文化世界论坛开幕式”上的讲话。

信仰和特色，但无不意在引导人们认识自己、走向善良。文明本来就是多元的，如果没有自古以来的多元以及多元之间的接触、冲撞和相融，就没有东西方的几大文明。只是在工业发达、农村萎缩的过程中，人们才远离了自然，养成了事事讲“标准”、“规范”的习惯，而一旦把基本适用于自然科学和工业的方法、模式移到人之身心和社会科学身上，就会误入歧途，抹杀或忽略了文化的多元性。

由于种种历史的、社会的、政治的原因，近三百年来，不同文化间的交流，主要是以历史上最野蛮、最残暴的手段和方式进行的；即使通过商贸、旅行、通婚等方式也产生了交流的效果，但是很难说那是自觉的文化行为。在经历了第二次世界大战和冷战之后，伴随着经济全球化和科学技术的快速发展，祈求世界和平的声音越来越强，而且越来越多的人认识到，对于维护社会和谐和世界和平，发展文化多元化，促进不同文化之间的平等友好的交流是多么的重要。我们这次论坛明确地以“中华文化与东南亚的交流、会通和发展”为主题，正是顺应了这一形势，至少在亚洲，将起到一定的引领作用，所以我说这次论坛所反映的对于文化及其交流的自觉“弥足珍贵”。

新加坡共和国在建国后的几十年中，保持文化多元化，融儒、佛、婆罗门、伊斯兰、基督教多种文明于一体，促进和保持了新加坡半个多世纪以来的稳定与繁荣，为东南亚、为世界树立了多元共融的楷模。论坛在这里举行，可以让全体与会者不仅在理论上，而且从国家施政运作和市民的生活中领略多元文化和谐相处、共生共荣的气氛。此可谓论坛之地利。

中华文化和东南亚文化的交流，在漫长的历史进程中积累了极为丰富的经验；不久前，中国国家副主席习近平先生访问新加坡时说，中国愿意和新加坡“共同探索东西方文明兼容共生的有效途径”，新加坡各界对此给予了积极评价，这是在历史经验基础上提出的新课题、新目标。而探索中华文化和东南亚文化“兼容共生”恰是我们这次论坛的宗旨。此可谓论坛得天时之便。

其实，如果说到“天时”，我们甚至可以说，论坛的举行正逢联合国倡议不同文明对话，欧、亚的许多学者和宗教家不时地进行对话的大好时机。例如不久前在孔子的出生地中国山东省曲阜市的尼山举行了儒家文明与基督教文明的对话，除中国学者外，共有十三个国家近 80 位著名学者和宗教家出席。与会学者在不同文明应该“和而不同”、尊重差异、包容多样等方面取得了广泛共识，发表了《尼山和谐宣言》。各国学者普遍希望这一论坛继续办下去，以期逐步深化。我们这次论坛的特点则突出了地域性，是在悠久的交流历史基础上的弘扬和生发，我衷心希望这次论坛能对亚洲地区不同文化间的交流、会通和发展起到积极的作用。

不同文化间的交流不仅仅是世界形势的需要，也是交流各方继续发展繁荣的需要。这在中国、希伯来、希腊、印度、伊斯兰等几千年的历史中已经得到了生动的证明。现在，不同文化间的交流出现了以过去任何时候都无法比拟的范围、规模和速度进行的趋势。为了现在和未来中国和东南亚参与交流的人们更为自觉，超越为度过当下人类的困惑与危机的目标，而达致地区和世界的永久和谐、和平，我们应该从历史学、社会学、哲学、文学以及政治学等角度逐步深化对不同文化间异同的比较、社会多层面的沟通、吸收异质协同发展做更为深化的研究，总结规律，预见未来。毋庸讳言，现在，除了欧洲哲学家在几乎与美国学者提出“文明冲突”论和“历史终结”论同时建构的“公共交往理论”比较引人注目外，其他地区和国度在这方面尚有所欠缺。我真诚地希望，以这次论坛为契机和开端，中国学者和东南亚学者能够加强合作，建立沟通往来的管道，以中华文化和东南亚文化丰富的交流经验为基础，为全球范围的不同文化的交流提供理论的支撑，为地区的和世界的和谐与和平做出更大的贡献。

对此我充满信心。

预祝论坛圆满成功！

谢谢！

主张对话、反对冲突是时代的最强音※

——儒学与基督教：人类危机与世界文明对话(笔谈)

当今世界需要对话，尤其是不同文明之间的对话。通过对话，可以懂得对方、欣赏对方、学习对方，增进友谊，和睦相处。对话的对应物是对立、是冲突，冲突的最高形式就是可怕而可恶的战争，冲突的原因，除了经济寡头无止境的贪欲之外，其社会基础则是普遍存在的误解和偏见。在对话和冲突当中，人民自然选择前者。

在经济全球化的推动下，现在世界各国都面临着自然环境恶化、收入差距拉大、人心浮躁、社会动荡、道德沦丧等等共同的难题。在经济全球化的今天，这些问题是每个国家都无法独自解决的，这就进一步加大了国际对话与合作的必要性和紧迫性。面对人类的共同困境，各国的人们无奈或惧怕者有之，麻木而躲闪者有之，希望并加剧危机者也有之。但是，希望就在于警醒并遏制这种不良事态者，虽然我们不能直接作出国际关系的政治决策，甚至有的朋友认为，思想界、舆论界主张对话的声音是微弱的，呼喊者是寂寞而痛苦的，但是，在社会、责任观念普遍淡薄之际，我们可以作出一种理性的思考，并用实际行动进行展示，可以唤起人们沉睡已久的良知，可以在各种文明的对话中发现普遍，可以制衡乃至遏制走向文明冲突的势头。我们并不孤独，因为我们的主张符合人类发展成长的规律，符合绝大多数人的愿望，符合不同文明先圣先知的教导。在我们身后，有着亿万善良的人们渴望友谊和平、安定幸福的无声的诉说和无助的眼神。

※ 发表于2011年《文史哲》第4期。

尼山是孔夫子的诞生地，曲阜和泗水是他生活时间最长的地区。山东作为中国人口第二大省，除了诞育了千古伟人孔夫子，在中国古代思想最为活跃、伟大哲人纷出的战国时代，还是学术最发达、学者最集中的地方。战国时代虽然距今两千多年，但是那时所绽放的中华民族的智慧之光至今仍然在照耀着中国人治国的思路，活生生地存在于人们的生活中。这些伟大哲人的遗踪和遗迹还保存在山东省的地上和地下。凝望着郁郁葱葱的尼山，或许可以想象出两千五百年前孔夫子为什么在他的家乡发出"逝者如斯夫，不舍昼夜"（《论语·子罕》），"登东山而小鲁，登泰山而小天下"（《孟子·尽心上》），"知者乐水，仁者乐山"（《论语·雍也》）的感慨和议论以及人们所熟悉的许多伟大的教条。或许我们可以想见他为了天下苍生站在没有减振器和滚珠轴承的木板车上，在古代坎坷的土路上颠簸，向各诸侯国呼吁"仁政"和治国的真谛。也可以想象，他的道得不到实行，于是退而在曲阜进行讲学，寄希望于学生把自己那超越当时当地涵盖古今宇宙的学说传承下去，这是非常人所能有的刚毅和坚韧。这样的时代感、历史感，对于我们思考当下的世界是很重要的。

儒家文明和基督教文明都为人类作出了极其伟大的贡献，至今还在影响着地球上大多数人，有人断言，这二者的激烈冲突是不可避免的。如果真是那样的话，必然造成人类又一次巨大的灾难。我们当然不同意这一观点。这种理论是着眼于二者之异，没有考虑不同事物之间总有着许多共同点和关联。二者是可以沟通的，是可以互为补充的。而且，我们不能抛弃了文明一直在流动，自它发生之日起就没有停止过演进、丰富、完善，以适应不同时代的事实。在这漫长的过程中，任何文明都在异质文明中寻找对自己适合并且有用的内容作为自己进步的营养。我们不回避儒家和基督教之间的差异，因为差异，所以多元，所以双方都有持续前进的外部动力。只有理解彼此之异，才能找到彼此之同。

不同文明间的对话，可以论证多元的历史经验、时代特征和对人类发展的重要意义，可以产生这样一些议题或思想：文明多元化是人类的共同财产；文明的多样性；不同文明之间的差异不应成为世界冲突的根源，而应是世界交流与合作的动力与起点；学术界应该倡导和保护世界文化多样性，推进不同文明之间的对话；坚持文明多元化、坚持不同文明间对话，互相尊重、互相理解、互相倾听、互相学习，是形成国际民主、建立公正合理的国际新秩序的重要内容；坚持以对话、商谈方式处理国际事务，维护各国特别是广大发展中国家的根本利益；坚持通过文明对话消弭误解和分歧，是为人类建设可持续未来的必经之路，等等。

不论何种文明，都认同仁爱、诚信、包容、和谐等思想与精神，例如《论语》所倡导的“和为贵”（《论语·学而》），“和而不同”（《论语·子路》），“民无信不立”（《论语·颜渊》），“三人行必有我师焉”（《论语·述而》）等名言就完美地体现了这些理念。而基督教文明，就像《圣经》里所说的，“像神爱人类那样爱所有的人”，“要爱人如己”，“你们愿意人怎样待你们，你们也要怎样待人”，“人在最小的事上忠心，在大事上也忠心”等等，同样是在追求至善、至美、至真，企盼社会安宁、人生幸福、天下太平。儒家文明和基督教文明是当今世界两个影响力巨大的文明，开展这两大文明的对话与交流在今天具有突出的意义和时代紧迫性，今后应该进一步加强沟通和了解，在新的基点上建立起彼此相互尊重、欣赏而又和睦通融的新型文明关系。

儒家文化和基督教文化的不同在于对终极真理、第一推动力、宇宙本体的不同态度和认识，在于由此而形成的思维方法的差异。

儒家——进而影响、扩展到几乎全体中国人，对思辨抽象的本体没有兴趣，把宇宙的来源归结为“自然”，或曰“本然”，视宇宙为一个生生不息的圆融的整体，人是宇宙的一个组成部分，是其中最高贵的一员，与万物为一体。由此而形成的思维方式则是一元的、综合的；“一”分为“二”，这个“二”相互依存、相互转化，然后合“二”为“一”；处事则不取两端而主“中道”。基督教——进而扩展到整个欧罗巴、美利坚乃至世界相当广泛的地区，基于信仰而形成的思维方式则为二元对立的、非此即彼的、分析的。正是基于各自的哲学理念，所以儒家对于不同的观念是包容的，而基督教的教义则具有一定的排他性。

中国的哲学理念保障了中华民族数千年的繁衍发展和相对稳定，造就了古代科技、经济、文化的辉煌，但同时也留下了历代帝王利用儒学维护利益集团统治、对儒学进行扭曲以及后世儒学过于偏重于把“心”作为本源而产生种种弊病的后门；基督教哲学激励了人们对平等的追求，促进了近代科学技术的突飞猛进，加深了人类对物质、地球和宇宙构成的认识，改变了世界的物质层面的面貌，但也不是完美的。不但在越来越多的科学领域二元论遇到了物质世界并不领情、与之相矛盾的现象，而且二元对立的绝对性，为后来的种族优越论、单一世界论以及视冲突为必然准备了思想和理论基础。

因此我认为，无论是儒家文明还是基督教文明，当下都有一个共同的、重要的任务，这就是要对自己所信奉的经典作21世纪的重新阐释。我们所应该做的是回到两千五百年前的智者那里汲取智慧，弄明白他们的智慧。在弄明白他们的智慧、传达他们的智慧过程中我们就是在创造，现在首先要做的不是急于建立21世纪的所谓新体系。

儒家文明与基督教文明两种哲学都是历代人们思考人生和未来的智慧结晶，思考的对象都是人和人所生存的环境，追求的都是人类为了幸福而应该具有的道德。这就是二者最大的共同点。我读《圣经》，常常感觉几乎就和读孔夫子关于仁、义、礼、智、信的教导一样，感受到先知先圣所期望于人类的、我们理当遵循的规范原则，至今温习这些教导就好像我的父兄昨天在对我进行谆谆教导。因而，这些教导当然适用于当代。今天人心、社会和世界的混乱，归根结底就是人们忘记了、抛弃了、背叛了先圣先哲的一再告诫。

中国有宗教吗？中国人有信仰吗？答案自然是肯定的。在我看来，信仰就是对当下现实中并不存在、未来也无法达到的某种精神和能力的信任、仰慕和希求。中国人在世俗层面上最根本的信仰是“天道”或曰“天理”，这是经由祖父辈、父辈传下来的古老的教导，而这教导的源头则是先圣先哲，先圣先哲的智慧则来自于《易传·系辞上》所说的“仰以观于天文，俯以察于地理，是故知幽明之故，原始反终，故知死生之说”。换句话说，中国人的信仰是由“近取诸身，远取诸物”而获得的。中国人崇尚“德”，德的支柱是“仁、义、礼、智”，这就是孟子所说的人之“四端”，后来又加上了一个“信”，形成了“仁义礼智信”。这种信仰并不妨碍很多中国人同时相信鬼神，信仰佛陀，信仰基督，信仰安拉，甚至于一个人兼信两种或三种。在中国有不少家庭，家庭的成员分别有不同的信仰，但是全家一直和睦相处。这是很值得研究的现象。这种现象存在的原因之一是中国人在现世中以德为上，是因为有人对死亡还有恐惧，或者希望摆脱现实中的一些迷惑与羁绊，或对是否有来世存有疑虑，于是寄托于某种超越的存在。儒家信仰和其他信仰能够并存于一身或一家，就是因为在现世人生精神的提升中各种信仰有许多共同之处，再加上儒家的“君子和而不同”的包容性。这说明，对于中国的过去和现在来说，那种认为一神教是高级宗教，多神教基本属于“原始宗教”，以及只有信仰唯一的、超越的、绝对的、先验的神才是信仰的主张和标准，并不适用。基于对这种情况的了解，外国朋友在观照现实的中国时，有许多现象——包括经济的、政治的、社会的——就容易了然，中国和其他各国学者讨论不同文明的同和不同的时候，可能障碍也就少了一些。

希望主张对话、反对冲突的话语能成为我们这个时代的最强音！希望人类的智慧之光能够穿透笼罩于人类自身之上的物质与贪欲的迷雾，让人类看到湛蓝湛蓝的天空！

长期的博弈　伟大的责任※

一

不同文明间的对话，是当前世界文明一元化和多元化两种主张和趋向之间博弈的产物。

各种文明都要走向世界，自古已然。就我们熟知的自己的事情而言，印度佛教传入中国，中国和中亚合力打造了丝绸之路，中国和波斯商人开辟了海上丝绸之路，郑和七下西洋等等即是；在西方，伊斯兰向西伸展，十字军东征，哥伦布发现新大陆等等也属此类。那时的不同文明对话，只是局部的，线性的，自发的，主要的形式是贸易、传教和战争。工业革命以后，各种文明走向世界的力度加大了，例如18、19世纪欧洲自视为世界中心，“殖民运动”夹裹着基督福音向世界各地强行撒播和渗透；延至20世纪，美国接替了欧洲“世界中心”的角色，继续推行世界文明的一元化。二百多年来，弱势国家和地区只能不自愿地、被迫地承受着自己的传统被扼杀、鄙弃、遗忘的残酷现实。当然，文明一元化在实施强大压力的同时，也自然孕育并激发出坚持传统、抵制文明移植的巨大力量。从20世纪末起，一元化的趋向在一定程度上开始被文明多元化的呼声减速了。遍布全世界呼唤多元化的声音，是由西方发起的经济全球化和科技现代化的强大趋势辩证地催生的。物极必反，当推行一元化的力度接近极致时，它的对立面就要出现了。迄今，人类文明一元化和多元化的博弈还在

※　2010年5月1日在“世界文明对话座谈会”上的讲话。

激烈地进行，但是已经不再是东西之争，强弱之争，而是垄断资本和人类良知之争，政客和学界之争，正确和谬误之争。

人类的文明从其发生之时起，就是多元的；多元之间的接触、碰撞、妥协和相互吸收是各种文明进步的巨大动力——多元是文明自身的天性。但是，潜在于人民意识中的对多元文明的需求以及学界一波又一波的论证、呼吁、抗争，在现实中，其力量至今仍是微弱的。人类要达到彻底摆脱二百多年的桎梏，消除忘却民族智慧、失去自我、无所适从、灵魂空荡之苦，是个极其漫长、复杂的过程。人民是文明的创造者，是文明多元化最有力的推动者，是历史的主人。智者的言论可以作用于人心。只要真正渴望人类和谐的人们坚持不懈地奋斗下去，世界一定会有不同文明和谐共存共荣的一天。

二

不同文明之间的对话是人类和平幸福的必要条件，但并非充足条件。人民及其精英间的对话只是善良的人们对抵消、制约当前这一不同文明间极不平衡状况的努力。资本主义永无止境的贪婪、“自由市场”的纵容、垄断者二百多年来所把持的世界天平倾斜的惯性以及无知与偏见，是文明多元化和人类和平破坏力的最主要根源。或者可以说，在今天，不同文明间的对话是人类良知、人性之善的体现，而妄自尊大、以我为准、君临天下、排除异类，从其本质上看则是人性之恶的体现；唤醒人类古老的愿望和睿智、解剖当下、尽力运用人类幸福和平的必要条件以达到强有力地遏制乃至消除邪恶，为人类幸福和平准备充足条件，则是进行不同文明对话的职责。

三

从人类社会发展史和思想史所揭示的规律看，如果能够超越意识形态和国家、民族、地区、社群之间在物质利益方面的矛盾这一狭小的视野——这当然不能妨碍了人类共同追求的正义和平等的原则——来审视当代世界的特征，那么，所有的国家、民族、地区和社群，也就是全人类，不管是发达国家还是发展中国家，霸权国家还是后殖民国家，也不管是富豪还是贫民、强势群体还是弱势群体，所面临的困惑和痛苦有着相当的一致性。工业化极大地扩大了人类的视野和知识范围，极大地提高了人们物质生活的便利和质量，但是它造成人与自然的对立，人与人、人群与人群的对立，人身与人心的对立，现在与未来的对立，现象和本质的对立。可以这样说，这些对立凝聚成了这样两个很少有人思考，但却极为现实的问题：什么是幸福？人类将走向什么样的终点？现实中的种种对立在生活中就体现为科技发展的加速度、追求财富的欲望之不可节制与人的心灵需要一定的沉静和信仰、人类不仅需要物质更需要自我认识的精神之间的尖锐矛盾。这一矛盾所引起的人之个体和群体精神的迷茫，仇恨的莫名，社会的断裂，危机的频发，已经向人类显示了可怕的未来。因此，不同文明间的对话，不应该只是被文明一元化所折磨的弱势国家、民族、地区和社群的需要，其实也是发达国家、霸权者、富豪和强势群体的内在需求，虽然他/它们未必真正认识到了这一点。获得不同文明对话成果之益的，将是整个人类。这正是中华文明里天下为一体的理念所早已反复论证并为历史所证明了的真理。

四

已经逐步被论证为谬论的欧洲中心论，至今仍然阻碍着不同文明间的对话和交流。除了少数寡头的利益驱使外，还有以下原因。

一是西方故步自封、傲视他人已久，放下身段主动地、虚心地去了解、理解和吸收他人的文明是极其痛苦的事。犹如一身坚硬的铠甲紧裹在身，解下也难。

二是这种心理惯性在学术上的反映，即在西方的图书市场上鲜有他国著作的译本，美国是其尤者。虽然时有介绍外国情况的著作摆出来，也属凤毛麟角，其中有相当比例还是并不准确的对他人的解读。另一方面，西方之外的国家译为西方文字（特别是英文）的力量薄弱，或者是重视不够。这在中国可能更为明显。因此，对话所需要的知识和物质基础极其薄弱。要改变这一不平衡状况也不是短时间里能够奏效的。

三是在西方了解中国、与中华文明对话方面，西方早已存在的、中国古代典籍的译本和介绍中国的著作，至今还有相当的权威性和影响力，但大多为当年传教士所著所译。其中，有的是以基督教的理念进行比附（西方学者有人称之为“新格义”），这样就歪曲了中国，形成误导。这就像是在坚硬的铠甲上又上了一把锁，成了现在准确介绍中国、与中国对话的巨大障碍。现在，我们与西方对话不得不从中华文明的A、B、C说起，而我们在这方面的人才、著作的准备犹有不足。

五

中华文明在世界不同文明对话中应该而且必然有所作为，有所贡献。这是因为，中华民族向以极大的包容、注重和谐、酷爱和平著称；我们有着保证了中华民族独树一帜地保持几千年一统和稳定的文明因素和丰富经验。中华文明的内涵，的确有许多可以作为其他文明的参考，用来补充、纠正、制衡现在统治着全人类的西方文明，以便人类在未来共同创造出能够真正促进自身进步，保障地球安宁与和谐的新文明。例如中华文明把对道德伦理的无止境的提升作为最高的追求；视自身为宇宙的一员，以"我"与"他"为同体，提倡体现无疆大爱的"仁"；虽然自古没有形成崇拜人格神的全民宗教，但是仍然有所敬畏，"畏天命、畏大人、畏圣人之言"，等等。

现在中华文明正在参与不同文明的对话，但是，毋庸讳言，我们并没有做好应有的准备。一是我们对自己的遗产生疏了，纯学术化了，需要接续上，使之生活化，这既需要把过去在泼洗澡水的同时扔掉的娃娃再抱回来，更需要在前人的肩膀上继续攀登；二是我们对自己的认识至今基本上还停留在自省的阶段，在地球变小，需要其他文明了解我们的时候，还需要一块多面镜，做多角度的自我审视，也就是需要参考其他文明是如何观察我们的，这就需要补课；三是随此而来的，需要把中华文明放到全人类文明的发展史和现实存在的大环境中深度思索我们的未来，在这方面我们也还有许多事情要做。

诚如现在人们常说的，中国需要世界，世界需要中国。对前者，懂得其道理的人多，对后者，则相对少得多，而且更多的是从世界需要我们的物质产品着眼的。不同文明之间的对话，绝不只是知识精英间的交往和交流。而如果没有各方成千上万人民群众的参与，其效果将永远是很有限的。似乎可以这样说：当中华民族的大部分人都明白了这个道理，并尽己所能做出实际成绩时，中华民族对世界的贡献就更大了，中华民族也才真正地强大了。

书信、贺文、序跋

致罗伯特·舒乐博士

舒乐博士：

感谢您邀请友联会代表团访问水晶大教堂和对我们的盛情款待。很荣幸作为您的特邀嘉宾在水晶大教堂发表讲演，与您的长谈更让我受益匪浅，至今意犹未尽。

水晶大教堂的宏伟壮丽给我们留下深刻的印象，其建造过程中的艰辛和所凝聚的聪明才智令代表团赞叹。置身于这座奇迹般的建筑，我不由地想起了您“只要有梦想，就一定能够实现”这句名言。水晶大教堂是您奋斗的结晶，是您“积极思维”助人实现梦想、创造奇迹的生动例证。很荣幸在这样一座伟大的建筑里与您畅谈，三个小时的对话让我们都更加笃信东西方文化之间加强交流的必要性。我愿意继续与您深入探讨基督教与儒家思想之间的相通和不同之处，并诚挚邀请您参加在孔子故乡举办的儒家思想与基督教信仰的对话活动（因金融危机的影响和今年山东将举行全国运动会，这一对话活动有可能适当推迟）。

长期以来，您一直在为推动中美友好事业不懈努力，你们在中国西部地区捐建希望小学等慈善活动，在中国国内产生了积极的影响，我们对此表示诚挚的谢意。友联会愿与水晶大教堂继续保持友好合作关系，为促进中美文化交流、增进两国人民的友谊发挥更大更积极的作用。

中国国际友好联络会高级顾问

原全国人大副委员长

2009 年 2 月 3 日

首届澳门学国际学术研讨会

澳门大学　赵伟校长：

欣悉贵校隆重举办“首届澳门学国际学术研讨会”，这是一次以研究澳门文化，弘扬澳门精神为主题的国际性学术盛会，我谨致以热烈的祝贺！

明清以降，中国得以接触西风异俗及科技文明，西方世界得以领略中华文明与东方精神，乃从澳门始。几百年间，澳门外引欧洲，内联中国遂成中国与世界联系的枢纽，也是东西方文化相互接触、传播和影响的驿站，直接或间接对东西方近代历史，乃至于全球史，产生重大影响。开展“澳门学”研究，探讨澳门历史及社会、文化、经济的结构功能和价值形态，探讨澳门在世界文明进程中的特殊地位和作用，揭示其中的规律，对人类社会的知识增量与和谐发展都具有重要的意义。

从全球范围看，澳门是西学东渐、东学西传，以及异质文明碰撞兼容的典型样本。对澳门丰富的历史文献和特殊的社会形态展开研究，可以弥补世界史关于不同文明相互融合研究之不足。随“澳门学”研究之深入，中国历史、葡国历史，乃至世界历史关于文明冲突与发展的部分可能需要补充或重写，“澳门学”因此可以丰富人类现有的知识体系，其学术价值不容低估。

开放、宽容、多元，是人类社会孜孜以求的目标，是人类社会共同的价值取向。当今世界，地区性的冲突，多为民族、宗教、文化之间的隔膜、误解与偏见所造成。不同民族、宗教、文化如何化冲突为和谐已成为各国政治家面临的重大课题。在澳门，不同的民族、不同的宗教、不同的文化“各美其美，美美共生”，呈现出多样性民族、宗教、文化和谐相融的文明景观。“澳门学”研究和弘扬这种独特的澳门精神，可以对当今世界各国妥善处理民族、宗教问题，促进世界和平、社会和谐，有着重要的示范作用。

“澳门学”是一门综合性学科，只有从史学、哲学、宗教学、文化等多角度综合研究，才能重新认识澳门的内涵。“澳门学”也不局限于澳门，应该自觉地将澳门定位为中国乃至世界文明进程中的有价值的个案。当然，有关澳门的规律性解读与理论性揭示，是一项巨大的文化工程，需要澳门以及世界各国的学者为之付出努力。这也正是本次研讨会召开的意义和价值之所在。

“澳门学”应该打造成为澳门的一张“文化名片”，澳门大学亦正在为此而努力。我相信，此次会议的召开，将进一步推进“澳门学”研究的学理化和国际化，对“澳门学”的研究必将产生重要的影响。

预祝会议取得圆满成功！预祝“澳门学”研究取得更大的成就！

许嘉璐

2010年4月15日

中華羑里周易文化論壇主辦單位、與會專家：

欣悉周易文化論壇舉行，本欲附驥，叵奈要事纏身，至為遺憾。自前旬奉鵬程先生函，在外奔波迄今，雖欲馳箋致意，亦復遷延，益增赧顏，尚祈與會先進鑒諒。

周公有功當世，澤被千古。其德業載在典籍，流於民間。然無專祭周公之典幾二千餘載。今國運昌明，以廟堂之儀，於其受拘之羑里祭拜之，良有以也。前賢之頌周公，多在其於王室輔幼秉政，安定天下；雖亦稱其制禮作樂，然鮮及其于嗣后三千餘載之影响。今“周易文化論壇”，暢論“文王拘而演《周易》”之偉大功績，實為卓見卓舉。追遠，實不可不念周公；論儒，亦不可不崇周公；研《易》，尤不可不祭周公也。

知諸先進將論《周易》之傳播及應用，且有《周易》與經濟及民生關係講座，是矣，妙矣；然《周易》奠定中國哲學之根基，其熏溉後世，要在觀念、信仰及思維；和也，變也，莫非其旨。至若社會應用蓋終不出其範圍。今論壇結合二者，亦助《周易》傳播之舉。

南華大學雅樂，夙所仰知，今夏曾與該團失之交臂於京城，今又不得洗耳一聆，憾何如也。

謹祝論壇成功，南華演出成功！

許嘉璐　恭賀

2010 年 10 月 21 日夜

饶宗颐研究所成立大会

饶宗颐研究所成立大会暨饶宗颐学术研讨会：

欣悉饶宗颐研究所成立、饶老学术研讨会举行在即，喜何如之！本应应召敬奉末席，一达景仰饶老之情及对韩山师院、众多饶学专家之敬意，叵奈届时主持海峡两岸“王道”思想研讨会，憾何如之！咎何如之！

饶老为当今国学第一人。其毕生研究范围之广、之深，研究方法之博采众长且时时创新，可谓独步中外学坛；其淡泊明志、宁静致远之境界，恐亦无与比肩者。此二端非偶集于一身，乃饶老修学养心相辅而相成，出于自然，出于诚意者。其所以可望而难及者，以此。

饶老之修养，尚有不可忽略者，即其于古文人之所擅，琴棋书画，无一不好，无一不精。此之于饶老，非闲务也，非为耳目之娱也，乃其生命及心境之外达，亦以通古贤先哲心灵之康庄。此亦后学可望而不可及者。以此而论，谓当今中外唯此一人，不为过也。

璐所寄望于贵院研究所及有志于饶学诸公者，研其学，要在知其人；知其人，要在知其心；知其心，要在效其情。未知与会诸贤以为然否？

谨祝研究所诸事顺遂，祝会议圆满成功，祝与会嘉宾事业畅达，

祝饶老健康长寿！

许嘉璐

2011 年 4 月 19 日匆笔

南京云锦学院

南京师范大学·南京云锦学院：

欣闻你们热心我国文化遗产的研究、保护与推广，致力于中国文化产业事业的发展，共同创办南京师范大学云锦学院，倍感高兴。

非物质文化遗产的价值主要在于它是民族和人类从远古走到今天的足迹，是残存于工业化时代可供人类记住“自己是从哪里来的”，“我/我们是谁”，进而能懂得“我们将要和应该走向哪里”的文化现象。云锦，作为前工业化时代最顶级的纺织工艺，折射出中华民族在农耕时代手工艺漫长、艰难和令人惊叹的过程，反映出现代科学技术的局限——机器与手相比，计算机和大脑相比的局限——现在人类不大去想这些问题，所有的，是对科技的迷信、对速度的痴迷、对过去的鄙夷，在人类开始反思并质疑近代“启蒙运动”所形成的种种理念时，正需要像云锦这样的非物质文化现象促使人类清醒起来。

云锦是中华民族的骄傲，是南京地方最具特色的非物质文化遗产；南京师范大学是百年名校，具有深厚的文化积淀；文物局是政府机关从事文化遗产保护的重要部门。我相信，你们强强联手，不仅会对云锦文化内涵的发掘、研究与弘扬，对云锦产业的发展与繁荣做出重要贡献，更能为南京和江苏，乃至全国的文化产业事业和中华文化走出国门、让全世界人民共享做出贡献。

衷心祝愿云锦学院前程似锦，硕果累累，人才竞出，祝愿云锦事业蒸蒸日上繁荣！

第十届全国人大常委会副委员长

许嘉璐

2011 年 7 月 2 日

凤凰于飞，翙翙其羽，亦集爰止

——贺《凤凰文库》首批图书出版

当收到网上购买的马克斯·韦伯所著《儒教与道教》，看了“出版说明”和“海外研究总序”后，不知怎地，脑海里突然蹦出《诗经·卷阿》中的语句：“凤凰于飞，翙翙其羽，亦集爰止。”不久，收到凤凰出版集团寄来的有关组织出版《凤凰文库》的缘起、规划，并得知首批100余种翻译书籍和国内原创著作已经问世，不禁喜从中生，忍不住想写点什么，于是决定就以《卷阿》的诗句为题。

据《毛传》的“小序”说，《卷阿》是“召康公戒成王也。言求贤用吉士”的。所引的这三句的意思是“喻贤者所在，群士皆慕而往仕也”。我用来作这篇小文之题，是想说，凤凰出版集团立足点高，气魄宏大，思考周密，于是才有了“文库”的规划；而“文库”的问世，必然在引来众多关心人文社会科学的读者的同时，还会激发许多学者潜心著述或翻译世界名著的热情，以繁荣我国的学术研究，“文库”也会因此而愈出愈精，由“品牌”而“名牌”，由“名牌”而聚集并培养出大批知名学者，这岂不是可以用“群士慕而往”喻之？

说凤凰集团立足点高，是因为他们没有单从眼前的经济效益着眼，而是遵循经济效益和社会效益统一的规律，想到出版者的历史性的社会责任，想到中华民族持续发展，要立足于世界之林，最终还是离不开高度发达的具有自己特色的文化，离不开为人类的生存与发展贡献智慧。有了这样的战略思考，还需要相应的胆识。一个几千人的企业在进行较大数额投资的时候必须权衡成败得失利弊啊。有了眼光、气魄，如果规划不当，也可能导致企业伤筋动骨，近年来在我国出版界此类事例不是没有。凤凰集团洞察国际研究动态，虚心求教于专家，于是形成了既体现策划初衷又可操作的计划。当然，要让《文库》能够按照预想方案实现，还需要一定的财力基础，虽然这是不言而喻的，但是现实是并非具有经济实力的出版机构都把心思和力量首先投到本职领域里。与一些惨痛的教训相对照，凤凰集团的经验更引人深思。

毋庸讳言，我国的人文社会科学乃至文学艺术的研究与创作，和我们这个伟大时代波澜壮阔的事业，和世界激荡的风云及其所激起的人类反思的逐渐深刻还有相当的距离。在经过了 30 年的急速发展之后，在进一步全面建设小康社会的历程中，继续深化改革扩大开放是当然之义。在这种情况下，中华民族将以怎样的精神风貌、怎样的胸怀和对世界对自身怎样的认识拥抱世界、让世界欢迎中国，就是民族命运攸关的问题了。

要使我们在现代文化上也成为泱泱大国，恐怕还需要若干年的努力吧。客观环境姑且不说，就主观而言，其间既需要高水平的教育，也需要——也许应该说更需要——高水平的学术，还需要中国在世界学术舞台上的话语权，而这最后一点则是主客观的交结，我们自己"强身"的状况会起到很大的作用。这些，都不可能一蹴而就，学生要一年一年、一门课一门课地学，学者要一个问题一个问题地钻研，书要一本一本地出，国际上的情况要一点一点地了解。凡我中华民族子孙，在这个伟大工程里人人有份哪！而出版机构自然首当其冲，责无旁贷。

从已经推出的《凤凰文库》首批图书看，在某种程度上这一"文库"将是我们了解世界学术动态的窗口之一，是我国相关领域研究成果的一个展台。例如"马克思主义研究系列"、"政治前沿系列"中的许多著作都在一定程度上显示了我国改革开放以来相关学科研究的新成果、新视角；又如"人文与社会系列"、"海外中国研究系列"中的译著揭示了各国发展和实现现代化进程中的许多共性和个性问题，这对我们会有重要的借鉴价值。《文库》基于对继承与发展关系的清醒认识，还设了"宗教、哲学系列"，其中不少著作以新的方式和观念诠释和呈现我国传统思想文化和经典，无疑也是极为应该的。

因此，我把凤凰集团比作对学术界和广大读者具有吸引力的凤凰——此其集团命名之由与？——把《凤凰文库》视作中华文化走向新的巅峰的一块阶石。想想几十年前，在 20 世纪之交时涌现出的一大批革命先驱和学术泰斗，他们的体验、见解，外国的一些重要著作，包括马克思主义经典，还不是靠着当时的几个进步书局出版才得以传播、影响社会、流传至今、成为今人继续攀登时所踏的基石吗？希望凤凰集团继承我国近百年来出版业的优秀传统，希望《凤凰文库》坚持标准，持之以恒，成为今人喜爱、后人也一定要参考的著作汇集。

我和凤凰集团中的好几家出版社，多年来有着良好的友谊；组成集团后，不但旧时情谊愈笃，我和整个集团又开始了新的合作；去年为了研究出版事业的改革我还专门去考察过。基于我对凤凰集团的了解，也因为知道了《凤凰文库》的问世，于是按捺不住，把所感所思写在这里，以就教于集团的朋友们和各方专家。

2008 年 7 月 6 日于

日读一卷书屋

致力于纠正上帝"错误"的人

——唐瑾《文集》序

2008 年 2 月 27 日晚，北京展览馆，首届中国出版政府奖颁奖大会。当我看到获得编辑奖的名单中"唐瑾"二字时，心里不禁说道："果然有她！"立即兴奋地对坐在旁边的陈至立国务委员说："这个唐瑾是湖北教育社的，我们民进会员！"也不管她听清楚没有；轮到唐瑾和获得同一奖项的人一起站在高高的旋转台上出现时，我又给她指："那就是唐瑾。"

在我看来，唐瑾在我国出版事业首设"政府奖"时即能登上领奖台，是实至名归，多少有点在我意料之中。这是因为她热爱编辑事业，二十多年来始终兢兢业业，不断创新，屡获佳绩；而且，她是外文图书编辑，在我看来是在从事一项极为重要却又更易被社会忽略的工作（唐瑾说翻译是"一项崇高却又悄无声息的事业"，外文编辑何尝不是如此），而她却能多次受到省和国家的表彰，在同行中是不多见的，现在既然国家设了"政府奖"，难道不该获此殊荣？几乎与此同时，她被湖北人民代表大会选举为全国人大代表，可以说我的想法再一次得到了印证。

唐瑾属于"被耽误"了的那一代，也是大学教授们至今怀念的那批经贫困的田野磨练，入学后如饥似渴地吸吮知识，现在已经成为国家各个方面顶梁柱的学生。进入出版行业以后，她依然不断充实自己，这些年来策划组编、颇受好评的《中国翻译词典》、"外国翻译理论研究丛书"、"巴列塔文丛"等，就是她苦苦探索、默默耕耘的证明。

1997 年，她加入到中国民主促进会的行列中。十年来，她又多了许多"分外"的事：在出版以及其他领域参政议政。为此，要外出调查，要协商研究，要深夜伏案，要开许许多多的会。她没有犹豫，更没有敷衍，和多年来组稿、审稿、改稿一样全力以赴，一丝不苟。成果也像她在外文出版方面一样，不断涌现。

是什么动力使得她做起任何事情来都是欲罢不能？是什么理念激励着她在本职工作之外又“自找苦吃”？我想，可能一是觉得开放的中国、逐步走向富强的中国需要了解世界；二是世界要想走向和平、稳定、幸福，也需要和中国人在心灵上沟通；三是中国知识分子的责任感：毕竟除了用自己的专业知识报国外，还应该就自己耳目所及奉献自己的智慧。她把翻译事业比作通天的巴别塔，是她那希望祖国更加富强、更加开放这一美好愿望的反映；她写童话、故事，参政议政，则释放出了她忧国忧民的激情。

如果我说得不错，我和她在翻译的问题上有着一个不谋而合的想法。六七年前，我在一次国际汉语教学研讨会上说过以下的意思，得到了各国与会者的普遍赞同：上帝犯了一个错误，让各地区、各民族的人语言不通；我们就是要建起语言之桥，纠正上帝的错误，让人类互相了解，友好相处，只有这样，世界才可能和平、繁荣；汉语，就是应该建设的众多语言之桥中重要的一座。

回顾人类近代200年的历史，凭借着首先实现了工业化生产的优势和先进的杀人武器，欧洲（后来扩展到北大西洋两岸）自视为世界的中心、人类文明的唯一拥有者（其他地方的人们都是愚昧、荒蛮、落后的）、绝对真理的持有者和传播者。工业化给科学技术带来空前的高速发展，使人类生活的质量急速提高，但是也让各个民族历经万千年磨练而形成的价值观以及各种形态的文化被涤荡。人类中心论、技术中心论、物质中心论、个人中心论充斥了五大洲，道德沦丧、社会分裂、环境恶化、资源浪费……小小的地球已经面临自有人类以来“自为”的空前巨大的灾难，“世界中心”自身也在所难免，首先尝到了“否定之否定”的味道。现在，在世界的思想界有着两个截然对立的思潮：文明冲突和文明对话。文明冲突论的实际后果已为全世界人民所目睹；文明对话论还仅局限在学术的范围内，但却越来越深入人心。文明对话是拯救人类唯一之道。要对话，要让被地域隔开的不同地区、民族的人们沟通，要清除掉种种不适合人类生存的“绝对真理”，要在各个文明的冲突中找回人类自己，寻觅解放人类的道路，就急切地需要语言、翻译这座文化之桥。这也正是唐瑾他们工作的伟大之处——“嫁衣”绝不是最佳的描述。

毋庸讳言，由于中华文化长期被无情地打击，也由于自身的封闭和种种文化的和政治的原因，我们通往世界的桥梁太窄、太少了。一方面，中华文化走出去极为困难，例如在文化各个领域有造诣的学者中能够用外语讲学、交流的人太少，能够把中外学术著作进行准确翻译的人就更少。这在汉语还没有什么世界话语权的当前，尤其显得跟不上时代。另一方面，对话机会的坐失，又严重地限制了中国学术界的视野，放缓了中华文明在与其他文明对话中提高自身的速度。这并不仅仅是中国自己的事。当生活在“文明中心”中的人们经过痛苦的反思，认识到文化本身是多元的，应该提倡多元对话，特别是希望和中华文明对话的时刻，这一局限的后果愈发显出其严重了，唐瑾他们肩上的担子也更显重要了。

唐瑾和她的同事们所献身的事业，是构筑人类心灵之桥。在我看来，这座桥，刚刚开始筑基，还远没有铺到桥身——一项伟大的事业往往需要几代人的心血，而这几代的每一位奉献者都是应该受到歌颂的。

从事于各行各业的民进会员，每年获得的各种奖项不计其数，但我亲自授与奖杯奖状的机会却很少，“不期”而遇到我所了解的唐瑾，自然更为亲切。但在亲切之外，还有我对她的职业的崇敬，对架在异质文明间的桥梁的建设者的期盼，所以当她提出要我为她这本《平凡嫁衣》写篇序的时候，立即痛快地答应了，只是因为从去年下半年以来出乎意料地忙，影响了书的及时问世，这是应该对出版社、对唐瑾致歉的。

预祝“致力于纠正上帝错误的人”——唐瑾和她的同行、同事取得更大的成就！

2008 年 3 月 22 日于

日读一卷书屋

《中国游圣徐霞客》序

几年前，蒲巍同志说他正在写一本关于徐霞客的书，并和我谈了写作的目的、计划，希望书稿完成后我能为之写一篇序，我贸然地答应了。今夏，四川地震之痛稍缓，收到蒲巍寄来的题名为“中国游圣徐霞客”一书的清样。看来这篇序是非写不可的了，而且出版在即，应该立即完命。待拈笔欲书时，忽然感到当初的允诺有些唐突了：我对徐霞客并没有任何研究，也没有像蒲巍那样为弘扬徐霞客精神锲而不舍，序从何来？但是既有言在先，也出于对一代奇人的想望和崇敬、对蒲巍同志执著精神的感佩，只好勉力为之，心想，也好，可以借此机会叙说我的一点点感触。

对徐霞客及其《游记》在我国近代地学乃至前现代科学众多领域中的历史性贡献，近年来已有许多研究成果，自非我这个门外汉所可置喙。可以说，徐霞客的价值只有到了现在才得以较全面的揭示。试看徐霞客生前和身后其亲友称赞、记述的文字，基本上都盘桓在其爱好山水、坚毅不拔以及仁孝敦厚等等方面。就中，潘耒所述最为扼要中肯。他在为《游记》所写的序中说：

霞客之游，在中州者无大过人；其奇绝者，闽粤楚蜀滇黔、百蛮荒徼之区，皆往返再四。其行不从官道，但有名胜辄迂回屈曲以寻之；先审视山脉如何去来，水脉如何分合，既得大势后，一丘一壑，支寻节讨。登不必有径，荒榛密箐，无不穿也；涉不必有津，冲湍恶泷，无不绝也。峰极危者，必跃而踞其巅；洞极邃者，必猿挂蛇行，穷其旁出之窦。途穷不忧，行悮不悔。瞑则寝树石之间，饥则啖草木之实。不避风雨，不惮虎狼，不计程期，不求伴侣。以性灵游，以躯命游，亘古以来，一人而已。……夫惟无所为而为，故志专；专志，故行独；行独，故去来自如，无所不达意。

这就是霞客精神！特别值得注意的是他对霞客“以性灵游，以躯命游”、“惟无所为而为，故志专”的歌颂，尤其道出了霞客之所以成为“奇人”的奥秘。钱谦益所记霞客事虽间或有误，但称《游记》为“此世间真文字、大文字、奇文字”，还是准确的。

由此我想到，山川之美谁人不爱？但真正能够“以性灵游”者几人？推而广之，岂止游览一事是如此，从事任何事业或职业，不是都应该用心灵、用生命去做吗？而能够“无所为而为”，亦即超越个人狭隘功利因而才能“志专”者又有几人？视自身与自然为一体，写景即写己、咏物即咏怀，一向是中国古代文人墨客的传统。霞客之“以性灵游”，不知是他在自己寻觅的对象中游，还是美丽的山川在其心中游？其外亲陈函辉为他所写的墓志铭中有云：“至服阕，慨然曰：‘昔人以母在，此身未可许人也；今不可许之山水乎？’”“吾荷一锸来，何处不可埋吾骨耶？”即是此种情怀的证明。今之写游记、从事各项事业者能够做到以身相许的恐怕也不多啊。在我看来，弘扬霞客精神的这一方面对当今弥漫于整个地球的浮躁之风、物欲至上之祸，不啻为一副消毒剂。

徐霞客之成为徐霞客，除了他个人的勤苦、见识之外，还有许多客观条件。简言之，若没有明之季世政治上的昏庸暴虐，没有日见发达的商业经济，没有江南名士风气，没有开始进入中国的西方现代科学思想，乃至没有其祖上的连续五代科场失意和家族的败落，没有其父的改弦更张，没有他开明贤惠的母亲，没有前辈同辈的理解和支持，就不会有徐霞客。这是值得后人深思的。难得的是，这一点让蒲巍看出来了，写出来了。我想由此再稍稍引申开去。作为社会的个体，无论成就大小，都不是一己之力获得的，而是无数的人、事、物所烘托、培育、扶持的，而所谓“事”，也是“人”之所为所成，“物”中也包括了人之所造。对如霞客这样的前人，应该做如是观；对自己，也应时时念及自古至今大自然与社会的恩赐。霞客是不是这样想的？无从查考，但从其《游记》文字之质朴无饰，从现在所能见到的他的其他诗文可以想见其人，一定是一生谦恭，绝不跋扈的。他是当时江阴一带有名的孝子，说明他是知恩图报的。知恩，是中国人做人的起码准则啊。

人生难免不遇坎坷，不被误解，不遭非议。这些在霞客的一生中都品尝过了。此福耶？祸耶？其实福祸相依，关键是自己怎样应对不期而至的福与祸了。我曾设想，如果霞客生于显赫官宦之家，埋首于经典时文之中，时时听到顺耳溢美之赞，日日做着金榜题名之梦，中国历史上也就没有了这位近代中国地学奠基人。一切看淡，心中只有既定的平凡而崇高的目标，经受得住种种磨难，才能成就一番事业，这恐怕也是霞客一生给予后人的启示吧。

蒲巍这本书，意在普及霞客的感人事迹，娓娓道来，同样是朴质的，无饰的——对霞客这样一位巨人，过分的雕饰可能反而是一种亵渎。我想作者之意不在让人着眼于霞客对旅游的兴趣，而在他对大自然的追求、他的一往无前精神。蒲巍之所颂，应即是其所敬，也就是其努力奔向的人生目标。一个投身于商海多年的读书人，在繁忙的日月中念念不忘乡梓前贤，说明在他心里对财富的追求并没有淹没甚或反而更增强了长期以来对超越于物质之上的精神的渴望。因此，行文之中时时露出那遏制不住的对霞客的崇敬和激情。由此我又想到了一个问题：经过30年的改革开放，我国的一批企业家经历了诞生、发展、成长、成熟的艰难路程。我所说的成熟，内涵之一是如何看待人世间的两种财富：物质的和精神的，如何看待两种隶属：自己的和社会的。我在蒲巍身上看到了社会所期盼并开始出现在中华大地上的企业家的成熟！——话说得似乎远了，但与徐霞客却不是没有联系的：在发展、成长和成熟之间的桥梁就是那种流淌在中华儿女血液里的传统文化基因，其中就包括了霞客这位“千古奇人”！

2008年8月13日夜于

北戴河金山路

《千年古县》序

在系列纪实电视片《千年古县》即将播出之际，图文并茂的《千年古县》一书也由上海科技文献出版社出版了。我要对《千年古县》摄制组全体人员和上海科技文献出版社表示由衷的祝贺、敬意和感谢。

经历史学家、古地理学家的严格考察与论证，经中国地名研究所审查确认，我国现有 800 多个千年以上的古县。这是中华民族的一笔人们不大注意的宝贵遗产。一千年、两千年、三千年的中华历史就镌刻在这些县的土地上，深印在那里人民的记忆中，弥漫在千万个村落的炊烟里。现代化的步伐太快了，很容易抹掉祖先一路艰辛走来的足印，让我们这些后来人和我们的子孙不知道自己从哪里来、身处何地、明天该走向何方。而一个不知道、不珍惜历史的民族，是没有出息的民族啊！

现在，加强已知文物的保护，抢救、保护非物质文化遗产的工作越来越受到政府和全民的重视。把千年古县曾经有过的辉煌、衰落和现在的新生用现有的科技手段记录下来，传播开去，这也是抢救、保护的有效方式之一，为进一步弘扬优秀传统文化提供了素材和载体。

把文化分为物质文化和非物质文化（二者的界限并不可能明晰，切忌在这里使用严格的“二分法”！）不过是借用国际上（实际是西方）的惯例。在这些千年古县里，到处可见的古代物质文化遗产和现代的创造，时时触手可及；丰富的非物质文化遗产千百年来始终流传、更新在人们的日常生活中。这是中华民族自尊自强、生生不息的活生生的证明。

任何一个民族的文化都像一条大河，始于涓涓，终于浩浩，一路曲曲折折，随时有新的溪流汇入，“逝者如斯”，永不枯竭，永无停滞。现代化、全球化，如一股不可阻挡的飓风席卷着地球上每一个角落，强势文化疯狂地吞噬着各个民族固有的文化。这考验着每个民族历史的活力和所有人的清醒程度。面对这股洪流，是只知其利而无视其弊，为了解决眼前的贫困、一时的利益而扫荡一切“陈迹”，还是既要健康、幸福地活下去，也要精神充实地永远屹立于民族之林？是把祖祖辈辈的创造视为沉重的包袱，还是当作弥足珍贵的无价财富？这全在每个民族、每个世界公民自己的自省、自信了。

中华民族是幸福的。我们毕竟有着的无与伦比的历史沉淀，秉承着祖先战胜种种劫难的极其丰厚的经验，在迈过坎坷崎岖之后能够迅速找回正确之途，与睁大眼睛看世界、敞开胸怀尽量吸纳人类一切优秀文化成果的同时，及时地回顾了身后的路，思考着未来的征程，因此我们清醒，我们自信，我们自强不息。

电视片《千年古县》和这本装帧精美的书，就是艺术地体现我们“回头看”的一个视角、冷静思考未来的一个隐喻、呼唤人们文化自觉的“课外读物”。我之所以要对电视片和本书的制作、参与者表示敬意和感谢，就是因为他们是清醒者，是意在希望与更多的人一起爱护历史、热爱未来，并把容易被人割裂开的历史和现实紧紧连为一个不间断过程的清醒者。

千年，这在中华民族的历史上不过是短暂的一段，可是，对人类有文字记载的历史来说，却显得很长很长。千年古县，在世界上一共有几？在我们深爱着的这片土地上竟有800之多！而在中国，以千年计的何止于县？千年古镇、千年古村、千年古医、千年古艺、千年古路，千年……我希望以古镇、古村等等命名的电视和书籍，能继《千年古县》之后陆续问世，形成“千年系列”，那将给予世人多少享受和启发！我还希望今后更充分地考虑到世界各国人民理解、欣赏的习惯，让中华民族古老的文化、经验和智慧也能为世界各国人民所分享，促进人类文化多元发展，促进和谐世界的实现。我相信我国的影视、出版工作者有这个志向，有这个能力，有这个气魄。我相信！

2008年8月16日于

北戴河金山路

《京剧传统剧本汇编》序

《京剧传统剧本汇编》（以下简称《汇编》）的样稿和有关资料摆在面前。我还没有见到《汇编》的全稿——即使见到，也不可能很快读完：浩瀚30卷，498出剧，泱泱1400多万字，岂是一时可以消化得了的？

好在其中一些剧本年轻的时候看过，看的是20世纪五六十年代也是由北京出版社出版的《京剧汇编》本。当时北京师范大学中文系本科并没有京剧课程，可是我听过李万春等京剧名家的报告，有时还“蹭”点研究班的戏曲课，讲课的也都是名家。当时高我四个年级的师兄、挚友李修生教授，就是因为这些精彩的讲座走上研究元代戏曲之路并且成为名家的吧；而我的爱好却在语言学，在戏曲这一行里始终没有在原有的水平上前进一步，虽然也曾注意过戏曲的语言。

但是，当我的思索逐渐从狭窄的训诂学扩展到文化领域时，中国历代戏曲又进入到我的视野，可惜无奈缺乏“幼功”啊！本想搜集些材料，认真思考京剧和一些地方戏的发生、兴盛和衰落的问题，可惜又无奈我也渐渐浮躁起来、难得闭门静思啊！

我翻阅了《汇编》的样稿和全书目录，引起我对不少往事的回忆。

《汇编》依剧情内容所属的朝代排序，这既是便于研究者和读者检索的聪明办法，也是京剧作为中国人最喜爱的传统剧种，借“史”抒发喜怒哀乐之情最直观的展现。

记得小时候，常常看见马路上各色人等站在、蹲在茶叶铺、鞋铺、绸缎铺门前，专心致志地听店家门外大“话匣子”里播放的京戏（偶尔也有“落子”，即评戏）。长大了我才知道，在农村则有社戏、野台子戏，唱的主要是地方戏。《三国》、《水浒》，岳飞、包公，张生、苏三，杨家将、薛仁贵、伍子胥，赵氏孤儿、苏武牧羊、目连救母……当时社会最底层人们对祖先的足迹串得起来的和片片断断的知识，大多是从戏里听来的，虽然他们学到的并不是真正的“史”，里面夹杂着历代人民和艺术家的再创造和增添，但他们的历史知识（包括历史故事、掌故）丰富的程度，大概却要超过现在很多大学生。他们郁积在心里的对惩恶扬善、对忠良仁义的渴望，也借着议论戏中的人物倾吐出来。戏里的正反角已经化在老百姓的日常生活和日常语言之中。

表现过去都是为了现在和将来，都是为了人生，为了社会；京剧的教化功能、审美功能，在人人能哼几句的时候，得到了充分的发挥。

现在编辑出版《汇编》，其宗旨和影响当然已经远远超越了五六十年前大街上的“普及”和我所浏览的那些戏本儿。《汇编》将给国内外京剧研究者提供最全面、最权威的第一手剧本材料；今后如果要改编、演出传统剧目，也有了可靠的依据；创作新戏，它也是宝贵的参考。

除此以外，就我浮光掠影于博大精深的京剧文化时的想法，被称为我们的“国粹”的京剧，可以说是中国传统艺术文化的缩影，举凡艺术的一般性问题和中国艺术发展的规律性问题，从文艺的社会功能、文艺与生活、文艺的传承和发展、中国艺术的特色、艺术家的创造与艺术创新，直到俗文化与雅文化的源流关系，等等，都可以从中找到活生生的经验和实例，的确值得好好品味、研究。

为了京剧的振兴，近几十年来不知道引得多少人殚精竭虑，但是似乎效果和预期还有着很大的距离。许多人在思考：问题出在哪儿？怎么办？我认为，如果打开这部《汇编》，或许能找到一点答案。从宏观上看，根植于源远流长的传统文化，面对当下的时代，从题材、台词到形式不断改革，是京剧从安徽之一隅到与湖北地方戏结合，从野台子走向剧场、走上京师戏台、走进紫禁城，然后又走向民间的根本经验。这几乎完全符合世界上所有著名艺术品种产生、成长和发展的共同规律，例如芭蕾舞、交响乐、意大利歌剧，莫不彼此相近。特别是在一种艺术盛极而衰时，如果打算复兴，更需要在原有基础上创新，需要占有众多的受众，要进入寻常百姓的生活，这也是任何艺术绕不开的道路。

当前，世界的强势文化——美欧文化势不可挡。这些舶来品中有不少好东西，特别是在形式、手段以及经营方面。但其中也有很多仅仅刺激人的感官，挟裹着颓废、变态、唯我独美、人性倒退的垃圾。美欧许多当代的艺术品种善变其身，也证明了刺激人的原始欲望而不能给人以更为高尚的享受，是不可能持久的，不变则刺激性减弱，自身无以生存。但是它的吸引力不可低估，在真正的艺术和艺术家，特别是在发展中国家的艺术和艺术家没有做好准备的时候。

中国也不例外，从某种意义上说，可能更应该重视传统艺术在当代如何前进，如何发挥其应有的作用。在这个伟大的工程和保卫战中，京剧承担着沉重的任务。希望这套《汇编》能够起到本可以起到的巨大作用。

“汇编”，其实也可以称为“大全”，因为其中所收的剧本，已经是到目前为止能够搜集到的全部了。言“汇”而不标以“全”，说明编者的严谨和对以后能继续发现新的剧本的期待。我也希望今后能有《汇编补遗》、《补遗二编》……陆续问世！

徐惟诚同志打电话来，说本套书的编纂者和出版社请我为这套书写一篇序。我并不是这方面的行家，但是惟诚同志是我一向敬仰的前辈，几十年来一直在为国家的文化事业辛劳着，而且十分喜爱京剧；我们偶尔相会，交谈的内容总是有关文化建设的问题，他的举荐大概是因为觉得我在这方面思考得比较多吧。这两重原因使我推却不得。细想想，也确实有些话想说，于是写了上面这些文字，以就教于方家。

忝为之序。

2009 年 10 月 12 日凌晨

谨序于日读一卷书屋

淮安《大地作证》序

淮安，我的故乡，睽违已五年。但我一直在念着，想着。每次故乡来人，我总要问：君自故乡来，应知故乡事；来日绮窗前，寒梅著花未？——那“寒梅”就是市政、新农村、学校、开发区，楚州、清河、盱眙、涟水，河下古镇、古运河，农村社保、医疗，韩泰、富士康，漕运总督府、漂母祠，周总理故居那一株茂盛挺立的“一品梅”……平时遇到难得的静下来片刻时，毫无章法地在脑海中闪现的这些片断，就成了我百问不厌、百听犹新的话题。有时我不在京，或时间不凑巧，和故乡来人失之交臂，也总要让我感到遗憾、歉意和惆怅。

前些日子意外地收到了《大地作证》一书的清样，这是一部专写清河区几年来巨大变化背后故事的书。一芥子能装下整座须弥山，一滴水可以照出大千世界，这一叠清样恰成了我在千里之外窥知故乡事的蠡管，填补了胸中一时的空旷。但因事冗，我不得不断断续续地读，直到昨天从外地回来，才偷得半日闲，来偿还这一笔本不该欠下的笔债。

清河处于淮安市区的核心位置，其经济、社会、文化的建设发展，理应冲在全市创新之路的最前面，先行先试，状况、模式和经验必然会在全市起到举足轻重的作用。

但是，知难行更难。近些年全国建立开发区、工业园区获得了巨大成功。当国力有了巨大提高，社会建设、环境建设、文化建设提到紧迫日程上之后，当经济全球化成为必然趋势，种种优惠政策的效力已经渐渐减弱之后，是不是所有的地方都要继续沿着这同一条路走下去，的确是个需要思考、探索的课题。《大地作证》记述了清河区几年来发展的足迹，就是这一思考、探索的记录。

从某种意义上说，工业化的过程和现代化城市的发展，就是对自然和人心的史无前例的破坏。这已为西方国家和全世界大多数地区近三百年的历史所证明。正因为如此，所以引得各国许多思想家反思、质疑、呼吁和批判。中国现在加入了实现工业化——几乎同时要跨进信息化——的行列，能不能跳出建设和环境、发展与和谐矛盾的怪圈？也可以说，科学发展、和谐发展就是为了要处理好这个世界性难题而提出的命题。中国必须给以肯定的回答。这是一个对人民负责、对历史负责、对子孙后代负责的政权必须勇敢地承担起的重任。我想，历史已经给“中国特色的社会主义”的内涵添加了这一项。但是，怎样才是科学发展、和谐发展？怎样做才能做到科学发展、和谐发展？虽然这是个需要不断摸索、永无止境的问题，但是又必须根据“当下”给出今天的最佳答案。确立正确的理念，进行符合实际的设计，动员成千上万的人民，采取正确果敢的行动，每一个环节、每一项措施，都有可预见的和不可预见的、一般人能感受得到的和感受不到的大大小小的困难和苦涩。此即所谓知难行更难也。

要探索，要创新，就有风险，就需要有敢于第一个吃螃蟹的勇气，科学的勇气，政治的勇气。通过《大地作证》，我们可以看到，清河人有这样的勇气，走出了一条新路。清河发生了翻天覆地的变化，人的心情和认识也开始了质的飞跃。读毕全书，我兴奋、我自豪，这就是我的故乡，这就是我们淮安人！

是不是科学发展、和谐发展，说到底，这不是个学术问题、技术问题，而是文化问题。科学发展、和谐发展的核心是人，是以人为本。在全人类中，最先认识到民为本的是华夏子孙。在古代，记住这条祖训的朝代延续得就长，否则就短寿，就夭折。作为和历史上任何朝代有着本质区别的、为绝大多数中国人民根本利益而奋斗的中国执政党和政府，把以人为本作为根本的理念，这是再自然不过的事，再正确不过的事。

在肖本明书记为本书写的序言里，提到了古希腊的毕达哥拉斯学派和柏拉图学派对和谐的重视，也提到了尔后康德、黑格尔对和谐的认识和追求。不错，和谐，是人类之成为人类之后的本能要求，何分东西。但是，西方的哲学，无论是基督教覆盖欧洲之前或其后，都脱离不开“神”的身影。特别是基督教兴起之后，天然地造成了从人—神到一切世俗事物两个相关方面绝然对立的信念。正是因为这样，他们的思想家们才不断地苦苦思索如何从对立中挣扎出来，求得和谐。但是，两千多年过去了，种种对立不但没有消除，到近代反而越来越厉害了。两次世界大战、冷战及其以后的不曾停顿过的局部战争，就是这种对立式思维的结果；西方国家在族群关系等国内问题上的败笔，也是必然的产物。可以想见，虽然西方国家从生活的本能反应出发，早已重视了发展与环境的协调（姑且不谈他们早已进行了污染转移、灾难转移的“伟大工程”），但是由于思维之根得不到解决，最终在科学发展、和谐发展的路上，以“和”为最高境界的中华民族一定会跑到前面去。中华文化的魅力将超越艺术、莱肴、历史、语言的范围而在处理人和人、人和自然、现世和未来这些关乎人类根本幸福的问题上显现出更为耀眼的光芒。从这个角度说，清河区，这个小小的地域今天所走的路，意义深而远矣。

我的故乡是片人文底蕴极为深厚的热土。一旦束缚思想的绳索解开之后，千年蕴聚的文化基因将如地心的巨大能量，在新时代的召唤中迸发出来，那么，明天的清河、楚州、……乃至整个淮安将是什么样子，淮安人会是怎样的面貌，就不难想象了。

我爱故乡，我爱故乡人，我爱故乡的过去、现在和未来。让我在这里向故乡的城乡人民致敬，向和人民同呼吸共命运的领导和干部致敬，向用心和笔在这本书里记下故乡足印的作者们致敬！

2009年共和国六秩华诞前一周

于日读一卷书屋

《路志正先生詩書墨迹選》序

自古儒醫不分，迄近代皆然。何以故？吾國醫學與西方醫學異，非唯人體是察，乃以天、地、人為一體；其視人也，無非全人，不以機體為機械也。至若其論表裏、寒熱、濕燥、虛實諸徵，脈之沉浮、洪細、數遲、滑澀諸象，治之補瀉、扶袪諸法，咸符於陰陽，實乃辨證耳。而欲明此理，運用自如，則需熟知且服膺中國傳統哲學；欲達此境界則必習儒、道經典。然則或出儒而入醫，或從醫而入儒，豈非歷代名醫必由之戶乎？

當代國醫大師路老志正，年十四入醫校，拜從名醫，隨診臨症；八年，懸壺鄉裏，至今七十載矣。畢生以“滿招損，歉受益”自勵，晝則醫，夜則讀，未嘗少輟。其詩云：“八十寒暑業未成，醫籍博覽尚欠精。論著雖有卓越少，園圃爭妍慰平生。頻頻出訪有新悟，盛世激發再攀征。同道老幼皆師友，繼承弘揚力建功。”其所言“功”，乃以醫濟世、術傳後進，廣收博取，弘揚國粹也。其志之高遠，胸之宏闊，仁之無疆，蓋皆源於儒、道之薰溉歟？至其臨症，則重主症，不忽其餘，綜合時、地而辨之，而醫之，斯豈非俱得益於中華學術哉！所謂“功在醫外”，其是之謂耶？

路老詩書俱佳，亦其九秩猶不懈於典籍、不離於臨床之精神體現。其書法雖為業餘，然既得楷書之凝重端正，復顯行書之一氣相貫，隱然得見晉人風骨，誠如其人也；其詩，不拘拘於格律，以今語今韻入句，直抒胸臆，碻乎其心之寫照焉。觀其字，醇儒也；吟其詩，上醫也。儒醫一家，其猶在是矣！路老之為路老，余知其所以然矣！

集成，路老命余序之。嗚呼，以學論，余未扣醫之門牆；依齒序，則余為後生。序長者之書，何敢以譾陋辭？或適可略攄鄙懷以達敬慕之忱：

中醫振興，乃時代之大勢；如就醫言醫，則終將陷於狹，淪於滯；必也，放眼中華文化，廣覽要典，直悟中醫之根，方可漸登岐黃之堂——或曰首明其道，繼之以礪其器耳。得此集而品味之者，或可悟個中三昧歟？

庚寅六月初一日，時 2010 年 7 月 12 日夜，

謹拜敘於日讀一卷書屋

中国中华医药国际交流中心项目（波恩项目）卷首语

波恩项目，在我看来，其意义已经超出了一般文化交流的范围，她既是我国文化走出去过程中必然要迈出的一步，是增强我国文化影响力的重要一环，更是展现中华民族文化以人为本、博大精深、关怀世界的最好橱窗。

西方世界对中国的无知、误解和偏见太多了。其形成的原因是很复杂的。一些政客对我胡说八道，固然有其政治的目的，但一百多年来"东亚病夫"、"没有科学"等恶名，通过学术、教育和宣传所造成的影响，几乎无孔不入，难以迅速清除。时时冒出来的种种莫名其妙的言论阻碍了中国和西方的文化交流，其实西方自身也受到了极大的损害。这不仅仅体现在商贸方面，也包括他们的文化不能从东方古老的中华大地上汲取营养和灵感，"享受"不到5000年有文字记载的历史所积淀的创造和经验。中医药就是一个活生生的例子。

中医药，是中华民族在万年以上的农耕生活中积累和长期验证了的文化精华。中华民族历尽了劫难：大自然的挑战、折磨和人为的战乱、动荡，包括数不尽的瘟疫和创伤。但是，我们的祖先没有沉沦、失望，我们反而成了世界上人口最多的民族。在这中间，不能不说中医药立下了丰功伟绩。

中医药既然是根植于中华农耕社会的科学，其基本理论自然是中华民族哲学较完整的体现，包括视人身为一体（而不是如牛顿所认为的人体是一部机器）、主张天人合一（而不是西方哲学所论证的天—人对立）、采取辩证施治（而不是一味"标准化"、"精细化"、"数量化"），也包括"上医医未病，中医医欲病，下医医已病"。农耕时代，是人类体验、观察，思考人体、宇宙以及二者关系最真切、最细腻、最深入的阶段。不要以为到了工业化、“后工业化”时代，祖宗的经验和学说就不适用了。君不见，所谓“轴心时代”的圣哲们所提出的种种问题，至今还在困扰着人类，甚至今人所给出的答案有许多还不及前人？

我估计在中华文化走出去的过程中，第一波是汉语，现在已经在实施并已初见成效，受到各国人民的欢迎；第二波可能就是中医（还有中国的茶道，但不是茶社里表演的那种“茶道”）。因为她可以让人直接感受到效果和益处，或者换句话说，可以让人立即“享受”到中华文化的深邃和美妙；由此起始，就会有越来越多的各国朋友了解并理解中国文化的本质。这恐怕是其他领域各种文化形态很难代替的。

这将是一个漫长的过程，未来也还可能有起伏波折，这是急不得的；也还会有人进行抵制，那也无法无碍，就让这种人暂时不来“享受”中医药吧。

现在走出国门的中医治疗，大多数还是针灸和推拿，我希望今后能够加大脉诊方剂的比例。这是因为，脉诊方剂所适用的范围更广，走进哪个国家就给该国人民带来更多的实实在在的“福音”。作为现代的中医药工作者，应该在肩负着为全国城乡人民的健康长寿而辛劳这一沉重而伟大使命的同时，也给世界人民捧去中国人的爱心，为人类做出独一无二的贡献。或者我可以冒昧地说这样一句话：中医药遍行西方各地之时，才是西方对中华文化理解、接受之日。在这一伟大行程中，波恩项目是先行者，她的责任、作用和意义就是不言而喻的了。有了这一预估，似乎再说什么祝贺的话也变得多余，就此打住。

请历史记住他们※

让我们永远记住以下这些日子：

1964 年 10 月 16 日，我国第一颗原子弹爆炸成功；

1966 年 10 月 27 日，我国第一颗装有核弹头的地地导弹飞行爆炸成功；

1967 年 6 月 17 日，我国第一颗氢弹空爆试验成功；

1970 年 4 月 24 日，我国第一颗人造卫星发射成功；

……

让我们永远记住以下 23 个名字：

于　敏　王大珩　王淦昌　王希季　邓稼先　朱光亚　孙家栋
任新民　吴自良　陈芳允　陈能宽　杨嘉墀　周光召　赵九章　姚桐斌
钱学森　钱三强　钱　骥　郭永怀　屠守锷　黄纬禄　程开甲　彭桓武

1999 年 9 月 18 日，中共中央、国务院、中央军委表彰为研制“两弹一星”作出突出贡献的科技专家大会在北京隆重举行。至此，这批甘于奉献的英雄和他们的辉煌业绩在 30 多年后得以公之于世。

众所周知，“两弹一星”的研制成功，是新中国社会主义建设伟大成就的重要标志，充分显示了中华民族的创造能力，打破了超级大国的核讹诈和核垄断，奠定了我国在国际事务中的重要地位。

常言道，前人栽树后人乘凉，吃水不忘挖井人。试想，如果在那国民经济相当困难的时代，中央不作出独立自主地发展两弹一星的英明决策，如果没有 23 位功臣甘于奉献、艰苦奋斗，协同无间、勇于攀登的伟大精神，如果缺少了他们身边无数奋不顾身、公而忘私的干部、战士、技术人

※　2011 年 7 月在“两弹一星”功勋奖章获得者巨幅肖像油画展前言。

员，我们的祖国今天将面临怎样的国际环境？几十年来中华儿女能够专心致志地从事建设吗？我们的改革开放能够这样顺利、快速进行吗？我们的母亲和儿童们能够时时露出甜美的笑容吗……

研制“两弹一星”群体，是共和国的功臣，是我国科技工作者的杰出代表。他们在千里戈壁上的默默拼搏，和百年来为了祖国独立而抛头颅洒热血的无数革命前辈一样，是优秀传统文化和时代精神的完美结合，是矗立在中华大地上的历史丰碑。此次展览既是对那段光荣和梦想的特殊记忆，又是对“两弹一星”功勋群体的至高褒奖，更是对“两弹一星”精神的无尚礼赞。

请看：核物理学家王淦昌眼镜片后的淡定从容，我们仿佛又听到了在组织上要他隐姓埋名长期从事核武器秘密研究时的那句朴素的回答——“我愿以身许国”；邓稼先那双手半合的姿势，是他在表示原子弹和氢弹能量差别时最典型的动作；郭永怀，这位空气动力学家，牺牲于直升机坠毁事故中，遗体烧毁，但紧抱在怀中的绝密资料公文包却完好无损，在他那平静的目光中蕴涵着党和国家利益高于生命的崇高境界……

这组画技高超的油画为我们再现了这个英雄群体的光辉形象，让我们凝望这些画像，能够想象出画中的英雄为国奋斗的情景和丰富的内心。此时，我们也应该向创作这组油画的著名画家们致敬！他们的名字也不能忘记：汪诚一、郑毓敏、胡申得、施绍辰。创作这批作品时，他们最大的 71 岁，最小的也 62 岁了，他们是“两弹一星”功臣的同龄人，他们对“两弹一星”功臣的尊敬和激情，融化在那一笔笔的油彩中。现在，胡申得、施绍辰两位先生已经作古，这一展览也是对他们的深切怀念。

巨画无声，于无声处听惊雷。
大爱无言，于无言中写辉煌。
光荣与梦想薪火相传。

如今，浩瀚太空已经留下中国人的足迹，嫦娥奔月的神话正在变成现实，“两弹一星”功勋群体的事业后继有人。

一个国家、一个民族是要有一种精神的，这种精神曾经并将继续使我们克服万难，走向一个又一个胜利。相信观众在欣赏这批肖像精品、与英雄进行心灵对话时，会得到精神的熏陶和升华。在伟大精神的滋养下，中华民族一定能不忘忧患，克服万难，实现中华民族的伟大复兴。

让我们记住他们，想着他们！让我们的子孙记住他们，想着他们！

《和谐海峡论》序

临近五一，忽然接到“老部下”、福建语言文字工作委员会办公室主任金秋萍女士寄来的一个厚厚的快递邮件，原来是一份书稿，也就是现在读者所看到的这本《和谐海峡论——两岸关系和平发展战略研究》打印稿。秋萍和作者李韧是老同事、老朋友，很为李韧执著地用五年时间写成这本书的精神和书的内容所感动，于是恳切地希望我为这本书写篇序。接到书稿之次日我即去香港，原本想借五一期间的一点空闲偿还些久欠的笔债，为此书写序一事就再说吧，何况我从来没有给未尝谋面的作者写过序。但看了书稿中夹着的李韧先生的信，我不安起来：书六月就要付印，应之实在非力所能及，拒之又不忍。待翻看了目录，不禁为之心动，不由得仔细地读起书稿来。书中引证之博、对历史和时势剖析之确，令我惊异而敬佩，于是决定改变旧习，为一位何时能相识的朋友写些卷头语，而且把手头的事放下，立即动手。

全书四五十万字，八章三十二节，我几乎用了两天时间才读完。作者考察了“和谐海峡”的文化根源，海峡坚持和谐发展的理据和现实基础，中外古今的和谐范例，海峡和谐对利益相关各方的影响，实现和谐海峡对民族思维、文化认同、社会发展、民主法制和智慧创新等的要求，海峡西岸经济区先行先试及其前景等等问题，涉及政治、经济、社会、历史、文化，参用了系统论、博弈论以及史学、哲学等的理论方法。作为一个一直关心并参与海峡两岸交流的学者，我受益良多，实在不知何从置喙，颇为后悔已经贸然答应写序，但现在也只好硬着头皮把我读后的一点思考写出来，或可充当读者阅读此书时的参考。

台湾之与祖国主体分离，实在是中华民族的悲剧，尤其是台湾的巨大悲哀——这是一百多年前祖国文化停滞、政治腐朽、国力日弊所结出的苦果。祖宗所欠下的历史之债，需要几代子孙以身心惨遭摧残来偿还！但是，如果我们跳出百年来每一时段的具体事实，纵观历史的长河，脱离开一己之狭小胸怀，着眼于民族之大义，定会豁然，顿悟中华民族之一统观念早已渗透于我们的血液、细胞。何为继承弘扬中华民族文化？如果舍大义而图小利，拘细沤而忘大海，即使举止合节，温良恭俭让，虽也是必须的，但却不过仅得祖先之皮毛耳；若用理学家的话说，即还缺少一个“诚”字。

自孙中山先生提出“振兴中华”的革命目标后，这四个字就成了中华民族全体儿女朝思暮想、前赴后继、艰苦奋斗、流血牺牲的无穷动力。中山先生之所以能在“革命尚未成功”之时，就预见到中华一定可以振兴，就是因为他立足于中华文化历史的高度，洞察了中华精神的精髓和世界风云的诡谲。也正是因为这个缘故，所以他一再申明：“‘统一’是中国全体国民的希望。能够统一，全国人民便享福，不能统一便要受害。”(1924 年 11 月 24 日在神户对记者的谈话）“对于世界诸民族，务保持吾固有之文化，且吸收世界之文化而光大之，以期与诸民族并驱于世界，以驯致于大同。”(《中国革命史》）先争得祖国的统一，再努力把中国建成一个富强文明的国家，同时用中华仁义道德的“王道”文化抵制列强的欺凌弱小的“霸道”文化，使世界逐步进入大同，是这位伟人终生坚定的信念。这就是他多次提到的“诚”。

要振兴中华，就必须海峡和谐，进而实现统一。否则两岸的经济再发达，弟兄之间还不能真心合在一起，能说已经强大了吗？能说中华文化的“和合”思想是我们的信仰吗？自己家里都做不到，怎么能让外人、朋友信服？所以可以说，中华民族欲挺着胸膛立于世界之林，欲使中华优秀文化受到世界的尊重，海峡必须和平，弟兄必须走到一起！

当今世界之混乱，人与人、族群与族群、国家与国家之对立厮杀，恃强凌弱、敲骨吸髓之虚伪与惨烈，物质和感官欲望之不可遏制，以及由此造成的大自然所遭到的荼毒，在人类历史上也是唯此为甚了。世界到底是怎么了？剖其腠理，原来是工业革命以来盛行于全世界的西方理念、二元对立的哲学、有意无意造成的对科技、物质、享受的崇拜，是祸害根源。换言之，根子在文化。因此可以说，人类的今日和未来需要另一类的思维。中华文化作为世界多元文化中的一端，应该贡献出几千年行之有效的智慧。这一智慧，简言之就是“和合”，是“和而不同”；两岸凭此而和谐，世界因此而和谐。而两岸的和谐与进步以及逐步实现孙中山先生无数次呼吁的“和平统一”，将是中华民族这一智慧的最好展示。

由此看来，李韧先生的大作既为“和谐海峡”提供了许多理论分析，则其意义大矣。两岸同胞读此书者一定会从中得到很多启发；而我，限于见闻，难以一一介绍或评说书之优长，也只能说这么多，权且充作序吧。

2011年青年节之夜，
于日读一卷书屋

《为了天下太平》跋

这里所收的，是我这两年和佛、道、基督、犹太各教代表人物进行交流谈话的记录，计十四篇。我还曾和伊斯兰、神道以及婆罗门等教人士面对面地交流过，可惜当时无心，没有录音和记录；即使与佛、道、基督和犹太诸教的交流，也不止此书所收的这些次，是由于同样的原因而无法收入。好在这种“零距离”交流谈话的机会还会有，将来或者可以再给此书进行补充吧。

我之所以愿意和儒家之外的各种文明——其根源和代表即其宗教——进行交流，是基于以下想法：

近三百年来，世界进入了文明多元化理论和实践跟一元化理论和实践并存并激烈博弈的时代；自20世纪之末经济全球化加速推进以来，这一博弈日益凸显。这一比拼的结果，将决定着人类未来的命运。多元化是人类文明的本质属性。只有多元，各种文明才能获得相互接触、欣赏、吸取这样一种自身发展的外动力，以适应、维护并促进不断演变前进的社会生活和世界形势。换言之，如果文明单一，或虽内部多元，而缺少和外部足够的接触，则这种文明必然要渐渐衰微，乃至消亡。如果着眼整个世界，则可以预计，文明的单一化也将预示人类的停滞、倒退、灭亡。当然，文明有着超出人们想象的伟大力量，其本质属性和进程是任何人无法改变的，因而人类文明的一元化只是想象中的，理论上的；但是，如果任由那种文化一元化（或曰一体化、单一化）的理论和实践横行于世，则世界必然更加混乱，饥饿、战争、恐怖、死亡……将时时光顾人类。因为文明有着拒绝异质者的本能，所以“一元主义”为了实现自己想象中的情景，就要诉诸刀枪，虽然平时主要是靠人人喜闻乐用的文化形式和物质产品。这已由许多事实所证明，绝不是耸人听闻。明智者，当前必须向人们揭示文明多元化的必要和必然，以抵消相反理论和实践的影响；然后，经过若干年代的努力，使世界真正成为友善、包容、和睦、幸福的家园。

人类需要的那种坦诚的、善意的、意在求得相互了解、理解的交流，现在通常称之为“对话”。这种对话，往往从学者开始。因为学者的思考有着比政治家、企业家、军事家更为宏阔的知识背景（历史的、哲学的、文化的等）和更为深刻的对历史和社会走向的关怀。我，似乎生来有着类似中国古代“士”的自我认定和担当，就自然而然地开展了和各种文明的对话，其成果的一部分，就是这本册子。书名“为了天下太平”实则即“为万世开太平”，出于对大儒张载的敬畏，我变而名之。

在我之前，已经有很多学者在不同的场合进行了和不同文明的对话，但大多没有集成发表。赵启正院长曾和美国大主教保罗进行了长时间的对话，成果即著名的《江边对话》一书（有中、英文本）。与之相比，我的这些对话，还欠深入，常常不能就着学理深谈，而如果双方不能就各自文明的哲学、历史进行交流，则难以真正认识、理解、欣赏对方。不足和遗憾主要是当时的时间、地点、对象等条件所致。对于我来说，既然有了开端，就会继续做下去，或许成绩可以越来越接近我的理想。

但愿如我所进行过的这种对话，逐渐多起来，那样，也许会影响到对话双方的社会，使文明“多元主义”成为世界思想和舆论的主流，从而真正形成阻遏邪恶和霸道的堤坝。那将是中华民族之福，世界人民之福。

本书编辑、出版匆促，全赖各位整理者的辛劳和华艺出版社上下的高效工作。在此我不能一一列出帮助过我的各位的名字，谨在此一并致以诚挚的谢意。

许嘉璐

2010年9月12日凌晨

于香港旅次